Anneli Ute Gabanyi

Systemwechsel in Rumänien
Von der Revolution zur Transformation

Untersuchungen zur Gegenwartskunde Südosteuropas

Herausgegeben vom Südost-Institut
Schriftleitung: Franz-Lothar Altmann
Band 35

Dissertation
zur Erlangung der Würde eines Doktors der Philosophie
des Fachbereiches Pädagogik
an der Universität der Bundeswehr Hamburg

Referent: Professor Dr. Karlheinz Messelken
Korreferent: PD Dr. Anton Sterbling

Tag der mündlichen Prüfung: 29.11.1996

Anneli Ute Gabanyi

Systemwechsel in Rumänien

Von der Revolution
zur Transformation

R. Oldenbourg Verlag • München 1998

Die Deutsche Bibliothek - CIP Einheitsaufnahme

Gabanyi, Anneli Ute:
Systemwechsel in Rumänien : Von der Revolution zur Transformation /
Anneli Ute Gabanyi. - München : Oldenbourg, 1998
(Untersuchungen zur Gegenwartskunde Südosteuropas ; Bd. 35)
Zugl.: Hamburg, Hochsch. der Bundeswehr, Diss., 1996
ISBN 3-486-56377-7

Layout: Maria Prsa
Druck: Druckerei Appl, Wemding

Inhalt

EINLEITUNG

Diese Arbeit stellt einen Versuch dar, den im Jahre 1989 eingeleiteten Systemwechsel in Rumänien im Lichte relevanter Theorien des sozialen Wandels zu analysieren. Dabei sollen die Prämissen der Revolution, ihr Verlauf und der darauffolgende grundlegende Wandel im Bereich der Elitenkonfiguration, der Institutionen und der politischen Parteien berücksichtigt werden. Den äußeren Rahmen bilden die vielschichtigen Prozesse, die sich seit Mitte der achtziger Jahre im Verhältnis der Supermächte zueinander und innerhalb des sowjetisch dominierten Machtbereichs abgespielt haben.

Thema

Der gewaltsame Sturz des kommunistischen Diktators Nicolae Ceauşescu in Rumänien ist eines der am meisten geheimnisumwitterten politischen Ereignisse der Neuzeit, darin - das hatte einer der wichtigsten daran beteiligten Akteure, der nachmalige Staatspräsident Ion Iliescu früh erkannt - wohl nur dem bis heute nicht befriedigend aufgeklärten Mord an dem amerikanischen Präsidenten John F. Kennedy im November 1993 vergleichbar:

> "What 'really happened' in Romania in December 1989, when the twenty-five-year rule of Nicolae Ceauşescu was violently overthrown? For the moment, for the present authors, and, we believe, for most if not all members of the Romanian society, it is simply impossible to say."[1]

Die Zahl der Zeitzeugenberichte und der mehr oder weniger informierten Hypothesen zu diesem Thema ist groß, der Wahrheitswert dieser Texte aber oft schwer zu bestimmen. Innerhalb Rumäniens sind die Theorien

---

[1] Katherine Verdery / Gail Kligman: "Romania after Ceauşescu: Post-Communist Communism?", in: Ivo Banac (Hrsg.): Eastern Europe in Revolution, Ithaca/London 1993, S. 117-147.

und Thesen über Hergang und Hintergründe der Revolution inzwischen selbst Teil der politischen Auseinandersetzungen.[2] Um den Schwierigkeiten zu begegnen, mit denen sich all jene konfrontiert sehen, die sich mit dem Thema des Systemwechsels in Rumänien beschäftigen, ist nicht nur eine möglichst breite Kenntnis und korrekte Einschätzung der internen politischen Situation vonnöten, sondern auch die Einbeziehung des außenpolitischen Umfeldes. Die Quellen müssen auf ihren Wahrheitswert getestet, die Richtigkeit der Aussagen im nationalen und internationalen Gesamtkontext falsifiziert werden. Gerüchte und Mutmaßungen müssen, sofern sie relevant erscheinen, als solche gekennzeichnet werden.

Das Studium des außerordentlich weitläufigen Schrifttums zum Thema "Revolution" ist dabei von nicht zu überschätzender Bedeutung. Häufig sind es der weitgespannte theoretische Rahmen, der erhellende Vergleich, die tiefschürfende Einzelanalyse einer Revolution, die dazu beitragen, daß die Ergebnisse der eigenen Untersuchungen gewichtet, gewertet und in einen größeren Kontext eingeordnet werden können.

Definition

Es stellt sich die Frage: War das, was in Rumänien im Dezember 1989 begann, gemessen an den Kriterien der internationalen Forschung, eine Revolution? Welches waren die Prämissen der rumänischen Revolution, welches die Zielvorstellungen ihrer Akteure? Welchen Verlauf nahm sie, zu welchen Ergebnissen hat sie geführt?

Eine wesentliche Schwierigkeit bei der Bestimmung des Revolutionscharakters der rumänischen "Ereignisse von 1989", wie sie im Rückblick häufig genannt werden, besteht darin, daß es der internationalen Revolutionsforschung bislang nicht gelungen ist, einen allgemein akzeptierten Kriterienkatalog für die Definition der Revolution festzulegen. Ekkart Zimmermann hat dieses Grunddilemma in seiner kritischen Aufarbeitung der theoretischen und empirischen Untersuchungen zum Thema Gewalt, Krisen und Revolutionen prägnant dargestellt:

> "In many respects revolutions appear to be a subject too complex to be handled in plain quantative analyses. Accordingly, historians and monographers will have their special objects of study for decades to come. What we have been arguing for, on the other hand, is to draw more fully on the capacities of quantitative cross-national research and thus to enrich our

---

[2] Siehe auch: Pavel Câmpeanu: "Abandonarea tranziţiei (Die Aufgabe des Übergangs)", in: *Sfera Politicii* 5 (1993), S.6-7.

understanding of revolutions. If in the long run there is little success along the lines suggested here, theorizing on the conditions of revolutions will likely be as heterogeneous as documented in this entire chapter. In such a case, there will be a large number of more or less plausible theories, yet hardly any systematic knowledge. This may be disappointing yet perhaps inescapable." [3]

Während die Definition der Revolution als eines fundamentalen Wandels der gesellschaftlichen Ordnung unumstritten ist, gehen die Meinungen über andere Kriterien auseinander. Aufgrund kritischer vergleichender Analysen des wichtigsten Schrifttums zu diesem Thema hat Ekkart Zimmermann eine vorwiegend ergebnisorientierte "Arbeitsdefinition" der Definitionen ausgearbeitet. Sie lautet:

"Summing up the preceding discussion, we have arrived at the following working definition of revolutions (emphasizing that revolution is an outcome and not a goal state): A revolution is the successful overthrow of the prevailing elite(s) by a new elite(s) who after having taken power (which usually involves the use of considerable force and the mobilization of masses) fundamentally change the social structure and therewith also the structure of authority."

Das bedeutet also: Machtübernahme nach Massenmobilisierung, erfolgreicher Sturz der herrschenden Elite(n) durch (eine) neue Elite(n) und fundamentaler Wandel der Strukturen von Gesellschaft und Herrschaftsausübung.[4] Zum Verlauf der Revolutionen konstruiert Zimmermann auf der Grundlage der vorliegenden Ergebnisse der Krisen- und Revolutionsforschung ein kybernetisch angelegtes Modell, das die unbedingt notwendigen Variablen der Ursachenforschung in zeitlicher Verlaufsform analysiert. Er unterscheidet dabei vier kritische Schnittstellen ("junctures") in der Entwicklung von Revolutionen, an denen nicht mehr umkehrbare Entscheidungen fallen: "Verlust der Legitimation des Regimes", "Abfall der Eliten", "Mobilisierung der Massen" und "Stärke und Loyalität der Ordnungskräfte".[5]

Von anderer Seite wird neuerdings auch die Meinung vertreten, daß ein Ersetzen der alten politischen Führung kein unabdingbares Definitionsmerkmal einer Revolution sei, wenn sich die Prinzipien und Praxis der politischen Führung grundlegend gewandelt hätten. Dies würde bedeuten, daß auch dort, wo in Ostmitteleuropa nach 1989 ehemalige Kommunisten an die Macht zurückgekehrt sind, sie ihre Macht auf der Grundlage eines neuen Wertekatalogs ausüben, an dem man auch sie messen solle:

---

[3]   Ekkard Zimmermann: Political Violence, Crises and Revolutions. Theories and Research, Boston 1983, S. 405.

[4]   Siehe Ekkard Zimmermann: Political Violence, Crises and Revolutions. Theories and Research, Boston 1983, S. 298.

[5]   Ekkart Zimmermann: Political Violence, Crises and Revolutions: Theories and Research, Boston 1983, S. 398-403.

"A revolution is a successful effort to transform the governing principles and practices of a basic aspect of life through an act of collective and self-conscious mobilization."[6]

Typologie

Für die Bestimmung der Spezifika der rumänischen Revolution sowie ihrer Abgrenzung von den anderen Umstürzen des Jahres 1989 in Ostmitteleuropa sind die von Huntington, Johnson, Tanter/Midlarsky und Zimmermann aufgestellten Bewertungskriterien und Typologien sehr hilfreich.

Huntington unterscheidet zwischen *innerem Krieg ("internal war"), revolutionärem Staatsstreich ("revolutionary coup"), Reform-Staatsstreich ("reform coup")* und *Palastrevolution ("palace revolution")*. Ähnlich sieht auch die von Tanter und Midlarsky aufgestellte Typologie aus, die auf den folgenden vier Kriterien fußt: Grad der Beteiligung der Massen, Dauer der Revolution, Zahl der Todesopfer ("Intensitätsmarke") und Ziel der Rebellen. Daraus entwickeln sie vier Revolutionstypen:

Massenrevolution ("mass revolution"): eine starke Massenbasis, relativ lange Dauer, hoher Grad der Gewaltsamkeit, grundlegender Wandel des Herrschafts- und Gesellschaftssystems angestrebt;

Revolutionärer Staatsstreich (revolutionary coup"): relativ niedrige Massenbasis, kurze bis mittlere Dauer, niedriger bis mittlerer Grad der Gewaltsamkeit, grundlegender Wandel der Herrschaftsstruktur, möglicher Wandel der Gesellschaftsstruktur;

Reformstaatsstreich ("reform coup"): gemäßigte Veränderungen der Strukturen der Herrschaftsausübung angestrebt;

Palastrevolution ("palace revolution"): fehlende Massenbasis, sehr kurze Dauer, niedriger Grad der Grausamkeit, praktisch kein innerer Wandel.[7]

Gemessen an den Kriterien, die Zimmermann in seiner Arbeitsdefinition einer Revolution aufgestellt hat - gewaltsamer Sturz des Regimes, Elitentausch, Wandel der Institutionen - fand in Rumänien eine echte Revolution

---

[6]   Siehe hierzu Bruce Ackerman: The Future of Liberal Revolution, New Haven 1992.

[7]   Die beiden ersten Kriterien wurden von Karl Deutsch entwickelt, denen Tanter und Midlarsky zwei weitere hinzufügten. Siehe Karl W. Deutsch: Staat, Regierung, Politik: Eine Einführung in die Wissenschaft der vergleichenden Politik, Freiburg 1976; Raymund Tanter; Manus Midlarsky: "A Theory of Revolution", in: Journal of *Conflict Resolution* 3 (1967), S.264-280.

statt.[8] Besteht man - wie z. B. Zimmermann und Johnson, aber keineswegs alle Revolutionsforscher - auf der Unabdingbarkeit des Einsatzes von Gewalt beim Umsturz, dann war die Rumänische Revolution zugleich auch die einzige echte Revolution des Jahres 1989 in Ostmitteleuropa.

Der Verlauf der rumänischen Revolution weist, mit spezifischen Ausprägungen, alle von der Forschung beobachteten wichtigen Verlaufsphasen einer Revolution auf: Herausbildung der inneren und äußeren Prämissen für das Entstehen einer revolutionären Situation, Versuch der Status-Quo-Regierung, die sich akkumulierenden Spannungen durch eine Strategie des konservativen Wandels zu entschärfen, Abfall der Eliten und insbesondere der Intellektuellen, Mobilisierung der Massen, gewaltsamer Umsturz.

Legt man die typologischen Kategorien der Revolution an, so wie sie von der einschlägigen Forschung ausgearbeitet wurden, so war das, was im Dezember 1989 in Rumänien seinen Ausgang nahm, ein **revolutionärer Staatsstreich**. Folgende Charakteristika lassen diesen Schluß zu:

Relativ niedrige Massenbasis: Die direkte Teilnahme der Massen am Umsturz vom Dezember 1989 war vergleichsweise gering. Meinungsumfragen, die dieser Frage in mehreren, zeitlich aufeinanderfolgenden repräsentativen Umfragen nachgegangen sind, bezeugen den niedrigen Grad der direkten Partizipation in den revolutionären Ereignissen, mit abnehmender Tendenz.[9]

Kurze bis mittlere Dauer: Zwischen dem Beginn der regimefeindlichen Demonstrationen in Temeswar am 16. Dezember 1989 und der Entmachtung und Gefangennahme des Staatschefs Ceauşescu am 22. Dezember 1989 lagen sieben Tage; seine Exekution erfolgte drei Tage später, am 25. Dezember; am 31. Dezember 1989, waren die gewaltsamen Auseinandersetzungen überall im Lande beendet.

Niedriger bis mittlerer Grad der Grausamkeit: Rumänien war das einzige Land Ostmitteleuropas, wo im Zuge der revolutionären Auseinandersetzungen Gewalt angewendet wurde; innerhalb des oben abgesteckten Zeitrahmens kamen landesweit 1.104 Personen ums Leben, 3.352 wurden

---

[8] Siehe die betreffenden Kapitel.
[9] Im Jahre 1992 sagten 23 % der Teilnehmer an einer repräsentativen Befragung, sie hätten an den Demonstrationen im Dezember aktiv teilgenommen. 1994 bekannten sich 26 % dazu, 1995 waren es nur noch 19 %. Siehe hierzu: Pavel Câmpeanu: "Sondaje de decembrie. Decembrie '89 în versiunea lui decembrie '95 (Dezemberumfragen. Der Dezember '89 in der Lesart des Dezember '95)", in: *"22"*, Nr. 4, 24.-30.1.1995, S. 7.

verletzt.[10] Diese Zahl liegt allerdings weit unter der Zahl von 60.000 Opfern, die von der östlichen und westlichen Berichterstattung über die Ereignisse in Rumänien bis zum Sturz Ceauşescus in Umlauf gesetzt wurden. Unter Hinweis auf die Zahl von 60.000 Opfern erfolgte die Verurteilung und Hinrichtung Nicolae Ceauşescus und seiner Frau Elena.

Grundlegender Wandel der Herrschaftsstruktur: Im Zuge der Revolution wurde das neo-patrimoniale Herrschaftssystem des diskreditierten Staatschefs abgeschafft, Ceauşescu selbst wurde angeklagt und hingerichtet.

Möglicher Wandel der Gesellschaftsstruktur: Die neue Führung verfügte eine Reihe von Maßnahmen und Regelungen, die anfangs zwar eine weitgehende Liberalisierung des bestehenden Wirtschafts- und Gesellschaftssystems im Einklang mit den Thesen von Gorbačevs *Perestrojka* vorsahen. Die Eigendynamik der außenpolitischen und internen Entwicklung führte dann aber zu weiterreichenden, das kommunistische System sprengenden Veränderungen.

Nicht nur hinsichtlich ihres gewaltsamen Charakters, aber auch mit Blick auf die Legitimationsstrategie der revolutionären Eliten, den ritualisierten und historisierten Ablauf des Geschehens und die subjektive Einschätzung der "Ereignisse" als einer Revolution durch die Bevölkerung machen deutlich: In Rumänien wurde 1989 eine typische Revolution inszeniert. Allzu typisch vielleicht, um der These von der absoluten Spontanität des Volksaufstands Glauben zu schenken, der von unterschiedlichen Protagonisten aus unterschiedlichen Gründen vertreten wird.

Der gewaltsame Umsturz fand in einem spezifischen internationalen Kontext statt, der die Ceausescu-feindliche Allianz ganz eindeutig favorisierte. Er konnte nur gelingen, weil die Ordnungskräfte - Armee und Sicherheitsapparat - dem provozierten Aufruhr keine wirkliche Gewalt entgegensetzten, ja weil einige den Umsturz sogar aktiv gefördert hatten. Gewalt kam nicht nur vor, sondern in noch größerem Maße nach dem Umsturz zu Einsatz. Sie diente der Legitimierung des Machtantritts der neuen Führung ebenso wie der physischen Liquidierung des obersten Exponenten des alten Regimes. Einzig in Rumänien wurde der Staats- und Parteichef hingerichtet. Gewaltsame "Vorkommnisse" brachen noch mehrmals als Folge ungeklärter Machtverhältnisse zwischen rivalisierenden Gruppen aus. Die Phase der Gewalt kam gegen Ende des Jahres 1991 zum Stillstand - ungefähr zeitgleich mit dem Auseinanderfallen der Sowjetunion.

---

[10] Nicolae Militaru: "Diversiunea a făcut mai multe victime decât represiunea (Die Diversion hat mehr Opfer gekostet als die Repression)", in: *Adevărul*, 22.12.1994.

Mit dem Umsturz wurde in Rumänien ein Prozeß institutionellen Wandels in Richtung Demokratie und Rechtsstaatlichkeit eingeleitet. Seit der Zulassung politischer Parteien und der mehrmaligen Abhaltung von Parlaments-, Präsidial- und Kommunalwahlen verläuft die innenpolitische Entwicklung gemäß pluralistischer Zielvorstellungen. Eine Reform der wirtschaftlichen Rahmenbedingungen kommt langsam in Gang. Nach einer Phase der Schwankungen wurde im außenpolitischen Bereich ein Paradigmenwechsel eingeleitet, der inzwischen dezidiert das Ziel der Integration Rumäniens in die euroatlantischen Institutionen ansteuert.

Methodik

Wichtig erscheint die Verknüpfung fallspezifischer Untersuchungen mit komplexen Theorieansätzen. Erst ein solches Herangehen ermöglicht, wie mir scheint, eine umfassende, alle Bereiche umfassende Betrachtung und Bewertung der Forschungsergebnisse. Auch und gerade im Hinblick auf die Staaten Ostmitteleuropas, die sich nach den revolutionären Umbrüchen auf dem Wege des Übergangs zu neuen wirtschaftlichen und gesellschaftlichen Strukturen in einem unsicheren geopolitischen Umfeld befinden, ist der Rückgriff auf Strategien vergleichender und interdisziplinärer Forschung bedeutsam.[11]

Die vorliegende Untersuchung stützt sich auf Zeitzeugenberichte, wissenschaftliche Analysen, die aktuelle Berichterstattung in der rumänischen und in der internationalen Presse und auf Gespräche mit (vorwiegend rumänischen) Persönlichkeiten aus Politik, Wissenschaft und Kultur. Nicht alle der verfügbaren Quellen konnten in jedem Fall herangezogen werden, um einzelne Aussagen zu dokumentieren. Auch ist ein Teil der zeitgeschichtlichen Quellen zum Thema des Systemwandels in Ostmitteleuropa, die zu einer vollständigen Erhellung einiger Fakten und Zusammenhänge beitragen könnten, der Öffentlichkeit noch nicht zugänglich. Trotz solcher methodischer Einschränkungen läßt die vorliegende Analyse im Sinne der Themenstellung umfassende Aussagen zu. Auch kann ein so komplexes Thema im Rahmen einer Dissertation nicht erschöpfend behandelt werden. Für weiterführende Arbeiten, auch im Rahmen interdisziplinärer Projekte,

---

[11] Das Plädoyer Anton Sterblings für eine engere interdisziplinäre Kooperation zwischen Geschichtswissenschaft und Soziologie verdient volle Unterstützung. Siehe Anton Sterbling: "Zum Verhältnis zwischen Soziologie und Geschichte in der Osteuropaforschung", in: Bálint Balla / Sterbling Anton (Hrsg.): Soziologie und Geschichte - Geschichte der Soziologie: Beiträge zur Osteuropaforschung, Hamburg 1995, S. 81-100.

ist noch Raum.

Die Anregung, meine bisherigen Forschungsergebnisse mit einem Theorieansatz speziell im Bereich der Revolutionstheorie und der Elitenforschung zu verknüpfen und zu einer Darstellung des Systemwechsels in Rumänien zu verarbeiten, wurde seitens der Universität der Bundeswehr in Hamburg an mich herangetragen. Für die großzügige und sachlich fördernde Betreuung meiner Dissertation und für die zahlreichen, wertvollen Anregungen, die meinen Wissenshorizont erweitert und mein Interesse auf viele, neue Aspekte gelenkt haben, möchte ich Herrn Prof. Dr. Karlheinz Messelken und Herrn Privatdozent Dr. Anton Sterbling auf das herzlichste danken. Mein Dank geht bei dieser Gelegenheit auch an alle Hochschullehrer, die mir während meines Studiums oder danach Förderer und Vorbild waren: Prof. em. Dr. Matthias Bernath (Berlin), Prof. em. Dr. Gerhard Grimm (München), Prof. em. Dr. Hermann Gross (München), Prof. Dr. Edgar Hösch (München), Professor Dr. Klaus Heitmann (Heidelberg), Prof. em. Dr. Boris Meissner (Köln), Prof. em. Dr. Franz Ronneberger (Erlangen), Prof. em. Dr. Emanuel Turczynski.

I. DER KONTEXT -
DIE REVOLUTIONEN IN OSTMITTELEUROPA

1. 1989 und die Sozialwissenschaften

Elf Jahre nach dem Machtantritt Michail Gorbačevs in der Sowjetunion und sechs Jahre nach der Serie von Regimezusammenbrüchen in den Staaten Ostmitteleuropas stellt sich die Frage nach dem Wesen dieser Ereignisse. Ist das, was sich in diesem Zeitraum in den Staaten des ehemaligen Warschauer Pakts abgespielt hat, eine Revolution und wenn ja, was für eine Art von Revolution? Was wurde bewegt, was bewirkt? Wie hängt der Zusammenbruch der alten Ordnung mit dem Aufbau neuer gesellschaftlicher Strukturen zusammen?

Ende der achtziger Jahre hielt man ganz allgemein Revolutionen in modernen Gesellschaften nicht mehr für zeitgemäß. So hatte 1986 der Historiker Karl-Dietrich Bracher auf die Frage, ob denn das "Zeitalter der Revolutionen zu Ende" gehe, geantwortet, das Zeitalter der Revolutionen zwischen 1789 und 1917 sei inzwischen dem "Mythos der Revolutionen" gewichen.[1]

Die "wiederauferstandenen Revolutionen"[2] in Ostmitteleuropa lösten bei zahlreichen der mit der Region befaßten Sozialwissenschaftlern, aber auch

---

[1] Ludger Kühnhardt: Revolutionszeiten. Das Umbruchjahr 1989 im geschichtlichen Zusammenhang, München 1994, S. 37.

[2] Andrew Arato: "Revolution, Civil society und Demokratie", in: *Transit* 1 (1990), S. 110-126. Das Überraschungselement kommt auch in der terminologischen Vielfalt, ja Verwirrung hinsichtlich der Benennung dieser Vorgänge zum Ausdruck. "Was", so fragt Ludger Kühnhardt, "haben wir erlebt und erleben wir immer noch: eine Revolution, eine Wende, einen Umbruch, eine Transformation, eine Krisenüberwindungsphase... einen neuen Akt in dem Dreihundertjahrdrama der atlantischen Revolution der Freiheit?"; Ludger Kühnhardt: Revolutionszeiten. Das Umbruchjahr 1989 im geschichtlichen Zusammenhang, München 1994, S. 11. Solche begrifflichen Inkonsistenzen lassen sich auch im Falle der Benennung der Russischen Revolution von 1917 beobachten. In ähnlicher Weise schrieb Dietrich Geyer über die Russische Revolution von 1917: "Die Sache, von der zu reden ist, trägt viele Namen, und (Fortsetzung der Fußnote siehe nächste Seite)

bei Journalisten Überraschung und Verwirrung aus. Mehr noch: Klaus von Beyme sah die westliche Sozialwissenschaft gar als das Opfer der "Ereignisse von 1989"[3] Die von Beyme aufgestellte Liste ihrer Versäumnisse und Verfehlungen ist lang. Sie reicht von revisionsbedürftigen Sozialismusanalysen über entwertete Theoriegebäude bis hin zur erwiesenen Prognoseunfähigkeit der Zunft. Nun hätten rückwärtsgewandte Prophetien Konjunktur, der Zufall als politischer Faktor stehe hoch im Kurs. Im Bereich der Theoriebildung habe sich der Fokus von Klassenkonflikten zu ethnischen Spaltungen verschoben. Gelegentlich, so von Beyme, entstehe gar der Eindruck, als ob es den Forschern nach 1989 mehr um die "Selbststabilisierung" ihrer Disziplin als um die Suche nach neuen Wegen der Forschung gehe.[4]

Zur Untermauerung seines Negativurteils führt von Beyme mehrere Gründe an. Zum einen habe sich der Zusammenbruch des Sozialismus bei vielen als "grundsätzliches Schockerlebnis" ausgewirkt, zum anderen seien durch die Ereignisse in Osteuropa "fast alle Theorien der Entwicklung des Sozialismus widerlegt worden". Zu ähnlichen Schlußfolgerungen gelangt auch eine Studie, welche die Berichterstattung der deutschen Fernsehanstalten über die Ereignisse in der DDR zwischen dem 15. Juli 1989 und dem 20. März 1990 untersucht hat. Die Fernsehberichterstattung über die Veränderungen in der DDR, so die Autoren, stellte den revolutionären Charakter der Ereignisse und ihre historische Bedeutung nicht in Frage. Sie blendete jedoch beide Aspekte aus der aktuellen Berichterstattung weitgehend aus, was eine Reihe von Fragen aufwirft: Gab es keine aktuellen Anlässe hierfür? Waren sie nicht wichtig genug? Widersprach der unverkennbare Charakter des Geschehens dem vorherrschenden Zeitgeist,

---

keiner dieser Namen deckt sie ganz: Coup d'état, Aufstand, Umsturz oder 'Große Sozialistische Oktoberrevolution'; Verschwörung einer Minderheit oder 'Zehn Tage, die die Welt erschütterten'; *action directe* einer Handvoll entschlossener Träger oder der 'Rote Oktober' - ein Wendepunkt der Weltgeschichte." Einverständnis unter den Forschern, so Geyer, herrsche nur darüber, daß der Machtwechsel in Rußland Oktober 1917 das Ergebnis eines Aufstands gewesen sei, doch über die Natur dieses Aufstands gingen die Meinungen schon wieder auseinander. Siehe hierzu Dietrich Geyer: Die Russische Revolution, Göttingen 1985, S. 93.

[3] Klaus von Beyme: Systemwechsel in Osteuropa, Frankfurt am Main 1994, S. 50.

[4] Siehe hierzu: Elena Zamfirescu: "Inter-Ethnic Conflict: A Fatality of Eastern Europe?", in: *Revue Roumaine d'Études Internationales* 3-4 (1994), S. 271-280.

der Revolutionen von historischer Bedeutung nur mit entgegengesetzter, nämlich sozialistischer Zielsetzung erwartete?[5]

In den USA ist das quasi-generelle Versagen der Wissenschaft angesichts der Ereignisse von 1989 seinerseits zum Gegenstand wissenschaftlicher Analyse avanciert. Den Vertretern der sogenannten *Soviet Studies* wird, ähnlich wie ihren deutschen Kollegen, vorgeworfen, sie hätten die Lage in Ostmitteleuropa falsch eingeschätzt und seien von den "unanticipated Revolutions" des Jahres 1989 überrascht worden.[6] Eine der Ursachen hierfür liege darin, daß die Erforschung der kommunistischen Staaten unter der Maßgabe politischer Vorurteile erfolgt sei. Die Wirklichkeit in der Sowjetunion und in den Staaten im Moskauer Hegemonialbereich sei unter dem Gesichtspunkt der ideologischen Konkurrenz für die amerikanische Revolution analysiert und an westlichen Vorgaben gemessen worden. Entsprechend gering sei denn auch der Erkenntniswert solcher Analysen gewesen: "When Soviet reality is judged by its failure to come up to Western myths about their own political systems, it is bound to be found wanting."[7]

Häufig hätten konservative Wissenschaftler nicht an die Reformierbarkeit der osteuropäischen Systeme geglaubt. Westliche sozialwissenschaftliche Theorien seien bei Untersuchungen über diese Staaten nicht zur Anwendung gekommen, weil man der Auffassung war, daß sie völlig anders als westliche Gesellschaften strukturiert seien. Dies habe beispielsweise dazu geführt, daß man Hinweise auf soziale *cleavages* in den dortigen Gesellschaften nicht zur Kenntnis genommen hatte, weil man diese *a priori* für monolithisch hielt.[8]

In ihrer fundierten, auf langjährigen Beobachtungen fußenden Studie über die Rolle der gesellschaftlichen Strömungen beim Umbruch in Ostmitteleuropa weigert sich Sabrina P. Ramet, die These von der Unmöglichkeit einer Vorhersage des letztendlichen Zusammenbruchs der kom-

---

[5] Hans Mathias Kepplinger / Andreas Czaplicki: "Die deutsche Vereinigung im Fernsehen", in: *Konrad Adenauer Stiftung, Interne Studien* 103 (1995), S. 35-48.

[6] Timur Kuran: "Now out of Never: The Element of Surprise in the East European Revolution of 1989" und Nancy Bermeo: "Surprise, Surprise. Lessons from 1989 to 1991", beide in: Nancy Bermeo (Hrsg.): Liberalization and Democratization. Change in the Soviet Union and Eastern Europe, Baltimore/London 1992.

[7] Alfred G. Meyer: "Politics and Methodology in Soviet Studies", in: *Studies in Comparative Communism* 2 (1991), S. 127-136.

[8] David S. Mason: Revolution in East-Central Europe. The Rise and Fall of Communism and the Cold War, Boulder etc. 1992, S. 106 ff.

munistischen Systeme anzuerkennen.[9] Sie verweist vielmehr darauf, daß eine Reihe von Wissenschaftlern sehr wohl richtige Prognosen getroffen und daß sie dies auf einer fundierten wissenschaftlich-theoretischen Basis getan hätten. Die Einschätzung, daß die Sozialwissenschaften an sich prognoseunfähig seien, will Ramet nicht teilen:

> "Given this impressive record of rather prophetic analyses, it is surprising to find the usually more sagacious Timothy Garton Ash writing in 1990: 'The events of 1989 ...(are) a powerful argument for never again writing about the future. No one predicted them.' Against this unwarranted (and even solipsistic) pessimism, I would counter that just because some scholars failed to see the tea leaves at the bottom of their cups - or worse yet, to take them seriously - does not mean that we should not offer prognoses about the likely success or failure of individual East European countries in their efforts to democratize ..."[10]

2. Die Revolutionen von 1989 - ein historisch neuer Revolutionstypus?

Kann man die im Jahre 1989 in Ostmitteleuropa erfolgten Umbrüche unter den klassischen Revolutionsbegriff subsumieren? Die Antwort westlicher Forscher auf diese Fragestellung ist nicht übereinstimmend, und sie ist auch nicht einhellig positiv. Dagegen werden unterschiedliche Argumente ins Feld geführt: der vorwiegend gewaltfreie Verlauf, die rückwärtsgewandte Zielrichtung, die fehlende revolutionäre Selbstwahrnehmung.

Für nicht wenige Fachleute gilt die These, daß in Ostmitteleuropa mit Ausnahme Rumäniens im Jahre 1989 lediglich eine "Revolution ohne Revolution" stattgefunden habe. Die diversen "samtenen", "sanften", "konstitutionellen", "ausgehandelten", "sich selbst beschränkenden" Revolutionen der Region, so Aleksander Smolar, seien "eher von oben ausgelöst und nicht durch eine Massenbewegung und revolutionären Terror erzwungen worden". Sie entsprächen daher nicht dem traditionellen Revolutionsverständnis, so wie es seit der Französischen Revolution überliefert wurde.[11] Timothy Garton Ash spricht nur im Falle der Tschecho-

---

[9] DieVerfasserin zitiert Aufsätze von Adam Broke, George Schöpflin, J. F. Brown, Ivan Völgyes, Anneli Ute Gabanyi, Zbigniew Brzezinski, Jacek Kuron und Sabrina P. Ramet.

[10] Sabrina P. Ramet: Social Currents in Eastern Europe. The Sources and Consequences of the Great Transformation, Durham/London 1995, S. 10-11.

[11] Aleksander Smolar: "Die samtene Konterrevolution. Polnische Erfahrungen", in: *Transit* 8 (1994), S. 149-170.

slowakei, der DDR und Rumäniens von einer "Revolution", nicht aber im Falle Polens und Ungarns. Dort habe eine "Refolution" (zusammengesetzt aus Reform + Revolution) stattgefunden: sozialer Wandel von oben als Antwort auf revolutionären Druck von unten.[12] In der Tat verliefen die Umbrüche des Jahres 1989 in Ostmitteleuropa unterschiedlich: als präventiver legaler Wandel in Polen und Ungarn, als unblutiger gewaltsamer Wandel in der DDR, der Tschechoslowakei und Bulgarien und als blutiger gewaltsamer Wandel in Rumänien. Politischer und ökonomischer Druck war dabei immer im Spiel. Offene Gewalt kam aber nur gelegentlich und nur dort zur Anwendung, wo die Androhung von Gewalt bzw. das Signal zum Nichteinsatz von Gewalt nicht den gewünschten Erfolg erzielte.

Gegen die Subsumierung der osteuropäischen Umwälzungen unter den klassischen Revolutionsbegriff wird gelegentlich auch das Argument ins Feld geführt, daß die Zielvorstellungen der politischen Akteure, die den Machtwechsel und den gesellschaftlichen Umbruch herbeigeführt haben, nicht "progressiv" im Sinne der "Theorie des revolutionären Fortschritts" gewesen seien. In der westlichen wissenschaftlichen Literatur und in der Publizistik zu diesem Thema ist nicht selten von "konservativer", "liberaler", "nachholender," "restaurativer Revolution" oder gar von "konterrevolutionären Revolutionen" die Rede.[13] "Das Mißtrauensvotum", so Claus Offe, "das die Geschichte über das Regime des parteimonopolistischen Sozialismus verhängte, war kein konstruktives." Die Zielvision der Akteure sei nicht die eines "dritten" oder eigenen Weges gewesen: "Schon mangels der dafür benötigten ökonomischen Reserven" habe man in diesen Ländern "die westeuropäischen Vorbilder der politischen, ökonomischen und kulturellen Modernisierung" übernommen.[14]

Eine solche Argumentation läßt jedoch die Tatsache außer acht, daß der ursprüngliche Revolutionsbegriff, so wie er noch auf die britische "Glorious Revolution" und die Amerikanische Revolution Anwendung fand, eine Rückkehr zum idealtypischen Urzustand und zugleich den Beginn eines neuen Zeitalters vorsah.[15] Im Bewußtsein der ostmitteleuropäischer Akteure hingegen handelte es sich bei den Umwälzungen des Jahres

---

[12] Ralf Dahrendorf: Betrachtungen über die Revolution in Europa, Stuttgart 1990.
[13] Jurij Afanasiev, in: Karl Duffek / Fröschl Erich (Hrsg.): Die demokratischen Revolutionen in Mittel- und Osteuropa. Herausforderungen für die Sozialdemokratie, Wien 1991, S. 45.
[14] Claus Offe: Der Tunnel am Ende des Lichts. Erkundungen der politischen Transformation im Neuen Osten, Frankfurt/New York 1994, S. 234-235.
[15] "The American Revolution, like the British 'Glorious Revolution', did in fact involve the idea of restoring the old order of things that had been disturbed and violated by despotism...".

1989 eindeutig um "demokratische Revolutionen", geprägt von der Gegnerschaft zum Kommunismus und dem Gefühl der Zugehörigkeit zur demokratischen Strömung der Gegenwart.[16] Die von Zdenek Mlynàr vorgetragene Deutung der Zielkultur des Prager Frühlings von 1968 galt 1989 für die Gesamtheit der kleineren Ostblockstaaten: Es ging diesen Völkern um die Rückkehr zu einer humanistischen und demokratischen Wertkultur, die seit den 40er Jahren des 20. Jahrhunderts zuerst von den rechtsgerichteten und Besatzungsregimen und dann vom aufgezwungenen sowjetkommunistischen System außer Kraft gesetzt worden waren. Diese Wertkultur war nicht nur die Quelle der "nationalen Wiedergeburt" dieser Staaten, sondern auch ihrer Modernisierung.[17] Die polnische Wissenschaftlerin Jadwiga Staniszkis interpretiert die Revolutionen in Ostmitteleuropa als "Politik der Identität". Die von ihr so genannte "Neo-Traditionalisierung" der Völker dieser Region bedeute die "Nachahmung der kapitalistischen Vorgeschichte als notwendigen Schritt zum Eintritt in die moderne kapitalistische Welt."[18]

Ob und inwieweit der Revolutionscharakter anhand der Wahrnehmung zu bestimmen ist, die revolutionäre Akteure von ihrem Tun haben, ist nicht unumstritten. Michail Gorbačev, gemeinhin als Initiator der ostmitteleuropäischen Revolutionen apostrophiert, wertete die Perestrojka als eine "zweite Revolution" in Ergänzung der Revolution von 1917. Bereits Lenin, so Gorbačev, habe "darauf hingewiesen, daß die große bürgerliche Revolution von 1789 auch von drei weiteren Revolutionen ergänzt wurde (1830, 1848, 1871) und daß sich Ähnliches im Sozialismus wiederholen könnte."[19] Sah er die ostmitteleuropäischen Revolutionen auch als Teile dieses Prozesses?

Das Spezifikum einer bolschewistischen Revolution und jenes Element, das sie von den spontanen Revolutionen französischen Zuschnitts unterscheidet, ist der Bruch mit der Tradition des abwartenden Geschichtsdeterminismus. Bereits Lenin hatte darauf hingewiesen, daß die bewaffneten

---

[16] Vilem Precan: "The Democratic Revolution", in: *Journal of Democracy*, Winter 1990, S. 79-85.

[17] Zdenek Mlynár: Nachtfrost. Das Ende des Prager Frühlings, Frankfurt am Main 1988; zitiert nach: Vladimir Horsky: Die sanfte Revolution in der Tschechoslowakei. Zur Frage der systemimmanenten Instabilität kommunistischer Regime, in: Berichte des Bundesinstituts für ostwissenschaftliche und internationale Studien, Köln 1990, S. 70.

[18] Jadwiga Staniszkis: "Dilemmata der Demokratie in Osteuropa", in: Rainer Deppe / Helmut Dubiel / Ulrich Rödel (Hrsg.): Demokratischer Umbruch in Osteuropa, Frankfurt am Main 1991, S. 330.

[19] Klaus von Beyme: Systemwechsel in Osteuropa, Frankfurt am Main 1994, S. 50.

Aufstände in Petrograd und Moskau "als Kunst betrachtet" werden müßten.[20] Bolschewistische Revolutionen wurden "gemacht", indem historische Prozesse beschleunigt und organisiert wurden, wenn gewünschte
revolutionäre Entwicklungen sich nicht automatisch einstellen wollten.[21]
Hierzu gehörte auch die Bildung im Untergrund operierender revolutionärer Organisationen, die auf "persönliche Freundschaften oder instinktives
Vertrauen"[22] gegründet waren und deren einziges Ziel darin bestand, Revolutionen "zu machen".

Um den Revolutionscharakter der Ereignisse von 1989 in Ostmitteleuropa zu bestimmen, ging Andrew Arato im Jahre 1990 der Frage nach, ob
die unmittelbar Beteiligten in den Staaten Ostmitteleuropas ihr eigenes
Handeln als revolutionär wahrnahmen. In Polen, Ungarn und der Sowjetunion lautete die Antwort "nein". Nur Intellektuelle aus diesen Staaten
wollten den Revolutionscharakter der Vorgänge in ihrem Land akzeptieren, sofern er mit einschränkenden Beiwörtern wie "legal" und
"verfassungsmäßig" (für Ungarn und Polen) sowie "von oben" im Falle
der Sowjetunion versehen wurde. In der DDR und in der Tschechoslowakei wurde auch außerhalb der Kreise von Intellektuellen von Revolution
gesprochen, allerdings ebenfalls versehen mit den Beiwörtern "sanft" und
"friedlich". Allein in Rumänien sei ohne Einschränkung von Revolution
die Rede gewesen, so Arato. Dort assoziiere man diese Wahrnehmung
auch mit der Tradition der Französischen bzw. der Rumänischen Revolution von 1848 - anders als in der DDR oder der Tschechoslowakei, wo
Vorbehalte gegenüber revolutionären Traditionen geäußert wurden. Ara-
tos Schlußfolgerung klingt jedoch in ihrer Verallgemeinerung wenig überzeugend: Gerade das rumänische Modell zeige, "daß es in einer Gesellschaft sowjetischen Typs umso schwieriger ist, Systemveränderungen zu
bewerkstelligen, je näher der Übergang dem klassischen Revolutionsmodell kommt."[23]

In der jüngeren Literatur zu diesem Thema scheint sich jedoch die Meinung durchzusetzen, daß es sich bei den Ereignissen des Jahres 1989 um

---

[20] V. I. Lenin: Werke, Bd. 26, Berlin 1961; zitiert nach: Dietrich Geyer: Die Russische Revolution, Göttingen 1985, S. 93.
[21] Die Vorstellung, daß Revolutionen "gemacht" werden anstatt ihre Ankunft
einfach abzuwarten, wird in der Forschung als ein typisches Merkmal der neuen
bolschewistischen Revolutionstheorie beschrieben: "The idea that underlies this
transition from passivity to contrivance is the view that history can be accelera-
ted." Das Leninsche Konzept der "Beschleunigung" historischer Prozesse gehörte auch zur ideologischen Grundausstattung von Gorbačevs *Perestrojka*.
[22] V. I. Lenin: One Step Forward, Two Steps Back, New York 1967, S. 122.
[23] Andrew Arato: "Revolution, Civil society und Demokratie", in: *Transit* 1
(1990), S. 110-126.

Revolutionen im Sinne der wissenschaftlich festgeschriebenen Definition handelt, also um Prozesse eines abrupten und radikalen Wandels in der grundlegenden sozialen Verfaßtheit der ostmitteleuropäischen Staaten, die als fundamentaler Geschichtsbruch empfunden werden. Nicht zu Unrecht bezeichnen manche Wissenschaftler die ostmitteleuropäischen Revolutionen des Jahres 1989 als "neue Revolutionen" und stellen sie in eine Reihe mit den sich im 20. Jahrhundert häufenden "politische Umstürzen" wie der Machtergreifung des Nationalsozialismus im Jahre 1933 oder der iranischen Revolution von 1978, die zwar die wichtigsten Revolutionsmerkmale aufweisen, sich aber nicht in das Schema der klassischen großen Revolutionen einfügen.[24]

Auch innerhalb der Kategorie der sogenannten "neuen Revolutionen" weisen die ostmitteleuropäischen Revolutionen zusätzliche Merkmale auf, die sie als Revolutionen eines "historisch neuen Typs" erscheinen lassen.[25] Diese Besonderheiten stellen einen Ausdruck der spezifischen Qualität der Systeme dar, in denen sie auftreten, und der "Verhältnisse systemischen Ungleichgewichts, die sie zu überwinden trachten".[26]

3. Die Revolution des östlichen Staatensystems

Die ostmitteleuropäischen Systeme waren Teil des von der Sowjetunion dominierten Staatensystems. Der radikale Umbruch der einen war nur in Verbindung mit dem Umbruch des anderen möglich ("die zweistufige Revolution"). Die Revolutionierung des östlichen Staatensystems war von der neuen sowjetischen Führung unter Michail Gorbačev intendiert, sie wurde von dort aus gesteuert ("die gelenkte Revolution") und sie verlief entsprechend den Mechanismen eines sich selbst regelnden Systems ("die vernetzte Revolution"). Die außenpolitischen Rahmenbedingungen für diesen Prozeß lieferte die ebenfalls revolutionär zu nennende Neuordnung der Beziehungen zwischen den Großmächten ("die geopolitische Revolution"). Ein solches Gesamtschema schließt natürlich weder eigendynamische Entwicklungen noch den ursprünglichen Zielsetzungen entgegengesetzte Ergebnisse aus.

---

[24] Dieter Nohlen / Rainer-Olaf Schulze (Hrsg): Lexikon der Politik, Band I. Politische Theorien, München 1995, S. 554 - 555.

[25] Hannelore Horn: "Die Revolution in der DDR von 1989: Prototyp oder Sonderfall" in: *Außenpolitik* 1 (1993), S. 55-65.

[26] Chalmers Johnson: Revolutionstheorie, Köln/Berlin 1971, S. 165.

Noch im 18. Jahrhundert, so Erwin Hölzle in einer vergleichenden Untersuchung weltrevolutionärer Theorien und Tendenzen, habe der Begriff der Revolution auch den Aspekt der "Umwälzung von Staatensystemen" eingeschlossen, der dann aber seit dem 19. Jahrhundert in den Hintergrund getreten sei: "Die Weltrevolutionen wollen die Welt revolutionieren. Deshalb machen sie nicht halt vor den äußeren Beziehungen der Staaten... Damit vermischen sich die Grenzen zwischen Innen- und Außenpolitik. Auch das Staatsinteresse - jenes fast geheiligte Gesetz früherer Zeiten, nach dem sich die Außenpolitik zu richten hat, wurde in seiner Alleinherrschaft entthront. Es vermengt sich mit revolutionären Prinzipien des sozialen Aufstands, aber auch einer übergreifenden neuen Ordnung der Welt, etwa dem Prinzip des Weltfriedens und des Selbstbestimmungsrechts der Völker."[27]

Unter diesem Gesichtspunkt gesehen handelt es sich im Falle der Revolutionen des Jahres 1989 nicht nur um Prozesse innerhalb des jeweiligen nationalstaatlichen Rahmens, sondern zugleich auch um die Revolution eines Staatsystems, des von der Sowjetunion dominierten Ostblocks. Überall in den Gefolgsstaaten der Sowjetunion haben wir es mit mehreren, parallel laufenden Revolutionssträngen zu tun: gegen die Hegemonialmacht gerichtete nationale Revolutionen, politische Revolutionen gegen die eigenen diktatorische Regime und soziale Revolutionen zur Befreiung vom kommunistischen Unterdrückungssystem. Der als "Domino-Effekt"[28] beschriebene Verlauf der ostmitteleuropäischen Revolutionen in Form der Aneinanderreihung von immer rascher aufeinanderfolgenden Systemzusammenbrüchen war die sichtbare Manifestion ihres gesteuerten Ablaufs. Es war nach Aussage Michail Gorbačevs das Ziel der neuen sowjetischen Außenpolitik, "das gesamte System der Wechselbeziehungen unser Länder auf ein qualitativ neues Niveau zu stellen". Dabei wollte die neue sowjetische Führung, wie Boris Meissner überzeugend nachgewiesen hat, über eine "vorsichtige Anpassung der in den Gefolgsstaaten bestehenden Ordnungen an die Umgestaltung des Wirtschafts- und Gesellschaftssystems der Sowjetunion" zu einer vertieften Integration des Staatenverbundes gelangen.[29] Zweifellos war eine solche Steuerung nur möglich, weil

---

[27] Erwin Hölzle: "Die amerikanische und die bolschewistische Weltrevolution", in: Helmuth Rößler (Hrsg.): Weltwende 1917. Monarchie. Weltrevolution. Demokratie, Göttingen etc. 1965, S. 169-188.

[28] Siehe hierzu: Anton Sterbling: Gegen die Macht der Illusionen. Zu einem Europa im Wandel, Hamburg 1994, S.19 -194.

[29] Boris Meissner: "Die sowjetische Blockpolitik unter Gorbačev", in: Walter Althammer (Hrsg.): Südosteuropa in der Ära Gorbačev. Auswirkungen der sowjetischen Reformpolitik auf die südosteuropäischen Länder, München 1987, S. 39-50.

die betreffenden Systeme ähnlich strukturiert waren. Dem Prinzip der Einparteienherrschaft auf der Ebene der einzelnen kommunistischen Staaten entsprachen auf der Ebene des sowjetisch dominierten Staatensystems die Postulate des "sozialistischen Internationalismus" und der führenden Rolle der KPdSU im kommunistischen Staatensystem.

Die gelenkte Revolution. Die radikale Umgestaltung des östlichen Staatensystems war kein historischer Zufall und schon gar keine Manifestation der Chaostheorie.[30] Der Prozeß war vielmehr Ausdruck einer (im Hegelschen Sinne) historischen Notwendigkeit. Vieles deutet darauf hin, daß die neue, technokratische und dank ihrer KGB-Komponente bestinformierte sowjetische Führungselite nicht nur das Ausmaß der krisenhaften Ungleichgewichte des Systems erkannte, sondern auch die Unausweichlichkeit seiner radikalen Umgestaltung. Man sah die Gefahr des unkontrollierten gewaltsamen Aufbegehrens im gesamten sowjetisch dominierten System ebenso wie in den Einzelstaaten. Die schon lange schwelende Krise ließ nur noch zwei Alternativen zu: legaler, gelenkter Wandel von oben zur Rettung des Systems oder nichtgelenkter Wandel von unten, der das Risiko des Systemzusammen-bruchs oder der Repression und Rückkehr zur Diktatur in sich barg.[31] Dieses Angstsyndrom kann mit dem Kürzel "1956" bezeichnet werden. Damals war ein ähnlich gearteter Prozeß innerhalb des kommunistischen Staatensystems gescheitert, den nach dem Tode Stalins dessen Nachfolger Nikita Chruščev eingeleitet hatte, um seine eigene Machtposition innerhalb der Sowjetunion zu festigen und zugleich den Zusammenhalt des kommunistischen Staatensystems durch oktroyierte Reformen und den Austausch lokaler Machteliten zu gewährleisten. Am Ende standen die Revolutionen in der DDR, Polen und Ungarn, die gegen die sowjetische Hegemonie und zugleich gegen die Führungseliten in ihren Staaten gerichtet waren. Die blutige Niederschlagung dieser Aufstände hat das Ansehen der Sowjetunion ebenso nachhaltig geschädigt wie die Legitimität der kommunistischen Führungen in den betreffenden Satellitenstaaten. Allein der Führung in Bukarest war es damals gelungen, sich dem von Moskau angestrebten Elitenwechsel zu

---

[30] "Manchen erschien der Zusammenbruch des Sozialismus wie ein klassisches Anwendungsgebiet der Chaostheorie", so Klaus von Beyme in: Systemwechsel in Osteuropa, Frankfurt am Main 1994, S. 50.

[31] Diese Einschätzung war auch in Kreisen der exilierten Vertreter des "Prager Frühlings" verbreitet, wie eine Aussage des Schriftstellers Jirí Pelikan beweist, der im August 1988 schrieb: "Entweder finden die Führungsgarnituren den Mut zu fundamentalen ökonomischen und politischen Reformen, oder es wird zu einer Kette von spontanen Explosionen kommen, die zu blutiger Repression und zur Errichtung von Militärdiktaturen führen." in: *Die Welt*, 20.8.1988.

widersetzen und einen Aufstand zu verhindern. Die Wahrung der internen Stabilität bildete die Voraussetzung für den 1958 mit den Sowjets verhandelten Abzug der sowjetischen Truppen aus Rumänien und, darauf aufbauend, für die erfolgreiche, gewaltfreie Lockerung seines Hegemonialstatus innerhalb des kommunistischen Staatensystems.

János Berecz, der frühere Chefideologe der Vereinigten Ungarischen Arbeiterpartei, hat in einem Zeitungsaufsatz auf die Parallelität der Ereignisse in den sechziger Jahren nach dem Tode Stalins und dem komplexen Dilemma hingewiesen, mit dem sich die herrschenden Eliten in den ostmitteleuropäischen Satellitenstaaten im ausgehenden achten Jahrzehnt dieses Jahrhunderts konfrontiert sahen:

> "This dilemma emerged between 1953 and 1956 too ... Will revolutionary restructuring or will chaos provide an answer to the great historical questions of Hungarian development? We cannot avoid this question when we analyze the tragic experiences of Hungary's recent past. "[32]

Der Zerfall des östlichen Staatensystems war das Werk politischer Kräfte der Sowjetunion und er erfolgte in deren Interesse.[33] Valerie Bunce hat die Interessenslage der sowjetischen Führung kurz und prägnant beschrieben: Der Ostblock sei gestorben, weil Gorbačev entschieden hatte, daß der Block den Interessen der Sowjetunion nicht mehr entspreche.[34] Mit einer originellen und plastischen Metapher unterstreicht Bunce die aktive Rolle

---

[32] Veröffentlicht in *Népszabadság*, 10.11.1988, zitiert nach: László Bruszt / David Stark, "Hungary", in: Ivo Banac: Eastern Europe in Revolution, Ithaca/London 1992, S. 24-25. Mit ähnlichen Hinweisen hatte beispielsweise auch der rumänische Staats- und Parteichef Nicolae Ceaușescu im November 1987 unmittelbar nach dem Arbeiteraufstand in Kronstadt (Brașov) versucht, innerparteiliche Gegner vor einer unkontrollierbaren Entwicklung (*recte* einer Revolution von unten) zu warnen und auf Einheitskurs zu zwingen: "Laßt uns aus all diesen Vorfällen Schlußfolgerungen ziehen - und laßt uns auch die kleinsten Abweichungen nicht übersehen! Wenn wir die negativen Vorgänge ignorieren oder unterbewerten, können sie solche Ausmaße annehmen, daß in der Tat eine Lage entstehen kann, in der nichts mehr zu machen ist." *Scînteia*, 28.11.1987. Siehe hierzu: Anneli Ute Gabanyi: "Die Nationalkonferenz der Rumänischen K.P. Ceaușescu in der Defensive, aber kein Kurswechsel", in: *Südosteuropa* 44 (1988), S. 117-127.

[33] "Since then (1987), the Soviet Union has not only tolerated but, since 1989, in part actively encouraged the revolutionary changes in Eastern Europe"; Heinz Timmermann: "The Soviet Union and Eastern Europe: Dynamics of 'Finlandization'", in: *Report on the USSR*, 15.8.1990.

[34] "The Soviet bloc also died... because Gorbačev had decided that the bloc was no longer in keeping with Soviet interests"; Valerie Bunce: "The Struggle for Liberal Democracy in Eastern Europe", in: *World Policy Journal* 3 (1990).

der Sowjetunion beim Zusammenbruch der osteuropäischen Regime und hebt die Zusammenhänge zwischen der Reform des Ostblocks und der Reform der Sowjetunion hervor:

> "The most obvious reason was that the Soviet President Mikhail Gorbachev pulled the rug out from under the communists in Eastern Europe by deciding to liberalize politics and economics at home and in the bloc. Gorbachev hoped that by dismantling the house that Stalin built, he could free the Soviet Union to become a more stable, economically productive, and secure country."[35]

Ursachen der Staatenrevolution

Der Zerfall des kommunistischen, sowjetisch dominierten Staatensystems ist ein in der Geschichte einmaliger Vorgang. Die Geschwindigkeit des Zusammenbruchs läßt den französischen Revolutionsforscher François Furet an das napoleonische Reich, gleichfalls ein postrevolutionäres Gebilde, denken, das binnen weniger Monate auseinanderfiel.[36]

Zusammenbruch des Kommunismus. Die Hauptursache für den Entschluß der Führung in Moskau, den Umbau der Staatensystems ebenso wie der dazugehörigen nationalen Systeme einzuleiten, ist in systemimmanenten Faktoren zu suchen. Der Bankrott des sowjetischen Systems, so Furet, hatte vorwiegend interne Gründe:

> "Es gab keine Aggression von außen, es wurde kein Krieg verloren, und es war auch nicht die Revolution in einem Nachbarland, die auf Rußland übergegriffen hätte. Weder Reagan's 'Star Wars' noch der verlustreiche Krieg in Afghanistan oder gar die mitteleuropäische Revolution haben laut Furet die Veränderungen in der Sowjetunion ausgelöst - sie haben sie bestenfalls beschleunigt."

Zu den exogenen Faktoren zählen die- aus Moskauer Sicht negativen - Veränderungen seiner strategischen und wirtschaftlichen Interessenlage.

Wirtschaftliche Belastung. Veränderungen der außenwirtschaftlichen Rahmenbedingungen im Zusammenhang mit den Ölkrisen der siebziger Jahre führten in der Sowjetunion zu einem Umdenken hinsichtlich der Rationalität der Wirtschaftsbeziehungen innerhalb des östlichen Staatensystems. Valerie Bunce hatte bereits vor dem Machtantritt Gorbačevs und damit vor dem Beginn der revolutionären Veränderungen in Ostmitteleu-

---

[35] Valerie Bunce: "The Struggle for Liberal Democracy in Eastern Europe", in: *World Policy Journal* 3 (1990).

[36] Siehe hierzu: Jürg Altwegg: "Die Supermacht ohne Zivilisation", in: *Frankfurter Allgemeine Zeitung*, 1.12.1990.

ropa darauf hingewiesen, daß der Ostblock für den sowjetischen aus einem Vorteil ("asset") zu einer Belastung ("liability") geworden war.[37] Mit dieser Einschätzung stand sie damals nicht allein. Tatsächlich stellte man sich in Moskau immer häufiger die Frage, ob es auch weiterhin politisch sinnvoll sei, sowjetische Rohstoffvorkommen, die auch auf westlichen Märkten gegen harte Devisen absetzbar waren, im Austausch gegen "weiche" Güter aus den Satellitenländern zu akzeptieren.[38]

Spiegelbildlich zur veränderten imperialem Kosten-Nutzen-Rechnung, die in Moskau aufgemacht wurde, vollzog sich auch in den kleineren Gefolgsstaaten der UdSSR ein perzeptiver Wandel. In dem Maße wie die Bereitschaft der Sowjetunion abnahm, den Rohstoffhunger dieser Staaten unbegrenzt zu befriedigen und den eigenen Markt zum "Misthaufen" für ihre im Westen nicht absetzbaren Waren werden zu lassen, wie Michail Gorbačev anläßlich eines Besuchs in Bukarest im Mai 1987 monierte, verstärkten sich die zentrifugalen Tendenzen der kleineren Gefolgsstaaten. Die sowjetische Klammer behinderte ihre Chancen einer engeren wirtschaftlichen Kooperation mit den entwickelten westlichen Staaten. Auch mußten die kleineren Mitgliedstaaten des Warschauer Pakts sich in zunehmendem Maße an den Rüstungsaugaben des Warschauer Pakts und an der Finanzierung der sowjetischen Militäroperationen beteiligen. Im Anschluß an die 1977 begonnene Dislozierung sowjetischer Mittelstreckenraketen auf dem Territorium einiger seiner Gefolgsstaaten steigerte sich dort das Gefühl der akuten militärischen Bedrohung im Zuge des Ost-West-Konflikts.

Ähnlich wie Valerie Bunce bewertet auch die polnische Sozialwissenschaftlerin Jadwiga Staniszkis die Revolutionen des Jahres 1989 als einen Prozeß der gelenkten Modernisierung und Rationalisierung des östlichen Staatensystems im politischen wie auch im ökonomischen Sinne:

> "Die jüngsten Transformationen [sollten] nicht als Auflösung des Imperiums interpretiert werden, sondern als das Bemühen des Imperiums, sich besser an das Weltsystem anzupassen. Diese Anpassung vollzieht sich als eine Evolution vom formellen zum informellen Imperium und beruht auf der Logik der Arbeitsteilung und der 'natürlichen' Schwerkräfte der Märkte und nicht länger

---

[37] Valerie Bunce: "The Empire Strikes Back: The Evolution of the Eastern Bloc from a Societ Asset to a Soviet Liability", in: *International Organization* 39 (Winter 1984-1985), S. 1-4, und dies.: "Soviet Decline as a Regional Hegemon: Gorbačev and Eastern Europe", in: *Eastern European Politics and Societies*, Vol. 3 (Spring 1989), S. 235-267.

[38] Gerhard Wettig: "Die sowjetische Rolle beim Umsturz in der DDR und bei der Einleitung des deutschen Eingungsprozesses", in: Jürgen Elvert / Michael Salewski (Hrsg.): Der Umbruch in Osteuropa, Stuttgart 1993, S.39-41.

mehr nur auf Zwang. Diese verzerrt jedoch in gewissem Grade die Machtstrukturen, die kürzlich in Osteuropa entstanden sind."[39]

John Lough verweist zudem auf die positiven Folgen der imperialen "Entlastung" der Sowjetunion für Moskaus Verteidigungsposition. Mit dem "Verlust" Osteuropas, so Lough, habe sich die Sowjetunion zugleich einer ökonomischen und politischen Bürde entledigt. Dies verspreche ihr für die Zukunft eine bessere und weniger aufwendige Verteidigungsposition:

"Gorbachev and Shevardnaze have indisputably led the USSR, albeit blindly, to a safer, far cheaper and more rational defence posture vis-à-vis the West without the burden of empire and military confrontion."[40]

Die Politik Moskaus war langfristig angelegt. In Moskau, so die tschechoslowakische Zeitung *Mlada Fronta Dnes*, rechneten führende einschlägige Forschungsinstitute für die ehemaligen Satellitenstaaten mit einer sich verschlechternden ökonomischen Lage und einer anhaltenden wirtschaftlichen Abhängigkeit von der Sowjetunion, die von dieser als Mittel zur Druckausübung eingesetzt werden könne. Die Sowjetunion rechne damit, daß in fünf bis sieben Jahren die Voraussetzungen für eine Wiederherstellung des Einflusses sozialistischer Ideen in diesen Staaten geschaffen werden könnten. Osteuropa könne der UdSSR gleichzeitig auch als Laboratorium für eigene Wirtschaftsreformen dienen - selbstverständlich ohne deren teuer bezahlte Fehler.[41]

Außenpolitischer Wandel. Seit Anfang der achtziger Jahre zeichneten sich im außenpolitischen Umfeld der Sowjetunion einschneidende Veränderungen ab. Insbesondere zwei Faktoren dürften in der sowjetischen Führung ein Umdenken eingeleitet und schließlich zu einer radikalen Wende ihrer Außenpolitik geführt haben: der Nachrüstungsbeschluß der NATO und der Entschluß der Mitgliedstaaten der EG zur Bildung einer politischen Union. In der sowjetischen Führung setzte sich daraufhin die Erkenntnis durch, daß sie weder über die fortschrittlichen Technologien noch über die nötigen Ressourcen verfügte, um den Rüstungswettlauf mit den Vereinigten Staaten weiterhin bestehen zu können. Zum anderen sah man in Moskau die Gefahr, von der benachbarten Wohlstands- und

---

[39] Jadwiga Staniszkis: "Dilemmata der Demokratie in Osteuropa", in: Rainer Deppe / Helmut Dubiel / Ulrich Rödel (Hrsg.): Demokratischer Umbruch in Osteuropa, Frankfurt am Main 1991, S. 330-331.

[40] John Lough: "German Unification Accidentally on Purpose", in: *Soviet Analyst*, 7.11.1990, S. 1-2.

[41] Referiert in einer Sendung von *Radio Prag*, 6.2.1991.

Wachstumsregion Europa isoliert und zur Regionalmacht deklassiert zu werden. Zu den wichtigsten außenpolitischen Zielen, die die sowjetischen Reformer mit der radikalen Umgestaltung ihres Staatensystems verfolgten, gehörte denn auch die Beendigung des Rüstungswettlaufs mit den USA und die Annäherung an (West-)Europa.

Sergej A. Karaganov, der stellvertretende Direktor des Europa-Instituts der Akademie der Wissenschaften der UdSSR, hat eine stringente Analyse der eng miteinander verzahnten außen-, block- und innenpolitischen Motivationen vorgelegt, die die sowjetische Führung unter Michail Gorbačev dazu bewogen hatten, ihre eigene Politik und die der Länder in dem von ihr dominierten Staatensytem zu revolutionieren:

> "The cold-war system of bloc confrontation has started not only to show cracks, as in previous years, but actually to fall apart. That system was highly unfavourable to the Soviet Union, in that the USSR found itself in a position of opposition to states with a preponderant economic wealth. The confrontation has resulted in the USSR having reduced access to the scientific, technical and cultural achievements of the most developed part of the world. Even worse, it has served to strengthen the position in Soviet society of the more conservative groups and social and political structures. Indeed, the East-West confrontation has delayed the long-necessary reforms and process of democratization, thus contributing to the stagnation and crisis which the USSR is now trying to overcome."

Karaganovs Ausführungen lassen zudem erkennen, für wie bedeutend in Moskau der Rückkoppelungseffekt der Reformbewegungen innerhalb des Ostblocks eingeschätzt wurde: "In addition, the changes in the German Democratic Republic, Czechoslovakia and Romania have provided a potent push for perestrojka."[42]

Um den Bau einer "Festung Europa" zu verhindern, bei dem die Sowjetunion draußen vor der Tür geblieben wäre, propagierte Gorbačev stattdessen den Bau des "Gemeinsamen Europäischen Hauses". Die neue Moskauer Führung hatte früh erkannt, daß eine "Europäisierung der Sowjetunion" ohne eine "De-Sowjetisierung Osteuropas" nicht möglich sei, sagte Eduard Ševardnaze, einer der Architekten des gezielten Umbaus, im Februar 1990 in einer Rede auf dem Plenum des Zentralkomitees der KPdSU:

> "Today you hear people say: ... why did we not foresee the events in these countries? We did! And that was why, starting in April 1985, we

---

[42] Sergej A. Karaganov: "The Year of Europe: A Soviet View", in: *Survival*, Vol. 32 (March/April 1990), S. 121-128.

fundamentally restructured the nature of interstate ties with them, abandoned interference in their internal affairs and stopped imposing solutions."[43]

Karaganov ging sogar einen Schritt weiter als Ševardnaze, indem er die Revolutionen des Jahres 1989 in Osteuropa als den in mancherlei Hinsicht krönenden Erfolg der sowjetischen Europa-Politik ("in many respects the crowning success of the recent Soviet European policy") bezeichnete.[44]

Technologische Rückständigkeit. Auf technologischem Gebiet waren im Zuge der dritten wissenschaftlichen Revolution die Computertechnik revolutioniert, neue Materialien entwickelt und neue Herstellungstechniken eingeführt worden. Die Führung der Sowjetunion mußte einsehen, daß die eigene Industrie, nicht zuletzt die Rüstungsindustrie, der westlichen Konkurrenz nicht mehr gewachsen war. Es war offensichtlich, daß technischer Fortschritt in der Sowjetunion ohne einen verbesserten Zugang zu - und den Transfer von - westlicher Technologie nicht zu erreichen war. Zugleich mußte die Öffnung der sowjetischen Gesellschaft und ihre Umwandlung in eine moderne Informationsgesellschaft vorangetrieben werden.

Kultureller Wandel. Seit Mitte der siebziger Jahre waren die Sowjetunion ebenso die kleineren Staaten Ostmitteleuropas in zunehmendem Maße dem kulturellen Einfluß der Ideen ausgesetzt gewesen, so wie sie in der 1975 unterzeichneten Schlußakte der Konferenz für Sicherheit und Zusammenarbeit verankert waren. Insbesondere die im sogenannten "Dritten Korb" der KSZE postulierten bürgerlichen Grundrechte, die seither in den kommunistischen Staaten zu einklagbaren Bürgerrechten geworden waren, haben einen wichtigen gesellschaftlichen Wandel in der Sowjetunion ebenso wie in den Staaten Ostmitteleuropas ausgelöst. Sie trugen nicht nur zur Delegitimierung der Führungen dieser Länder bei, sondern auch zur Entstehung autonomer gesellschaftlicher Gruppen.[45] Wollte die sowjetische Führung die ideologische Konfrontation bestehen, mußte sie sich einige der liberalen Ideen dieser Gruppen im Zuge einer Art "Nachtrabpolitik" zu eigen machen und sogar versuchen, sich an die Spitze solcher Bewegungen zu stellen.[46]

---

[43] Zitiert nach Karen Davisha: Eastern Europe, Gorbachev and Reform. The Great Challenge, Cambridge etc. 1990, S. 197-198.

[44] Sergej A. Karaganov: "The Year of Europe: A Soviet View", in: *Survival*, Vol. 32 (March/April 1990), S. 121-128.

[45] Siehe hierzu: Sabrina P. Ramet: Social Currents in Eastern Europe. The Sources and Consequences of the Great Transformation, Durham/London 1995, S. 161.

[46] Eckhard Jesse: "Gemeinsames Haus Europa. Die Zukunft Europas aus sowjetischer Sicht", in: *Frankfurter Allgemeine Zeitung*, 27.3.1991.

4. Die geopolitische Revolution

Die nationalen Revolutionen in den Staaten des Ostblocks und die revolutionäre Umgestaltung des östlichen Staatensystems waren nur in einem Klima gewandelter Beziehungen zwischen den Großmächten denkbar und möglich. Dieser Faktor hat in der wissenschaftlichen Literatur zu diesem Thema eine vergleichsweise untergeordnete Rolle gespielt. Dabei war die Rückversicherung, die der Westen dem sowjetische Staats- und Parteichef für den Umbau des sowjetisch dominierten Staatensystems gewährt hatte, von entscheidender Bedeutung für den erfolgreichen und friedlichen Verlaufs der ostmitteleuropäischen Revolution. Es war wohl keineswegs zufällig, daß Gorbačev mit seiner Doktrin der freien Wahl der Regierungsform wortwörtlich an die von den Allierten des Zweiten Weltkriegs im Februar 1944 in Jalta unterzeichnete "Erklärung für das befreite Europa" anknüpfte. Damit signalisierte die Sowjetunion *de facto* ihre Bereitschaft, zu der Geschäftsgrundlage der Siegermächte des Zweiten Weltkriegs vor dem Beginn des Kalten Krieges zurückzukehren.[47]

Im Westen wurde die neue Haltung der sowjetischen Führung als Eingehen auf frühere westliche Angebote gewertet, die es Moskau ermöglichen sollten, "seine Kontrolle über die osteuropäischen Länder zu lockern, ohne für die eigene Sicherheit fürchten zu müssen."[48] Nachdem Henry Kissingers ehemaliger Berater Helmut Sonnenfeldt den kleineren Warschauer Pakt-Staaten bereits Ende der siebziger Jahre zur Herstellung "organischer Beziehungen" zur Sowjetunion geraten hatte (die sogenannte "Sonnenfeldt-Doktrin"),[49] empfahl Henry Kissinger Anfang der achtziger Jahre der neuen Reagan-Administration, sie solle "den bisherigen Satellitenländern die Lockerung sowjetischer Vormundschaft bringen bei gleichzeitiger Zusicherung an den Kreml, die Vereinigten Staaten und ihre Ver-

---

[47] Es ergeben sich interessante Parallelen zu der vom amerikanischen Präsidenten Woodrow Wilson 1917 proklamierten "Monroedoktrin der Welt", derzufolge "kein Volk danach streben sollte, seine Regierungsform auf irgendein anderes Volk oder eine Nation auszudehnen". Siehe Erwin Hölzle: "Die amerikanische und die bolschewistische Weltrevolution", in: Hellmuth Rößler (Hrsg.): Weltwende 1917. Monarchie. Weltrevolution. Demokratie, Göttingen etc. 1965, S. 169-188.

[48] "Stillhalte-Vorschlag zum Wandel in Osteuropa", in: *Frankfurter Allgemeine Zeitung,* 30.3.1989.

[49] Siehe hierzu: Josef Riedmiller: "Die Wiederentdeckung Osteuropas", in: *Süddeutsche Zeitung,* 21.4.1989.

bündeten gedächten nicht, die neue Konstellation zum Schaden der UdSSR auszunutzen".[50] Die Überlegung, den Gegner (eines heißen oder kalten) Krieges von gestern in ein Sicherheitssystem von morgen einzubinden, ist historisch nicht ungewöhnlich und für die USA nicht neu. Als das geschichtliche Modell des amerikanisch-sowjetischen Interessenausgleichs des Jahres 1989 bezeichnete Henry Kissinger in einem Rundfunkinterview den Wiener Kongress und die dort beschlossene Neuordnung des europäischen Gleichgewichts.[51] Die USA hatten diese Politik nach 1945 gegenüber dem besiegten Kriegsgegner Deutschland praktiziert - mit großem politischem und wirtschaftlichem Erfolg, wenn man bedenkt, daß der Wiederaufbau Westeuropas dort ein riesiges Exportpotential für amerikanische Produkte geschaffen hat.

Das öffentlich vorgetragene, wenngleich informelle Stillhalte-Angebot des Westens übermittelte der amerikanische Präsident George Bush der UdSSR am 30.5.1989 in seiner Rede in der Mainzer Rheingoldhalle. Darin unterbreiteten die USA der Sowjetunion ein Angebot auf Beendigung des Kalten Krieges, der Teilung Europas und der Teilung Deutschlands. Im Austausch für die Zulassung politischer Parteien und freier Wahlen im Hegemonialbereich der Sowjetunion - für jene Verpflichtungen also, die Stalin zwar in Jalta unterschrieben, dann aber unterlaufen hatte - verpflichteten sich die Vereinigten Staaten ihrerseits, die "legitimen Sicherheitsinteressen" der Sowjetunion zu achten, bestehende Beschränkungen der Technologieexporte in die UdSSR zurückzunehmen und im Bereich des Umweltschutzes enger mit Moskau zusammenzuarbeiten."[52] Bushs vielbeachtete und weltweit übertragene Rede war zudem ein an die Staaten und Völker Ostmitteleuropas gerichtetes Signal. Es lautete: Die politischen Umwälzungen in dieser Region setzen den Konsens der beiden Großmächte voraus. Sie werden nicht zu einem Ost-West-Konflikt führen. Die inoffizielle Übereinkunft zwischen den beiden Staaten wurde dann bei einer Zusammenkunft der Präsidenten George Bush und Michail Gorbačev am 2. und 3. Dezember 1989 vor Malta besiegelt, wie eine inzwischen reichhaltige Literatur belegt.[53]

---

[50] Andreas Oplatka, "Unsichere Rezepte für Ostmitteleuropa", in: *Neue Zürcher Zeitung,* 9./10.4.1989.

[51] *Bayerischer Rundfunk,* 28.1.1996.

[52] "Rede des amerikanischen Präsidenten Bush in Mainz", in: *Süddeutsche Zeitung,* 1.6.1989.

[53] Siehe beispielsweise: Michael R. Beschloss / Strobe Talbott: At the Highest Levels, Boston 1993.

Die Interessen der Großmächte. Es stellt sich die Frage nach der Interessenlage der USA und der UdSSR beim Abschluß einer solchen Übereinkunft. Dafür lassen sich einige fundierte Hypothesen anführen:

- Ohne eine wie auch immer geartete Stillhalte-Vereinbarung mit den USA - die als verbindlich erachtete Sicherheitsgarantie des Westens - hätte Moskau die Risiken nicht wagen können, die der radikale Umbruch seines Staatensystems sowie die Umwälzungen in den einzelnen ostmitteleuropäischen Staaten mit sich hätten bringen können.

- Aus der Perspektive der Sowjetunion stand die - offenbar mit den USA abgesprochene - Sicherung der von der Sowjetunion im Zweiten Weltkrieg erzielten Territorialgewinne mit an erster Stelle. Das sogenannte "System von Jalta" und die - aus Moskauer Sicht dort festgeschriebene - territoriale Nachkriegsordnung in Europa war für keine sowjetische Führung nach 1944 verhandelbar.[54]

- Zwar stellte Gorbačev den Gefolgsstaaten die Freiheit der Wahl ihres künftigen Gesellschaftssystems in Aussicht. In Moskau ging man aber davon aus, daß der Westen sich angesichts seiner begeisterten Aufnahme der Ideen Gorbačevs mit einem Demokratisierungsprozeß à la Perestrojka und Glasnost im ehemaligen Ostblock begnügen würde. Die ehemalige Monopol- und Einheitspartei, so lautete das Kalkül aus Moskauer Führungskreisen, würde mit politischen Mitteln darum kämpfen, die herrschende Partei zu bleiben, so Alexander Karaganow, ein ehemaliger ZK-Sekretär der KPdSU.[55]

- Keine der beiden Großmächte hatte angesichts der unabsehbaren Folgen einer solchen Entwicklung ein Interesse an einem unkontrollierten Zusammenbruch des kommunistischen Staatensystems.

- Umso größer war das beiderseitige Interesse an einer Reduzierung ihrer jeweiligen Rüstungsanstrengungen, welche die Beendigung der Blockkonfrontation notwendigerweise mit sich bringen würde.

- Die Zusammenarbeit zwischen USA und UdSSR zielte über den ostmitteleuropäischen Raum hinaus. Beide Mächte waren daran interessiert, sich von den Problemen zu befreien, die ihnen aus der weltweiten Unterstützung ihrer jeweiligen Stellvertreterregime erwuchsen.

---

[54] Bogumil Rychlowski: "The Yalta Conference and Today", in: *International Affairs*, Juli 1984.

[55] "As a Communist Party, we are going to fight to remain the ruling party, but through political means, through communists in parliaments, in other bodies of government, and so on"; siehe *Radio Moskau*, 8.2.1990.

– Darüber hinaus eröffneten sich für den Westen mit der Lockerung des zentralistischen Kommandosystems und der Öffnung der Märkte im Osten riesige wirtschaftliche Chancen.

Es besteht kein Zweifel, daß der oben beschriebene Interessenausgleich zwischen den USA und der UdSSR für alle Staaten des sowjetisch beherrschten Staatensystems die *conditio sine qua non* des politischen Gesamtprozesses darstellte, ohne die es weder zu den Revolutionen des Jahres 1989 noch zur anschließenden demokratischen und marktwirtschaftlichen Transformation dieser Staaten gekommen wäre. Im Zuge dieses Interessenausgleichs unterlag auch die Politik des Westens gegenüber der Sowjetunion und den kleineren ostmitteleuropäischen Staaten dramatischen, um nicht zu sagen "revolutionären" Veränderungen. Vom "Reich des Bösen", wie Präsident Ronald Reagan die Sowjetunion genannt hatte und dem Vergleich Michail Gorbačevs mit Joseph Göbbels, den der deutsche Bundeskanzler Helmuth Kohl gebraucht hatte, mutierte die UdSSR innerhalb kürzester Frist zum respektierten Sicherheitspartner sowie zum Transmissionsriemen westlicher Werte nach Osten und Gorbačev zum Bannerträger von Demokratie und Marktwirtschaft. Entsprechend ihrer radikal modifizierten Wahrnehmung der Sowjetunion änderten die USA und ihre westlichen Verbündeten ihre Sowjetpolitik. Das westliche Konzept der "Differenzierung" in den Beziehungen zu den Staaten des Ostblocks, wonach jene Staaten eine Vorzugsbehandlung durch die USA und ihre Verbündeten erfuhren, deren Politik der Wert eines "Störeffekts" (*nuisance value*) der sowjetischen Bestrebungen zur weiteren Integration des östlichen Bündnisses zugeschrieben wurde, galt am am Vorabend des Revolutionsjahres 1989 nicht mehr. An die Stelle des alten, außenpolitisch motivierten und vom Blockdenken geprägten Konzepts traten nun innenpolitische Kriterien wie Reformwilligkeit und innenpolitische Liberalisierung nach dem Muster von Gorbačevs *Perestrojka* und *Glasnost*.[56]

---

[56] Axel Zarges, Sprecher der EVP-Fraktion im Europäischen Parlament, in: *Frankfurter Allgemeine Zeitung*, 2.1.1989.

5. Die nationalen Revolutionen in Ostmitteleuropa

Die strukturelle Gleichartigkeit der Einzelsysteme und ihre enge Interdependenz hatte notwendigerweise zur Folge, daß der radikale Wandel im sowjetisch dominierten Großsystem ebenso wie in der Gesamtheit seiner Einzelsysteme einschließlich der Sowjetunion mithilfe der klassischen Regelungs- und Rückkoppelungsmechanismen gesteuert wurde. Allerdings erfolgte die Steuerung nicht mehr über die Führungseliten der Satellitenstaaten, sondern auf dem Wege der Aktivierung der Gegeneliten, der "Volksmassen" und der "fünften Kolonnen" der Sowjetunion in diesen Ländern. Aus der Sicht der sowjetischen Führung sollte der Systemwandel in den Satellitenstaaten auf dem Wege der geregelten Übernahme des sowjetischen Reformmodells durch die jeweiligen nationalen Führungen erfolgen. Das sowjetische Modell sollte von den jeweiligen Staats- und Parteiführungen im Zuge eines ebenfalls gesteuerten Systemwandels verankert werden. Auf beiden Ebenen waren die entsprechenden Prozesse als Formen eines radikalen, aber legalen Wandels von oben konzipiert, um einem möglichen wenn nicht gar wahrscheinlichen revolutionären Wandel von unten zuvorzukommen.

Systemwandel - in der Sowjetunion wie auch in den kleineren ostmitteleuropäischen Satellitenstaaten - war aber nur im Zuge einer Auswechslung der Eliten möglich. In der Sowjetunion war zum Jahresende 1982 mit der Wahl des ehemaligen KGB-Chefs Jurij Andropow zum neuen Generalsekretärs der KPdSU ein Vertreter und Befürworter der neuen technokratischen Eliten aus Partei und Geheimdienst an die Macht gelangt. Nach einem kurzen "gegenrevolutionären" Intermezzo während der Amtszeit von Generalsekretär Konstantin Černenko gelangten im März 1985 mit Michail Gorbačev jene politischen Kräfte an die politischen Schaltstellen in der Sowjetunion und damit auch im sowjetisch dominierten kommunistischen Staatensystem, die an einer systemerhaltenden Reform des Staatensystems in seiner Gesamtheit und in seinen Einzelteilen die einzige Chance für das Überleben dieses Systems erblickten.

Um den Wandel des gesamten Staatensystems zu realisieren, mußte die neue sowjetische Führung unter Michail Gorbačev einen radikalen Wandel von oben in der Sowjetunion selbst in Gang setzen. Im Namen von *Perestrojka*, *Glasnost* und dem "Neuen Denken" wurde in der Russischen Föderativen Sowjetrepublik ebenso wie in den nichtrussischen Teilrepubliken in wenigen Jahren ein Elitenaustausch großen Ausmaßes durchgeführt. Dennoch manifestierte sich in Teilen der Parteinomenklatura (Jegor Ligačev), der Armee und des KGB massiver Widerstand gegen die Ziele der innersowjetischen Revolution (Elitenwechsel, Verlust von Privilegien)

ebenso wie gegen eine radikale Umgestaltung des sowjetisch dominierten
Staatensystems. Dieser Widerstand führte zum konterrevolutionären
Putsch vom August 1991. Das Auseinanderfallen der revolutionären Ko-
alition und der Sieg Boris Jelzins mit der Russischen Sowjetrepublik als
Machtbasis über Michail Gorbačev, der sich auf den in sich gespaltenen
Apparat der Sowjetunion abstützte, führte zum Auseinanderfallen der
Sowjetunion. Zur Zeit läuft der Prozeß der beabsichtigten Rezentralisie-
rung - in aktualisierter Form und auf höherem Niveau - der drei miteinan-
der verschachtelten Systeme, die seit 1989 zerfallen sind: der Russischen
Föderation, der Sowjetunion und des sowjetisch dominierten ostmitteleu-
ropäischen Staatensystems.

Um die synchrone Übernahme eines auf das sowjetische Vorbild abge-
stimmten Modells des radikalen Wandels durch die Satellitenstaaten zu
gewährleisten, mußten aus der Sicht der neuen sowjetischen Führung auch
die dortigen Regime ersetzt werden. Die alten Brežnev-freundlichen Führungsgremien sollten durch neue, reformorientierte und loyal zu Gorbačev
stehende Führungsgremien ersetzt werden. Daraus erwuchs der Führung in
Moskau ein Dilemma, denn diese Führer konnten nicht mehr nach altem
Muster aus ihren Positionen gedrängt werden, wenn die sowjetische Politik des "Neuen Denkens" glaubhaft erscheinen sollte. Eduard Ševardnaze
erläuterte dieses Dilemma in seiner bereits erwähnten Rede:

> "It is easier to change policy than to change people. Many leaders of these
> countries were cut from the same cloth ... Some of them came to power not
> without the help of the former Soviet leaders, but after April 1985 they could
> not be removed from power by the current Soviet leadership since, I repeat, it
> had forsworn interference in other countries' internal affairs." [57]

In Wirklichkeit hatte die Sowjetunion aber nur der direkten militärischen
Intervention abgeschworen, dafür aber andere Formen der Einflußnahme
auf den Gang der Ereignisse in den Satellitenstaaten umso intensiver genutzt. Dazu zählt die Destabilisierung der alten Führungsriegen sowie die
offene oder verdeckte Ermutigung alternativer Eliten und die Appelle an
"das Volk". Charles Gati führt einige von Gorbačevs Aktionen der direkten Einflußnahme auf die in den ostmitteleuropäischen Staaten ablaufenden Machtkämpfe zwischen rivalisierenden Eliten an. Im Mai 1989 habe
Gorbačev die ungarische KP-Führung dazu ermutigt, János Kádár zu stürzen; im August 1989 habe er durch Anrufe bei prominenten polnischen
Vertretern versucht, die polnische KP zum Rücktritt zu bewegen. Im Oktober 1989 habe er Egon Krenz gestattet, Honeckers Schießbefehl gegen

---

[57] Zitiert nach: Karen Davisha: Eastern Europe, Gorbachev and Reform. The Great
Challenge, Cambridge etc. 1990, S. 197-198.

die Teilnehmer an den Straßenprotesten wieder aufzuheben und die Sowjetunion habe nichts gegen die Öffnung der Berliner Mauer unternommen. Im November 1989, einen Tag vor einem entscheidenden ZK-Treffen der bulgarischen KP, habe Gorbačev den von ihm favorisierten Živkov-Nachfolger Petar Mladenov in die Sowjetunion eingeladen, um seine Unzufriedenheit mit dem alten Regime Todor Živkovs deutlich zu machen.[58] Die komplexe Rolle der Sowjetunion im Vorfeld und im Verlauf der rumänischen Revolution wird in einem gesonderten Kapitel näher untersucht werden.

Der Symbiosecharakter des Wandels in Ostmitteleuropa[59] wäre allerdings ohne die strukturelle Gleichartigkeit diesen Staaten nicht denkbar gewesen. Sie beruhte auf den diesen Staaten nach Kriegsende von der Sowjetunion aufgezwungenen ideologischen, politischen und wirtschaftlichen Strukturen (Einparteiensystem, Ideologiemonopol, Kommandowirtschaft), der supranationalen Verflechtung ihrer Eliten, ihrer innen- wie außenpolitischen Ausrichtung auf die Hegemonialinteressen der UdSSR, ihrer Einbindung in supranationale Organisationen und nicht zuletzt der von Moskau gewährten Systemgarantie in Form der sogenannten "Brežnev-Doktrin".

Die Ursachen der nationalen Revolutionen

Wirtschafts- und Finanzkrisen. Die Krise, die beginnend mit der zweiten Hälfte der siebziger Jahre alle kommunistischen ostmitteleuropäischen Staaten erfaßte, entstand aus einem Zusammentreffen zweier Tendenzen: dem wachsenden gesellschaftlichen Druck infolge zunehmender wirtschaftlicher Schwierigkeiten und dem abnehmenden Vertrauen breiter Schichten der Bevölkerung in die Fähigkeit der bisherigen (kommunistischen) Führungseliten, die Krise mit den bisherigen systemtypischen Mitteln zu lösen. In all diesen Ländern war bei knapper werdenden Ressourcen und zunehmender Umweltverschmutzung ein Rückgang des Wirtschaftswachstums und der Produktivität zu verzeichnen. Der technologische Abstand zu den entwickelten Industrieländern wuchs ständig. Nach den Erdölkrisen kam es zudem in all diesen Staaten zu akuten Finanzproblemen. Daraus entstanden neue wirtschaftliche Ungleichge-

---

[58] Charles Gati: The Bloc that Failed. Soviet-East European Relations in Transition, London 1990, S. 187.

[59] "The Symbiotic Nature of Change in Eastern Europe", zitiert nach: David S. Mason: Revolution in East-Central Europe. The Rise and Fall of Communism and the Cold War, Boulder etc., 1992, S. 111.

wichte, ganz gleich ob die Regierungen dieser Staaten die Schulden weiter anwachsen ließen, um ein Aufbegehren der Bevölkerung zu verhindern (Polen, Ungarn), oder ob die Schulden wie im Falle Rumäniens getilgt und die sozialen Spannungen dadurch verschärft wurden.

Erosion der Ideologie. Angesichts der sich permanent verschlechternden Versorgungslage und dem Niedergang der staatlichen Gesundheits- und Fürsorgesysteme in diesen Ländern kam es zu einer Erosion der vorherrschenden Ideologie des Marxismus-Leninismus. In der Bevölkerung schwand - sofern er überhaupt jemals existiert hatte - der Glaube an die Fähigkeit des sozialistischen Wirtschafts- und Gesellschaftsmodells, Rezepte und Strategien für die Lösung der anstehenden Probleme liefern zu können. Innerhalb der kommunistischen Staatsparteien begann sich die Bildung von Interessengruppen und Fraktionen abzuzeichnen. Vor allem die jüngere Technokratengeneration geriet zunehmend in Opposition zur alten Funktionärsriege.

Delegitimierung der Regime. Einen wichtigen Faktor - und zugleich Indikator - der progressiven Delegitimierung der kommunistischen Regime in Ostmitteleuropa stellt der Abfall der Intellektuellen dar. In dem Maße, wie das gesamtgesellschaftliche Vertrauen in die Regenerierbarkeit des politischen Systems schwand, kündigten die prägnanten geistigen Kräfte dem Regime ihre Loyalität auf.[60] Diese Entwicklung wurde dadurch beschleunigt, daß sich die intellektuelle Opposition dieser Staaten im Westen zunehmender Aufmerksamkeit erfreute. Auch die zentralistische Kommandowirtschaft zeigte Schwächen: Schattenwirtschaft und Schwarzhandel breiteten sich aus, am Rande der staatlich gelenkten Wirtschaftssystems bildeten sich okkulte marktwirtschaftliche Nischen vom Typus des KOKO-Imperiums in der DDR, die den Niedergang des gesamten Systems weiter beschleunigten.

Autoritätsverlust der kommunistischen Parteien. Die sich über einen längeren Zeitraum hinziehende krisenbedingte Erosion ihrer Autorität führte schließlich zur Krise und zu einem schweren Legitimationsverlust der kommunistischen Parteien. Die Gesellschaft traute ihnen nicht mehr zu, die komplexen wirtschaftlichen und sozialen Probleme ihrer Länder meistern zu können. Die Partei, so der für Ideologiefragen zuständige Sekretär der Ungarischen Sozialistischen Arbeiterpartei (USAP), János Berecz, im November 1988, sei unfähig, die politische Erneuerung allein zu bewerkstelligen. Die anstehenden Probleme seien nur noch auf der

---

[60] Siehe das Kapitel über intellektuelle Eliten.

Basis einer nationalen Konsenspolitik durch die Einbindung anderer politischer Kräfte neben der KP zu bewerkstelligen:

"The party is unable to implement the political renewal on its own ... Our nation's interests require us to find today the points of national consensus which could represent the framework and substance of a compromise."[61]

In keinem dieser Staaten war die herrschende KP bereit, ihr Machtmonopol freiwillig zu teilen oder gar aufzugeben, nicht zuletzt deswegen, weil die Fülle der Macht dieser Partei historisch einmalig war. Dazu schrieb Hannelore Horn:

"Noch nie mußte in der Geschichte eine Elite abtreten, die mit einer zentralistisch-straff organisierten Kader- und Massenpartei vierzig Jahre lang geherrscht hatte. Diese herrschende Schicht verfügte kraft ihrer Anhänger über alle Ressourcen der Gesellschaft, wobei politische Verläßlichkeit mehr galt als fachliche Leistung. Ihr Herrschaftswissen erstreckte sich bis in die persönlichen Lebensbereiche der Bürger. Als Folge ideologischer Vorgaben, politischer Loyalitäten, vielfältiger Begünstigung oder auch erpresserischer Verpflichtung schuf das Einparteiensytem langfristig wirkende persönliche Bindungen bzw. Abhängigkeiten großen Umfangs."[62]

Dort, wo sich die oberste Führungsriege der KP dagegen sträubte, ihre Macht abzugeben oder auch nur zu teilen, wurde ihre Legitimation künstlich erschüttert - zumeist von Vertretern innerparteilicher Fraktionen die, so ist anzunehmen, den Zielen der von Moskau gelenkten Revolutionierung des kommunistischen Staatensystems in seiner Gesamtheit verpflichtet waren. Imre Pozsgay, einer der prominenten Protagonisten der Demontage der *Ungarischen Sozialistischen Arbeiterpartei (USAP)*, hat diesen Vorgang sehr anschaulich dargestellt. Anfang 1989, so Pozsgay, war das "Sendungsbewußtsein" der Partei längst gebrochen, die "Anmaßung von Omnipotenz und Omnikompetenz" schon am Verblassen: "Doch die Macht als solche war nicht gebrochen. Um auch die Macht der Staatspartei brechen zu können, mußte der Anschein ihrer Legitimation vernichtet werden."

Da die Partei, so Pozsgay weiter, ihre Legitimation aus der Interpretation der Revolution von 1956 als einer Konterrevolution ableitete, während die Bevölkerung sie als Revolution betrachtete, genügte Ende Januar 1989 die öffentliche Aussage eines Mitglieds der Parteiführung, 1956 sei ein

---

[61] Veröffentlicht in *Népszabadság*, 10.11.1988, zitiert nach László Bruszt / David Stark: "Hungary", in: Ivo Banac: Eastern Europe in Revolution, Ithaca/London 1992, S. 24-25.

[62] Hannelore Horn: "Die Revolution in der DDR von 1989: Prototyp oder Sonderfall", in: *Außenpolitik* 1 (1993), S. 55-65.

"Volksaufstand" gewesen, um die regierende *USAP* in den Grundfesten ihrer Macht zu erschüttern:

"Ich könnte auch sagen, von dem Augenblick an lag die Staatspartei, die *USAP*, als Unfallopfer wie ein verendetes Pferd auf der Straße und die Verhandlungen über die Vorbereitung der Umgestaltung gingen tatsächlich fast nur noch darum, wie dieser Kadaver ohne Zwischenfall von der Straße gezogen werden könnte."[63]

Das Auftreten alternativer Führungseliten. Der Verlust der monolithischen Einheit der kommunistischen Parteien Ostmitteleuropas und die Erosion ihres Herrschaftsmonopols führte unweigerlich zu einer Aufweichung der staatlichen Autorität. Dies wiederum führte seit dem Jahr 1975, als in Helsinki die Schlußakte der Konferenz für Sicherheit und Zusammenarbeit verabschiedet und von allen Staaten des Ostblocks mitunterzeichnet wurde, zum Auftreten sozialer Bewegungen, welche die spontane Institutionalisierung sozialer, politischer und kultureller Interessen ermöglichte. Die Bedeutung dieser "schwach institutionalisierten Formen kollektiven Handelns" kann für die Vorbereitung und den Verlauf der ostmitteleuropäischen Revolutionen nicht hoch genug eingeschätzt werden.[64] Máté Szabo unterscheidet zwischen drei Phasen der Politik der sozialen Bewegungen in der Phase des sich beschleunigenden Systemwandels zwischen 1988 und 1990:

Die Phase der Krise: Die Diskrepanz zwischen Zielen und Wirklichkeit und Politik und Gesellschaft ist so groß geworden, daß Veränderungen unabwendbar werden. In dieser Phase versuchen die neuentstandenen sozialen Bewegungen, das bisher bestehende politisch-administrative Mobilisierungsmonopol des Staates zu durchbrechen und die Bandbreite der staatlichen Toleranz gegenüber sozialen Bewegungen zu erweitern.

Die Phase des Wandels: Das politische System verliert die Kontrolle über die Gesellschaft und wird selbst zum Objekt der von der Gesellschaft getragenen Transformationsprozesse. Die sozialen Bewegungen erleben ihre Blütezeit. Sie tragen entweder zur Auflösung des alten politischen

---

[63] Imre Pozsgay: "Geschichte: Eine Frage der Perspektive?", in: Hans Michael Kloth / Uwe Thaysen (Hrsg.): Wandel durch Repräsentation - Repräsentation durch Wandel. Entstehung und Ausformung der parlamentarischen Demokratie in Ungarn, Polen, der Tschechoslowakei und der ehemaligen DDR, Baden-Baden 1992, S. 57.

[64] Eine glänzende Untersuchung der sozialen Bewegungen in Ostmittleuropa und Jugoslawien liefert Sabrina P. Ramet: Social Currents in Eastern Europe. The Sources and Consequences of the Great Transformation, Durham/London 1995.

Kontrollpotentials bei oder formieren sich als Keimzellen und Träger neuer Politik.

Die Phase der Institutionalisierung: In dieser Phase des Ausbaus neuer politischer Institutionen fällt ein Teil der alten Mobilisierungsthemen weg, es entsteht ein neuer Themenzwang.[65]

Zeitpunkt und Verlauf der ostmitteleuropäischen Revolutionen wären jedoch ohne den Einfluß exogener Faktoren nicht denkbar gewesen. Von nicht zu überschätzender Bedeutung war das, was man den "Gorbačev-Faktor" nennen könnte. Doch auch die neue, auf die neue west-östliche Interessenlage abgestimmte westliche Differenzierungspolitik gegenüber den ostmitteleuropäischen Staaten spielte im Kontext eine Rolle.

Der "Gorbačev-Faktor"

Der wohl wichtigste exogene Faktor der ostmitteleuropäischen Revolutionen bestand im Wandel der Moskauer Hegemonialpolitik. Anstatt wie bisher systemkonservative Kräfte in den Staaten des Ostblocks durch Androhung oder sogar den Einsatz militärischer Mittel an der Macht zu halten, ging die Sowjetunion unter Gorbačev nun dazu über, auf die sowjetische Reformkonzeption eingeschworene Gegeneliten in diesen Ländern an die Macht zu bringen. Ohne den so genannten "Gorbačev-Faktor", "wenn es nicht diesen Präsidenten der Sowjetunion und seinen bemerkenswerten Ansatz gegeben hätte"[66], so Ralf Dahrendorf, hätten "die Ereignisse von 1989" "nicht zu dem Zeitpunkt und in der Form der Revolution oder der sanften Revolution stattgefunden. Auch Timothy Garton Ash spricht von "Interaktion" zwischen dem "'Druck aus Osteuropa" und dem "Ziehen aus Moskau" zur Jahreswende 1989/1990. Das Ziel Gorbačevs, so Ash, sei eine Revolution zur Herstellung eines "Sozialismus mit menschlichem Antlitz" gewesen. Dann sei es jedoch zum Volksprotest und schließlich zum Zusammenbruch der nicht mehr reformierbaren Regime gekommen.[67]

Im Zuge der Umgestaltung des östlichen Staatensystems kam der "Gorbačev-Faktor" in zweifacher Weise zum Tragen:

---

[65] Máté Szabo: "Die Rolle der sozialen Bewegungen im Systemwandel in Osteuropa: Ein Vergleich zwischen Ungarn, Polen und der DDR", in: *Österreichische Zeitschrift für Politikwissenschaft* 3 (1991), S. 275-288.

[66] Ralf Dahrendorf: Betrachtungen über die Revolution, Stuttgart 1990, S. 76.

[67] Timothy Garton Ash: "Rückblick auf die Entspannung", in: *Aus Politik und Zeitgeschichte. Beilage zur Wochenzeitung das Parlament*, 8.4.1994, S. 9.

passiv - durch die Rücknahme der Stabilitätsgarantie für die ostmitteleuropäischen Regime durch die Sowjetunion (Verzicht auf die "Brežnev-Doktrin");

aktiv - durch Maßnahmen zur Destabilisierung der ostmitteleuropäischen Regime (die "Gorbačev-Doktrin").

Zwar hatte die neue sowjetische Führung, wie aus den zitierten Stellungnahmen Ševardnazes und Jakovlevs auf dem ZK-Plenum der KPdSU vom Februar 1990 hervorgeht, bereits im April 1985 den Entschluß gefaßt, den Staaten des Ostblocks die Freiheit der Wahl ihrer Gesellschaftsordnung zu gewähren. Daß es sich dabei um keine echte Befreiung handelte, hat Karen Davisha treffend mit der fortdauernden Perzeption der Region als eines sowjetischen Glacis durch Moskau erklärt:

> "However, as long as Eastern Europe was part of the USSR's national security zone, it was unlikely that Moscow could allow true choice. Indeed, statements made by Gorbačev at key anniversaries such as the renewal of the Warsaw pact (which took also place in April 1985) suggested that until military doctrine was redefined, Eastern Europe would not in fact become entirely free to choose its own path of development."[68]

In der Tat hatte der neue Generalsekretär der KPdSU unmittelbar nach seinem Machtantritt im März 1985 erst einmal versucht, den militärisch-politischen Zusammenhalt und die ökonomische Integration des sowjetisch dominierten Staatensystems zu festigen. Im April 1985 wurde die Gültigkeitsdauer des Warschauer Pakts verlängert, im Dezember desselben Jahres ein breit angelegtes "Komplexprogramm" der wirtschaftlichen Zusammenarbeit der RGW-Staaten verabschiedet.[69] Stärkung, nicht Schwächung der "sozialistischen Gemeinschaft" lautete damals die Devise der neuen Führungsmannschaft ebenso wie der alten Eliten. Die Neufassung des Parteiprogramms der KPdSU betont die der sogenannten "Brežnev-Doktrin" zugrundeliegenden Prinzipien des "sozialistischen Internationalismus" und des "Schutzes der revolutionären Errungenschaften".[70]

---

[68] Karen Davisha: Eastern Europe, Gorbachev and Reform. The Great Challenge, Cambridge etc. 1990.

[69] Siehe hierzu Anneli Ute Gabanyi: "The Extension of the Warsaw Pact Treaty"; in: *Romanian Situation Report* 9, *Radio Free Europe Research*, 30.5.1995.

[70] Boris Meissner: "Die sowjetische Blockpolitik unter Gorbačev", in: Walter Althammer (Hrsg.): Südosteuropa in der Ära Gorbačev. Auswirkungen der sowjetischen Reformpolitik auf die südosteuropäischen Länder, München 1987, S. 39-50.

Mit seinem zunehmend deutlicheren Abrücken von der sogenannten "Brežnev-Doktrin", zuletzt in einer weltweit aufmerksam registrierten Rede vor dem Europarat in Straßburg am 7. Juli 1989 - machte Gorbačev deutlich, daß die Sowjetunion nicht mehr bereit war, zum Schutz der herrschenden Eliten in den kleineren Satellitenstaaten zu intervenieren. Die "knieweiche Reaktion" der Sowjetunion und ihren Verzicht auf den Einsatz von Gewalt zur Stützung der Regime in Osteuropa interpretiert John Lough als klaren Hinweis darauf, daß dies politisch beabsichtigt gewesen sei: "It can be argued that the Soviet leadership was conceptually prepared for 'the loss' of Eastern Europe, since otherwise, its knee-jerk reaction would have led it to impose order by force".[71]

Eine wichtige Voraussetzung für die Steuerung der ostmitteleuropäischen Revolutionen war das Vorhandensein eines adäquaten Instrumentariums der Einflußnahme. In seiner bereits zitierten Untersuchung hat Hölzle das Instrumentarium der Erreichung weltrevolutionärer Ziele klar beschrieben:

"Sie gebrauchen die Mittel einer nach außen gerichteten Propaganda, auch die Mittel der Diplomatie und der Macht, und haben in inneren Gruppen dieser Staaten Gefolgsleute, die auch ihrer Außenpolitik folgen. Die Weltrevolution achtet, auch wenn sie es anders erklärt, weder den Souverän noch die Souveränität der Staaten."[72]

Diese Aufzählung liest sich wie eine Vorwegnahme der Instrumente, welche die Moskauer Führung unter dem behaupteten Vorbehalt der Nichteinmischung in die Angelegenheiten seiner kleineren Gefolgsstaaten "Blockinnenpolitik" betrieben hatte:

• Delegitimierung der kommunistischen Partei und Betonung der Volkssouveränität;[73]

• aktive Maßnahmen zur Destabilisierung reformunwilliger Eliten in Ostmitteleuropa, und

• Unterstützung für technokratische Gegeneliten und soziale Gruppen.

Zwischen 1985 und 1987 ging die Sowjetunion bei ihren Versuchen, die Ereignisse in den ostmitteleuropäischen Staaten in ihrem Sinne zu beein-

---

[71] John Lough: "German Unification Accidentally on Purpuse", in: *Soviet Analyst*, 7.11.1990, S. 1-2.

[72] Erwin Hölzle: "Die amerikanische und die bolschewistische Weltrevolution", in: Hellmuth Rößler (Hrsg.): Weltwende 1917. Monarchie. Weltrevolution. Demokratie, Göttingen etc. 1965, S. 169-188.

[73] In seiner Rede vom 7.7.89 in Straßburg betonte Michail Gorbačev: "Change is the exclusive affair of the people of that country".

flußen, vorsichtig vor, aus Angst, gemeinsam mit den alten Eliten auch die Systeme zu destabiliseren. Im Jahre 1989 bestand diese Furcht seitens der Sowjetunion nicht mehr, schreibt Charles Gati.[74] Damit war das Signal gegeben, daß die betreffenden Regime im Falle eines Aufstandes von unten auf sich gestellt sein würden - ein aus der Sicht der traditionellen Revolutionstheorie klassischer revolutionärer Auslöser:

> "Sind ungleichgewichtiger Zustand und Autoritätsverlust der Elite gegeben und tritt ein Faktor hinzu, der die Eliten an der Aufrechterhaltung ihres Gewaltmonopols hindert, so kommt es zur revolutionären Erhebung."[75]

Seit 1988 hatte die Sowjetunion ihren Gefolgsstaaten im Ostblock signalisiert, daß sie die seinerzeit von ihr selbst installierten kommunistischen Regime militärisch nicht mehr stützen und auch nicht zu ihrem Schutz intervenieren werde. Das erste Signal dieser Art war der Rückzug der sowjetischen Truppen aus Afghanistan, es folgte die Desolidarisierung der Sowjetunion mit einigen seiner Gefolgsstaaten bei internationalen Verhandlungen oder Abstimmungen in internationalen Gremien (UNO). Schließlich tolerierte Moskau ganz offensichtlich den Bruch des "sozialistischen Internationalismus" durch Ungarn gegenüber der DDR anläßlich der Botschaftskrise. Mehr noch: Im Zuge der Eskalation der Protestbewegung in der DDR hatte Moskau gegenüber der DDR-Führung die Anwendung militärischer Gewalt seitens der sowjetischen Truppen ausgeschlossen.[76] Auf dem Höhepunkt der tschechoslowakischen Krise hatte Moskau laut Angaben des damaligen Botschaftsrats an der deutschen Botschaft in Prag, Michael Steiner, ausdrücklich vor dem Einsatz von Gewalt gegen die Demonstranten gewarnt.[77]

Die über die Medien verbreitete, synchrone Abfolge der ostmitteleuropäischen Umstürze - der sogenannte Domino-Effekt - hatte eine "Revolution der wachsenden Erwartungen" zur Folge. In dem Maße, wie sich die Erfolge der legalen Revolutionen und der darauffolgenden Systemzusammenbrüche häuften, erging dabei auch ein Signal an die Bevölkerung der anderen ostmitteleuropäischen Staaten, daß die Machthaber

---

[74] Charles Gati: The Bloc that Failed. Soviet-East European Relations in Transition, London 1990, S. 169.

[75] Chalmers Johnson: Revolutionstheorie, Köln/Berlin 1971, S. 118.

[76] Charles Gati: The Bloc that Failed. Soviet-East European Relations in Transition, London 1990, S. 187.

[77] Vladimir Horsky: Die sanfte Revolution in der Tschechoslowakei. Zur Frage der systemimmanenten Instabilität kommunistischer Regime, Berichte des Bundesinstituts für ostwissenschaftliche und internationale Studien, Köln 1990, S. 38.

keinen gewaltsamen Widerstand mehr leisten könnten oder wollten und daß die Hegemonialmacht nicht im Interesse der Herrschenden eingreifen würde. Damit entstand für potentielle Revolutionäre eine völlig neue Chancenlage, die Karl-Dieter Opp anhand seiner Wert-Erwartungstheorie überzeugend analysiert hat. Entsprechend seinem Theoriemodell führen Personen eine Handlung aus, wenn sie deren Konsequenzen insgesamt relativ positiv bewerten und "wenn die Auftrittswahrscheinlichkeit der Handlungskonsequenzen relativ hoch ist." Staatliche Sanktionen erzeugen Abschreckung, wobei die Stärke des Abschreckungseffekts sich direkt direkt proportional zur Härte der zu erwartenden Sanktionen verhält. Hinzu kommt, daß die immer raschere Abfolge der stark mediatisierten Zusammenbrüche die potentiellen Erfolgschancen der Akteure immer besser ertscheinen ließen, während die Risiken einer Erhebung von Fall zu Fall niedriger bewertet wurden.[78]

Gemeinsame Charakteristika der ostmitteleuropäischen Revolutionen

Akteure: Die Revolutionen der Kinder

An den revolutionären Aktionen der Umstürze in Ostmitteleuropa - Protestmärsche, Demonstrationen, Erstürmung von symbolischen Gebäuden, Flucht in ausländische Botschaften, Aktionen zur Mobilisierung der Protestteilnehmer - hatten in all diesen Staaten die Jugendlichen - Schüler, Studenten, junge Künstler und Arbeiter - einen überproportional hohen Anteil. Vaclav Havel hat deswegen von der "Revolution der Kinder" gesprochen, eine Bezeichnung, die auch für die rumänische Revolution häufig gebraucht wird.[79] Die Anwesenheit junger Männer und (seltener) Frauen, häufig in Begleitung kleiner Kinder, war eindeutig als zusätzliche Abschreckung gegen einen Einsatz staatlicher Gewalt angelegt, ein Einsatz der, wenn er erfolgt wäre, das Status-Quo-Regime in den Augen sei-

---

[78] Karl-Dieter Opp: "DDR '89. Zu den Ursachen einer spontanen Revolution", *Kölner Zeitschrift für Soziologie und Sozialpsychologie* 43 (1991).

[79] Vladimir Horsky: Die sanfte Revolution in der Tschechoslowakei. Zur Frage der systemimmanenten Instabilität kommunistischer Regime, Berichte des Bundesinstituts für ostwissenschaftliche und internationale Studien, Köln 1990, S. 56.

ner Landsleute ebenso wie in der internationalen Öffentlichkeit total diskreditiert hätte.[80]

Verlauf: Tentativ friedliche Revolutionen

Die Teilnehmer an den gegen das herrschende Regime gerichteten Demonstrationen waren in allen ostmitteleuropäischen Ländern einschließlich Rumäniens als "tentativ friedliche Revolutionen" konzipiert.[81] Überall, einschließlich Rumäniens, wurden von den Demonstranten Slogans, die zu Gewaltlosigkeit und Toleranz aufforderten, skandiert - und befolgt. Es kam allerdings überall zu Fällen provozierender Gewaltanwendung gegen Regimegegner seitens der Sicherheitskräfte oder nicht identifizierbarer Provokateure in der DDR (bei der Durchfahrt des Zuges mit Ausreisewilligen aus Budapest), der Tschechoslowakei (bei der Demonstration vom 17.11.1989). Sie dienten als Initialzündung für die jeweiligen Protestaktionen von unten.

Überall dort, wo eine Volkserhebung stattfand - in der DDR, der Tschechoslowakei und in der DDR - wurde der Einstz repressiver Kräfte (Arbeitergarden, Polizei, Sicherheitskräfte, Militär) gegen die protestierende Demonstranten, zum Teil auch von oberster Stelle abgeordnet. In der DDR kam Gewalt nicht zum Einsatz, in der Tschechoslowakei in begrenztem Maße und in Rumänien - aufgrund spezifischer Bedingungen, die gesondert untersucht werden - in größerem Ausmaß.

In allen Fällen wurde der Sturz der Regime durch ihre erwiesene Machtinsuffizienz bewirkt. Der Verlauf der revolutionären Ereignisse in diesen drei Staaten illustrierte jene klassischen Revolutionsthesen, die besagen, daß noch nie eine Regierung von Revolutionären gestürzt worden sei, solange sie die Herrschaft über ihre Truppen oder die Fähigkeit zu deren zweckmäßigem Einsatz wahren konnte. Gewalt, die das *ancien régime* im Zuge des Gegendrucks anwendet, scheitert oder wird frühzeitig beendet, um eine nutzlose weitere Eskalation zu vermeiden.[82]

Nicht nur in den genannten Staaten, sondern auch in Polen, Ungarn und Bulgarien kamen sachliche und personelle Konzessionen der Herrschenden an die Akteure der Revolution zu spät und konnten die Dynamik der Ereignisse nicht mehr aufhalten.

---

[80] Der im Juni 1989, im Anschluß an den China-Besuch Gorbačevs erfolgte Einsatz von Gewalt gegen chinesische Studenten auf dem Tien-An-Men-Platz in Peking wirkte als abschreckendes Beispiel.

[81] Vaclav Havel, *Radio Prag*, 18.11.1989.

[82] Ludger Kühnhardt: Revolutionszeiten. Das Umbruchjahr 1989 im geschichtlichen Zusammenhang, München 1994, S. 36.

Überall in Ostmitteleuropa ging die politische Macht in einer ersten Phase an Organisationen mit Volksfrontcharakter, die unterschiedliche Kräfte aus dem Bereich der ehemals herrschenden Staatspartei mit Vertretern von gesellschaftlichen Bewegungen um einen sogenannten "Runden Tisch" vereinigten.

Überall in Ostmitteleuropa kam es zum Zerfall dieser "Forumsparteien" oder "Regierungen des nationalen Konsenses", sobald die Gefahr der gewaltsamen Eskalation der Revolution in diesen Staaten endgültig gebannt schien und partikuläre Interessen der einzelnen Gruppierungen die Oberhand gewannen.

Nirgendwo in diesen Staaten, einschließlich der DDR, hat es jemals eine explizite Verurteilung (ein "Nürnberg") des kommunistischen Systems gegeben. Spontane Racheakte ("Hexenjagden") gegen Vertreter des alten Regimes fanden nicht statt. Darin ähneln die ostmitteleuropäischen Revolutionen den anderen "neuen Revolutionen", die seit 1989 in Lateinamerika (Nicaragua, Panama) und Afrika (Angola, Südafrika) als Ergebnis ein und desselben globalen Interessenausgleichs zwischen den USA und der Sowjetunion abgelaufen waren.

Entsprechend der klassischen Revolutionstheorie ist es überall in diesen Staaten, früher oder später, in der einen oder anderen Form, zu einer Restauration und einer Rückkehr früher geächteter Kräfte gekommen. Nirgendwo kam es aber zur Rückkehr in die Diktatur.

Mobilisierung: Medien-Revolutionen

Die osteuropäischen Revolutionen wären in keiner Phase ihres Ablaufs ohne die Unterstützung durch die elektronischen Medien möglich gewesen. Es waren Radio-Revolutionen und Tele-Revolutionen. In der ersten Phase der intellektuellen Mobilisierung der Bevölkerung und der Verbreitung revolutionärer Thesen spielten ausländische (westliche, aber zunehmend auch östliche) Rundfunk- und Fernsehsender eine außerordentlich wichtige Rolle. Sie trugen nicht nur zur Delegitimierung der Führungen dieser Länder, sondern auch zur Herausbildung autonomer gesellschaftlicher Gruppen bei.[83] Während jedoch bisher die Verbreitung von Informationen und von westlichem Gedankengut den in die Region ausstrahlenden westlichen Rundfunksendern wie *Deutsche Welle, BBC, Radio Free Europe, Voice of America*, aber in zunehmendem Maße auch *Radio Moskau* vorbehalten gewesen war, machte seit Beginn der achtziger Jahre

---

[83] Siehe hierzu: Sabrina P. Ramet: Social Currents in Eastern Europe. The Sources and Consequences of the Great Transformation, Durham/London 1995, S. 161.

die Entwicklung des Satellitenfernsehens erstmals den Empfang westlicher Fernsehsender in Ostmitteleuropa möglich. Damit hatten die Führungen dieser Staaten den Kampf um die Informationshoheit auf ihrem Staatsgebiet verloren und waren der - im Vergleich zur Wirkung ausländischer Rundfunksender weitaus stärkeren - Macht der Bilder aus der westlichen Lebenswelt ausgesetzt. Dadurch wurden in der Bevölkerung dieser Länder materielle Erwartungen geweckt, die ihre Regierungen nicht erfüllen konnten.

Nachdem es nach dem Jalta-Jubiläum von 1985 zur Harmonisierung der Interessen zwischen den USA und der Sowjetunion gekommen war, erfolgte auch eine gewisse ideologische Gleichschaltung zwischen der Sowjetunion Gorbačevs und dem Westen. Mit ihrem Lob von *Perestrojka* und *Glasnost*, das westliche Rundfunk- und Fernsehsender fortan ihren Sendungen nach Ostmitteleuropa zugrunde legten, machten sie sich zum Transmissionsriemen sowjetischer Reformpropaganda. Die kleineren ostmitteleuropäischen Staaten sollten zur Nachahmung des sowjetischen Reformmodells und zum Schulterschluß mit der reformorientierten Moskauer Führung animiert werden.

Seit Beginn des Jahres 1989 wirkte die intensive westliche Berichterstattung über die Regimezusammenbrüche in Ostmitteleuropa beschleunigend und in Richtung auf eine Synchronisierung der dortigen Revolutionen. "The accelerating impact of the media ... allowed people all over the region to know almost immediately what was occuring elsewhere."[84]

Zeitgleich mit dem Erstarken der Protestbewegungen in den ostmitteleuropäischen Staaten kamen auch die klassisch-revolutionären Mobilisierungstechniken wie Anschläge, Flugblätter und Handzettel zum Einsatz. Ohne die Echo-Wirkung der westlichen Rundfunk- und Fernsehsender wären sie jedoch wirkungslos geblieben. Seit Mitte der achtziger Jahre gingen westliche Sender entgegen früher geübter Praxis dazu über, gegen die herrschenden Eliten gerichtete Protestmemoranden und Aufrufe zu verbreiten, deren Verfasser nicht wie bisher einfach nur Systemgegner waren, sondern Regimegegner, die sich aus den Reihen oppositioneller Fraktionen innerhalb der kommunistischen Parteien, der Streitkräfte oder der Sicherheitsdienste der kleineren ostmitteleuropäischen Staaten rekrutierten.

Eine wichtige Rolle kam den elektronischen Medien bei der Popularisierung jener Momente des revolutionären Ablaufs zu, die deutlich machten, daß die Regierenden nicht mehr willens oder in der Lage waren, ihre Machtpositionen zu verteidigen. Dies gilt für die aus der bundesdeutschen

---

[84] David S. Mason: Revolution in East-Central Europe. The Rise and Fall of Communism and the Cold War, Boulder etc. 1992, S. 111.

Botschaft in Budapest weltweit übertragenen Szenen, die den Sieg der dorthin geflüchteten DDR-Ausreisewilligen über das Honeckerregime im wörtlichen Sinne augenfällig machten, und es gilt natürlich in besonderem Maße für jene Szene beim letzten öffentlichen Auftritt Nicolae Ceauşescus, als nicht nur westliche und östliche Fernsehsender, sondern auch das von diesem Vorfall überraschte rumänische Staatsfernsehen jene Szene übertrug, die den Staats- und Parteichef machtlos angesichts der unerwarteten Protestrufe aus der Menge zeigte. Die Szene wirkte im Sinne einer Demonstration der Machtinsuffizienz des Diktators und signalisierte den Anfang vom Ende seiner Herrschaft.

Mit dem Beginn der gewaltsamen Eskalation der revolutionären Machtkämpfe wurden die Medien in verstärktem Maße zu Kolporteuren von Information und Desinformation, die geeignet war, den revolutionären Ablauf weiter zu beschleunigen und die Empörung der Bevölkerung durch audiovisuelle Dokumente über Gewaltanwendung durch die Regierung zusätzlich anzuheizen.[85]

Insbesondere in Rumänien verwandelte sich das nationale Fernsehen unmittelbar nach der Flucht Ceauşescus aus Bukarest in das Hauptquartier der Revolution. Die rumänische Revolution fand von da an im Fernsehen und durch das Fernsehen statt, die Revolution wurde zur Tele-Revolution.

---

[85] Als klassische Beispiele hierfür dienen eine in den Westen geschmuggelte Tonkassette mit Aufnahmen von dem gewaltsamen Vorgehen der Behörden gegen die Aufständigen in der westrumänischen Stadt Temeswar, die von westlichen Rundfunksendern unzählige Male gesendet wurde, sowie eine Videokassette, die das gewaltsame Vorgehen der tschechoslowakischen Polizei vom 17.11.1989 gegen Demonstranten dokumentierte. Diese Videokassette gelangte nicht nur in den Westen, sondern wurde auch innerhalb der Tschechoslowakei verbreitet.

6. Ergebnisse und Perspektiven der Revolutionen von 1989

Auf die Frage nach den Perspektiven der ostmitteleuropäischen Revolutionen des Jahres 1989 bieten sich eine theoretische und eine politischpraktische Antwort an.

Aus revolutionstheoretischer Perspektive wird zu erörtern sein, was die Revolutionen von 1989 für die Zukunft von Revolutionen in modernen Gesellschaften im allgemeinen und von marxistischleninistischen Revolutionen im besonderen bedeuten.

Anders als jene Sozialwissenschaftler, die vor Ausbruch der osteuropäischen Revolutionen vom Ende der revolutionären Geschichte überzeugt waren, sah Chalmers Johnson die weitere Zukunft der Revolutionen als gesichert an, falls "keine unvorhergesehene Verbesserung des politischen Urteilsvermögens der Menschen eintritt." Revolutionen würden allerdings in neuer Form auftreten. Sollte es in historischer Perspektive zu einer friedlichen Angleichung der sozialen Systeme im Weltmaßstab kommen, so prognostiziert Johnson, daß intersystemische Kriege zunehmend von intrasystemischen Bürgerkriegen in Form von Rebellionen oder Revolutionen ersetzt werden.[86]

Aus der Sicht des Historikers Jurij Afanasiev ist mit dem Zusammenbruch der kommunistischen Regime in Ostmitteleuropa im Zuge der "konterrevolutionären Revolutionen" des Jahres 1989 und dem "Scheitern der *Perestrojka*" zugleich auch die "mehr als zweihundert Jahre alte Kultur des Revolutionarismus" zu Ende gegangen. Afanasiev erblickt darin nicht nur "das Scheitern der konkreten kommunistischen Regime", sondern auch das "Ende von Kommunismus und das Ende des Marxismus". Alle Versuche des Revisionismus, den Sozialismus zu erneuern, seien fehlgeschlagen: "Das Polen der Solidarność hat viele, aber leider nicht alle davon überzeugt, daß es unmöglich ist, diese Regime, die nach dem Muster der Oktoberrevolution geschaffen worden sind, zu verbessern, und daß das einzige Mittel zu ihrer Überwindung das Verlassen des Kommunismus ist. Und in diesem Sinne stürzen, wie mir scheint, die Grundfesten des revolutionären Messianismus der europäischen Linken zusammen."[87]

Unter praktisch-politischen Gesichtspunkten betrachtet steht die Frage nach den Modernisierungsperspektiven der ostmitteleuropäischen Gesell-

---

[86] Chalmers Johnson: Revolutionstheorie, Köln/Berlin 1971, S. 196.

[87] Jurij Afanasiev in: Karl Duffek / Erich Fröschl (Hrsg.): Die demokratischen Revolutionen in Mittel- und Osteuropa. Herausforderungen für die Sozialdemokratie, Wien 1991, S. 44-45.

schaften nach dem Niedergang der kommunistischen Herrschaft und dem Zusammenbruch des kommunistischen Staatensystems im Vordergrund. Übereinstimmung herrscht unter den Experten hinsichtlich der schweren Hinterlassenschaft des alten Regimes, die sich hemmend und erschwerend auf den angestrebten Modernisierungsprozeß in Politik, Wirtschaft, Gesellschaft, Außen- und Sicherheitspolitik auswirkt. Die problematische Hinterlassenschaft des alten Regimes hat Anton Sterbling prägnant zusammengefaßt:

> "*Erstens*: eine tiefe ökonomische Krise, die auf eine langfristige Rückständigkeit der Gesellschaften Osteuropas und mehr noch auf schwerwiegende Defizite der sozialistischen Wirtschaftsweise zurückgeht und deren auffälligste Erscheinungen wirtschaftliche Stagnation, technologischer Rückstand und dauerhafte Massenarmut sind;
>
> *Zweitens*: eine ausgeprägte sozialmoralische Orientierungskrise, die Ergebnis jahrzehntelanger ideologischer Entmündigung wie auch Ausdruck gesellschaftlicher Verwerfungen und Umbrüche im Spannungsfeld zwischen Tradition und Modernität ist;
>
> *Drittens*: Probleme der politischen und gesellschaftlichen Demokratisierung im Zuge der Überwindung des kommunistischen Ideologie- und Machtmonopols;
>
> Und *viertens* schließlich die sich mit dem Zerfall des sozialistischen Staatensystems aktualisierenden, in vielen Fällen noch keineswegs dauerhaft gelösten Probleme der *Staaten-* und *Nationenbildung*, die sich aus der ethnisch heterogenen Bevölkerungszusammensetzung in den meisten Staaten Osteuropas wie auch aus vielfach historisch vorbelasteten interethnischen Konfliktbeziehungen und umstrittenen Territorialfragen ergeben."[88]

Dem wären *fünftens* auch die neuen sicherheitspolitischen Risiken hinzuzufügen, die sich für diese Staaten aus dem in der Region nach dem Zusammenbruch des Warschauer Pakts entstandenen außenpolitischen Vakuum ergeben und dem sich seither abzeichnenden Ringen globaler und regionaler Akteure um eine neue Aufteilung Ostmitteleuropas in Hegemonialbereiche und Einflußzonen.

Der rumänische Soziologe Pavel Câmpeanu verweist ebenfalls auf die inneren Begrenzungen und Gefährdungen der Revolutionen des Jahres 1989. Ihre Leistungen sieht er vorwiegend im negativen, destruktiven Bereich, während der konstruktive Bereich hinterherhinke. Seiner Mei-

---

[88] Anton Sterbling: "Modernisierungstheorie und die Entwicklungsproblematik Osteuropas. Eine kritische Betrachtung", in: Bálint Balla / Wolfgang Geier (Hrsg.): Zu einer Soziologie des Postkommunismus. Kritik, Theorie, Methodologie, Münster/Hamburg 1994, S. 6-19.

nung nach wurde der auf Zwang aufgebaute kommunistische Regelungs-
mechanismus nicht durch eine wie auch immer geartete Steuerung über
den Wettbewerb ersetzt, sondern durch Deregulierung. Mehr noch: Die
Revolution hat zwar das Regelsystem der Kommandowirtschaft zerstört,
ihren Produktions- und Verwaltungsapparat aber unangetastet gelassen.
Das Ergebnis ist der jähe Absturz der Wirtschaft. Auch wurde die extrem
hierarchische Gesellschaft vor 1989 nicht durch ein funktionierendes Al-
ternativsystem ersetzt, vielmehr führte die quasi-generelle Nichtunterord-
nung zur Entstehung einer destrukturierten nachrevolutionären Gesellschaft. Daraus zieht Câmpeanu den Schluß:

> "Indem er zugleich den Zusammenbruch der gesellschaftlichen Beziehungen,
> die Deregulierung des gesellschaftlichen Beziehungen und die progressive
> Lähmung des Produktionsapparats hervorruft, besteht die Gefahr, daß der
> Schock der Revolution mehr als nur eine gegebene Gesellschaftsordnung be-
> droht - er bedroht die Grundlage sozialen Zusammenlebens als solche."[89]

Auch die vergleichsweise entwickelte, jedoch strukturverzerrte Industrie
stellt ein Handicap für den Übergang der ostmitteleuropäischen Staaten
zur Marktwirtschaft (und, so möchte man hinzufügen, auch für ihre angestrebte Eingliederung in die Strukturen der Europäischen Union) dar. Die
Korrektur falscher Strukturen, so Hannelore Horn, ist schwieriger als der
Aufbau neuer Mechanismen und Produktionsstätten.[90]

Als problematisch erweist sich auch der nur zögerlich voranschreitende
Prozeß der Entstehung der Zivilgesellschaft und einer neuen Mittelklasse
in diesen Ländern. Der bisherige Verlauf des Demokratisierungsprozesses
und des Aufbaus neuer Institutionen in diesen Staaten hat gezeigt, daß
auch Dissidenten nicht immer gute Demokraten sind, da sie häufig nicht
bereit oder in der Lage sind, notwendige Kompromisse einzugehen und
sich in der Kunst des politisch Möglichen zu üben.[91]

---

[89] Pavel Câmpeanu: "Abandonarea tranzitiei (Der Verzicht auf den Übergang)", in:
Sfera Politicii, 5.4.1993, S. 6-7.

[90] Hannelore Horn: "Die Revolution in der DDR von 1989: Prototyp oder Sonderfall", in: *Außenpolitik* 1 (1993), S. 55-65.

[91] Sarah Meiklejohn Terry: "Thinking About Post-Communist Transitions: How
Different Are They?", in: *Slavic Review* 2 (1993), S. 333-337.

II. Die Prämissen der rumänischen Revolution

Soziale Systeme, so Chalmers Johnson, sind endogenen sowie exogenen Wertveränderungen und Umweltveränderungen unterworfen, die Ungleichgewichte erzeugen können, ohne aber notwendigerweise zu Revolutionen zu führen.[1] Zu den Faktoren, die den Ausbruch von Revolutionen begünstigen können, zählt Jack A. Goldstone zum einen abrupte Veränderungen in der Politik der Großmächte, Veränderungen der Weltwirtschaft, die Verschuldung, Inflation und Arbeitslosigkeit zur Folge haben können, zum anderen die Monopolisierung der politischen Autorität und den Ausschluß von Teilen der Elite von ihr bisher gewährten Privilegien. Treten zu diesen notwendigen indirekten Ursachen direkte, "Auslöser" genannte, Ursachen hinzu, dann kann es zur Revolution kommen:

"Sind ungleichgewichtiger Zustand und Autoritätsverlust der Elite gegeben und tritt ein Faktor hinzu, der die Elite an der Aufrechterhaltung ihres Gewaltmonopols hindert, so kommt es zur revolutionären Erhebung".[2]

1. Das Verhalten der Eliten

Entscheidend für den Ausbruch einer Revolution ist nach Meinung Theda Skocpols nicht die Verfaßtheit der Gesellschaft an sich, sondern ihre Schwächung bis hin zum Zusammenbruch der staatlichen Ordnung.[3] Gewaltsame Veränderungen eines Systems treten dann ein, wenn seine

---

[1] Chalmers Johnson: Revolutionstheorie, Köln/Berlin 1971, S. 118.

[2] Jack A. Goldstone (Hrsg.): Revolutions. Theoretical, Comparative and Historical Studies, San Diego etc. 1986, S. 320; Chalmers Johnson: Revolutionstheorie, Köln/Berlin 1971, S. 118; Robert Bossard: Die Gesetze von Politik und Krieg. Grundzüge einer Allgemeinen Geschichtswissenschaft, Bern/Stuttgart 1990, S. 248-283.

[3] "Both the origins and the success of social revolutions are to be found not so much in societal conditions or in the movement's resources but in the weakening and breakdown of state organizations of the old regime". Siehe hierzu: David S. Mason: Revolution in East-Central Europe. The Rise and Fall of Communism and the Cold War, Boulder etc. 1992, S. 111.

Strukturen und Institutionen mit den Herausforderungen durch neue Bewegungen und neue Situationen nicht mehr fertig werden:

"A revolution occurs when two conditions coalesce: (1) a state's evolving relations with other states and local classes weaken its ability to maintain law and order, and (2) the elites harmed by this situation are powerless to restore the status quo ante yet strong enough to paralyze the government. Through their obstructionism the elites generate antielite sentiment which sets in motion an uprising aimed at transforming the social order."[4]

Gesellschaftliche Krisen wie Revolutionen oder Kriege, so Harold D. Lasswell, können durch Konflikte innerhalb der Machteliten[5] sowie durch Rivalitäten zwischen den Eliten hervorgerufen oder beschleunigt werden.[6] Im Zuge der Untersuchung der Rolle, welche die Eliten in dem krisenhaften Prozeß der Ablösung und der Transformation des kommunistischen Systems in Rumänien gespielt haben, kommen folgende Gesichtspunkte zum Tragen:

• Die Struktur der nationalen Eliten vor dem Umbruch;

• Die Rolle der Eliten im Verlauf der Revolution;

• Die Herausbildung der neuen Machteliten nach der Wende.

---

[4] Timur Kuran: "Now out of Never: The Element of Surprise in the East European Revolution of 1989", in: Nancy Bermeo (Hrsg.): Liberalization and Democratization. Change in the Soviet Union and Eastern Europe, Baltimore/London 1992, S. 13-14.

[5] Als Angehörige der "Machtelite" bezeichnet Harold D. Lasswell folgende gesellschaftliche Gruppen: a) alle Personen, die in der betreffenden Zeit ein hohes Amt bekleiden; b) alle Personen, die früher einmal Inhaber hoher Ämter waren und die nach ihrer eigenen oder der Auffassung anderer mit der etablierten Ordnung übereinstimmen; c) alle Personen, die zwar kein hohes oder sogar überhaupt kein Amt bekleiden, von denen man aber annimmt, daß sie wichtige Entscheidungen maßgeblich beeinflussen; d) alle Personen, die als Anhänger einer Gegenideologie angesehen werden und trotzdem einen starken Einfluß auf bedeutsame Entscheidungen nehmen; e) nahe Familienangehörige. Lasswell schließt demnach in seine Definition der Machtelite ausdrücklich auch "die Mitglieder der Gegenelite ein, (...) wenn sie die etablierte Elite hemmen oder in anderer Weise umgestalten kann." Siehe: Lasswell, Harold D.: "Machteliten", in: Wilfried Röhrich (Hrsg.): 'Demokratische' Elitenherrschaft. Traditionsbestände eines sozialwissenschaftlichen Problems, Darmstadt 1975, S. 341.

[6] Harold D. Lasswell: "Machteliten", in: Wilfried Röhrich, (Hrsg.): 'Demokratische' Elitenherrschaft. Traditionsbestände eines sozialwissenschaftlichen Problems, Darmstadt 1975, S. 340.

Nationale Spezifika der Sozialstruktur und der politischen Kultur müssen dabei ebenso berücksichtigt werden wie externe Faktoren, allen voran der Einfluß, den die vor 1989 dominierende Hegemonialmacht Sowjetunion auf Selektion, Rekrutierung und Ausbildung der nationalen Eliten in den ehemals kommunistischen Staaten des Ostblocks ausgeübt hat.[7] Raymond Aron hat nachgewiesen, wie nützlich es für eine differenzierte Betrachtungsweise verschiedener Revolutionen sein kann, zu untersuchen, "inwiefern jede von ihnen eine Veränderung bewirkt hat, sei es in den Beziehungen zwischen den sozialen Gruppen, in den Beziehungen zwischen den Untergruppen der Elite oder in der Art und Weise, wie eine Elite ihre Macht behauptet."[8] Eine Sehweise, die zumindest was ihren Ansatz betrifft, auf eine vergleichende Analyse der gleichzeitig ablaufenden Vorgänge in allen europäischen Transformationsstaaten auf der Grundlage identischer Bewertungskriterien gerichtet ist, scheint daher sehr wichtig zu sein.[9]

Elitenstruktur und Elitenzirkulation vor der Wende

Für den Umsturz vom Dezember 1989 in Rumänien gilt, was Otto Stammer über die Desintegration aller totalitär-autokratischen Systeme ausgesagt hat:

---

[7] Zur Bedeutung des "Soviet factor" bei der Analyse der neuen Elitenstrukturen in den ehemaligen Satellitenstaaten nach dem Zweiten Weltkrieg siehe: Kenneth Jowitt: The Leninist Response to National Dependency, Berkeley 1978, S. 74-75: "The implication is that any attempt to specify the distinctiveness of Leninism as a response to the status organization of peasant society and dependency must include and explain the relationship between national and international levels of action and organization (...) The presence of Soviet troops, advisers, secret police, officials, economic plans establishing the priority of Soviet interests, and the imposition of Societ political and economic models meant direct Soviet domination, with significant impact for a whole range of immediate and long-term conflicts, from intra- and inter-Party conflicts to issues of national legitimacy for each of these regimes."

[8] Raymond Aron: "Die Gesellschaftsstruktur und die herrschende Klasse", in: Wilfried Röhrich (Hrsg.): 'Demokratische' Elitenherrschaft. Traditionsbestände eines sozialwissenschaftlichen Problems, Darmstadt 1975, S. 136-191.

[9] Siehe hierzu: Anton Sterbling: Strukturfragen und Modernisierungsprobleme südosteuropäischer Gesellschaften, Hamburg 1993, S. 60-138; Klaus von Beyme: Systemwechsel in Osteuropa, Frankfurt am Main 1994, S. 175-185.

"Systemerschütterungen von innen her sind in der Regel nicht so sehr die Folgen von Massen- und Gruppenbewegungen, als vielmehr die Folge faktischer Rivalitäten, sind Konkurrenzkämpfe zwischen den Eliten. Dieser Gefahr versucht die Spitzenführung totalitärer Systeme dadurch vorzubeugen, daß sie ganze Eliten oder Elitenbündel, wenn es erforderlich erscheint, auswechselt, d.h. also, je nach Geschmack 'ausradiert' oder 'liquidiert'. Nur ein ständiger Wechsel der Elitengarnituren sichert solche Systeme."[10]

Die Funktionseliten in Rumänien 1965 - 1989

Das politische System Rumäniens unter Nicolae Ceauşescu entsprach in weit stärkerem Maße als das der anderen kommunistischen Staaten Ostmitteleuropas dem von Eisenstadt so genannten Konzept des "neopatrimonialen Staates".[11] Es zeichnete sich durch ein ungewöhnlich hohes Maß an Klientelwirtschaft und Patronagewesen aus. Zur Sicherung seiner Macht hatte Ceauşescu in zunehmendem Maße auf ein informelles System persönlicher Bindungen und Belohnungen gesetzt. Die offizielle Bürokratie der Partei, der Armee und der Dienste hatte er mehr und mehr abgewertet, gespalten und geschwächt.

Ein solches System, so argumentiert auch Jack Goldstone, ist besonders anfällig in Phasen wirtschaftlichen Niedergangs oder militärischen - man könnte auch sagen: außenpolitischen - Drucks. Das in Zeiten guter wirtschaftlicher Konjunktur blühende Klientelsystem kann vom Diktator nicht mehr entsprechend belohnt werden. Das informelle Netz beginnt zu zerfallen, die von der Führung früher geförderten Spannungen innerhalb des Apparats können nun zu Illoyalität führen. Wenn in einer solchen Situation ein Volksaufstand ausbricht, können oder wollen die in sich gespaltenen, verunsicherten oder illoyalen Streit- und Sicherheitskräfte den Aufstand nicht mehr unterdrücken. Das bedeutet dann Revolution.[12]

Die Amtszeit Nicolae Ceauşescus an der Spitze der *RKP* war geprägt von dem Bestreben, seine Vormachtstellung innerhalb der Partei und seine Herrschaft über die Partei kontinuierlich zu festigen. Im Unterschied zu den Fraktionskämpfen der Vorkriegszeit und zu den innerparteilichen Auseinandersetzungen während der ersten Jahre nach der kommunisti-

---

[10]   Otto Stammer: "Das Elitenproblem in der Demokratie", in: Wilfried Röhrich (Hrsg.): 'Demokratische' Elitenherrschaft. Traditionsbestände eines sozialwissenschaftlichen Problems, Darmstadt 1975, S. 223.

[11]   Samuel N. Eisenstadt: Revolution and the Transformation of Societies: A Comparative Study of Civilizations, New York 1978.

[12]   Jack A. Goldstone (Hrsg.): Revolutions. Theoretical, Comparative and Historical Studies, San Diego etc. 1986, S. 8-9.

schen Machtübernahme, als der Verlust der Macht nicht selten auch zum Verlust der Freiheit und sogar des Lebens führen konnte, gehörte Gewalt seit 1954 (dem Jahr, als der nationalkommunistische Spitzenfunktionär Lucreţiu Pătrăşcanu hingerichtet wurde) nicht mehr zu den Methoden, mit denen Auseinandersetzungen zwischen oder innerhalb der Führungseliten in Rumänien ausgetragen wurden.

In einer *ersten Phase,* die nach seinem 1965 erfolgten Machtantritt begann und bis zum Ende des Jahrzehnts dauerte, war der neue Parteichef Nicolae Ceauşescu vorwiegend daran interessiert, seine Machtstellung im Inneren gegen den Widerstand der prosowjetischen Fraktion zu festigen. Diese Gruppierung unter der Führung des langjährigen Innenministers Alexandru Drăghici hatte gehofft, nach dem Tode des bisherigen langjährigen Parteivorsitzenden Gheorghe Gheorghiu-Dej die Macht zu erringen und die seit Beginn der sechziger Jahre eingeleitete Politik der Abgrenzung Rumäniens von der Sowjetunion rückgängig zu machen. Die Methoden und Mittel, die Ceauşescu dabei zur Anwendung brachte, waren nicht neu, sondern entstammten dem klassischen Arsenal, das vor seiner Zeit bei den Rivalitäten im Apparat der *KPdSU,* aber auch der *RKP* zur Anwendung gekommen war. Hierzu gehören vor allem strukturelle Änderungen im institutionellen Bereich (Partei- und Staatsapparat, Wirtschaft, Forschung, Kultur, Medien etc.), die Ausgrenzung und politische Neutralisierung von Repräsentanten gegnerischer Eliten und die Kooptierung neuer, loyaler Eliten. Wichtig waren aber auch Änderungen im Bereich der Ideologie, der sozialen Mobilisierung und der Außenpolitik.[13]

---

[13] Siehe hierzu: Anneli Ute Gabanyi: Partei und Literatur in Rumänien nach 1945, München 1975, S. 40-45, 67-73, 78-90; Franz Mayer / Günther H. Tontsch / Ilie Iovănaş: "Staat - Verfassung - Recht - Verwaltung", in: Klaus-Detlev Grothusen (Hrsg.): Südosteuropa-Handbuch II. Rumänien, Göttingen 1977, S. 42-197; Daniel N. Nelson: Romania in the 1980s, Boulder 1981; Michael Shafir: Romania. Politics, Economics and Society: Political Stagnation and Simulated Change, London 1985; Günther H. Tontsch: Partei und Staat in Rumänien: Das Verhältnis von Partei und Staat in Rumänien - Kontinuität und Wandel 1944 - 1982, Köln 1985; Franz Ronneberger: "Das Stabilitätsproblem der politischen Systeme Südosteuropas", in: Politische Systeme in Südosteuropa, München/Wien 1993, S. 11-25; Franz Ronneberger: "Versuch einer systemtheoretischen Analyse des Reformkommunismus", in: Politische Systeme in Südosteuropa, München/Wien 1993, S. 181-200; Günther H. Tontsch: "Wandel der politischen Systeme Südosteuropas unter besonderer Berücksichtigung der Verfassungsordnungen, in: Klaus-Detlev Grothusen (Hrsg.): Ostmittel- und Südosteuropa im Umbruch, München 1993, S. 53-69.

In dieser Anfangsphase war die Mobilität im Bereich der Eliten beachtlich. Bei der Kooptierung neuer Eliten in dieser Phase spielte die Fachkompetenz eine wichtige Rolle. In seinen Untersuchungen zur Modernisierung in Rumänien ist der amerikanische Politikwissenschaftler Daniel Nelson der Frage der Rekrutierung der Funktionseliten nachgegangen. Er stützte sich dabei auf - allerdings nicht repräsentative - Umfragen, die er in vier Kreisen (Cluj/Klausenburg, Braşov/Kronstadt, Timiş/Temesch und Iaşi/Jassy) durchgeführt hatte. Nelsons Fazit: In der Phase der größeren Öffnung der Führungseliten nach dem Machtantritt Ceauşescus im Jahre 1965 spielte das Kriterium der Fachkompetenz bei der Auswahl der neuen Funktionseliten eine größere Rolle als das Alter oder die Dauer ihrer Zugehörigkeit zur kommunistischen Partei.[14]

Eine *zweite Phase* der Elitenpolitik setzte zu Beginn der siebziger Jahre ein, als sich nach der Verurteilung des Einmarsches der Warschauer-Pakt-Truppen in die Tschechoslowakei, an dem Rumänien als einziger Mitgliedsstaat nicht teilgenommen hatte, eine neuerliche Schließung der Funktionseliten abzuzeichnen begann. Als Folge der nach 1968 unternommenen Versuche von Vertretern aus Partei, Armee und Sicherheitsapparat, das Regime zu destabilisieren, ging Ceauşescu dazu über, die Macht entsprechend dem Loyalitätsprinzip zunehmend auf einen immer kleineren Kreis von Funktionären zu reduzieren - zum Nachteil jener technokratischen jüngeren Eliten, auf die er sich während der liberalen Phase der sechziger Jahre abgestützt hatte. Mithilfe der sogenannten "Rotation der Kader" sollte zudem verhindert werden, daß Vertreter der Nomenklatura eigene Seilschaften aufbauen und eigene Machtareale abstecken konnten.

In einer *dritten Phase*, deren Beginn mit der Übernahme des Staatspräsidentenamts durch Parteichef Ceauşescu im Jahre 1974 gleichzusetzen ist und die mit dem Sturz des Diktators ihr Ende fand, erfolgte der Übergang vom autoritären zum oligarchischen Führungsprinzip.[15] Nicolae Ceauşescu und seiner Frau Elena wurde ein beispielloser Personenkult bereitet. Es kam zur quasi-hermetischen Schließung der Führungselite, die normale Zirkulation der Eliten auf allen Ebenen wurde praktisch unterbunden. Während für alle Funktionäre das Rotationsprinzip galt, das es ihnen praktisch unmöglich machte, ihre

---

[14] Daniel N. Nelson: Democratic Centralism in Romania: A Study of Local Communist Politics, New York 1980, insbesondere S. 111-125, und ders.: Romanian Politics in the Ceauşescu Era, New York u.a. 1988, S. 101-172.

[15] Siehe z. B. Edward Shils: Center and Periphery. Essays in Macrosociology, Chicago/London 1975.

eigene Machtbasis zu konsolidieren und politische Seilschaften aufzubauen, konnten Nicolae und Elena Ceauşescu ihre Machtposition weiter ausbauen und festigen.[16] Im Zuge der behaupteten Verbesserung der Aufstiegschancen für Parteikader aus der Provinz, der vorgetäuschten "Verjüngung" der Partei sowie der Erhöhung ihres weiblichen Mitgliederanteils wurden in Wirklichkeit nur solche Funktionäre an die Spitze befördert, die auf die Ceauşescus persönlich eingeschworen waren und die sich vorwiegend, wenn nicht ausschließlich durch bedingungslose Unterordnung auszeichneten. Fachkompetenz spielte in dieser Phase, insbesondere in den höchsten Positionen des Partei- und Staatsapparats, kaum eine Rolle. Die operative Macht im Staate war in den Händen eines "Clans" konzentriert, bei dessen Rekrutierung nicht moderne Selektionskriterien, sondern patriarchalische Verwandtschafts- und Loyalitätsbeziehungen den Ausschlag gegeben hatten.[17] Die negative Auslesepraxis jener Jahre zu korrigieren war eine der schwierigsten Aufgaben, mit denen sich die Führung nach 1989 konfrontiert sah.

Autoritätsverlust und Widerstand der Eliten

Widerspruch gegen die Politik und den Führungsstil des Staats- und Parteichefs regte sich in unterschiedlichen Gruppierungen der Partei, aus unterschiedlichen, zum Teil sogar gegensätzlichen Motiven. Die Unzufriedenheit mit Ceauşescu einte Technokraten und Bürokraten, alte Feinde und alte Freunde des Diktators. Die Vertreter der internationalistisch orientierten Parteieliten, die sich vom "Empor-kömmling aus Scorniceşti" (Ceauşescus Geburtsort) um ihr in der Vorkriegszeit erworbenes klassenkämpferisches Renommée und ihre Privilegien betrogen sahen, glaubten in dem sich nach 1980

---

[16] Der Erfolg dieser Machtsicherungsstrategie war zudem der Grund dafür, daß - Ironie der Geschichte - der Vorsitzende der *KPdSU* Michail Gorbačev im Zuge seiner Offensive gegen die residualen Kräfte der Brežnev-Eliten auf die von Ceauşescu praktizierte Methode der Fusion von Partei- und Staatsämtern zurückgriff. Gorbačevs besonderes Interesse galt insbesondere der Ämterver-flechtung an der Spitze, die es ihm erlauben würde, wie er Silviu Brucan in ih-rem Gespräch vom November 1988 sagte, außerordentliche Machtbefugnisse zu erringen, um den Wandel einzuleiten. Siehe hierzu: Silviu Brucan: Gene-raţia irosită. Memorii (Die vergeudete Generation. Memoiren), Bukarest 1992, S. 135-136.

[17] Siehe hierzu: Trond Gilberg: Nationalism and Communism in Romania. The Rise and Fall of Ceauşescu's Personal Dictatorship, Boulder u.a. 1990, S. 83-109.

abzeichnenden wirtschaftlichen Desaster des Landes eine Gefahr für den
Fortbestand des Systems und den Zusammenhalt des Ostblocks zu
erkennen. Hingegen sahen Vertreter der national gesinnten Parteieliten in
dem wirtschaftlichen Niedergang des Landes, den wachsenden sozialen
Spannungen und der fortschreitenden Isolierung vom Westen die Gefahr,
daß Rumänien in eine stärkere Abhängigkeit zur Sowjetunion geraten
könnte. Die Gratwanderung der örtlichen Parteifunktionäre zwischen den
Auflagen der politischen Führung und der wachsenden Unzufriedenheit
der Bevölkerung gestaltete sich immer schwieriger.

Anzeichen für das Erstarken des Widerstandes gegen den Apparat
Ceauşescus auf allen Ebenen waren bald nicht mehr zu übersehen. Auf
Zusammenkünften des Zentralkomitees der *RKP* oder des übergeordneten
Politischen Exekutivkomitees wurde Kritik an Ceauşescus politischer und
ökonomischer Gesamtstrategie geäußert, speziell gegen die hohe
Akkumulationsrate, die forcierte Industrialisierung zum Schaden der
Landwirtschaft, die Reformfeindlichkeit und die Autarkiebestrebungen
des Regimes. Immer seltener berichtete die Presse über einstimmige
Entscheidungen dieses Gremiums. Innerparteiliche Kritiker meldeten sich
auch in der Parteipresse zu Wort und signalisierten damit demonstrativ
ihren Widerstand gegenüber Ceauşescus politischer Richtungskompetenz.
Die Parteizeitung *Scânteia* mutierte zur publizistischen Speerspitze einer
"Gruppe der Erneuerer"[18] innerhalb der Partei. Ion Mitran, der
Chefredakteur der Zeitung, übte in einem programmatischen Artikel kaum
verhüllte Kritik an den "politischen Illusionen und irrationalen Theorien"
der politischen Führung und warnte vor den Gefahren eines fortdauernden
Immobilismus.[19] *România Literară,* die wichtigste Wochenschrift des
Schriftstellerverbandes und ein Sprachrohr unzufriedener Technokraten
aus dem Dunstkreis der internationalistischen Fraktion, druckte im Jahre
1988 einen Aufsatz aus der Feder von Gheorghe (Gogu) Rădulescu,
Ceauşescus Stellvertreter im Vorsitz des Staatsrates und Mitglied des
Ständigen Präsidiums des Politischen Exekutivkomitees, worin dieser
scharfe Kritik an nationalistischen Exzessen der von höchster Stelle
abgesegneten Literatur und Publizistik äußerte.[20] In aktueller Anspielung
prangerte der Dichter und Publizist Geo Bogza in der am 23. August, dem

---

[18] *Rinascita*, 12.12.1987

[19] Ion Mitran: "Perfecţionarea conducerii politice a societăţii şi stadiul actual de
      dezvoltare economico-socială (Die Vervollkommnung der politischen Führung
      der Gesellschaft und das gegenwärtige Stadium der wirtschaftlich-sozialen
      Entwicklung)", in: *Era Socialistă* 10, 25.5.1988, S. 1-5.

[20] Rădulescu, Gheorghe: "Profesorii mei de limbă şi literatură românească (Meine
      Lehrer in rumänischer Sprache und Literatur)", in: *România Literară* 19,
      16.8.1986.

rumänischen Nationalfeiertag, veröffentlichten Ausgabe derselben Zeitschrift "ungebremstes Machtstreben" an und warnte vor dem jederzeit möglichen Aufleben des Faschismus.[21] Im September 1987 veröffentlichte die Wochenzeitung *România Literară* gegen erhebliche Widerstände des Apparats einen Aufsatz von Ion Iliescu. Darin war jener Mann, der sich an die Spitze der neuen Eliten nach der Wende gestellt hatte, für eine Liberalisierung der Informationspolitik, größere Transparenz der Entscheidungsmechanismen und für die Demokratisierung der Gesellschaft eingetreten. In unübersehbarer Anspielung auf Michail Gorbačev, mit den ihn aus gemeinsamen Moskauer Studientagen eine Freundschaft angeblich eine Freundschaft verband, plädierte Iliescu darin für "restructurare" (eine genaue Übersetzung des russischen *Perestrojka*) im Sinne gesellschaftlicher und politischer Emanzipation und der Ausübung politischer Kontrolle der am *Status quo* interessierten Machthaber.[22]

In wirtschaftlichen Fachpublikationen meldeten sich Adepten einer Öffnung der streng zentralistischen Kommandowirtschaft zu Wort. Im Jahre 1988 veröffentlichte die Zeitschrift *Revista Economică* ein bemerkenswertes Reformplädoyer des am Bukarester Institut für die Wirtschaft des Sozialismus tätigen Daniel Dăianu. Die Krise des Sozialismus, so der Autor, der bereits 1984 durch sein offenes Eintreten für eine Reform der rumänischen Wirtschaftsstrukturen nach ungarischem Beispiel hervorgetreten war, sei hausgemacht, die überfälligen Probleme verlangten nach raschen Lösungen.[23]

Es rebellierten aber nicht nur die Leistungseliten innerhalb der Partei. In den achtziger Jahren ging Ceauşescu auch mit dem Parteiapparat als solchem auf Kollisionskurs. In dem Maße, wie Ceauşescu seine persönlichen Machtbefugnisse ausweitete, wurden die Befugnisse der restlichen Mitglieder der Staats- und Parteiführung systematisch herabgestuft und ihre Privilegien abgebaut.[24] Im Verlauf der sechziger und siebziger Jahre war die *RKP* zu einer vergleichsweise machtlosen Massenorganisation um-

---

[21] Geo Bogza: "Meditaţie asupra unei mari aniversări (Meditation über einen großen Gedenktag)", in:*România Literară* 35, 23.8.1988, S. 7.

[22] Ion Iliescu: "Creaţie şi informaţie (Schöpfung und Information)", in: *România Literară* 36, 3.9.1987, S. 19.

[23] "Fenomene de accentuare a instabilităţii în economia mondială II (Phänomene der zunehmenden Instabilität in der Weltwirtschaft)", in: *Revista Economică* 26, 1.7.1988; Anneli Ute Gabanyi / Dan Ionescu: "Romanian Economists Criticize Extensive Growth Model", in: *Romanian Situation Report* 13, *Radio Free Europe Research,* 20.9.1984.

[24] Kenneth Jowitt hat diesen Prozeß als "party familialization" beschrieben, in: The Leninist Response to National Dependency, Berkeley 1978, S. 70.

funktioniert worden, die vorwiegend Mobilisierungsfunktionen erfüllte, ihrer Entscheidungskompetenzen aber verlustig gegangen war. In der 1984 verabschiedeten Neufassung der Statuten der *RKP* wurde die Partei nicht mehr als "Avantgarde des Proletariats" bezeichnet, sondern als "Lebenszentrum der Nation". Der 1982 vom Staats- und Parteichef geäußerte Vorschlag, den berufsmäßigen Parteifunktionären die Qualität professioneller Revolutionäre abzusprechen, scheiterte jedoch am Widerstand der Betroffenen und wurde nicht in die Statuten aufgenommen. Die Funktionäre wollten nicht auf ihren traditionellen, von Lenin begründeten elitären Status verzichten.[25] Der Bedeutungsverlust der parteilichen Funktionseliten Rumäniens war jedoch nicht mehr aufzuhalten. In der Politik, so der rumänische Politologe Gabriel Ivan, hat die Nomenklatura seit Beginn der achtziger Jahre keine gesellschaftlich relevante Rolle mehr gespielt.[26] Sogar von der öffentlichen Debatte über die künftige Entwicklung des Landes wurde die Partei ausgeschlossen. Forderungen nach einer Demokratisierung der streng zentralistischen innerparteilichen Strukturen war Ceauşescu in einer Rede vor dem Politischen Exekutivkomitee der *RKP* im April 1988 mit dem Argument entgegengetreten, die Partei sei kein Debattierklub.[27] Die Funktionäre des Staats- und Parteiapparats waren sich der Bedrohung ihres Status und ihrer Privilegien durch Ceauşescus populistische Parteireformen sehr wohl bewußt. Im Anschluß an den Parteikongreß von 1984 fanden als Austausch der Parteiausweise getarnte Säuberungen der Parteibasis sowie zahlreiche Umbesetzungen an der Spitze des Apparats statt. Der aufgestaute Unmut in der Partei erklärt, weshalb Ceauşescu im Dezember 1989 über sowenig Rückhalt im Apparat verfügte.

---

[25] Anneli Ute Gabanyi: "Ceauşescu Retreats Before Recalcitrant Nomenklatura", in: *Romanian Situation Report* 15, *Radio Free Europe Research,* 30.8.1983, S. 25 - 30; siehe den Text der Parteistatuten in: *Scânteia,* 22./23.11.1984.

[26] Gabriel Ivan: "Noua clasă politică (Die neue politische Klasse), in: *Sfera Politicii* 4 (1993).

[27] *Scânteia,* 4.5.1988; siehe hierzu: Anneli Ute Gabanyi: "Von Gorbačev zu Gromyko: Zum Stand der rumänisch-sowjetischen Beziehungen", in: *Südosteuropa* 37 (1986), S. 257-271.

Konflikte mit den Streitkräften

Zum ersten Mal nach dem Machtantritt Nicolae Ceauşescus waren im Jahre 1971 Gerüchte über ernsthafte Opposition aus den Reihen der Streitkräfte an die Öffentlichkeit gedrungen. Berichte über einen angeblichen Geheimnisverrat des Kommandeurs der Garnison Bukarest, General Ioan Şerb, an die Sowjets waren in den Westen gedrungen.[28] General Şerb stand dabei stellvertretend für jene militärische Führungsschicht, die nach der Zerschlagung der militärischen Eliten der Vorkriegszeit und der Ausbildung neuer Eliten in der Sowjetunion den Ton in den rumänischen Streitkräften angegeben hatte. Viele dieser hohen Armeeangehörigen waren seit dem 1958 erfolgten Abzug der sowjetischen Truppen aus Rumänien aus dem aktiven Dienst entfernt worden. Seit Anfang der sechziger Jahre entsandte Rumänien als einziger Warschauer-Pakt-Staat bis zum Jahre 1989 keine militärischen Führungskräfte mehr zur Ausbildung an sowjetische Militärhochschulen.

Nachdem Ceauşescu 1968 offiziell gegen den sowjetischen Einmarsch in die Tschechoslowakei protestiert hatte, sah er die Sicherheit des Landes nicht nur von außen bedroht. Auch die interne Opposition in den rumänischen Streitkräften machte mobil. Der Fall Şerb diente der rumänischen Staats- und Parteiführung als Anlaß, um das Verteidigungsministerium strukturell neu zu gestalten und der Kontrolle durch die kommunistische Partei zu unterstellen. Das neue Gesetz über die Landesverteidigung vom Dezember 1972 übertrug dem Staatsoberhaupt (also Ceauşescu) als dem Vorsitzenden eines neugegründeten Verteidigungsrates die oberste Entscheidungsgewalt in den Streitkräften. Auf der Grundlage der im Jahre 1974 novellierten rumänischen Verfassung übernahm Nicolae Ceauşescu in seinem neugeschaffenen Amt als Staatspräsident auch das Oberkommando über die Streitkräfte. Das neue Gesetz stellte das Gesamtkonzept der rumänischen Verteidigung auf eine grundlegend veränderte Basis. Die neue rumänische Militärdoktrin des Volkskrieges bildete die Grundlage für die kontinuierliche Distanzierung Rumäniens vom Warschauer Pakt.[29] Rumänische Truppen nahmen nicht mehr an Truppenmanövern auf dem Staatsgebiet anderer Paktstaaten teil, Bukarest erlaubte keine solchen Übungen mehr auf rumänischem Territorium.[30]

---

[28] *Die Presse*, 17.1.1971.
[29] Ilie Ceauşescu: Romanian Military Doctrine Past and Present, New York 1988.
[30] Siehe hierzu: Daniel N. Nelson: Romanian Politics in the Ceauşescu Era, New York u.a. 1988, S. 175-209.

Die Berichte über Unruhen in den rumänischen Streitkräften wollten auch in den späten siebziger und im Verlauf der achtziger Jahre nicht verstummen. Die in den Jahren 1978, 1983, 1984 und 1985 vorzeitig in die Reserve geschickten oder in die zivile Wirtschaft versetzten Offiziere bildeten ein Protestpotential, das mit Ceauşescu-feindlichen Funktionseliten in Partei und Sicherheitsapparat zusammenarbeitete. Erst nach der Wende sind Einzelheiten über die diversen Putschpläne und Putschversuche ehemaliger Offiziere bekanntgeworden, die Ceauşescus Position zunehmend bedrohten. Um den Widerstand von Teilen des Offizierskorps zu brechen, hatte er Maßnahmen zur "De-Professionalisierung" der Streitkräfte eingeleitet. Mit Erfolg - meint der britische Politologe Jonathan Eyal: "Ceauşescu's entire control machinery was in place: the army was cowed, underpaid, under-equipped, understaffed and controlled by Ceauşescu's brother."[31] Diese Maßnahmen bewirkten eine Zuspitzung der Spannungen zwischen der Armee und ihrem Oberbefehlshaber. Bei seinem Sturz wurde deutlich, daß die militärische Opposition gegen ihn bis in die höchsten Ränge der Streitkräfte gereicht hatte, und daß sie keineswegs geeint war. Zwei Gruppierungen standen einander frontal gegenüber.

Eine erste Gruppe umfaßte neben den bereits erwähnten, ihrer Positionen, Privilegien und oft auch ihres Prestiges entledigten sowjetloyalen Offizierskader (Nicolae Militaru, Vasile Chiţac, Ştefan Kostyal) auch Vertreter jener Technokraten innerhalb der Streitkräfte (z.B. General Victor Stănculescu), die sich von einer Wiederannäherung Rumäniens an den Warschauer Pakt den Zugriff auf die ihnen bisher verwehrte fortschrittliche sowjetische Militärtechnik versprachen.[32] Anhänger dieser These gingen davon aus, daß Moskau sich einer Machtübernahme durch diese Gruppe wie in Bulgarien nicht in den Weg stellen würde, vorausgesetzt, die neue Führung würde Moskau gegenüber freundlicher gesinnt sein als die alte.

Im Laufe der Zeit war wohl auch ein Teil jener national gesinnten führenden Offiziere, die Rumäniens Politik der relativen Autonomie gegenüber der Sowjetunion prinzipiell unterstützten, zu dem Schluß gelangt, daß Ceauşescus ruinöse Wirtschafts- und Außenhandelspolitik eine Gefahr für

---

[31] Jonathan Eyal: "Romania. Between Apperances and Realities", in: Jonathan Eyal (Hrsg.): The Warsaw Pact and the Balkans. Moscow's Southern Flank, Houndmills u.a. 1989, S. 103.

[32] Siehe hierzu auch Walter Bacon Jr.: "Romania", in: Daniel N. Nelson (Hrsg,): Soviet Allies: The Warsaw Pact and the Issue of Reliability, Boulder/London 1984, S. 259: "The only realistic alternative would be a return to 'full alignment', an option that might prove attractive to a number of military professionals because of the lure of a high-technology military profile".

die nationale Sicherheit darstellten. Auch verletzte es das Selbstverständnis der militärischen Leistungseliten, daß die Streitkräfte ihre hervorgehobene Stellung gegenüber den Truppen des Innenministeriums und den Patriotischen Garden eingebüßt hatten.

Anfang 1983, zu einem Zeitpunkt also, wo die rumänische Führung nach dem Tode Brežnews bereits unter verstärkten Druck seitens der neuen Moskauer Führung geraten war, wurden auf einer Kommandeurstagung in Anwesenheit des Staats- und Parteichefs besonders ernste Vorbehalte gegen Ceaușescus Streitkräftepolitik geäußert.[33] Die Unmutsäußerungen der Armee an der politischen Führung konnten nicht mehr gänzlich unterdrückt werden.[34] Zwar wurden die von den Militärs vorgebrachten Beschwerden - sie zielten auf das niedrige Ansehen und die schlechte Ausrüstung der Armee sowie auf ihren Mißbrauch als billige Arbeitskräftelieferanten für wirtschaftliche Großprojekte - nicht im Wortlaut veröffentlicht, wohl aber Ceaușescus darauf bezugnehmende Erwiderungen, die ihrerseits Rückschlüsse auf den Tenor der Kritik zuließen.[35] Um seinen Zugriff auf die Armee zu festigen und potentielle Anhänger einer bonapartistischen Lösung für die rumänische Malaise zu entmutigen, ernannte der Staats- und Parteichef seinen Bruder, den Militärhistoriker General Ilie Ceaușescu, im Anschluß an die Kommandeurstagung zum Vorsitzenden des Obersten Politischen Rates der Armee. Seine Rolle beim Umsturz ist eines der vielen noch ungeklärten Rätsel der Revolution von 1989.

Spätestens seit 1985, wenige Monate nach dem Amtsantritt des Andropow-Zöglings Michail Gorbačev in der Sowjetunion, war die Moskauer Führung in diverse Versuche rumänischer Militärs zum Sturz Ceaușescus involviert. Im Dezember 1985 versuchte der sowjetische Außenminister

---

[33] Anneli Ute Gabanyi: "Ceaușescu and the Military", in: Romanian Situation Report 3, Radio Free Europe Research, 19.2.1983, S. 8-13, und dies., "Ceaușescu Defends his Military Doctrine", in: *Romanian Situation Report 5, Radio Free Europe Research,* 7.3.1983, S. 14-18.

[34] Walter Bacon Jr., einer der besten Kenner der Problematik, bestätigte die Gerüchte über Verschwörungen in den Streitkräften im allgemeinen und jene über Unmutsbezeugungen im Jahre 1982 im besonderen: "The alleged anti-Ceaușescu conspiracies among the military are not only symptoms of one elite's dissatisfaction but also a reflection of a general malaise among the Romanians who have had to bear the burden of the regime's inadequate reponse to the economic crisis", in: Walter Bacon Jr.: "Romania", in: Daniel N. Nelson (Hrsg.): Soviet Allies: The Warsaw Pact and the Issue of Reliability, Boulder/London 1984, S. 257.

[35] Vgl.: Anneli Ute Gabanyi: "Friedenspolitik zwischen Autonomiestreben und Blockzwang. Überlegungen zum rumänischen Abrüstungsmodell", in: *Südosteuropa* 1 (1984), S. 15-30.

Andrej Gromyko den rumänischen Verteidigungsminister General Constantin Olteanu während eines offiziellen Besuchs in Moskau für eine Revolte gegen Ceauşescu zu gewinnen. Zeitgleich kam es in Bukarest zu Unmutsäußerungen von Offizieren, die kurz zuvor aus dem aktiven Dienst entlassen und in die Energiewirtschaft versetzt worden waren.[36] Olteanu mußte daraufhin aus der Schußlinie genommen werden. Er wurde durch seinen bisherigen Stellvertreter und Oberbefehlshaber der dem ZK der Partei unterstellten Patriotischen Garden, General Vasile Milea, ersetzt. Der neuernannte Verteidigungsminister war aber auch nicht bereit, Ceauşescus Politik der "Ökonomisierung" der Armee mitzutragen. In seiner Rede auf der Nationalkonferenz der *RKP* vom Dezember 1987 verwies Milea darauf, daß der Grundauftrag der Streitkräfte in der Wahrnehmung ihrer Verteidigungsaufgaben liege.[37]

Im Verlauf des Jahres 1989 spitzte sich das Verhältnis zwischen den Streitkräften und ihrem obersten Befehlshaber dramatisch zu. Am 23. August 1989, dem Nationalfeiertag, verzichtete Ceauşescu darauf, die aus diesem Anlaß übliche Auszeichnung und Beförderung verdienstvoller Militärs vorzunehmen: "Aus Haß auf die Armee als patriotische Institution", meinte Manea Mănescu, zu jenem Zeitpunkt stellvertretender Staatsratsvorsitzender.[38] Bei der Großdemonstration, in deren Verlauf im November 1987 in Braşov/Kronstadt Aspekte des Volksaufstands von 1989 vorweggenommen wurden, konnte sich der Staats- und Parteichef noch auf die Armee verlassen. Im Dezember 1989 sagte sie sich von ihrem Oberbefehlshaber los, um nicht auf das Volk schießen zu müssen.

---

[36] Den protestierenden Generalen hatte Ceauşescu auf die Frage, wann sie in ihre Führungspositionen im aktiven Dienst zurückkehren dürften, eine fast prophetische Antwort gegeben: "In Friedenszeiten nie und ich hoffe, es wird keinen Krieg geben". In: *Scânteia*, 18.12.1985

[37] Anneli Ute Gabanyi: "Die Nationalkonferenz der Rumänischen KP. Ceauşescu in der Defensive, jedoch kein Kurswechsel", in: *Südosteuropa* 4 (1988), S. 117 - 127.

[38] *România Liberă*, 29.1.1990.

Die Fronde im rumänischen Sicherheitsapparat

Widerstand regte sich auch im rumänischen Sicherheitsapparat. Das ist nicht weiter verwunderlich, bedenkt man, daß Ceauşescus heftigster Konkurrent um die Nachfolge Gheorghe Gheorghiu-Dejs an der Spitze der Rumänischen *KP* der ehemalige rumänische Innenminister Alexandru Drăghici gewesen war.[39] Unter seiner Ägide waren in den ersten Jahren nach der kommunistischen Machtübernahme Hunderttausende rumänischer Politiker und Intellektueller, ein Großteil der politischen und geistigen Elite des Landes, zu Haft, Zwangsarbeit und Zwangsaufenthalt verurteilt worden. Viele kamen dabei um.[40] Eine Generalamnestie aller politischen Häftlinge war 1964 abgeschlossen. Die neue, nach dem Machtantritt Nicolae Ceauşescus im Jahre 1965 verabschiedete rumänische Verfassung gründete nicht mehr auf dem Prinzip der Diktatur des Proletariats. Das stattdessen proklamierte Prinzip der "sozialistischen Gesetzlichkeit" sowie die von Ceauşescu - nicht zuletzt aus Gründen seiner Machtsicherung - eingesetzte Oberhoheit der Partei über den Sicherheitsapparat reduzierte zeitweilig die Macht und den Einfluß der *Securitate*. Statt auf Terror setzte man nun zunehmend auf Prävention und Abschreckung. Der Stilwandel in der Innenpolitik geschah mit Blick auf den dringend benötigten Rückhalt in der Bevölkerung und auf die Unterstützung des Westens.[41] An der grundlegenden Aufgabenstellung der politischen Polizei in Rumänien änderte das nichts. Bei ihrem Versuch, die politische Kontrolle der Inlandsdienste zu verstärken, stieß die Parteiführung jedoch zunehmend auf Widerstand. Auf dem Plenum des Zentralkomitees der *RKP* vom Oktober 1987 hatte Ceauşescu ungenannte Vertreter des Innenministeriums wegen ungenügender Zusammenarbeit der Sicherheitsbehörden mit Partei und

---

[39]   Nach der Wende "emigrierte" Drăghici nach Budapest. Da sich die ungarischen Behörden weigerten, ihn der rumänischen Justiz zu überstellen, starb er im ungarischen "Exil".

[40]   Siehe hierzu: Walter Bacon Jr.: "Romanian Secret Police", in: Jonathan R. Adelman: Terror and Communist Policies: The Role of the Secret Police in Communist States, Boulder/London 1984, S. 135-154.

[41]   "...Police methods have changed. Gone are the thick-necked bullyboys with Slavic accents, replaced by articulate, even jolly interrogators who only seldom use physical force on their 'clients'. Arrest, too, is a last resort with peer pressure, reeducation and harassment being the preferred methods of altering anti-systemic behavior. Most importantly, coercion is predictable" schreibt Walter Bacon Jr: "Romanian Secret Police", in: Jonathan R.Adelman: Terror and Communist Policies: The Role of the Secret Police in Communist States, Boulder/London 1984, S. 147.

Armee gerügt. Wenig später kam es zu einer offenen Kraftprobe zwischen der Parteiführung und dem Sicherheitsapparat. Im November 1987 demonstrierten unzufriedene Arbeiter in Braşov/Kronstadt gegen das Regime. Ein Teil der *Securitate* spielte dabei falsch und ließ die Demonstranten gewähren - sofern sie von ihr nicht sogar ermutigt wurden.

Zugleich mit der Unterordnung des internen Sicherheitsapparats *Securitate* unter die Oberhoheit der Partei mußte auch die Auslandsaufklärung gegen zunehmende Unterwanderungsversuche durch das *KGB* sowie westliche Dienste abgeschottet werden.[42] Gelegentlich hatte es den Anschein, als sei das Hauptproblem Ceauşescus nicht die Kontrolle der Bevölkerung, sondern die Kontrolle ihrer Kontrolleure. Mit Beginn der siebziger Jahre häuften sich die Umbildungen und Umbesetzungen der Dienste. Die Flucht des Chefs der Auslandsaufklärung Mihai Pacepa im Jahre 1978 in den Westen löste eine Welle von Umbesetzungen und eine tiefgreifende Reorganisation des Departements für Auslandsaufklärung (Departamentul Informaţiilor Externe - DIE) aus, doch ohne den erhofften Erfolg. Bis zu seinem Sturz konnte Ceauşescu den Auslandsdienst nicht mehr völlig unter seine Kontrolle bringen.

2. Der Abfall der Intellektuellen

In den ersten Jahren nach seinem 1965 erfolgten Machtantritt hatte Nicolae Ceauşescu die von seinem Vorgänger Gheorghe Gheorghiu-Dej zu Beginn der sechziger Jahre eingeleitete Politik der ideologischen und kulturpolitischen Liberalisierung weitergeführt. Entstalinisierung, Entsowjetisierung, Rückkehr zu traditionellen Formen des nationalen Diskurses in den Geisteswissenschaften und Öffnung zur Kultur des Westens sollten die innere Legitimation und die Akzeptanz des Regimes fördern helfen.[43] Die Mobilisierung der Intellektuellen durch gesteuerte Liberalisierung und Nationalismus war ein entscheidender Faktor in dem internen Machtkampf der sechziger Jahre in Rumänien. Es war zu diesem Zeitpunkt das Ziel der

---

[42] Walter Bacon Jr.: "Romanian Secret Police", in: Jonathan R.Adelman: Terror and Communist Policies: The Role of the Secret Police in Communist States, Boulder/London 1984, S. 148.

[43] Siehe hierzu: Anton Sterbling: "Zum 'Wiedererwachen der Geschichte'", in: Anton Sterbling: Wandel oder 'Epochenbruch'?, *Beiträge aus dem Fachbereich Pädagogik,* Heft 5, Hamburg 1992, S. 11-42; Anton Sterbling: "Überlegungen zur Schlüsselbedeutung der Intelligenz in Südosteuropa", in: *Südosteuropa* 1 (1993), S. 42-58. Anton Sterbling: Gegen die Macht der Illusionen. Zu einem Europa im Wandel, Hamburg 1994, S. 203-214.

Parteiführung, die alten stalinistischen Eliten in den Augen der Intellektuellen und Kulturschaffenden zu diskreditieren.[44] Es entstand eine neue Kunstgattung obrigkeitlich gesteuerter Vergangenheitsbewältigung. Diese neue "Literatur des bedrückenden Jahrzehnts" (rum.: literatura obsedantului deceniu) konnte erstmals Tabuthemen wie politische Verfolgung, Zwangsaufenthalt, Haft, das allgegenwärtige Phänomen der Bespitzelung aufgreifen, aber auch außenpolitisch heikle Fragen der Zeitgeschichte wie die Teilnahme Rumäniens am Angriffskrieg gegen die Sowjetunion, abhandeln.[45]

Bis zum Jahre 1964 kamen zahlreiche Wissenschaftler und Künstler, die nach 1947 zu Haft, Arbeitslager und Zwangsaufenthalten verurteilt worden waren und überlebt hatten, in den Genuß der Generalamnestie für alle politischen Häftlinge. Viele von ihnen kehrten in den Wissenschafts- bzw. Kulturbetrieb zurück, die meisten von ihnen durften wieder publizieren. Die ideologischen Liberalisierungstendenzen der sechziger Jahre, die gleichzeitige Öffnung zum Westen, ein Mehr an Rede- und Ausdrucksfreiheit sowie ein neugeschaffenes breites Spektrum neuer Verlage und Zeitschriften nahmen viele der jüngeren Bildungseliten für das Regime ein. Erstmals nach 1947 wurden die Grenzen zwischen kommunistischen Funktionseliten und den Reflexionseliten fließend. Ihren Höhepunkt erreichte diese Entwicklung unter dem Eindruck des offiziellen Protests vom 22. August 1968 gegen den Einmarsch der Warschauer-Pakt-Truppen in die Tschechoslowakei. Damals traten zahlreiche Vertreter der jüngeren Bildungseliten in die *RKP* ein.

Der Höhepunkt war aber zugleich auch End- und Wendepunkt. Die akute äußere Bedrohung Rumäniens seitens des östlichen Bündnisses sowie die unmittelbar nach 1968 einsetzenden internen Umsturzversuche hatten einen Wandel der Herrschaftspolitik Ceauşescus zur Folge.[46] Die Partei fühlte sich von den Intellektuellen und Künstlern erneut in ihrem Machtanspruch herausgefordert, das Mißtrauen auf beiden Seiten wuchs. Das ideologische Legitimationmodell der Partei wurde neu definiert. Mit seiner 1971 eingeleiteten sogenannten "Kleinen Kulturrevolution" verfolgte der rumänische Staats- und Parteichef nun das Ziel, den Sondersta-

---

[44] Siehe hierzu: Anneli Ute Gabanyi: Partei und Literatur in Rumänien seit 1945, München 1975, S. 147-161.

[45] Anneli Ute Gabanyi: "Literatur", in: Grothusen, Klaus-Detlev (Hrsg.): Südosteuropa-Handbuch Band II. Rumänien, Göttingen 1977, S. 545-547.

[46] Zur rumänischen Außenpolitik siehe: Aurel Braun: Romanian Foreign Policy Since 1965: The Political and Military Limits of Autonomy, New York 1978; James F. Brown: Eastern Europe and Communist Rule, Durham/London 1988; Jens Hacker: Der Ostblock. Entstehung, Entwicklung und Struktur 1939 - 1980, Baden-Baden 1983.

tus der Bildungseliten und ihre materiellen Privilegien in Form von Subventionen abzubauen. Im Zuge dieser neuen, betont antiintellekturellen und elitefeindlichen Konzeption wurde Kunst zur Gebrauchskunst hinabgestuft. Die Mittel der staatlichen Kunstförderung wurden von den hauptberuflichen Künstlern in Richtung auf die Massenkunst von Amateuren umgeleitet. Ihre Produktion, so die offizielle Annahme, sei besser zu steuern und zu kontrollieren als der schöpferische Prozeß professioneller Individualisten. Die Schaffung politisch instrumenteller Gebrauchskunst war Teil einer neodogmatischen, betont nationalistischen Indoktrinierungs- und Mobilisierungsstrategie, die verstärkt auf traditionelle, legitimationsstiftende Mythen, Rituale und Codes zurückgriff.[47] Der Personenkult Ceaușescus und seiner Familie spielte dabei eine herausragende Rolle.[48] Wissenschaftler aller Fachrichtungen sahen sich in ihren Informations- und Arbeitsbedingungen radikal eingeschränkt. Anfang der achtziger Jahre wurde sogar der Gebrauch von Schreibmaschinen und Kopiergeräten der totalen staatlichen Kontrolle unterstellt.[49] Reisen rumänischer Künstler und Wissenschaftler ins westliche Ausland und Kontakte mit ihren westlichen Kollegen wurden eingeschränkt.

---

[47] Zum Ablauf dieses Prozesses der Reideologisierung und Entprofessionalisierung der rumänischen Kunstszene siehe ausführlich: Anneli Ute Gabanyi: Partei und Literatur in Rumänien seit 1945, München 1975, S. 162-195, und dies.: "The RCP Ideological Model: An Overview", in: *Romanian Situation Report* 13, *Radio Free Europe Research*, 22.7.1982, S. 20-26.

[48] Siehe hierzu: Anneli Ute Gabanyi: "Personenkult und Kultperson. Rumänien feiert Ceaușescus Geburtstag, in: *Osteuropa* 8 (1977), S. 714-718; dies.: "Nicolae Ceaușescu and His Personality Cult", in: *Romanian Situation Report* 2, *Radio Free Europe Research,* 30.1.1984, S. 7-11; dies.: "Elena and Nicolae Ceaușescu Birthdays Celebrated", in: *Romanian Situation Report* Nr. 3, *Radio Free Europe Research,* 14.2.1984, S. 6-11; dies.: "Ceaușescu und kein Ende. Der Kampf um die Nachfolge hat bereits begonnen", in: *Südosteuropa* 5 (1989), S. 235-257.

[49] Anneli Ute Gabanyi: "New Restrictions on the Use of Typewriters and Copying Machines", in: *Romanian Situation Report* 7, *Radio Free Europe Research,* 18.4.1983, S. 15-17.

Koalitionsbildung der Eliten: Netzwerke und Seilschaften

Eine einzelne gesellschaftliche Gruppe, so Robert Palmer, kann einen Staatsstreich, einen Aufstand oder eine Revolte hervorbringen. Eine Revolution kann jedoch nur durch das Zusammenwirken mehrerer Gruppen bewerkstelligt werden.[50] Es kann entscheidend für den Sieg einer Revolution sein, ob revolutionäre Eliten oder soziale Bewegungen sich der Unterstützung oder zumindest der Neutralität anderer Gruppen versichern können, ob sie mit Teilen der Funktionseliten des Regimes Koalitionen bilden können oder ob sie möglicherweise das Regime dazu bewegen können, der Bewegung eine gesellschaftliche Rolle zuzuweisen.[51]

Am Vorabend der Wende mehrten sich die Anzeichen für ein Anwachsen der Unzufriedenheit in weiten Teilen der Funktions- und Bildungseliten. Parallel dazu stauten sich Unmut und Verzweiflung in der rumänischen Bevölkerung. Gegen Ende der achtziger Jahre schien die Schwelle ihrer Leidensfähigkeit erreicht, wenn nicht überschritten zu sein. Die Ausplünderung der bäuerlichen Bevölkerung durch die Wiedereinführung des Quotensystems und einer Zwangsabgabe ihrer Produkte zu Niedrigpreisen an den Staat hatte vereinzelt zu lokalen Revolten auf dem Lande geführt. Seit der Veröffentlichung des Gesetzentwurfes über den sogenannten Globalakkord im Jahre 1983, aufgrund dessen der garantierte Mindestlohn in Rumänien abgeschafft und durch einen an unerfüllbare Planvorgaben gekoppelten Leistungslohn ersetzt wurde, kam es in rumänischen Fabriken und Bergwerken immer häufiger zu spontanen Arbeitsniederlegungen. Die Nachrichten über Äußerungen studentischen Unmuts häuften sich. Die extreme Beschneidung der Möglichkeiten kritischer Meinungsäußerung, die Atomisierung der Gesellschaft, das weitverbreitete System gegenseitiger Bespitzelung, die speziell gegen die ungarische Minderheit gerichtete nationale Diversion, Ausreiseerlaubnis für mißliebige Kritiker und die Gewährung einer gewissen Narrenfreiheit für international bekannte "Dissidenten", all dies konnte ein Zusammenwirken der Auflehnungsversuche von unten zwar eine Zeitlang wirksam verhindern. Umso größer

---

[50] Robert R. Palmer: The Age of Democratic Revolution: A Political History of Europe and Amerika, 1760 - 1800, Princeton 1959, S. 484, zitiert nach: Ekkart Zimmermann: Political Violence, Crises and Revolutions. Theories and Research, Boston 1983, S. 321.

[51] Charles Tilly: From Mobilization to Revolution, Reading 1978, zitiert nach: David S. Mason: Revolution in East-Central Europe. The Rise and Fall of Communism and the Cold War, Boulder etc. 1992, S. 111.

jedoch war der Druck dieses aufgestauten Unmutspotentials in der Bevölkerung - die *conditio qua non* für den als Volkserhebung getarnten Umsturz vom Dezember 1989.

In dieser Phase kam es in Rumänien zu einer Annäherung zwischen Ceauşescu-feindlichen Funktionseliten und Vertretern der modernisierungswilligen Bildungseliten. Die zumeist jüngeren, technokratisch gebildeten Parteifunktionäre und Angehörige von Armee und Sicherheitsdienst fühlten sich in ihren Aufstiegshoffnungen frustriert, während Wissenschaftler und Künstler sich über den Abbruch der relativen Liberalisierungspolitik der sechziger enttäuscht zeigten. Innerhalb und außerhalb existierender Institutionen entstanden zahlreiche untereinander vernetzte formelle oder informelle Gruppen. Diese Netzwerke und Seilschaften an den Schnittstellen zwischen unterschiedlichen Eliten hatten einen nicht unerheblichen Anteil an der Entstehung des politischen Mobilisierungspotentials gegen das Ceauşescu-Regime.[52]

Diese Entwicklung ist natürlich weder zeitlich noch räumlich auf das Rumänien der Vor-Wende-Zeit beschränkt. Der amerikanische Historiker Ken Jowitt hat nachgewiesen, daß es bereits in den kommunistischen Systemen der Nach-Stalin-Zeit zu einer Annäherung zwischen unterschiedlichen Funktions- und Leistungseliten innerhalb einer allgemeinen Eliteschicht gekommen ist, die er als "generalized elite stratum" oder "regime cadre" bezeichnet. Innerhalb dieser amalgamierten Kaderschicht, in der Funktionen austauschbar wurden, spielten Geheimdienste eine zunehmend wichtige Rolle.[53] Die Lage in Rumänien am Vorabend der Volkserhebung vom Dezember 1989 wurde mit derjenigen verglichen, die im Sommer 1943 vor dem Sturz des Faschismus in Italien geherrscht hat. Da wie dort hatten sich unterschiedliche konspirative Gruppierungen gebildet, da wie dort wartete eine Gruppe die Aktionen der anderen ab, um im günstigen Moment selbst loszuschlagen.[54] In seinem posthum veröf-

---

[52] Das Nebeneinander von formellen und informellen Strukturen in den kommunistischen Staaten Osteuropas mit den klassischen Binomen Planwirtschaft - Schattenwirtschaft, Verwaltung - Vetternwirtschaft, offizielle Publikationen - Samizdat, Gerüchte, offizielle Ideologie - politische Mentalität, etc., ist ein reizvolles Thema der vergleichenden Soziologie und der politischen Anthropologie. Siehe hierzu die Arbeiten des amerikanischen Anthropologen Steven Sampson: National Integration through Socialist Planning: An Anthropological Study of a Romanian New Town, New York, Columbia University Press 1984, und ders., "Bureaucracy and Corruption as Anthropological Problems: A Case Study from Romania", in: *Folk* 25 (1983), S. 63-97

[53] KenJowitt: "Soviet Neotraditionalism: The Political Corruption of a Leninist Regime", in: *Soviet Studies XXXV* (Juli 1983) 3, S. 292.

[54] Viktor Meier in: *Frankfurter Allgemeine Zeitung*, 6.1.1990.

fentlichten Memoirenband hat François Mitterand für die Endphase des Pétain-Regimes eine treffende Formulierung gefunden, die *mutatis mutandis* auch auf das Ende der Ceauşescu-Ära Anwendung finden könnte: "On contestait, on conspirait et cela prenait forme d'opposition."[55] Interessante Parallelen zur vorrevolutionären Situation in Rumänien vor 1989 sind in der rumänischen Geschichte unschwer zu entdecken. Für die Jahrzehnte vor dem Ausbruch der Revolution von 1848 in den rumänischen Fürstentümern hat der Literaturhistoriker George Călinescu in seiner großen Geschichte der rumänischen Literatur das Bild der vielen konspirativen Gesellschaften, die "laufend Verschwörungen anzettelten", anschaulich nachgezeichnet. Zur Zeit des rumänischen Vormärz hatten es sich die im westlichen Ausland zu Studienzwecken weilenden Abkömmlinge der alteingessenen großen Familien, "carbonari aus gutem Hause", zum Ziel gesetzt, die politische Entwicklung in den rumänischen Fürstentümern an die internationale revolutionäre Bewegung anzukoppeln. Aus dem Kreis dieser Vertreter der rumänischen Bildungseliten rekrutierte sich fast die gesamte Funktionselite des modernen rumänischen Staates nach 1866.[56] Parallelen lassen sich aber auch zur Lage in Rumänien am Vorabend des Staatsstreichs vom 23. August 1944 ziehen, als der damalige Staatschef Marschall Ion Antonescu von einer Gruppierung gestürzt wurde, der neben König Michael auch Vertreter der Generalität, der bürgerlichen Parteien und der verbotenen kommunistischen Partei angehörten.

In geschlossenen Gesellschaften mit klar abgegrenzten Funktionärsschichten ist die Tendenz zur Herausbildung von verborgenen Machtstrukturen und Klientelverhältnissen aufgrund von institutionellen oder regionalen Affinitäten besonders ausgeprägt. Auf diesen Tatbestand verweist auch die Zuordnung sowjetischer und nachmals russischer Politiker und ihrer langjährigen engsten Mitarbeiter zu diversen "Mafias" - von Brežnevs "Moldova"-Mafia bis hin zur "Stavropol"-Connection Michail Gorbačevs. Eine der herausragenden Fähigkeiten, die den seit der Wende amtierenden rumänischen Präsidenten Ion Iliescu auszeichnet, war zweifellos die Fähigkeit, Seilschaften zu bilden und auf seine Person bezogene Klientelbeziehungen aufzubauen. Huntington ist zuzustimmen, wenn er die Bedeutung eines gesellschaftlichen Akteurs für den revolutionären Prozeß am Grad seiner Organisiertheit mißt:

---

[55] François Mitterand: Mémoires interrompus, Paris 1996; zitiert nach *Le Monde*, 23.4.1996.

[56] Siehe hierzu: George Călinescu: Istoria literaturii romîne de la origini pînă în prezent, Bukarest 1941, S. 132-133.

"Organization is the road to political power ... In the modernizing world he controls the future who organizes its politics."[57]

Wie groß die Zahl solcher sich überschneidender Seilschaften, die in Rumänien (ebenso wie anderswo im ehemaligen Ostblock) bei personellen Entscheidungen nach der Wende eine nicht zu unterschätzende Rolle gepielt haben, läßt sich an den Stationen der Karriere Ion Iliescus exemplifizieren. Ion Iliescu, der wohl geschickteste "Kommunikator" in Rumänien vor der Wende, stand an der Spitze einer Vielzahl solcher Loyalitätsketten:

• Die Seilschaft der Vertreter und der Nachkommen der mitglieder-schwachen, zwischen 1924 und 1944 verbotenen Rumänischen Kommunistischen Partei (der sogenannten "Illegalisten") - Iliescus Eltern gehörten beide zu dieser "roten Aristokratie" der Vorkriegs-*KP*[58];

• die Seilschaft der ehemaligen Studenten an sowjetischen Hochschulen - Iliescu studierte zwischen 1950 und 1953 am Moskauer Institut für Energetik, wo er als Führer der Gruppe rumänischer Studenten in der Sowjetunion fungierte;

• die Seilschaft des kommunistischen Jugendverbandes - zwischen 1957 und 1971 war Iliescu als Vorsitzender des kommunistischen Jugend-verbandes *Uniunea Tineretului Comunist UTC* aktiv;

• die Seilschaft der Parteiideologen - Iliescu war zwischen Februar und Juli 1971 ZK-Sekretär für Ideologie und Propaganda;

• die Temeswarer Seilschaft - zwischen 1971 und 1974 war er Sekretär des Kreisparteikomitees für Ideologie und Propaganda in Timişoara (Temeswar);

• die Jassyer Seilschaft - zwischen 1974 und 1979 fungierte Iliescu als Kreisparteisekretär in Iaşi (Jassy);

• die Seilschaft der Hydroenergetiker - 1979-1984 war Iliescu als Leiter des Nationalen Wasserrates tätig;

---

57 Samuel P. Huntington: Political Order in Changing Societies, New Haven 1968, S. 461.

58 Ion Iliescu hat in einem Fernsehinterview nachdrücklich darauf hingewiesen, daß sowohl sein Vater als auch seine Mutter dieser Kategorie der sogenannten "Illegalisten" entstammen. Siehe hierzu: Anneli Ute Gabanyi: Die unvollendete Revolution, München 1990, S. 22-23.

• die Seilschaft der Verlage - von 1985 bis zur Wende war Iliescu Direktor des Technischen Verlags mit Sitz im Bukarester Pressehaus.

Mächtige, auch in der Nach-Wende-Zeit noch relevante Seilschaften stammen auch aus dem Bereich des Außenhandelsministeriums, des ehemaligen Sicherheitsdienstes *Securitate* und der Auslandsspionage, der Gesellschaft für Völkerrecht und Interantionale Beziehungen (Asociaţia de Drept Internaţional şi Relaţii Internaţionale ADIRI), des Instituts für Weltwirtschaft, der Redaktionen bestimmter Zeitungen und Zeitschriften, etc. Besondere Hervorhebung als der wohl wichtigste Kristallisationspunkt der Ceauşescu-feindlichen Eliten verdient jedoch die Parteiakademie "Ştefan Gheorghiu", Kaderschmiede, Fortbildungsinstitut und Sozialforschungsinstitut in einem.[59] Hier wurde unmittelbar vor der Wende "intellektuelle Vorbereitung auf die Revolution" betrieben, wie eine ehemalige Lehrkraft, heute Direktor der in eine Eliteuniversität umgewandelten Akademie, der Soziologe Vasile Secăreş, in einem Zeitungsinterview berichtete. Jahrelang, so Secăreş, hätten die hier versammelten Sozialwissenschaftler nach Antworten auf die Frage gesucht, was im Falle einer - wie sie meinten - unvermeidlichen Explosion des Systems geschehen sollte. Am Vorabend der Wende hätten sie die Masse der Führungskader, die an der Akademie zur Fortbildung durchgeschleust worden seien, offen mit der Frage konfrontiert, was sie in einem solchen Falle in ihrem Wirkungsbereich tun würden.[60]

Fast dreißig Jahre lang hatten sich hier mit Billigung, wenn nicht sogar auf Anregung der Parteiführung interdisziplinäre Teams, denen neben Experten der Akademie "Ştefan Gheorghiu" auch Mitglieder der Rumänischen Akademie sowie der dem Zentralkomitee der *RKP* unterstellten Akademie für Soziale und Politische Studien angehörten, mit Fragen der Auswirkung der wissenschaftlich-technischen Revolution auf innergesell-

---

[59] "The principal 'school' of the Party is the 'Ştefan Gheorghiu' Academy for Social - Political Sciences, an academy within which are a wide assortment of institutes, generally divided into two main 'departments.' The many institutes (called faculties, centers, etc.) are scattered around Bucharest, often located in mansions of a long-departeed (but since replaced) aristocracy. Each institute specializes in the indoctrination of cadres assigned to a particular kind of function (e.g. journalists go to the Journalism Faculty). The first department is, overall, higher ranking, focusing on cadres in the Party itself and in mass organizations. The second indoctrinates state functionaries, economic managers and the like;" Daniel N. Nelson: Democratic Centralism in Romania: A Study of Local Communist Politics, New York 1980, insbesondere S. 121.

[60] Siehe sein Interview mit der Tageszeitung *Azi*, 6.3.1991.

schaftliche und außenpolitische Prozesse befaßt.[61] Die in den siebziger Jahren von diesen Forschungsgruppen publizierten Studien lassen ein hohes theoretisches Niveau, die genaue Kenntnis westlichen Schrifttums und eine relative Offenheit des politischen Standpunktes erkennen. Teilnehmerlisten der Tagungen dieses Instituts vom Ende der siebziger Jahre lesen sich wie ein "Who's Who" der "kompetenten Dissidenten" vor der Wende und/oder der neuen Machtstrukturen nach 1989: Silviu Brucan, Gheorghe Apostol, Corneliu Bogdan, Mihai Botez, Mihai Drăgănescu, Valter Roman, Petre Roman, Tudorel Postolache.[62] Viele der wichtigsten Akteure beim Umsturz, denen in den neuen Institutionen einflußreiche Funktionen übertragen wurden, wirkten in der Zeit vor 1989 als Lehrkräfte an der Akademie "Ştefan Gheorghiu". Hierzu gehört der bereits zitierte Silviu Brucan, für kurze Zeit nach der Wende der Vorsitzende der außenpolitischen Kommission des Rates der *Front der Nationalen Rettung*, der amtierende Chef des rumänischen Sicherheitsdienstes *SRI,* Virgil Măgureanu, der Sekretär des Rates der *Front der Nationalen Rettung* und nachmalige Vorsitzende des Abgeordnetenhauses der Verfassunggebenden Versammlung Dan Marţian, ehemalige Iliescu-Berater wie Vasile Secăreş und Ioan Mircea Paşcu, ehemalige Minister der Regierung Roman wie Adrian Năstase (der amtierende Vorsitzende der Abgeordnetenkammer), Eugen Dijmărescu und viele andere. Ein "prominenter" Absolvent der Parteiakademie "Ştefan Gheorghiu" ist auch der Dichter Mircea Dinescu.

Neben diesen quasi-formellen Seilschaften blühten zur gleichen Zeit auch eine Vielzahl informeller, privater oder halbprivater Gesprächskreise und Diskussionszirkel, die zur Bildung informeller Seilschaften führten. Nicht selten wurden sie von einflußreichen Funktionären diskret gesteuert oder von mächtigen Institutionen diskret beschützt. Zu den auch international bekanntesten dieser informellen, privaten Kreise gehörte die sogenannte "Schule von Păltiniş". Sie nannte sich nach dem südsiebenbürgischen Gebirgskurort Păltiniş (Hohe Rinne), wo sich eine Gruppe herausra-

---

[61] Siehe hierzu: Anneli Ute Gabanyi: "Rumänien: Um das Verhältnis der Wissenschaft zur Ideologie, in: *Osteuropa-Archiv* 11 (1976), S. A 677-A 684; dies., "Eine rumänische Stimme zur kommunistischen Weltbewegung", in: *Osteuropa-Archiv* 28 (1978) 6, S.A 340-A 349; dies., "Entwicklung von Wissenschaft und Technik aus der Sicht eines Bukarester Ideologen", in: *Osteuropa Archiv* 11 (1978), S. A 695 - A 704.

[62] Corelaţia dintre infrastructura, structura şi suprastructura societăţii socialiste din România în condiţiile revoluţiei ştiinţifice şi tehnice (Der Zusammenhang zwischen Infrastruktur, Struktur und Überbau der sozialistischen Gesellschaft in Runmänien unter den Bedingungen der wissenschaftlich-technischen Revolution), Bukarest 1978.

gender Geisteswissenschaftler um den Philosophen Constantin Noica
geschart hatte. Vertreter dieser Gruppierung mit einem betont elitären
Habitus avancierten recht bald nach der Wende von 1989 in einflußreiche
Positionen im politischen und metapolitischen Raum. Zur "Schule von
Păltiniş" zählen u.a. der Kunsthistoriker Andrei Pleşu, der erste Kulturmi-
nister nach der Wende, sowie Gabriel Liiceanu, der Direktor des in der
Nachfolge des Politischen Verlages gegründeten "Humanitas"-Verlags.[63]

Berühmt waren auch die privaten Diskussionsrunden, die im Landhaus
von Gheorghe (Gogu) Rădulescu, dem Stellvertreter Ceauşescus im Vorsitz des Staatsrates und Mitglied des Obersten Präsidiums des Politischen
Exekutivkomitees der Partei, stattfanden. An diesen Treffen nahmen vor
1989 viele der prominenten oppositionellen oder dissidierenden Intellektuellen regelmäßig oder gelegentlich teil.[64] Rădulescu, der zur
"Illegalisten"-Fraktion innerhalb der Partei zählte, hatte sich auch offen in
die Auseinandersetzung, zwischen den von Ceauşescu geförderten primi-
tiven Nationalisten und deren Kontrahenten eingeschaltet, der sogenannte
"Protochronismus-Debatte", welche zeitweilig die rumänische Presse der
achtziger Jahre beherrschte.[65]

---

[63] Eine ausführliche Darstellung der ideologischen und philosophischen Debatten
im Rahmen der "Schule von Păltiniş" liefert Catherine Verdery: Compromis şi
rezistenţă. Cultura română sub Ceauşescu (Kompromiß und Widerstand. Die
rumänische Kultur unter Ceauşescu), Bukarest 1994, S. 249-290.

[64] *The New York Times*, 27.12.1989.

[65] Gheorghe Rădulescu: "Profesorii mei de limbă şi literatură românească (Meine
Lehrer in rumänischer Sprache und Literatur)", in: *România Literară* Nr. 19,
16.8.1986; siehe hierzu ausführlich Catherine Verdery, Compromis si
rezistenţă. Cultura română sub Ceauşescu (Kompromiß und Widerstand. Die
rumänische Kultur unter Ceauşescu), Bukarest 1994, S. 152-204.

Der revolutionäre Elitentausch aus der Sicht der siegreichen Eliten

Nach Ansicht von Silviu Brucan,[66] der sich von westlichen Journalisten gerne als "geistiger Führer" und "Gehirn der rumänischen Revolution" sowie als Vordenker ("la principale tête pensante")[67] des *Rates der Front der Nationalen Rettung* titulieren ließ, bedeutete der Umsturz vom Dezember 1989 die Machtübernahme durch die Intellektuellen in Rumänien.[68] Die neue rumänische Führung, so der Politologe Silviu Brucan in zwei vieldiskutierten Interviews, repräsentiere die fortschrittliche intellektuelle Elite des Landes, der abgesetzte Staats- und Parteichef Nicolae Ceauşescu hingegen habe sich auf die Masse des konservativen Neoproletariats gestützt. Seine tiefe Verachtung für diese "Massen" versucht Brucan nicht zu verbergen. In der postkommunistischen Gesellschaft werde es nur zwei Klassen geben, erklärte er einem britischen Journalisten: die Klasse der Klugen und die der Dummen. "Im Idealfall werden die

---

[66] Silviu Brucan (geb. 1916), zwischen dem 31. Dezember 1989 und Ende Januar 1990 der Vorsitzende der Außenpolitischen Ausschusses der *Front der Nationalen Rettung*, gilt als Ideologe und wichtiger Akteur des Umsturzes. Brucan, dessen steile politische Karriere nach dem Staatsstreich vom 23. August 1944 und der Besetzung Rumäniens durch die sowjetischen Armee begann, wirkte als stellvertretender Chefredakteur der Parteizeitung *Scânteia* und als Ankläger bürgerlicher Politiker bei kommunistischen Schauprozessen. Zwischen 1956 und 1962 war Brucan rumänischer Botschafter in den USA und bei den Vereinten Nationen. Seinen Posten als Direktor des Rumänischen Fernsehens, den er nach 1962 bekleidete, legte er im Jahre 1966, bald nach dem Machtantritt Nicolae Ceauşescus nieder. Danach lehrte er Gesellschaftswissenschaften an der Parteihochschule "Ştefan Gheorghiu" sowie an britischen und amerikanischen Hochschulen. Im November 1987 wies er die Weltöffentlichkeit auf die Arbeiterunruhen im siebenbürgischen Kronstadt (Braşov) hin. Im März 1989 verfaßte und verbreitete er den von fünf weiteren Altkommunisten unterzeichneten offenen sogenannten "Brief der Sechs" an Nicolae Ceauşescu, worin er ihn zu einer politischen Kursänderung aufforderte

[67] Diese Zitate stellte Brucan seinem Memoirenband voran. Siehe Silviu Brucan: *Generaţia irosită. Memorii* (Die vergeudete Generation. Memoiren), Bukarest 1992.

[68] "Die Intellektuellen sind die einzige soziale Kategorie, welche die Informationsrevolution beherrscht. (...) Frau Thatcher ist eine Intellektuelle, Deutschland und Frankreich werden von Intellektuellen regiert und in Osteuropa setzen sich die neuen Führungen in Ostdeutschland und Ungarn ebenfalls aus Intellektuellen zusammen", so Silviu Brucan in einem Interview der *Financial Times*, 29.12.1989.

Klugen herrschen, die Dummen werden die Klugen im Austausch für die Befriedigung bestimmter grundlegender Bedürfnisse wählen."[69] Im Gegensatz zur Führung unter Ceauşescu, der sich dafür eingesetzt hatte, dem elitären Selbstverständnis der rumänischen "Berufsrevolutionäre" ein Ende zu machen, kehrten die Revolutionäre von 1989 zu den Quellen der reinen Lehre von der "Wertelite mit revolutionärer Tugend", wie Lenin die kommunistische Partei definierte, zurück.[70] Karlheinz Messelken hat dieses spezielle, moralisch gefärbte Elitebewußtsein der kommunistischen Avantgardepartei prägnant beschrieben:

"Ihr zufolge verlangt die revolutionäre Aufgabe eine Partei neuen Typs, organisiert als verschworener Kampfbund einer elitebewußten Avantgarde. Ausgerüstet mit wissenschaftlicher Weltanschauung, die ihr die beste Kenntnis der gesellschaftlichen Entwicklungsgesetze verleiht, läßt sie sich von niemandem in ihre Pläne dreinreden oder gar sich umstimmen. Doch nicht nur intellektuell weiß sie sich als Elite, auch moralisch fühlt sie sich so."[71]

Man kann Brucans Theorie der Machtübernahme durch die Intellektuellen als die Rückkehr eines vom Realsozialismus enttäuschten Marxisten-Leninisten zur revolutionstheoretischen Tradition des Republikanismus interpretieren. Deren Vertreter waren schon immer von der Konzeption der Verschwörung einer kleinen, aufgeklärten Elite zum Zweck der Befreiung des Volkes von einer reaktionären Herrschaft ausgegangen, wie auch Eric Hobsbawm nachgewiesen hat:

"Alle Revolutionäre betrachten sich selbst mit einer gewissen Berechtigung als kleine Elite emanzipierter und fortschrittlicher Menschen, die inmitten der trä-

---

[69] "Clever people and stupid people. Ideally, clever people will be rulers, and stupid people will happily vote for their masters in exchange for some basic comforts"; Silviu Brucan, Interview in: *The Independent*, 29.1.1990. Zum Problem der sogenannten "Reife für die Demokratie", das unter den neuen Bedingungen des Übergangs in Ost und Mitteleuropa ebenso aktuell ist wie in Deutschland zur Zeit der Weimarer Republik schreibt Otto Stammer: "Das Elitenproblem in der Demokratie", in: Wilfried Röhrich (Hrsg.): 'Demokratische' Elitenherrschaft. Traditionsbestände eines sozialwissenschaftlichen Problems, Darmstadt 1975, S. 212 ff.

[70] Otto Stammer: "Das Elitenproblem in der Demokratie", in: Wilfried Röhrich (Hrsg.): 'Demokratische' Elitenherrschaft. Traditionsbestände eines sozialwissenschaftlichen Problems, Darmstadt 1975, S. 199.

[71] Karlheinz Messelken: "Archaik und Moderne im Kommunismus und im Postkommunismus. Zur Realdialektik von revolutionärer Transformation", in: Balint Balla / Anton Sterbling (Hrsg.): Zusammenbruch des Sowjetsystems. Herausforderung für die Soziologie, Hamburg 1996, S. 34.

gen und großen Masse des unwissenden und verführten gemeinen Volkes für dessen Wohl wirkten.[72]

Vor allem aber reproduzieren Brucans Thesen die neoleninistische "Avantgarde"-Theorie des sowjetischen Parteichefs Michail Gorbačev:

> "One of the fundamental canons of the vanguard system, that is, of Leninism, is the belief that the masses cannot comprehend the objective laws of history and economics. Gorbačev conceived of political leadership in terms of vanguardist mentality. He described his tasks as one of restructuring the 'consciousness and sentiment' of the people in order to realize the objective potential of the scientific and technological revolution."[73]

Den umfassenden gesellschaftspolitischen Unterbau für seine Theorie der neuen Klassenmacht der Intellektuellen[74] lieferte Brucan in einer im November 1988 fertiggestellten und 1990 in Buchform veröffentlichten Analyse über die sozialen Ursachen der Perestrojka.[75] Seine wichtigsten Thesen lassen sich wie folgt zusammenfassen:

* Die wissenschaftlich-technische Revolution hat in allen sozialistischen Staaten zum Verschwinden der Arbeiterklasse als einer breiten, kompakten sozialen Gruppe geführt. Die kommunistischen Parteien stützen sich ursprünglich auf die aus der Bauernschaft hervorgegangene Klasse der Industriearbeiter. Um dieses neu entstandene gesellschaftliche Potential zu organisieren, bedurfte es einer Avantgardepartei, denn dieser Arbeiter "brachte seine ländlichen Traditionen ein, unter anderem das fehlende Bedürfnis zur Selbstorganisation. Die politische Freiheit war aus seiner Sicht überflüssig und die Pressefreiheit ist noch nie der Traum der Analphabeten gewesen. Kurz gesagt, seine politische Kultur machte ihn zum idealen Objekt einer 'Revolution von oben'."[76]

---

[72] Siehe hierzu: Eric Hobsbawm: Europäische Revolutionen, Zürich 1962, und Frithjof Schmidt: Die Metamorphosen der Revolution. Der Wandel des Revolutionsbegriffs von Blanqui bis zum Eurokommunismus, Frankfurt/New York 1988.

[73] Aurel Braun / Richard B. Day: "Gorbačevian Contradictions", in: Problems of Communism 3 (1990), S. 36-50.

[74] GyörgyKonrad / Ivan Szelenyi: Die Intelligenz auf dem Weg zur Klassenmacht, Frankfurt am Main 1981.

[75] Silviu Brucan: Pluralism şi conflict social. O analiză socială a lumii comuniste (Pluralismus und sozialer Konflikt. Eine soziale Analyse der kommunistischen Welt), Bukarest 1990.

[76] ibid., S. 19.

- In der sozialistischen Gesellschaft verlaufen zwei arbeitsteilige Trennlinien zwischen Industrie und Landwirtschaft einerseits und zwischen physischer und geistiger Arbeit andererseits. Innerhalb der Arbeiterklasse hat sich das Gewicht quantitativ wie qualitativ von der manuellen zur geistigen Arbeit hin verschoben.

- Im Zuge des unabwendbaren Eintritts der kommunistischen Staaten in das Zeitalter der Computerrevolution ist die wissenschaftlichtechnische Intelligenz zum Träger des ökonomischen Fortschritts geworden. Dieser soziale Umschichtungsprozeß hat zu einer tiefen Krise der kommunistischen Parteien geführt, die ihre bisherige Führungsrolle in sozial differenzierten Gesellschaften nicht bewahren konnten.

- Der Eintritt ins Computerzeitalter ist ohne eine gleichzeitige Freigabe des Informationszuganges und ohne eine Demokratisierung dieser Gesellschaften nicht machbar. Der Übergang zu politischem Pluralismus ist unabwendbar, wenn Aufruhr und gewaltsame soziale Konflikte vermieden werden sollten.

- Die Krise der kommunistischen Gesellschaften kann auch schwerwiegende außenpolitische Konsequenzen nach sich ziehen, denn ohne die dritte industrielle Revolution können die RGW-Staaten den Wettlauf mit den hochentwickelten kapitalistischen Staaten nicht bestehen. Es ist demnach nur logisch, daß Brucan in Gorbačev den Motor der Umgestaltung des kommunistischen Systems erblickt.[77]

Brucans Thesen gewinnen dadurch an Gewicht, daß sie sich über weite Strecken mit der offiziellen Rechtfertigungsideologie der neuen Führung decken. Ihren Herrschaftsanspruch gründen die an die Macht gelangten "intelligenten und kompetenten Persönlichkeiten, die vom Diktator weder anerkannt noch benutzt worden waren"[78] auf folgende Kriterien:

- Kompetenz - im Sinne geistiger und fachlicher Fähigkeiten, aber auch im Sinne von Machterfahrung;

---

[77] Brucan, nach eigenen Angaben ein enger Freund des ehemaligen sowjetischen Botschafters in den USA, war im November 1988 mit dem sowjetischen Parteichef Michail Gorbačev persönlich zusammengetroffen. Über sein im November 1988 geführtes Gespräch mit Gorbačev berichtete Brucan erstmals in einem 1992 erschienenen Buch. Siehe hierzu: Silviu Brucan: Generaţia irosită. Memorii (Die vergeudete Generation. Memoiren), Bukarest 1992, S.184-190.

[78] Der ehemalige Premierminister Petre Roman in einem Interview in: *Der Spiegel*, 8.1.1990.

• Behaupteter Widerstand gegen das Ceauşescu-Regime;

• Revolutionäre "vertu", das Auserwähltsein durch die Revolution.[79]

Ihre Behauptung, sie seien spontan aus der Revolution hervorgegangen und stellten die "Emanation" der Volkserhebung dar, wurde im Volksmund bald zum Spottnamen "emanaţii" ("Die Ausgeströmten") für die neue Führung umfunktioniert.[80] Der Hinweis auf ihre Kompetenz und ihre Selbsteinstufung als "dissidierende Intellektuelle" bildeten den gemeinsamen Nenner für die nach Herkunft und Zielsetzungen heterogenen Angehörigen der neuen Führungsriege. Unter den 39 Mitgliedern des am 22. Dezember an die Öffentlichkeit getretenen Rates der *Front der Nationalen Rettung* befanden sich Vertreter der technokratischen Machteliten in Partei, Armee und Sicherheitsapparat, deren Aufstiegschancen innerhalb der herrschenden Klasse durch die Schließung der obersten Führungsorgane der Partei unter Ceauşescu behindert wurden, sowie genuine Vertreter der wissenschaftlich-schöpferischen Reflexionseliten, die sich mit der nationalistisch geprägten Reideologisierung aller Bereiche der Wissenschaft und Kultur ebensowenig abfinden wollten wie mit ihrer erzwungenen Isolierung von der internationalen Wissenschaftsentwicklung und mit ihrem sinkenden Lebensstandard.[81]

Nicht zuletzt die Tatsache, daß zahlreiche prominente Intellektuelle zum Teil ohne ihr Wissen in das am 22. Dezember 1989 gebildete neue Machtorgan des Rates der *Front der Nationalen Rettung* kooptiert worden waren, läßt die Absicht der Führung erkennen, eine Ablösung der alten Funktionseliten durch neue Bildungseliten vorzuspiegeln. Unter den 39 Mitgliedern des *Rates* waren an prominenter Stelle die Namen von Wissenschaftlern (Doina Cornea, Silviu Brucan), Geistlichen (László Tökés), Juristen (Dumitru Mazilu) und Schriftstellern (Ana Blandiana, Mircea Dinescu, Dan Deşliu) aufgeführt gewesen, die in der Endphase des

---

[79] Siehe Michael Freund: "Das Elitenproblem in der modernen Politik", in: Wilfried Röhrich (Hrsg.): 'Demokratische' Elitenherrschaft. Traditionsbestände eines sozialwissenschaftlichen Problems, Darmstadt 1975, S. 240.

[80] Emanation, von lat. emanatio, "Ausfluß des Niederen aus dem Höheren". Der "Emanatismus" als Sonderform der pantheistischen Welterklärung läßt die Welt durch ein Ausfließen der göttlichen Substanz hervorgehen. Siehe hierzu: Max Müller / Alois Halder (Hrsg.): Kleines Philosophisches Wörterbuch, Freiburg im Breisgau 1971, S. 70-71.

[81] Anton Sterbling: Strukturfragen und Modernisierungsprobleme der südosteuropäischen Gesellschaften, Hamburg 1993, S. 155 - 162.

Ceauşescu-Regimes als Dissidenten und / oder Regimegegner bekannt geworden waren.[82] Ein kürzlich an die Öffentlichkeit gelangter Mitschnitt der ersten Sitzung dieses Gremiums belegt, daß Ion Iliescu der Schriftstellerin Ana Blandiana bei der Gelegenheit sogar angeboten hatte, in der neuen Interimsführung das Amt des Vizepräsidenten zu übernehmen. Die Aura der Widerstandshaltung gegen das Ceauşescu-Regime, die die Namen dieser Intellektuellen umgab, sollte offenbar die Öffentlichkeit darüber hinwegtäuschen, daß andere Mitglieder des neuen Rates der *Front der Nationalen Rettung* zwar ebenfalls "Intellektuelle" waren, zugleich aber auch der kommunistischen Machtelite zu irgend einem Zeitpunkt angehört hatten - einige von ihnen sogar in exponierter Stellung.[83]

Der Verlust der Problemlösungskompetenz

Das Fehlen geregelter Nachfolgeprozeduren in kommunistischen Gesellschaften hatte zur Folge, daß die Frage der Kompetenz nicht selten von den aufstrebenden Eliten als Legitimationsgrund für einen Machtwechsel ins Feld geführt wurde. In dem sich zuspitzenden Machtkampf zwischen dem Funktionärsclan der Ceauşescus und den aufstrebenden Technokraten des Apparats hatten Kompetenz-Kriterien eine nicht unbedeutende Rolle gespielt. Immer nachdrücklicher hatten Vertreter der in ihrer sozialen Mobilität blockierten Leistungseliten unter Hinweis auf ihre überlegene Fachkompetenz die Übertragung politischer Kompetenzen gefordert. Dabei führten sie das Argument ins Feld, daß "nur die Umwandlung beruflicher in politische Eliten Ausgewogenheit und Kompetenz sowie ein optimales Funktionieren des gesamten soziopolitischen Systems garantieren könne" - ein Argument, das von der Parteizeitung nur zitiert wurde, um resolut zurückgewiesen zu werden.[84]

---

[82] Der ehemalige Premierminister Petre Roman, selbst ein Mitglied des Rates, sprach von "intelligenten und kompetenten Persönlichkeiten, die von dem Diktator weder anerkannt noch benutzt worden waren"; in: *Der Spiegel*, 8.1.1990.

[83] Dies war eine der sogenannten "necessary illusions" als Teil der Legitimationsideologie, wie sie überall in Ostmitteleuropa während der Anfangsphase des Umbruchs zu beobachten war. Siehe hierzu: W. Seibel: "Necessary Illusions. The Transformation of Governance Structures in the New Germany, in: *La Revue Tocqueville* (1992), S. 177-197, zitiert nach Klaus von Beyme: Systemwechsel in Osteuropa, Frankfurt am Main 1994, S. 152.

[84] *Scânteia*, 20.11.1985.

Die Gruppe um Ceauşescu regierte auf ihre Weise auf die Herausforderung durch die Leistungseliten. Die Frage der Kompetenz wurde zur Familiensache gemacht. Der Staats- und Parteichef selbst ließ sich als Stratege und Architekt der Theorie und Praxis des Aufbaus der "vielseitig entwickelten sozialistischen Gesellschaft" in Rumänien feiern. Im Umgang mit Spezialisten aller Fachrichtungen versuchte er den Anschein der Allwissenheit und umfassenden Kompetenz zu vermitteln.[85] Die rumänische Akademie kooptierte Ceauşescu als Mitglied ihrer wirtschaftswissenschaftlichen Sektion.

Doch auch die Gattin des Präsidenten Elena Ceauşescu sowie Sohn Nicu Ceauşescu wurden von der Propaganda als kompetente Fachleute und Techniker der Macht aufgebaut. Die Kompetenzlegende wurde im Hinblick auf die Legitimierung und Sicherung einer geordneten, "dynastischen" Nachfolgeregelung entwickelt. Gattin Elena wie Sohn Nicu mußten Nachweise ihrer fachlichen und politischen Kompetenz erbringen. Es mußten ordnungspolitische Voraussetzungen geschaffen und die hierarchische Stellung Elena und Nicu Ceauşescus in Partei und Staat aufgewertet werden. Ceauşescu selbst hat dieser Deutung nicht widersprochen. Auf die Frage eines Journalisten, der ihn mit umlaufenden Gerüchten konfrontiert hatte, denen zufolge er seinen Sohn Nicu als seinen Nachfolger aufbaue, hatte Ceauşescu eine solche Absicht nicht ausdrücklich dementiert. Er verwies jedoch darauf, daß weder die rumänische Verfassung noch die Statuten der *RKP* eine solche Regelung vorsähen. Nur "Kompetenz" und die "Entscheidung des Volkes", so Ceauşescu, könnten über das künftige Schicksal der Menschen entscheiden.[86]

Im Zuge des nach 1968 zielstrebig verfolgten Übergangs von einem relativ liberalen, partizipatorischen zu dem danach vorherrschenden autokratischen, extrem personalisierten System der Machtausübung hatte Ceauşescu auch den Aufstieg seiner ungefähr gleichaltrigen Frau Elena zu der von ihr gehaltenen Machtposition in Partei und Staat aktiv betrieben. Elenas Machtzuwachs erfolgte parallel zur systematisch betriebenen Entfaltung von Ceauşescus Personenkult, der gesetzlich abgesicherten sowie der faktischen Ausweitung seiner Machtbefugnisse, der Zurückdrängung reformistischer und liberalisierender Tendenzen in

---

[85] In den Glückwunschtelegrammen der wissenschaftlichen und Forschungsinstitute zum 60. Geburtstag Ceauşescus ist stereotyp von den "kostbaren" und "kompetenten" Ratschlägen" die Rede, die "der Genosse" allen Fachleuten auf allen Fachgebieten erteilt hat. Siehe hierzu den Folioband: Omagiu Preşedintelui Nicolae Ceauşescu (Hommage ür Präsident Nicolae Ceauşescu), Bukarest 1978.

[86] *Le Figaro*, 18./19.8.1984.

Wirtschaft und Kultur und der gesteuerten Aktivierung nationalen Selbstgefühls. Die aus Gründen der politischen Opportunität promovierte Chemikerin avancierte in alle relevanten Spitzenpositionen: 1979 wurde sie zur Vorsitzenden des Nationalrats für Wissenschaft und Technologie ernannt, 1985 zur Vorsitzenden des Obersten Rates für Wissenschaft und Erziehung, 1989 wurde sie zur Vorsitzenden einer Zentralkommission für Organisation und Modernisierung bestimmt. Sohn Nicu Ceauşescu wurde im Hinblick auf eine "dynastische" Nachfolge der politischen Macht als kompetenter Funktionär mit Machterfahrung aufgebaut. Die parteioffizielle Propaganda stellte ihn als den perfekten Technokraten dar, als eine Symbiose der Qualitäten und Karrieremerkmale seiner Eltern. Ab 1983 war Nicu Ceauşescu als Erster Sekretär des Kommunistischen Jugendverbandes *UTC* tätig gewesen, eine Funktion, die zuvor auch sein Vater Nicolae Ceauşescu sowie einige seiner potentiellen Nachfolger, darunter auch Ion Iliescu, innegehabt hatten. In dieser Eigenschaft war Nicu auch Minister für Jugendfragen und damit Mitglied der Regierung gewesen. Eine Änderung der Statuten der *RKP* auf dem im November 1984 abgehaltenen Parteitag der *RKP* sicherte Nicu Ceauşescu *ex officio* einen Platz als (stellvertretendes) Mitglied des Politischen Exekutivkomitees des Zentralkomitees - auch nach seiner Ernennung zum Ersten Parteisekretär des Kreises Hermannstadt (Sibiu) im Oktober 1987. Die Möglichkeit eines Machttransfers von Nicolae zu Nicu Ceauşescu war zu jener Zeit zur "Zielscheibe scharfer Kritik nicht nur innerhalb der *RKP*, sondern im ganzen Lande" geworden, wie die von der Kommunistischen Partei Italiens veröffentlichte Wochenzeitung *Rinascita* zu berichten wußte.[87]

Die außenpolitische Dimension der Kompetenzdebatte

Hinter der Forderung der Leistungseliten nach politischer Kompetenz witterte die Führungsriege um Nicolae Ceauşescu Gefahr für die eigene Machtposition, zumal "Kompetenz" auch einen Schlüsselbegriff der sowjetischen *Perestrojka*-Ideologie darstellte. Mit dem Hinweis auf das Kriterium der Kompetenz sollte den alten Funktioneliten der Brežnevschen "Stagnation", die sich - in der Sowjetunion ebenso wie in den kleineren "Bruderstaaten" - einer Erneuerung des Systems widersetzten, die Legitimationsgrundlage entzogen werden.

---

[87] *Rinascita*, 12.12.1987; zitiert nach: Kevin Devlin: "Italian Communist Commentator Indicts Romanian Regime," in: *Background Report* 248 *(Eastern Europe)*, 29.12.1987.

Seit dem Amtsantritt Michail Gorbačevs in der Sowjetunion im Jahre 1985 war die rumänische Führung wachsendem sowjetischem Druck ausgesetzt gewesen, die rumänische Wirtschafts- und Sozialpolitik mit dem in der Sowjetunion angelaufenen *Perestrojka*-Prozeß gleichzuschalten. Im benachbarten Rumänien erblickte Gorbačev ein Gesellschaftsmodell, das mit dem von Leonid Brežnev in der Sowjetunion verkörperten System deckungsgleich war. Anläßlich seines Besuchs in Bukarest im Mai 1987 hatte er in einer vom rumänischen Rundfunk und Fernsehen verbreiteten Rede nicht gezögert, auf die Parallelen zwischen Brežnev und Ceaușescu hinzudeuten. In der langen Negativliste Gorbačevs war Inkompetenz nur ein - allerdings wichtiges - Stichwort. Die Vorwürfe reichten von der Beibehaltung streng zentralistischer Lenkungsmechanismen und der Verschleppung struktureller Anpassungsmaßnahmen an veränderte wirtschaftliche Rahmenbedingungen, der Vernachlässigung sozialer Bedürfnisse und der Konsumerwartungen der Bevölkerung bis hin zu Familienpatronage, Korruption, Demokratiedefizit sowie der wachsenden Entfremdung zwischen der Parteiführung und der Masse der Bevölkerung.[88] Gegenüber der von Ceaușescus Austeritätspolitik geplagten Bevölkerung verkörperte Gorbačev in populistischer Manier den verständnisvollen Herren des renovierungsbedürftigen "gemeinsamen sozialistischen Hauses". Den Vertretern der rumänischen Funktions- und Leistungseliten hatte er sich als Repräsentant der Hegemonialmacht präsentiert, die vorgab, über moderne und demokratische Lösungskonzepte für die Schwierigkeiten im Verlauf der sozialistischen Transformationsprozesse zu verfügen. Gegenüber der rumänischen Techokratengeneration im politischen Wartestand projizierte Gorbačev das Image einer modellhaften neuen "linken" Führerpersönlichkeit und eines Hoffnungsträgers für die von Ceaușescu marginalisierten und in ihrem sozialen Aufstiegsprozeß behinderten Eliten. [89]

Mit ihrem Hinweis auf ihre "Kompetenz"[90] hatte die Gruppe um Ion Iliescu ihren Anspruch auf die Errichtung einer neuen, "meritokratischen" Herrschaftsbeziehung legitimiert.[91] Das Kompetenzargument diente jedoch

---

[88] *Scânteia*, 27.5.1987.

[89] Siehe hierzu: Anneli Ute Gabanyi: "Gorbačev in Bukarest: Rumänisch-sowjetische Differenzen treten offen zutage", in: *Südosteuropa* 5 (1987), S. 267-275, und dies.: "Rumänien und Gorbačev", in: Walther Althammer (Hrsg.): Südosteuropa in der Ära Gorbačev, München 1987, S. 75-82.

[90] Zur Bedeutung des Kompetenzkriteriums für die Analyse der Rolle der Intellektuellen siehe: Anton Sterbling: Strukturfragen und Modernisierungsprobleme der südosteuropäischen Gesellschaften, Hamburg 1993, S. 155.

[91] Petre Roman in: *Der Spiegel*, 8.1.1990, und in: *Flacăra*, 1.2.1990. Zur Frage der meritokratisch-funktionalen Differenzierung im Zuge des Modernisie-
(Fortsetzung der Fußnote siehe nächste Seite)

auch dazu, die Tatsache verschleiern zu helfen, daß die überwiegende Mehrzahl der Akteure des Umsturzes eben nicht primär Angehörige der außerhalb der herrschenden Klasse stehenden Bildungseliten waren, sondern gebildete Vertreter einer Ceauşescu-feindlichen Gegenelite innerhalb der herrschenden Klasse.[92] Es dauerte jedoch nicht lange, ehe prominente Parteigänger der neuen Führung ihr erstes Legitimationsargument von der "Kompetenz an die Macht" auf den Kopf stellten. Erst die Teilhabe an der Macht, so der neue Lehrsatz, schaffe Kompetenz. Mircea Dinescu, Dissident und Schriftsteller mit engen Verbindungen zu prosowjetischen Gegeneliten, behauptete, die Zugehörigkeit zur *Rumänischen Kommunistischen Partei* sei vor 1989 so etwas wie ein Kompetenzausweis gewesen. Für den beruflichen Aufstieg eines kompetenten Intellektuellen während der Ceauşescu-Ära, so Dinescu, sei das Parteibuch ebenso unabdingbar gewesen wie der Führerschein für einen Autofahrer.[93] Der Dissident und Kunsthistoriker Andrei Pleşu, Kulturminister unter der Regierung Roman, führte dieses Argument *ad absurdum* als er den Mann mit der "besten Machterfahrung" *vor* dem Umsturz als am geeignetsten bezeichnete, um an der Spitze der neuen Führung *nach* dem Umsturz Macht auszuüben.[94]

Bereits im Januar 1990 waren prominente Intellektuelle wie Ana Blandiana, Doina Cornea, Mihai Caramitru sowie der Pastor László Tökés, die Exponenten der antikommunistischen Opposition und der spontanen Rebellion gegen das Ceauşescu-Regime, aus der *Front der Nationalen Rettung* ausgeschieden und in die Opposition gegen Iliescu gegangen. Einer der Gründe hierfür waren ihre Einsicht, daß sie von der neuen Führung für die Aufrechterhaltung ihrer revolutionären Legitimation mißbraucht worden waren.

---

rungsprozesses in Südosteuropa siehe: Anton Sterbling: Strukturfragen und Modernisierungsprobleme der südosteuropäischen Gesellschaften, Hamburg 1993, S. 119-138.

[92] Anton Sterbling: Eliten im Modernisierungsprozeß. Ein Theoriebeitrag zur vergleichenden Strukturanalyse unter besonderer Berücksichtigung grundlagentheoretischer Probleme, Dissertation zur Erlangung der Würde eines Doktors der Philosophie des Fachbereiches Pädagogik an der Universität der Bundeswehr Hamburg, Hamburg 1987, S. 266.

[93] Mircea Dinescu in einem Interview mit der *Süddeutschen Zeitung*, 11.1.1990.

[94] Andrei Pleşu in einem Interview mit der Zeitung *The Observer*, 15.1.1990.

3. Elitenkonflikt innerhalb der neuen Machtstrukturen

Bereits wenige Wochen nach dem Umsturz zeigten sich in der übergreifenden revolutionären Koalition zum Sturz des Diktators Ceauşescu erste Risse. Die Legitimationslegende der Führung des Rates der *Front der Nationalen Rettung* als spontane Ausgeburt ("Emanation") der Revolution des Volkes geriet in dem Maße ins Wanken, als sich das konspiratorische Dunkel, in das die heterogene revolutionäre Machtkonstellation anfangs getaucht war, zu erhellen begann. Zweifel an der revolutionären Legitimation der neuen Führung vertieften sich. Zu jenen Kräften innerhalb der breiten revolutionären Koalition vom Dezember 1989, die daran interessiert waren, die Revolutionslegende der neuen Machtelite zu demontieren, gehörten der stellvertretende Vorsitzende des Rates der *Front der Nationalen Rettung*, Dumitru Mazilu, aber vor allem auch jene Männer der ersten revolutionären Stunde wie Silviu Brucan und der aus der Reserve an die Spitze des Verteidigungsministeriums geholte General Nicolae Militaru, die ihre Führungspositionen innerhalb weniger Wochen nach dem Umsturz verloren hatten. Nach den Wahlen zur Verfassunggebenden Versammlung vom 20. Mai 1990 sahen sie die Stunde für gekommen, um mit reißerisch aufgemachten Enthüllungen über ihre Beteiligung an tatsächlichen oder behaupteten Verschwörungen gegen Nicolae Ceauşescu ihren ganz persönlichen Beitrag zum Gelingen des Umsturzes hervorzuheben. Zum Jahrestag des Staatsstreichs vom 23. August 1944 veröffentlichten Brucan und Militaru in der damals meistgelesenen Tageszeitung des Landes eine Serie sensationeller Enthüllungen über ihre über Jahrzehnte hinweg betriebene konspiratorische Tätigkeit gegen Ceauşescu.[95] Zur Flut der Enthüllungsliteratur trugen auch zwei weitere Militärs der prosowjetischen Gruppe um Brucan und Militaru, Ion Radu und Ştefan Kostyal, bei, die 1989 nicht in die neuen Machtstrukturen aufgenommen worden waren.

Ein wichtiger Grund für den Popularitätsverfall der *Front der Nationalen Rettung (FNR)* war die Tatsache, daß Präsident Ion Iliescu die Partei verlassen und demnach auch ihren Vorsitz aufgeben mußte. Gemäß dem am Runden Tisch des *Provisorischen Komitees der Nationalen Einheit (Consiliul Provizoriu al Unităţii Naţionale CPUN)* ausgehandelten rumänischen Wahlgesetz darf der Staatspräsident keiner Partei angehören. Der nachträgliche Versuch eines Iliescu-treuen Abgeordneten der Verfassungsgebenden Versammlung, diese unter dem Druck der Opposition getroffene Regelung aus dem Entwurf der neuen Verfassung

---

[95] *Adevărul*, 23.8.1990.

zu streichen, war nicht erfolgreich.[96] Iliescus erzwungener Abgang von der *Front* bedeutete einen schweren Schlag für die Regierungspartei, die bei den Wahlen primär als Iliescu-Wahlverein gesiegt hatte. Nicht die *Front der Nationalen Rettung* hatte ihrem Vorsitzenden zum Wahlsieg verholfen; vielmehr hatte Iliescu, der mit 85,97% der Stimmen gewählt worden war - 20 Prozentpunkte über dem Wahlergebnis der Front - seine Organisation zum Sieg getragen. Strukturelle Probleme belasteten die *Front der Nationalen Rettung* ebenfalls. Das Dilemma der Regierungspartei bestand darin, daß sie nach ihrem Wahlsieg vom Mai 1990 zwar zur Regierungsbildung legitimiert war, als "klassische Parteiorganisation"[97] aber ebensowenig existierte wie als "Massenbewegung".[98] Silviu Brucan, zwischen Dezember 1989 und Februar 1990 ihr Chefideologe, warf der *Front der Nationalen Rettung* vor, "ausschließlich mit dem Erhalt und der Festigung ihrer Macht" befaßt zu sein.[99] Die Front, so Brucan, sei "weder bereit noch dafür gerüstet, das Mandat, welches ihr das Volk am 20. Mai übertragen hat, zu erfüllen." Sie müsse eine politische Organisation mit einer "klar definierten Führung, Ideologie und Struktur" werden. Er plädierte für die Herausbildung von Gruppierungen und Fraktionen mit unterschiedlichen Progammen innerhalb der *Front* sowie für die Einbeziehung jüngerer Funktionäre in die Führung.[100]

Ein weiteres Indiz für die konzeptionelle Unsicherheit der Parteiführung nach den Wahlen lieferten die Debatten um eine Namensänderung der Organisation. Vorschläge, von der alten Bezeichnung abzugehen, basierten auf der Überlegung, daß die Abkürzung des Parteinamens (*FSN* - gesprochen mit Betonung auf der dritten Silbe "fesene") sowie die Benennung der entsprechenden Parteigänger ("fesenist/ă") in der Öffentlichkeit zunehmend negativ besetzt waren. Auch wurde gesagt, der Wahlsieger sei längst nicht mehr die Sammelbewegung, die sie nach dem Sturz Ceaușescus zu sein vorgegeben hatte. Auch das im Parteinamen vorgegebene Ziel der Rettung der Nation sei spätestens seit der Teilnahme der *Front* an den Wahlen obsolet geworden. Als Alternativen wurden die Bezeichnungen *Sozialdemokratisches Forum* (*Forumul Social-Democrat*) und *Sozialdemokratische Union* (*Uniunea Social-Democrată*) vorgeschlagen. Die Umbenennung in eine *Union* wurde dabei von vielen

---

[96] Velicu Radina, ehemaliger Sekretär der *FNR* für Presse und Propaganda in: *Lumea Azi*, 7.2.1991.

[97] *Radio Bukarest* in deutscher Sprache, 7.8.1990.

[98] Die Zahl der eingeschriebenen Mitglieder der *Front der Nationalen Rettung* wurde im April 1991 mit 800000 angegeben. Siehe *Reuter*, 15.3.1991.

[99] *România Liberă*, 18.7.1990.

[100] *"22"*, 8.6.1990.

Mitgliedern bevorzugt, die trotz der abweisenden Haltung der streng antikommunistischen *Sozialdemokratischen Partei Rumäniens* immer noch darauf hofften, einmal mit dieser und anderen sozialistisch oder sozialdemokratisch gefärbten Parteien einen lockeren Parteienverbund eingehen zu können.[101] Der ursprüngliche Parteiname wurde schließlich beibehalten, weil bei Meinungsumfragen 76 Prozent der befragten Mitglieder gegen eine Änderung gestimmt hatten.[102]

Der Zerfall des Machtkartells

Nach den Wahlen zeichnete sich innerhalb der neuen Machtelite ein Konflikt zwischen unterschiedlichen Eliten innerhalb der neuen Machtstrukturen ab. Der Konflikt wurde sowohl innerhalb der Regierungspartei als auch zwischen den Institutionen des neuen Gemeinwesens ausgetragen. Innerhalb der *Front der Nationalen Rettung* verstärkte sich der Eindruck der Rivalität zwischen Ion Iliescu, der seiner Organisation trotz der gesetzlich verordneten präsidialen Parteiabstinenz gerne auch weiterhin als "geistiger Führer"[103] gedient hätte, und dem ehrgeizigen Premierminister Petre Roman, der sich selbst zum "nationalen Führer" (lider naţional) der Partei ernannt hatte.[104] Während Premier Roman Unstimmigkeiten bestritt,[105] zögerte Präsident Iliescu nicht, sich unverhüllt kritisch mit der Tätigkeit der Regierung und der Regierungspartei auseinanderzusetzen.[106]

Hinter den unterschiedlichen programmatischen Vorstellungen des Präsidenten und des Premierministers standen zwei unterschiedliche

---

[101] Es ist in diesem Zusammenhang interessant, zu bemerken, daß Petre Romans *Front der Nationalen Rettung* nach der Abspaltung der Anhänger Iliescus und ihrer Umbenennung in *Demokratische Partei (Front der Nationalen Rettung)* im Jahre 1995 in der Tat ein Parteienbündnis mit der *Rumänischen Sozialdemokratischen Partei* gebildet hat. Sein Name: *Sozialdemokratische Union (Uniunea Social-Democrată).*

[102] *Azi*, 13.11.1990.

[103] Ion Iliescu in einem Interview mit der Tageszeitung *Adevărul*, 16.9.1990: "Wenn die *Front der Nationalen Rettung* mich tatsächlich als ihren geistigen Führer ansieht, so fühle ich mich dadurch geschmeichelt." In demselben Interview gab Iliescu zu, der Front angesichts eines nach den Wahlen entstandenen Führungsvakuums gelegentlich beratend zur Seite gestanden zu haben, ohne dadurch seine Neutralität als Präsident verletzt zu haben.

[104] In einem Fernsehinterview sagte Roman, er sei der "nationale Führer" der Partei und kraft dieser Eigenschaft auch Ministerpräsident. Siehe: *Rompres*, 20.11.1990.

[105] *Die Welt*, 18.12.1990.

[106] *Adevărul*, 16.9.1990 und 13./14.4.1991.

gesellschaftliche Gruppierungen: hinter Ion Iliescu ein wichtiges Segment der alten Nomenklatura, bestehend aus der arrivierten, immer noch mächtigen Bürokratie in Politik und Wirtschaft und hinter Roman jüngere, technokratisch geprägte Vertreter der alten Funktionseliten und ein Teil der Leistungselite. Romans Technokraten hatten während der Ceauşescu-Diktatur größtenteils keine hohen und höchsten Ämtern bekleidet. Viele von ihnen hatten jedoch als Söhne oder Schwiegersöhne der Nomenklatura all jene Vorteile (materielle Sicherheit, Auslandsstudium etc.) genossen, die eine solche Lebenssituation mit sich brachte und sie von den nichtprivilegierten Leistungseliten unterschied. Die programmatische Position der von Iliescu angeführten "alten Nomenklatura" kann mit den Begriffen "Perestrojka + Postkapitalismus + Egalitarismus + Westfeindlichkeit" umschrieben werden, Romans Vorstellungen können auf die Formel "Reform + Frühkapitalismus + Sozialdarwinismus + Westfreundlichkeit" gebracht werden. Iliescu sah die Front als eine Mitte-Links-Partei, Romans Konzept wurde von seinen Gegnern in der *Front* als "Mitte-Rechts" abgetan.[107]

Die unterschiedlichen Standpunkte zwischen dem Präsidenten und seinem Premier hinsichtlich der künftigen Struktur und der programmatischen Ausrichtung der *FNR* deuteten sich bereits im Juli 1990 anläßlich der Verabschiedung Iliescus als *Front*-Vorsitzender an.[108] Während Iliescu auf der Notwendigkeit beharrte, die im April 1990 verabschiedete Programmplattform der *Front* beizubehalten, wollte Roman nicht nur die Strukturen, sondern auch die politische Plattform der *Front der Nationalen Rettung* reformieren.[109] Die wichtigsten Sachthemen, zu denen die Gruppen um Iliescu und Roman unterschiedliche, ja gegensätzliche Positionen vertraten, betrafen die Wirtschaftsreform und Eigentumsfragen, die Abgrenzung vom kommunistischen alten Regime, die Außenpolitik und die nationale Frage. Im Lager der politischen Opposition glaubte man zu Unrecht lange Zeit nicht an einen grundlegenden Dissens zwischen Präsident und Premierminister. Petre Romans Aussagen wurden gemeinhin als demagogische Manöver angesehen mit dem Ziel, von den Schwierigkeiten des eingeleiteten wirtschaftlichen Transformationsprozesses abzulenken.[110]

Wirtschaftsreform. In Fragen der Wirtschaftsreform gaben sich Petre Roman und seine Minister, von denen nicht alle als Abgeordnete der

---

[107] Velicu Radina in: *Lumea Azi*, 7.2.1991.
[108] *Radio Bukarest*, 5.7.1990.
[109] *Rompres*, 20.11.1990.
[110] Nicolae Manolescu in: *România Literară*, 10.1.1991.

Front der Nationalen Rettung im Parlament saßen,[111] entschlossen und kompromißlos. "Dritte-Weg"-Strategien des Übergangs in eine postkapitalistische Wirtschaft, ohne soziale Härten, lehnten sie kategorisch ab.[112] Präsident und Premier vertraten unterschiedliche wenn nicht gar gegensätzliche Meinungen zu Fragen der künftigen Eigentumsverteilung. Ion Iliescu hatte sich gegen Korruption und schnelle Bereicherung ausgesprochen. Er plädierte dafür, die *Front der Nationalen Rettung* in eine "Partei der Unbestechlichen" umzuwandeln.[113] Premierminister Roman hingegen plädierte für eine Wirtschaftsphilosophie des "Laissez-faire" und des "Enrichissez-vous".

Politisches System. Unterschiedliche Meinungen gab es auch hinsichtlich der künftigen Ausgestaltung des politischen Systems in Rumänien, insbesondere hinsichtlich des Gleichgewichts der Macht zwischen den Institutionen. Präsident Iliescu schwebte ein präsidiales System nach französischem Muster vor. Ministerpräsident Roman hingegen sprach sich für ein politisches System aus, das einen starken Ministerpräsidenten und einen repräsentativen, mit symbolischen Befugnissen ausgestatteten Präsidenten vorsah.

Vergangenheitsbewältigung. Ein Dissens zeichnete sich auch in der Frage der Abgrenzung vom kommunistischen alten Regime ab. Mitglieder der Regierung waren gewillt, die Übergriffe während der kommunistischen Zwangsherrschaft zu verurteilen. Premierminister Petre Roman war bemüht, sich selbst als einen Politiker darzustellen, der frei war vom Ballast der kommunistischen Nomenklatura. Seine geringe politische Erfahrung - so der ins Lager des Ministerpräsidenten hinübergewechselte ehemalige Iliescu-Berater Silviu Brucan - stelle in Wirklichkeit einen Vorteil dar, denn politische Erfahrung im Kommunismus sei unter den gegebenen Umständen einer Tätigkeit als kommunistischer Funktionär gleichzusetzen.[114] So sprach sich im Februar 1991 Justizminister Victor Babiuc für einen "Prozeß gegen den Kommunismus" aus.[115] Premierminister Petre Roman forderte, die Spitzen des ehemaligen Partei- und Sicherheitsapparats vor Gericht zu stellen: "Wir müssen diese Leute vor Gericht stellen, aber nicht in einem Scheinverfahren, sondern in einem

---

[111] *Lumea Azi*, 24.1.1991.

[112] Vortrag Adrian Severins in München. Siehe: *Südosteuropa-Mitteilungen* 2 (1991), S. 156.

[113] Ion Iliescu in einem Interview des Rumänischen Fernsehens. Siehe dazu: *Adevărul*, 13./14. 4.91.

[114] *Adevărul*, 5.2.1991.

[115] *Rompres*, 13.2.1991.

richtigen Justizverfahren. Wir, die wir mit den kommunistischen Strukturen des alten Regimes gebrochen haben, müssen dies fordern."[116]

Sicherheitspolitik. Unterschiede zwischen Iliescu und Roman traten auch in außen- und sicherheitspolitischen Fragen, insbesondere in der rumänischen Politik gegenüber der Sowjetunion, zutage. Während Präsident Iliescu in der Zeit bis zum Zerfall der Sowjetunion weitgehend eine Politik des vorauseilenden Opportunismus an den Tag legte, die darin gipfelte, daß er im April 1991 ohne vorherige Konsultation des Parlaments und an der Öffentlichkeit vorbei den umstrittenen rumänisch-sowjetischen Freundschaftsvertrag unterzeichnete, versuchte Petre Roman sowohl in Erklärungen der Regierung als auch in Verlautbarungen der Regierungspartei den Eindruck zu erwecken, daß er geneigt sei, den nationalen rumänischen Interessen stärker Rechnung zu tragen. Die beiden anläßlich des Nationalkonvents der *Front der Nationalen Rettung* im März 1991 verabschiedeten Resolutionen zur Frage der Minderheiten und zu Moldova belegen dies.[117]

Premierminister Petre Roman und Staatspräsident Ion Iliescu versuchten, ihren politischen Einfluß und ihre Machtbefugnisse innerhalb der Regierungspartei auszuweiten. Für Staatspräsident Iliescu war es wichtig, die Kontrolle über die Partei zu behalten, von der er sich die Aufstellung als Kandidat bei den nächsten Präsidentschaftswahlen erhoffte.[118] Premierminister Roman sah sich im Anschluß an die Wahlen vom Mai 1990 mit der Notwendigkeit konfrontiert, "die Macht in seiner eigenen Partei zu erringen,"[119] um sich den parlamentarischen Rückhalt für seine geplante Reformgesetzgebung zu sichern. Das war so lange nicht möglich, solange Präsident Iliescu die Kontrolle über die *Front der Nationalen Rettung* behielt. Nach dem Rücktritt Iliescus aus dem Parteivorstand wurde ein kollektives Führungsgremium eingesetzt, an dessen Spitze zwei Vertrauensleute des Präsidenten, der ehemalige Marxismus-Professor N. S. Dumitru und der Temesvarer "Revolutionär", Claudiu Iordache, standen.

---

[116] *Radio Bukarest*, 20.11.1990.

[117] Siehe hierzu auch: *Die Welt*, 20.3.1991.

[118] In der Presse wurden Zweifel daran geäußert, ob Roman bereit sein würde, Iliescus Kandidatur für eine zweite Amtsperiode als Präsident zu unterstützen. Siehe dazu: *"22"*, 29.3.1991. Es wurde gesagt, Iliescu irre, wenn er glaube, daß ihn die neue (Roman unterstellte) *Front der Nationalen Rettung* nochmals als ihren Präsidentschaftskandidaten aufstellen werde. Siehe dazu: *Neuer Weg*, 12.4.1991.

[119] *"22"*, 22.3.1991.

Anfang September 1990 wurde dann der selbsternannte "lider național" Roman aktiv. Er erweiterte das Leitungsgremium, tauschte einige Sekretäre aus und stellte so die Weichen für die Umsetzung der Reformpolitik, wie er sie in seiner Regierungserklärung angekündigt hatte. Angesichts der ständig wachsenden Machtfülle des Präsidenten einerseits und dem Zustand der *Front* andererseits versuchte er erst gar nicht, seine Regierung nach dem Bild der heterogenen und schwer lenkbaren *Front* zu formen. Er ging den entgegengesetzten Weg, indem er versuchte, die Partei in eine homogene und motivierte Gruppierung zur Unterstützung seiner Regierung umzubilden.[120]

Die neuen Institutionen und der Kampf der Eliten

Es gehört zu den Besonderheiten - um nicht zu sagen: Absonderlichkeiten - der politischen Entwicklung in Rumänien, daß die Fronten im Parlament in dieser Phase nicht zwischen der - schwachen - Opposition und der Regierungs verliefen, sondern quer durch die *Front der Nationalen Rettung*. Im Parlament mußte Roman sich gegen die beiden Kammerpräsidenten und Teile der eigenen Parlamentsfraktion durchsetzen. Der zwischen Staatspräsident Iliescu und Premierminister Roman in dem Zeitraum zwischen den Wahlen zur Verfassunggebenden Versammlung (Mai 1990) und dem Sturz des Premierministers (September 1991) ausgetragene Machtkampf stellte nicht nur eine Auseinandersetzung zwischen Teilen der neuen Machtelite dar, er beeinflußte auch den Prozeß der Herausbildung und Ausgestaltung der politischen Institutionen. Während Ion Iliescu nach außen hin als neutraler Präsident und überparteilicher Schlichter in Konfliktsituationen die Gesamtgesellschaft betreffend agierte, versuchte er zugleich, Premierminister Petre Roman indirekt zu schwächen und dessen Regierung die wirtschaftlichen Schwierigkeiten des Übergangsprozesses anzulasten. Während der schweren politischen Krise, in die Rumänien im Dezember 1990 anläßlich des ersten Jahrestags der "Revolution" geraten war, hatte es den Anschein, als wollte Präsident Iliescu den Ministerpräsidenten fallen lassen, um den Forderungen der Opposition nach Bildung einer Regierung der nationalen Einheit unter einem anderen Ministerpräsidenten (Radu Câmpeanu von der *Nationalliberalen Partei*) nachzugeben. Enge Vertraute Iliescus wie der ungarische Senator Károly

---

[120] Siehe dazu die Analyse von Nicolae Manolescu in: *România Literară*, 28.3.1991.

Kiraly starteten Pressekampagnen gegen Roman.[121] Roman wollte jedoch unter keinen Umständen zurücktreten. Wenige Monate später, im Februar 1991, hätte ein Streik der Eisenbahner von Iassy und Temeswar beinahe den Sturz Romans verursacht. Ion Iliescu, Sohn eines Eisenbahners, der in den siebziger Jahren in eben diesen beiden Städten hohe Parteiämter innegehabt hatte, äußerte bei seinem Treffen mit Vertretern der Streikenden Verständnis für ihren Arbeitskampf und übte Kritik an der Art und Weise, wie die Verhandlungen mit ihnen von der Regierung geführt worden waren.[122]

Im Parlament lief ein Konfliktszenario ab zwischen Exekutive - der Regierung Roman - und Legislative - den auf Iliescu eingeschworenen Kammerpräsidenten Dan Marţian (Abgeordnetenhaus) und Alexandru Bârlădeanu (Senat). Im Vorfeld des Konvents der *Front der Nationalen Rettung* vom März 1991 kam es zu einem ersten offenen Schlagabtausch zwischen dem Senatspräsidenten Alexandru Bârlădeanu und Vertretern der Regierung über die Reformpolitik der Regierung Roman.[123] Mit scharfen Worten wandte sich Bârlădeanu im Senat gegen die Reformpolitik der Regierung, die gegen den alten Wirtschaftsapparat geführt werde: "Wir dürfen diese Leute nicht fallenlassen," sagte er.[124] Für manche Mitglieder der Regierung, insbesondere für den Reformminister Adrian Severin, sei Reform zu einer Art "neuer Religion geworden; jene, die anders dächten, würden zu 'Ketzern' erklärt und 'exkommuniziert'."[125] In seinen kritischen Ausführungen zum neuen Parteistatut der *Front* kritisierte Bârlădeanu außerdem die Einführung der (von Petre Roman bekleideten) Position des "nationalen Führers". Diese Regelung, so Bârlădeanu, öffne wie schon beim Aufstieg Ceauşescus "der Einpersonenherrschaft, der persönlichen Diktatur und dem Personenkult Tür und Tor". Er protestierte auch gegen die im neuen Statut vorgesehene Einführung des Fraktionszwanges.

Der von Bârlădeanu angesprochene Reformminister Adrian Severin, der jüngste und in seiner Eigenschaft als Stellvertretender Ministerpräsident zweitwichtigste Mann im Kabinett, griff den Fehdehandschuh auf. Mit einer Schärfe, die der polemischen Diktion des Senatspräsidenten in nichts

---

[121] Kiraly und Roman tauschten offene Briefe über die Presse aus. Siehe dazu: *Rompres*, 15.2.1991.

[122] *Radio Bukarest*, 21.2.1991.

[123] Der achtzigjährige Senatsvorsitzende Alexandru Bârlădeanu war einer der schärfsten Widersacher Romans und seines Reformkabinetts. Er spielte eine maßgebliche Rolle beim Sturz des Premierministers im September 1991.

[124] *Radio Bukarest*, 29.3.1991; *Neuer Weg*, 2.4.1991.

[125] In einem Interview mit der Zeitung *Curierul Naţional*, zusammengefaßt in: *Rompres*, 3.4.1991.

nachstand, warf Severin Bârlădeanu vor, auf die seinerzeit von den Bolschewiken benutzten Diversionstaktiken zurückzugreifen, um die Meinung einer Minderheit im Parlament mehrheitsfähig zu machen. Er verteidigte die Vorbehalte der Regierung gegen die alte Bürokratie, da sie das Haupthindernis auf dem Weg der Reform darstelle. Es sei eine Illusion, zu glauben, daß jemand die *Front der Nationalen Rettung* als Front zur eigenen Rettung mißbrauchen könne.[126]

Im Januar hatte sich Premierminister Roman im Namen seines Kabinetts in einem an Präsident Iliescu gerichteten Schreiben darüber beschwert, daß die beiden Kammerpräsidenten "persönliche Haltungen" einnähmen und die Annahme der Reformgesetze blockierten. Auch führten die Mitglieder des Kabinetts Klage darüber, daß die Fertigstellung des parlamentarischen Untersuchungsberichts über die Ereignisse vom 13.-15. Juni 1990 (Gewalttätigkeiten der Bergarbeiter in Bukarest) offenbar mit dem Ziel verzögert wurde, die politische und wirtschaftliche Annäherung Rumäniens an den Westen zu behindern. Von der fristgerechten Fertigstellung dieses Untersuchungsberichts hing sowohl die Einbeziehung Rumäniens in das "PHARE"-Hilfsprogramm der "Gruppe der 24" als auch die Gewährung des besonderen Gaststatus beim Europarat ab.[127]

Beim Konvent der *Front der Nationalen Rettung* vom 17. und 18. März 1991 kam es zwar nicht zur Spaltung der Partei, wie Präsident Ion Iliescu dies vorausgesehen hatte.[128] Der Premierminister und sein Wirtschaftsminister Eugen Dijmarescu hatten aber mit der Möglichkeit der Abspaltung einzelner "traditioneller Linker" von der Front gerechnet. Sie sollten recht behalten. Zwar gab es Kritik an der neuen Orientierung, die Premierminister Petre Roman seiner Partei verordnet hatte. Die negativen Einschätzungen galten insbesondere der angeblich in einen "wilden Kapitalismus"[129] einmündenden Reformpolitik der Regierung sowie der Art und Weise, wie Roman seiner Partei die neue Linie aufgenötigt habe. Dennoch wurde das von Roman vorgeschlagene Programm der *Front der Nationalen Rettung* mit großer Mehrheit angenommen und Premierminister Petre Roman zum "nationalen Führer" bestellt.

---

[126] *Rompres*, 29.3.1991. Am Tage des Schlagabtausches zwischen Bârlădeanu und Severin übte die Zeitung *România Liberă* Kritik an Bârlădeanus stalinistischer Vergangenheit.

[127] Zum Text des Kommuniqués der rumänischen Regierung siehe: *România Liberă*, 15.1.1990. Kommentare zu den Vorgängen siehe: *Expres* 3 (1991), *Neuer Weg*, 15./16.1991, *Lumea Azi*, 24.1.1991, *România Liberă*, 7.2.1991.

[128] Präsident Ion Iliescu im Gespräch mit dem EG-Außenauftragten Frans Andriessen, *Reuter*, 16.3.1991.

[129] Nicolae S. Dumitru in: *Neuer Weg*, 19.3.1991.

Der Kongreß verabschiedete ein Programm der beabsichtigten Reformen von Wirtschaft und Gesellschaft.[130] In Abgrenzung von "jeglicher Form des Extremismus, des chauvinistischen Nationalismus, Separatismus und Rassismus sowie von Organisationen und Parteien, die solche Haltungen vertreten" wurde beschlossen, eine ständige Kommission für nationale Fragen und interethnische Beziehungen zu bilden. In einer vom Konvent verabschiedeten Resolution zur Lage in der Moldaurepublik erklärten die Delegierten, "mit ganzem Herzen an der Seite unserer Brüder jenseits der Pruth zu stehen, denen wir durch Sprache, Geschichte, Glauben und Sprache verbunden sind."

Die angekündigte und erwartete Spaltung der *Front der Nationalen Rettung* fand auf dem Konvent nicht statt, die Abspaltungen hielten sich in Grenzen. Am 21. März 1991, zwei Tage nach Beendigung des Konvents, konstituierte sich im Parlament unter der Bezeichnung *Front der Nationalen Rettung 20. Mai* eine aus zehn ehemaligen Abgeordneten der *Front der Nationalen Rettung* gebildete abtrünnige Fraktion. Am 30. April 1991 ließ sich eine weitere Splitterpartei der *Front der Nationalen Rettung* registrieren: die *Sozialdemokratische Front der Nationalen Rettung*". Ihr Vorsitzender, der ehemalige Pressesekretär der *Front der Nationalen Rettung*, Velicu Radina, erklärte, die Front aus Protest wegen der von Roman vollzogenen "Rechts-Schwenkung" sowie infolge der "neoliberalen Tendenzen" in ihrem Reformprogramm verlassen zu haben. Er bekannte sich zu den ursprünglichen, im Wahlprogramm der *Front der Nationalen Rettung* vom April 1990 festgeschriebenen Optionen und zu Ion Iliescu als der weiterhin überragenden Führerfigur der Front.

Die Folge war, daß Premierminister Roman sich im Parlament nicht mehr auf die Mehrheit der Abgeordneten verlassen konnte. Bei einer versuchten Regierungsumbildung im Mai 1991 fielen zwei der von ihm zwecks Bildung einer Koalitionsregierung mit Vertretern sogenannter "Phantomparteien" vorgeschlagenen Ministerkandidaten durch - ein klarer Hinweis darauf, daß die Mehrheitspartei gegen den Premierminister votiert hatte. Am 24. September 1991 brach der schwelende Konflikt zwischen Präsident Ion Iliescu und Premierminister Petre Roman aus, der sich als Folge des gescheiterten Staatsstreichs in der Sowjetunion verschärft hatte. Zum zweiten Mal seit der Wende stürmten Bergarbeiter aus dem Schiltal die Hauptstadt. Während jedoch ähnliche Terroreinsätze im Januar und im Juni 1990 das Ziel gehabt hatten, die demokratische

---

[130] "Un viitor pentru România. Principiile identităţii şi platformei politice ale Frontului Salvării Naţionale" (Eine Zukunft für Rumänien. Die Prinzipien der politischen Identität und Plattform der Front der Nationalen Rettung) in: *Azi*, 19.3.1991.

Opposition des Landes - Parteienvertreter, Journalisten, Studenten - gewaltsam einzuschüchtern, wurden sie im September 1991 als Mittel der Auseinandersetzung innerhalb der regierenden Machtstrukturen eingesetzt.[131] Premierminister Petre Roman wurde vom Obersten Nationalen Verteidigungsrat seines Amtes enthoben und durch den Finanzexperten Theodor Stolojan ersetzt.

Die neue "Technokraten-Regierung" war eine aus vier Parteien gebildete Koalition: Der - stark geschwächten - *Front der Nationalen Rettung, der Nationalliberalen Partei (Partidul Naţional Liberal)*, der *Rumänischen Umweltbewegung (Mişcarea Ecologistă Română)* und der *Rumänischen Demokratischen Agrarpartei (Partidul Democrat Agrar Român)*. So wiederholte sich vor den für 1992 angesetzten Kommunal-, Präsidial- und Parlamentswahlen die Situation von 1990. Wieder stand an der Spitze der Exekutive eine Koalitionsregierung sogenannter Technokraten, deren Hauptaufgabe es war, die im Herbst 1992 fälligen Wahlen vorzubereiten. Der Haupteffekt der Absetzung Petre Romans bestand jedoch darin, daß der angelaufene Prozeß der makroökonomischen Reform- und Stabilisierungsmaßnahmen gestoppt, versprochene westliche Kreditzusagen zurückgenommen und der begonnene Weg Rumäniens in die euroatlantischen Strukturen zeitweilig abgebremst wurde.

Die Entstehung neuer Elitenkonfigurationen

Zu den wichtigsten Ergebnissen des Umbruchs in Rumänien gehören die Auswirkungen, die er auf dem Gebiet der Eliten gezeitigt hat: die zeitweilige Öffnung der herrschenden Klasse, die Zirkulation und Mischung der Eliten und die Herausbildung einer neuen politischen Klasse. Zwei rumänische Studien haben diesen Fragenkomplex näher analysiert. In seinem Aufsatz über "Die neue politische Klasse" wendet sich Gabriel Ivan[132] gegen die oft gehörte These, in Rumänien habe im Zuge der Revolution bloß eine Rotation bzw. ein Aufstieg der Funktionäre zweiten und dritten Grades an die Spitze der Nomenklatura stattgefunden. Eine solche Interpretation gehe von einer falschen Definition der kommunistischen Nomenklatura aus, der Ivan nur die unmittelbar Herrschaft ausübenden Strukturen an den Schalthebeln der Macht und der Repression zurechnet. Unter Hinweis auf die These Gaetano Moscas, daß

---

[131] In einem Interview mit dem französischen Fernsehen, vgl.: *Frankfurter Allgemeine Zeitung*, 28.9.1991.

[132] Gabriel Ivan: "Noua clasă politică (Die neue politische Klasse)", in: *Sfera Politicii* 4 (1993).

der Platz einer Elite, die sich verbraucht habe, von einer Minderheit
eingenommen werde, die genügend hoch angesiedelt ist, um Ehrgeiz zu
entwickeln, identifiziert Ivan diese Eliten für Rumänien als die
Technokratie, die Bürokratie und die kulturellen Eliten:

> "Sie werden zum Verschmelzen der kommenden herrschenden Klassen
> beitragen: die beiden ersten (Technokratie und Bürokratie) im Rahmen der
> Parteien der gegenwärtigen Regierungskoalition, in der Verwaltung des
> Staates, der Wirtschaft und der Armee; die dritte (kulturelle Elite), im Rahmen
> der Oppositionsparteien, der Bürgerorganisationen, der Gewerkschaften, der
> Medien sowie der privaten Institutionen."

Die im Entstehen begriffene neue herrschende Klasse, so Ivan, ist nicht
der direkte Nachfahre der alten Funktionseliten. Die Tatsache, daß
Vertreter der alten Nomenklatura (Ion Iliescu, Alexandru Bârlădeanu, Dan
Marţian) noch in den Strukturen der neuen Führung zu finden sind, sei nur
ein Indiz für die Verzögerung des Selektionsprozesses der neuen Eliten in
Rumänien. Den Grund für diese Verzögerung sieht er - mit Raymond
Aron - darin, daß der Druck auf eine Elite, die sich der Demokratisierung
widersetzt und die Mechanismen ihrer eigenen Selbsterneuerung abblockt,
einen revolutionären Prozeß auslösen kann, in dessen Verlauf nicht nur
diese führende Elite entmachtet wird, sondern auch die meisten jener
Mechanismen in Unordnung geraten, die den Zugang zur herrschenden
Klasse regeln.

Die Revolution von 1989, so Ivan, hat zu einer für Revolutionszeiten
charakteristischen maximalen Öffnung der Elitenkonfiguration geführt. Im
Zuge der notwendigen Stabilisierung des politischen Regimes werde es
notwendigerweise zu einer neuerlichen Schließung der herschenden
Klasse, aber auch zu ihrer Professionalisierung kommen.

Andere Autoren sehen das nicht so optimistisch. Stelian Tănase, ein
Abgeordneter im rumänischen Parlament und ein einflußreicher Journalist,
unterscheidet zwischen einer regierenden Elite und einer Gegenelite
entlang der Spaltung zwischen Führung und Opposition. In Rumänien
ebenso wie in den anderen postkommunistischen Staaten laufe das
folgende Entwicklungsschema ab:

> "Die ehemalige Nomenklatura besetzt wichtige Positionen und sie privatisiert
> sich in raschem Tempo. Durch den Akt der Regierungsausübung, aber auch
> durch das Ergreifen diverser Gelegenheiten, die ihr die Entscheidungsposition
> bietet, wird sie zur neuen Bourgeoisie."

Die Beziehung zwischen Herrschaftselite und Gegenelite sei, abweichend
von der entsprechenden Elitenbeziehung in traditionellen demokratischen
Staaten, nicht konsensuell. Der Wettstreit zwischen Elite und Gegenelite
ziele nicht auf einen normalen Elitentausch, sondern auf die Ausschaltung
(rum.: eliminare) der jeweils anderen Seite. Das Problem der Macht sei

solange nicht geregelt und die Revolution solange nicht beendet, als kein dynamisches und sicheres System des Elitenaustauschs gewährleistet sei. Die Zukunft Rumäniens hänge davon ab, ob es gelingen werde, mittel- bis langfristig zu einer Konsensualisierung der Eliten nach dem Muster der Magna Charta zu gelangen.[133]

4. Exogene Ursachen

Gegen Ende der siebziger Jahre geriet Rumänien zunehmend unter den Einfluß rascher und radikaler Umbrüche im Kontext seines außenwirtschaftlichen und außenpolitischen Umfeldes, die zum Entstehen einer revolutionären Konjunktur in diesem Lande führten. Dabei waren drei exogene Faktoren von entscheidender Bedeutung: radikale Veränderungen im Verhältnis der Supermächte, eine Wende in der Hegemonialpolitik Moskaus und einschneidende Veränderungen im Bereich des Welthandels und der Weltkonjunktur.

Rumänien und der Wandel des östlichen Staatensystems

Der Rückzug der Sowjetunion aus Osteuropa vollzog sich keineswegs spontan. Er entsprach vielmehr einem langfristig angelegten politischen Kalkül Moskaus, den als unausweichlich betrachteten Revolutionen von unten in ihrem Hegemonialbereich durch systemerhaltende Reformen zuvorzukommen. Die Furcht der Sowjetunion vor spontanen Revolutionen gegen die Führungen der ostmitteleuropäischen Staaten, so wie sie der frühere sowjetische Außenminister Eduard Ševardnadze geäußert hatte, traf in ganz besonderem Maße für Rumänien zu.[134] Dort befürchtete man nicht nur einen Aufstand gegen das Regime Ceauşescus, sondern eine Revolution von unten, die das kommunistische System in Rumänien hinwegfegen und das Land aus dem Ostblock herausbrechen könnte. Wie dramatisch man in Moskau die Lage in Rumänien einschätzte, beschrieb der prominente KGB-Überläufer Oleg Gordievsky:

"Der osteuropäische Staat, den die Zentrale zu Beginn der Ära Gorbačev am stärksten gefährdet sah, war die korrupte und neostalinistische Diktatur des

---

[133] Stelian Tănase: "Magna Charta", in: *Sfera Politicii* 18 (1994).

[134] "Wir haben verstanden: Wenn sich unsere Nachbarstaaten nicht umgestalten werden, dann erheben sich die Völker," in: *Novosti*, 30.4.1991.

größenwahnsinnigen Nicolae Ceaușescu in Rumänien, einem Land, das sich ohnehin schon halb vom Warschauer Pakt gelöst hatte. In einer ausführlichen Analyse war der Elften Abteilung (Verbindungen zu verbündeten Diensten) aus dem Jahr 1983 hieß es, Rumänien stehe kurz vor dem Bankrott, dem Land drohe innerhalb der nächsten Jahre der wirtschaftliche Kollaps. In diesem Fall, so die Prognose, könnte das Regime die Macht verlieren und Rumänien ins westliche Lager abdriften."[135]

Unmittelbar nach dem Machtantritt Jurij Andropovs, des ehemaligen KGB-Chefs und für die Beziehungen zu den Ostblockstaaten zuständigen ZK-Sekretärs, trat ein spürbarer Wandel in der Politik Moskaus ein.[136] Anders als sein Vorgänger, der das Ziel einer "Annäherung der Nationen" im sowjetischen Hegemonialbereich propagiert hatte, vertrat Andropov unter Berufung auf Vladimir I. Lenin die These von der notwendigen "Verschmelzung der Nationen." Die ideologisch verpackte Kritik der sowjetischen Führung an der gesamtpolitischen Linie der rumänischen *KP* nahm sprunghaft zu. Die sowjetische Presse veröffentlichte Aufsätze prominenter Parteiideologen, deren Attacken gegen offizielle rumänische Positionen den Tenor jener kontroversen Grundsatzdebatten widerspiegelten, die nach dem Tode Leonid Brežnevs zwischen den Staats- und Parteichefs der Warschauer-Paktstaaten geführt wurden. Rumänien wurde der "Kapitulation vor bürgerlich-nationalistischen Ansichten" in Übereinstimmung mit "der imperialistischen Propaganda" des Westens bezichtigt."[137]

Jurij Andropovs früher Tod und das kurze Interregnum Konstantin Černenkos, eines Vertreters der alten Brežnev-Seilschaften, verschaffte dem Ceaușescu-Regime eine kurze Atempause. Seit dem Amtsantritt Gorbačevs im März 1985 war die rumänische Führung zunehmendem sowjetischem Druck ausgesetzt, die Fronde gegen eine enge sicherheitspolitische Integration im Warschauer Pakt aufzugeben und die Wirtschaft und Gesellschaft des Landes mit dem in der Sowjetunion

---

[135] Oleg Gordiewsky / Christopher Andrew: KGB. Die Geschichte seiner Auslandsoperationen von Lenin bis Gorbačev, München 1990, S. 824.

[136] Im Gegensatz zu Gert-Jochim Glaeßner, der die Systemdebatte im Ostblock zeitgleich mit der unter Gorbačev angelaufenen Reformdebatte Mitte der achtziger Jahre einsetzen läßt, war rumänischen Quellen bereits zu Beginn des achten Jahrzehnts klar zu entnehmen, daß die Systemdebatte bereits mit dem Machtantritt Andropovs voll entbrannt war. Siehe hierzu Gert-Joachim Glaeßner: Demokratie nach dem Ende des Kommunismus. Regimewechsel, Transition und Demokratisierung im Postkommunismus, Opladen 1994, S. 34, und Anneli Ute Gabanyi: "Rumänisch-sowjetischer Ideologiestreit - eine nicht nur theoretische Auseinandersetzung", in: *Südosteuropa* 5 (1983), S. 235-243.

[137] E. Bagramov in: *Novoje Vremja*, 15.4.1983.

angelaufenen Reform- und Öffnungsprozeß gleichzuschalten. Damit sollten die Voraussetzungen für einen neuen Integrationsschub innerhalb des Rates für gegenseitige Wirtschaftshilfe (RGW) geschaffen werden. Während Moskau zu Zeiten Brežnevs das dogmatisch-zentralistische sowjetische Modell gegen die Reformbestrebungen einiger osteuropäischer Führungen verteidigte, ging es der Führung der *KPdSU* unter Gorbačev darum, das sowjetische Reformmodell in seinem osteuropäischen Vorfeld auch gegen den Willen dogmatisch- zentralistisch gesinnter Führungseliten durchzusetzen.

Zum Zeitpunkt seiner Wahl zum Generalsekretär der KPdSU fand Michail Gorbačev im benachbarten Rumänien ein Wirtschafts- und ein Gesellschaftsmodell vor, das sich in seinen Grundzügen mit dem von Leonid Brežnev in der Sowjetunion verkörperten System deckte. Anläßlich seines Besuchs in Bukarest im Mai 1987 zögerte Gorbačev nicht, in einer - landesweit von den rumänischen Medien verbreiteten - Rede auf diese Parallelen zwischen Ceaușescu und Brežnev hinzuweisen. Die Liste der Versäumnisse und Verfehlungen, die der sowjetische Parteichef in dieser Ansprache seinem Vorgänger anlastete, dabei jedoch offenbar auf die politische Strategie und den Führungsstil seines Gastgebers abzielte, war lang. Sie reichte von dem Vorwurf einer vorwiegend extensiv orientierten Wirtschaftspolitik, der Beibehaltung streng zentralistischer Lenkungsmechanismen, der Verschleppung struktureller Anpassungsmaßnahmen an veränderte wirtschaftliche Rahmenbedingungen, der Vernachlässung sozialer Bedürfnisse und Konsumerwartungen der Bevölkerung bis hin zu Familienpatronage, Vetternwirtschaft, Korruption, Inkompetenz, mangelnder Offenheit und Demokratie sowie der wachsenden Entfremdung zwischen der Parteiführung und der Masse der Bevölkerung.[138]

Ceaușescus Strategie der Scheinreformen stieß in Moskau auf wenig Beifall. Die sowjetische Führung, so Gorbačev gegenüber seinem rumänischen Besucher Nicolae Ceaușescu im Oktober 1988, wisse sehr wohl zwischen "tiefgreifenden Reformen", wie sie in einigen kommunistischen Staaten, allen voran der Sowjetunion, durchgeführt würden, und den "Bemühungen" anderer Bruderländer zu unterscheiden, die "ihre Probleme im Rahmen der bestehenden Strukturen und Methoden löste." Gorbačev verwies Ceaușescu auf den Modellcharakter der sowjetischen Reformen und die "internationale Verantwortung" Moskaus für die Entwicklung des Sozialismus in den anderen kommunistischen Staaten: "Das Bild des Sozialismus entsteht aufgrund der Einschätzung der gesamten Erfahrungen der sozialistischen Staaten. Der Erfolg eines jeden

---

[138] *Scânteia*, 27.5.1987.

Landes wird zur gemeinsamen ideellen Leistung, jedoch ein Mißerfolg kann leider Verluste für uns alle nach sich ziehen. Wir, die sowjetischen Kommunisten, sind uns unserer internationalen Verantwortung zutiefst bewußt, wir wissen um die weltweite Bedeutung unserer Umgestaltung."[139] Mit dieser Formulierung ging Gorbačev noch über den Rahmen seiner Doktrin der "kollektiven Verantwortung für das Schicksal des Weltkommunismus" hinaus, die er anläßlich seines Rumänienbesuchs im Mai 1987 vorgetragen hatte.[140]

Der Widerstand der rumänischen Führung gegen den Import von Gorbačevs *Perestrojka*-Plänen schwächte dessen Position gegenüber seinen innerparteilichen Widersachern in der Sowjetunion. Nach seinem Sieg über den Anführer der Anti-*Perestrojka*-Fraktion innerhalb der KPdSU Jegor Ligačev im Oktober 1988 war eine wichtige Stütze für Gorbačevs Widersacher innerhalb von Warschauer Pakt und RGW weggebrochen, wie Bruszt und Stark bestätigen:

> "Hardliners in the *MSzMP* (der *Vereinten Ungarischen Arbeiterpartei*) based their plans, similar to those of Bulgarian, Romanian, Czechoslovak, and East German leaders, on the hope of Gorbachev's fall. Their hopes were dashed when Ligachev lost his game against Gorbachev at the meeting of the Central Committee of the CPSU in October 1988".[141]

Nach der Niederlage der *Perestrojka*-Gegner in der sowjetischen *KP* und der darauf einsetzenden Polarisierung zwischen Reformern und Hardlinern im Warschauer Pakt sah sich der rumänische Parteichef Ceaușescu in einer doppelten Falle gefangen: Mit seiner Ablehnung des sowjetischen Reform-. und Entspannungskurses hatte er sich in Ost und West isoliert und ins Abseits manövriert. Der einstige Bannerträger eines autonomen außenpolitischen Kurses von Moskau und der Vorreiter politischer Prinzipien, die nun von der Sowjetunion unter dem Etikett des "Neuen Denkens" propagiert wurden, fand sich in der Rolle des Verfechters der "allgemeinen Gesetzmäßigkeiten des Sozialismus" (Gemeinschafts-eigentum, Planwirtschaft, führende Rolle der Partei) und des Kämpfers gegen Marktwirtschaft und die Entideologisierung der internationalen Beziehungen wieder.[142]

Entgegen seiner noch Anfang der achtziger Jahre geübten Praxis der Annäherung und des Interessenausgleichs mit den Staaten des Westens

---

[139] *Scânteia*, 6.10.1988.

[140] *Scânteia*, 27.5.1987.

[141] László Bruszt / David Stark: "Hungary", in: Ivo Banac (Hrsg.): Eastern Europe in Revolution, Ithaca/London 1992, S. 25, Fußnote 19.

[142] Nicolae Ceaușescu in seiner Rede auf der Plenartagung der RKP zu Ideologiefragen, veröffentlicht in: *Scânteia*, 25.10.1989.

verfiel die rumänische Führung gegen Ende der Dekade in militantes Konfrontationsdenken. Auf dem im Oktober 1989 abgehaltenen Ideologieplenum der *RKP* polemisierte Nicolae Ceauşescu gegen "führende imperialistische Kreise des Westens", die sich aufgrund der in einigen Ostblockstaaten aufgetreten Krisenerscheinungen entschlossen hatten, "die gegenwärtige internationale Lage dazu zu nutzen, das Kräfteverhältnis im Weltmaßstab zugunsten ihrer Hegemonialpolitik der Gewalt und des Diktats zu verändern". Und er fuhr fort:

"In Verkennung der Realität proklamieren diese Kreise mit immer größerem Nachdruck die Allmacht des Kapitalismus und sagen erneut das baldige Ende des Sozialismus voraus. Indem sie einige Fehler und Mängel in den sozialistischen Ländern sowie gewisse liquidatorische und reformistische Tendenzen in diesen Ländern sowie in einigen kommunistischen und Arbeiterparteien übertreiben, sind die reaktionären imperialistischen Kreise zu einer neuen ideologischen und politischen Offensive der Verleumdung und Untergrabung des Sozialismus übergegangen, zu einer Politik der Einmischung in die inneren Angelegenheiten und der Destabilisierung der sozialistischen Länder. Dabei greifen sie zu allen Mitteln, die sie aus dem veralteten und verrosteten Arsenal des Kalten Krieges übernommen haben, von der Desinformation der öffentlichen Meinung, der Verleumdung des Sozialismus, der Erpressung, der Diversion, der wirtschaftlichen und politischen Unterdrückung bis hin zur direkten finanziellen Subventionierung antisozialistischer und antinationaler Gruppierungen".[143]

Angesichts der so perzipierten Bedrohung des sozialistischen Weltsystems durch den kapitalistischen Westen drängte Nicolae Ceauşescu, häufig ohne einmütige Rückendeckung durch seinen eigenen Parteiapparat, im Warschauer Pakt auf "Blocksolidarität" und einen Schulterschluß gegen jene Mitgliedsstaaten wie Polen oder Ungarn, die vor den Versuchen der Einmischung des Imperialismus" seiner Meinung nach kapituliert hatten.[144]

Wandel im Verhältnis zu den Supermächten

Von der sich Mitte der achtziger Jahre anbahnenden Annäherung der Supermächte, die auf die Phase schwerer Spannungen um die Dislozierung neuer Mittelstreckenraketen in Mitteleuropa folgte, war Rumänien in besonderem Maße betroffen. Die offen (in der Nato) und

---

[143] *Scânteia*, 25.10.1989.

[144] Nicolae Ceauşescu und der bulgarische Staats- und Parteichef Todor Živkov in einem gemeinsamen Kommuniqué, veröffentlicht in: *Scânteia*, 8.10.1989.

verdeckt (im Warschauer Pakt) geführten Nachrüstungsdebatten, die Verhandlungen über Sicherheit und konventionelle Abrüstung im Rahmen von KSZE und KVAE boten der Bukarester Diplomatie zum letzten Mal den Rahmen zur Darstellung der klassischen rumänischen Thesen zur Sicherheits- und Abrüstungspolitik. Rumänien mußte dabei ein delikates Gleichgewicht wahren zwischen der möglichen Systemgefährdung durch die freiheitliche westliche Ordnung auf der einen Seite und der Einschränkung seiner politischen Handlungsfreiheit durch die sowjetische Hegemonialmacht auf der anderen Seite. So deutlich wie kaum jemals zuvor hatte Rumänien damals westlichen Sicherheitsvorstellungen Rechnung getragen, sowjetische Propagandathesen desavouiert und sich zum Wortführer jener kleineren Warschauer-Pakt-Staaten gemacht, die befürchteten, daß im Zuge der Dislozierung neuer sowjetischer Mittelstreckenraketen auf ihrem Territorium nicht nur ihre Sicherheit gefährdet wurde, sondern zudem auch ihre Abhängigkeit von der Sowjetunion erhöht wurde. Die rumänische Haltung verhinderte in jener Phase, daß die Dislozierung sowjetischer Mittelstreckenraketen durch einen Warschauer-Pakt-Beschluß gedeckt und eine ideologische Einheitsfront zur Verteidigung der "internationalistischen", "Leninschen Friedenspolitik" Moskaus aufgebaut werden konnte.

Auch war Bukarest nicht bereit, sich an den Kosten für die erhöhten Rüstungsausgaben des östlichen Bündnisses als Folge seiner Nachrüstungsmaßnahmen beteiligen. Anläßlich der Verlängerung des Warschauer Vertrags, die unmittelbar nach seinem Machtantritt erfolgte, betonte auch Gorbačev die Notwendigkeit der "Festigung des Bündnisses" und einer "größeren Einheit und Kohäsion" der Mitgliedsstaaten auf der Grundlage des "Marxismus-Leninismus und des proletarischen Internationalismus". Allein in Rumänien wurde diese Rede Gorbačevs nicht veröffentlicht, ja nicht einmal erwähnt.[145]

Zugleich mit der Öffnung der Archive im östlichen Staatenbereich wurde der vor 1989 im Zuge einer großangelegten Desinformationskampagne verbreiteten These, Rumäniens Autonomiepolitik gegenüber der Sowjetunion sei bloß gespielt und ohne wirkliche Substanz gewesen, jeglicher Boden entzogen. Julij A. Kwizinskij, sowjetischer Spitzendiplomat zur Zeit der Nachrüstungsverhandlungen und Zeitzeuge der Moskauer Wen-

---

[145] Siehe hierzu: Anneli Ute Gabanyi: "Friedenspolitik zwischen Autonomiestreben und Blockzwang. Überlegungen zum rumänischen Abrüstungsmodell", in: *Südosteuropa* 1 (1984), S. 15-30; dies.: "Rumänisch-sowjetische Kontroverse spitzt sich zu", in: *Südosteuropa* 6 (1983), S. 327-333, und dies.: "Rumäniens eigenwillige Positionen auf dem Madrider KSZE-Folgetreffen und auf der KVAE", Berichte des Bundesinstituts für ostwissenschaftliche und internationale Studien 47 (1984).

depolitik, beurteilt die Stellung Rumäniens im west-östlichen Kontext jener Zeit wie folgt:

"Die Zeiten der Einmütigkeit und Zusammenarbeit im Warschauer Vertrag gehörten lange der Vergangenheit an. Viele Jahre hatte Nicolae Ceauşescu eine normale Tätigkeit der Bündnisorgane offen sabotiert, wofür er wahrscheinlich das Wohlwollen des Westens bei der Behandlung der wirtschaftlichen Probleme Rumäniens erhofft hatte. Angesichts des diktatorischen Charakters seiner Herrschaft und des begrenzten Gewichts Rumäniens im Staatensystem des sozialistischen Lagers jener Zeit zeigten die westlichen Länder jedoch keine übermäßige Bereitschaft, auf diese Avancen einzugehen. Trotzdem nutzte die rumänische Diplomatie damals mit großem Eifer jede Gelegenheit, um ihren Kollegen im Warschauer Vertrag das Leben schwerzumachen."[146]

Noch Mitte der sechziger Jahre war der rumänischen Außenpolitik im Westen ein gewisser Störeffekt ("nuisance value") bei der von Moskau betriebenen Integration des östlichen Bündnisses zugeschrieben worden. Im Zuge der Annäherung zwischen den Großmächten traf Rumänien - der Störenfried einer strukturellen Gleichschaltung der Wirtschaftssysteme im integrierten RGW-Markt - zugleich mit der sowjetischen auch auf westliche Kritik. Reformwilligkeit und innenpolitischer Liberalismus waren jene positiven Kategorien, an denen sich fortan die "unterschiedliche Behandlung"[147] der Ostblockländer durch die Mitgliedsstaaten der Europäischen Gemeinschaft und ganz allgemein durch die westliche Welt, ausrichtete.

Die westliche Perzeption der Bedeutung und der Funktion Rumäniens hatte sich im Zuge des west-östlichen Interessenausgleichs gewandelt. Das Gewicht Rumäniens als westlicher Handels- und Kooperationspartner war kontinuierlich zurückgegangen. Dies war nicht nur eine Folge des zentralistischen, reformfeindlichen Planungs- und Leitungssystems der rumänischen Wirtschaft, das immer weniger Anreiz für westliche Investoren bot, sondern stellte auch eine Reaktion auf die im Zuge der Finanzkrise geänderte Aussenhandels- und Wirtschaftspolitik Ceauşescus dar. Je geringer das Interesse der westlichen Industrieländer an einem Handelsaustausch mit Rumänien wurde, umso aufmerksamer verfolgte eine sensibilisierte westliche Öffentlichkeit die sich kontinuierlich verschlechternde Versorgungslage in dem Land. Menschenrechtsverletzungen, die progressive Assimilierung der nationalen Minderheiten und nicht zuletzt die im März

---

[146] Julij A. Kwizinskij: Vor dem Sturm. Erinnerungen eines Diplomaten, Berlin 1994, S. 32 und S. 330.

[147] Axel Zarges, Sprecher der EVP-Fraktion im Europäischen Parlament, in: *Frankfurter Allgemeine Zeitung*, 2.1.1989.

1988 bekanntgegebenen Pläne des Regimes, die Hälfte der rumänischen Dörfer zu schleifen, hatten das negative Bild des Landes geprägt.[148] Ende der achtziger Jahre hatte der Ceauşescu-Malus voll auf das Ansehen Rumäniens in Ost und West durchgeschlagen. Die internationale Aufmerksamkeit, die das Regime jahrzehntelang zur Propagierung seiner außenpolitischen Konzeptionen und Aktionen angestrebt hatte, wurde ihm nun in Form weltweiter Ablehnung zuteil. Ehedem hatte Nicolae Ceauşescu als der erste Partei- und Staatschef eines osteuropäischen Landes gegolten, der mehrere westliche Hauptstädte besucht und viele westliche Staats- und Regierungschefs zu spektakulären Besuchen in Bukarest empfangen hatte; nun wurde er im Westen praktisch geschnitten. Kein führender Politiker eines demokratisch geführten Landes konnte es sich angesichts der allgemeinen öffentlichen Entrüstung über die Zustände in Rumänien leisten, einem von diesem gewünschten Treffen mit Ceauşescu zuzustimmen.

Das westliche Konzept der "Differenzierung" in den Beziehungen zu den Staaten des Ostblocks hatte sich im Verlauf nach 1985 zunehmend gewandelt. Die Zeiten, da die Vereinigten Staaten von Amerika bereit waren, Ungarn und Rumänien eine Vorzugsbehandlung unter den Warschauer-Paktstaaten angedeihen zu lassen, waren vorbei. Rumäniens Abweichungen von der Generallinie der sowjetischen Aussenpolitik waren in dem seit dem Amtsantritt Gorbačevs veränderten politischen Umfeld bestenfalls als Nuancen auszumachen. Die politisch-ideologischen Voraussetzungen, auf denen die Schaukelpolitik der rumänischen Diplomatie basiert hatte, existierten nicht mehr. Die von Gorbačevs "Neuem Denken" geprägte sowjetische Außenpolitik ließ sich nicht länger als Kontrast-Hintergrund für rumänische Absetzbewegungen gebrauchen. Die Tatsache, daß sich die Sowjetunion viele der von Rumänien jahrelang vertretenen Positionen zu eigen gemacht hatte, war für westliche Beobachter meist irrelevant und wurde (sofern überhaupt zur Kenntnis genommen) als Einschwenken Rumäniens auf sowjetische Positionen gedeutet. Die Nischen, die Rumänien sich in der Weltpolitik eingerichtet hatte, waren inzwischen zu Gemeinplätzen der Politik der meisten Ostblockstaaten geworden. Auf einigen seiner bisherigen Sonderwege war Rumänien von der Sowjetunion und anderen Teilnehmerstaaten des Warschauer Pakts eingeholt und sogar überholt worden. Noch im Jahre l980 hatte Bukarest als erstes und einziges RGW-Mitgliedsland ein umfassendes Kooperationsabkommen mit der EG abgeschlossen. Am Vorabend der Wende war Rumänien der einzige europäische RGW-Staat,

---

[148] Siehe hierzu: Anneli Ute Gabanyi: "Ceauşescus 'Systematisierung'. Territorialplanung in Rumänien", in: *Südosteuropa* 5 (1989), S. 235-258.

der noch keinen Antrag auf Aufnahme diplomatischer Beziehungen zur Europäischen Gemeinschaft gestellt hatte. Die Staaten der europäischen Gemeinschaft unterbrachen die Verhandlungen mit Rumänien über ein neues Handelsabkommen.

Der tiefgehende Wandel, der sich in der veränderten ostpolitischen Konzeption des Westens vollzogen hatte, spiegelte sich auch und besonders im bilateralen Verhältnis Rumäniens zu den Vereinigten Staaten von Amerika. Die politische Entfremdung zwischen Washington und Bukarest hatte seit Anfang der achtziger Jahre kontinuierlich zugenommen. Die alljährliche Verlängerung der Rumänien 1975 zugestandenen Meistbegünstigungsklausel im Handel mit den USA war einer zunehmend kritischen Bestandsaufnahme der Menschenrechtslage in Rumänien durch den amerikanischen Kongreß gewichen. Dabei standen Fragen der Behandlung der ungarischen Minderheit in Rumänien sowie religiöse Probleme im Vordergrund. Ein Besuch des stellvertretenden amerikanischen Außenministers John Whitehead Anfang Februar 1988 in Bukarest brachte keine Einigung. Wie er im Anschluß an sein Gespräch mit Ceauşescu berichtete, habe der rumänische Staats- und Parteichef sich geweigert, die Bedenken der amerikanischen Regierung über die Situation der Menschenrechte in Rumänien zur Kenntnis zu nehmen.[149]

Um der Gefahr zuvorzukommen, daß die Meistbegünstigungsklausel Rumänien vom amerikanischen Gesetzgeber aberkannt würde, entschloß die rumänische Führung sich dazu, die Vereinbarung rumänischerseits aufzukündigen. In einer offiziellen Erklärung teilte die rumänische Führung der US-Regierung mit, daß Bukarest "die Verlängerung der Meistbegünstigungsklausel im Falle der Beibehaltung der Jackson-Vanik-Zusatzverordnung nicht mehr akzeptiere." Man habe - so hieß es in der Erklärung weiter - gleichzeitig darum gebeten, in bilaterale Gespräche darüber einzutreten, wie die Wirtschaftsbeziehungen zwischen den beiden Staaten in Übereinstimmung mit dem geltenden Handelsabkommen weiterentwickelt werden könnten, wobei auf jede Art von Bedingungen verzichtet werden müsse.[150]

Angesichts der drohenden Verluste an Deviseneinnahmen, die sich auf die von der rumänischen Führung geplante Rückzahlung der Devisenschulden nachteilig auswirken könnten, bemühte die rumänische Führung sich in den darauffolgenden Monaten darum, noch vor dem 3. Juli 1988, dem Datum des Auslaufens der Gültigkeitsdauer der Meistbegünstigungsklausel, zu einer neuen Einigung mit der amerikanischen Regierung zu gelangen. Ceauşescu war jedoch zu keinem

[149] *New York Times*, 15.2.1988.
[150] *Agerpres*, 28.2.1988.

Zeitpunkt bereit, von der rumänischen Forderung nach einem amerikanischen Verzicht auf politische Auflagen abzugehen. Bei einem Treffen mit amerikanischen Unternehmern in Bukarest, das dort am gleichen Tag wie die Zusammenkunft des rumänisch-sowjetischen Wirtschaftsrats stattfand, wiederholte Ceauşescu die Weigerung Rumäniens, sich irgendeiner Einflußnahme zu öffnen und äußerem Druck nachzugeben.[151] Die US-Regierung wiederum zeigte sich in der Verurteilung des "sehr repressiven Regimes" in Rumänien[152] unbeirrbar. Am 13. August 1988 votierten 93 von 100 US-Senatoren für eine Resolution, die Rumänien der "fortdauernden Praxis der systematischen Verletzung einer ganzen Reihe von international anerkannten Menschenrechten" anklagte.[153]

Rumänien und der KSZE-Prozeß

Mit besonderer Deutlichkeit trat die außenpolitische Position Rumäniens im Niemandsland zwischen den neu abgesteckten Fronten zwischen Ost und West im Verlauf des KSZE-Prozesses zutage. Ceauşescu hatte den KSZE-Prozeß früh als ein Forum gleichberechtigter und blockunabhängiger politischer Betätigung auch für die kleineren Staaten des Kontinents erkannt. Jahrelang hatten rumänische Diplomaten den KSZE-Prozeß dazu genutzt, sich eine gewisse außenpolitische Distanz zur Sowjetunion durch die westlichen, neutralen und blockfreien Teilnehmerstaaten absichern zu lassen, während die Kontinuität des kommunistischen Systems in Rumänien in letzter Konsequenz von Moskau gewährleistet wurde. Seit dem Amtsantritt Michail Gorbačevs hatten sich jedoch auch in diesem Bereich der Ost-West-Beziehungen entscheidende Veränderungen vollzogen. Dadurch, daß die rumänische Führung nicht bereit war, diesen Veränderungen Rechnung zu tragen, war sie, ehemals ein Vorreiter ost-westlicher Entspannung, nunmehr zu einem Hindernis auf dem Wege zu einer neuen Qualität der Zusammenarbeit auf dem Kontinent geworden. Ohne Rumänien war ein Abschluß der laufenden Verhandlungen über die konventionelle Abrüstung in Europa (KSE) ebenso unmöglich wie die Verabschiedung einer neuen Charta über Fragen europäischer Sicherheit und Zusammenarbeit. Noch auf der KVAE-Konferenz in Stockholm war es ein Ziel der westlichen Verhandlungsführung gewesen, sicherzustellen, daß das Prinzip des

---

[151] *Scânteia*, 5.5.1988, S. 1.
[152] US-Außenminister George Shultz, *Reuter*, 16.6.1988.
[153] *Scânteia*, 11.11.1988, S. 6.

Verbots der Anwendung und der Androhung von Gewalt auch innerhalb der Bündnisse Gültigkeit haben müsse. Die darüber erzielte Einigung war mit Recht als eine Absicherung gegen die Anwendung der Brežnev-Doktrin innerhalb des Warschauer Pakts begrüßt worden.

Nun sah sich Rumänien im KSZE-Kontext westlichem wie östlichem Druck wegen seiner Menschenrechts- und Minderheitenpolitik ausgesetzt. Die Sowjetunion, darauf bedacht, zum Ausrichter einer der drei Menschenrechtskonferenzen im KSZE-Rahmen bestimmt zu werden, setzte solche Themen auch in ihrem Einflußbereich auf die Tagesordnung. Die Führung in Bukarest lehnte den Gebrauch des von Gorbačev geprägten Schlagworts des "Europäischen Hauses" ab. Die rumänische Propaganda operierte, wohl in Anlehnung an de Gaulles "Europe des patries", mit dem Konzept eines "Vereinigten Europas der unabhängigen, freien Nationen".[154]. Auf dem KSZE-Treffen in Wien operierte die rumänische Delegation vorwiegend aus einer Position der Abwehr realer oder angenommener Einmischungsversuche. Ihre Aktivitäten waren fast ausschließlich darauf gerichtet, zu verhindern, daß die in Helsinki und Madrid getroffenen Vereinbarungen zu Menschenrechtsfragen liberalisiert und deren Einhaltung durch die nationalen Regierungen strengeren periodischen Kontrollen unterworfen würden. Rumänien wollte keiner Regelung zustimmen, die darauf hinauslaufen könnte, daß interne Vorgänge der Kompetenz der nationalen verfassungsmäßigen Organe entzogen würden. Bukarest erklärte, es werde weder die Einrichtung von Organisationen zulassen, welche die Überwachung der Helsinki-Vereinbarungen in den einzelnen Ländern zum Ziel hätten, noch das Recht aller Bürger auf Emigration zugestehen. Die Teilnehmerstaaten sollten darauf verzichten, irgendwelche "Regeln, Normen und Modelle" vorschreiben zu wollen, die zur Einmischung in die inneren Angelegenheiten einzelner Länder führten und dem Geist und Buchstaben der Vereinbarungen von Helsinki zuwiderliefen.[155]

In zunehmendem Maße wurden nicht nur die Konferenz für Sicherheit und Zusammenarbeit in Europa, sondern auch andere internationale Organisationen wie die Vereinten Nationen und sogar der Warschauer Pakt zu Foren der Verurteilung rumänischer Politik umfunktioniert. Seit der Mitte der achtziger Jahre hatte Ungarn in zunehmendem Maße auf eine Politik der Internationalisierung des Konflikts mit Rumänien gesetzt. Am Vorabend der Revolution hatten die bilateralen Spannungen ein Maß an Schärfe erreicht, wie es im Umgang zwischen zwei Mitgliedsstaaten

---

[154] So zuletzt in seinem Interview mit der Tageszeitung *Die Welt*, in: *Scânteia*, 30.12.1988, S. 15.

[155] *Scânteia*, 6.6.1988.

des Warschauer Pakts bisher unbekannt gewesen war. Zu dem Zustand permanenter Empörung über Rumäniens Minderheitenpolitik in den ungarischen Medien, der durch den ständigen Zustrom neuer Rumänienflüchtlinge aufrechterhalten wurde, gesellte sich die öffentliche Entrüstung darüber, daß Ceauşescu im März 1988 die Schleifung der Hälfte aller rumänischen Dörfer bekanntgegeben hatte. Nachdem die rumänische Delegation sich zuerst geweigert hatte, das Wiener KSZE-Schlußdokument zu unterzeichnen, tat sie dies dann schließlich doch, verwies aber in einer Erklärung darauf, daß Rumänien sich nicht zur Durchführung derjenigen Bestimmungen im Schlußdokument verpflichtet fühle, zu denen es Änderungsanträge eingereicht hatte.

Finanz- und Außenwirtschaftskrise

Von nicht zu unterschätzender Bedeutung für das Entstehen einer revolutionären Konjunktur in Rumänien war zweifellos die Verteuerung des Rohöls auf den Weltmärkten sowie der umsturz- und kriegsbedingte Ausfall von Rumäniens wichtigsten Erdöllieferanten Iran und Irak.[156] Die Weltwirtschaftskrise der siebziger Jahre führte dazu, daß Bukarest seine dadurch bedingten Exportausfälle durch eine massive Aufnahme zumeist kurzfristiger Kredite kompensieren mußte. Die Westverschuldung Rumäniens hatte sich zwischen 1978 und 1981 verdoppelt. Infolge der steigenden Aufnahme kurzfristiger Kredite zwischen 1978 und 1980 erreichten die Schuldendienstverpflichtungen Rumäniens im Jahre 1982 den Stand von 3,5 Milliarden Dollar (2,4 Milliarden für Tilgung und 1,1 Milliarden an Zinszahlungen). Die Regierung musste die Zahlungsunfähigkeit des Landes erklären und erstmals eine Umschuldung vornehmen. Weitere Umschuldungsaktionen fanden 1983, 1985 und 1986 statt.

Die politisch brisante Frage nach den Ursachen (und damit den Schuldigen) für die kritische Zuspitzung der Verschuldungskrise Rumäniens wurde unterschiedlich beantwortet. Aus westlicher Sicht stellte die Inanspruchnahme von Krediten zweifellos eine Folge der zu Beginn der sechziger Jahre eingeleiteten Umorientierung des rumänischen Außenhandels in Richtung auf die entwickelten kapitalistischen Industrienationen und die Staaten der Dritten Welt dar. Mit aus dem Westen eingeführtem technischem Know-how und den Rohstoffen, die im

---

[156] Zur Schuldentilgungspolitik Rumäniens siehe: Anneli Ute Gabanyi: "Schuldentilgung - und was dann? Aspekte und Perspektiven der rumänischen Außenhandelspolik", in: *Südosteuropa* 10 (1989), S. 573-607.

Zuge großangelegter Kooperationsvorhaben mit Entwicklungs- und Schwellenländern importiert wurden, wollte Ceauşescu ein ehrgeiziges Industrialisierungsprogramm realisieren, das Rumänien eine vom RGW weitgehend unabhängige Entwicklung garantieren sollte. Der forcierte Ausbau einer eigenen chemischen und petrochemischen Industrie, der Aufbau einer eigenen Flugzeugbau-, Personenkraftwagen- und Schiffbauindustrie sowie die Verfolgung einer auf Unabhängigkeit von Moskau ausgerichteten Energiepolitik hätten die Ressourcen und das Arbeitskräftepotential des Landes aber auch dann überfordert, wenn es Ende der siebziger Jahre nicht zu für Rumänien extrem ungünstigen Entwicklungen der Weltwirtschaft gekommen wäre.

Das Ausmaß der Finanzkrise des Staates war der rumänischen Bevölkerung jahrelang vorenthalten worden. Erst Ende März erklärte Staats- und Parteichef Nicolae Ceauşescu in einer Rede vor den Mitgliedern des Zentralkomitees der *RKP*, die Schulden Rumäniens hätten im Jahre 1980 "mehr als elf Milliarden Dollar" betragen. Insgesamt habe der Staat zwischen 1975 und 1989 rund 21 Milliarden Dollar für die Schuldentilgung aufwenden müssen, wobei sieben Milliarden Dollar Zinsen bezahlt worden seien. Ceauşescu beharrte darauf, daß seine Strategie der schnellen Schuldentilgung richtig gewesen sei.

Westliche Beobachter widersprachen in ihrer Bewertung der Maßnahmen, welche die rumänische Führung zum Zweck der Tilgung der Ende 1982 auf über 10 Milliarden Dollar angestiegenen Bruttoverschuldung Rumäniens getroffen hatte, den Thesen Ceauşescus.[157] Dies galt insbesondere für die Einschätzung der Folgen, die die Politik der beschleunigten Schuldentilgung für den Lebensstandard der Bevölkerung, den Entwicklungsstand der Wirtschaft und die Außenhandelsbeziehungen des Landes gezeitigt hatte. Allerdings waren einige Fachleute auch bereit, zuzugestehen, daß diese Politik nicht ausschließlich das Ergebnis einer freiwilligen Option oder eines eindeutigen finanztechnischen Fehlverhaltens darstellten, sondern nicht unwesentlich auch vom Verhalten westlicher Kreditgeber mitbestimmt waren. So ging Klaus Schröder in seiner Analyse der rumänischen Schuldenkrise den Gründen nach, die - anders als beispielsweise in dem pro Kopf weit höher verschuldeten Nachbarland Ungarn - zu einer krisenhaften Zuspitzung der rumänischen Schuldenproblematik, der Erklärung der Zahlungsunfähigkeit und der daraus resultierenden Umschuldung geführt hatten. Neben der immer schon "unbefriedigenden Liquiditätsvorsorge und geringen Gold- und

---

[157] Gemäß The Wefa Group (Hrsg.): *CPE Outlook for Foreign Trade and Finance,* Dezember 1987, S. 85, lag die Bruttoverschuldung Rumäniens bei exakt 10160 Millionen US-Dollar.

Währungsreserven" Rumäniens, der fehlenden Bereitschaft seiner Führung, ihre westlichen Geldgeber mit Informationen und Daten zur Wirtschaftslage zu beliefern" sowie einer als "unfair und unseriös empfundenen Verhandlungsführung" verwies er auch auf eine, durch das Polen-Dilemma erzeugte, "Überreaktion" westlicher Banken, die zur "Kündigung kurzfristiger Kreditmittel und der Verweigerung neuer Kredite auf westlicher Seite" geführt habe.[158]

Aufgrund seiner Autonomiepolitik gegenüber der Sowjetunion, die mit der Verlagerung des rumänischen Außenhandels von den RGW-Staaten in Richtung auf die westlichen Industrienationen und die rohstoffreichen Staaten der Dritten Welt einherging, verfügte Bukarest über vergleichsweise bessere Voraussetzungen zur Bewältigung der Schuldenkrise als andere Staaten der Region. Als einziges Land des Ostblocks war Rumänien seit 1972 Mitglied des Internationalen Währungsfonds (IWF), zu einer Zeit also, als die Sowjetunion diesen als ein Instrument kapitalistischer Einflußnahme auf die internationalen Handelsbeziehungen brandmarkte. Als einziger Mitgliedsstaat des RGW hatte Rumänien ein umfassendes Handelsabkommen mit der Europäischen Gemeinschaft abgeschlossen; auch kamen rumänische Einfuhren in die USA seit 1975 in den Genuß der Meistbegünstigungsklausel. Im Juni 1981 hatte Bukarest beim Internationalen Währungsfonds einen Bereitschaftskredit in Höhe von 1,1 Milliarden Sonderziehungsrechten aufgenommen, der in drei Tranchen von jeweils 367,5 Millionen SZR zur Auszahlung kommen sollte.

Die Gewährung des Bereitschaftskredits war an ein Stabilisierungsprogramm gebunden, das Rumänien bestimmte Auflagen erteilt hatte. Sie umfaßten im wesentlichen Preis- und Wechselkursanpassungen, eine Verbesserung der Zahlungsbilanzposition durch Importbeschränkungen, Importsubstitution, Senkung des Investitionsvolumens und die Senkung der vom IWF als zu hoch eingestuften Inlandsnachfrage im privaten und öffentlichen Bereich. Dabei "vertraute der Fonds", wie Petra Pissulla damals aufgrund von Veröffentlichungen des IWF vermerkte, auf den in Rumänien vorhandenen "zentralen Mechanismus der Wirtschaftsplanung, das System direkter Planvorgaben und die strikte Befolgung von Planvorgaben hinsichtlich der Akkumulationsrate im Produktions- und Konsumgüterbereich".[159]

Noch vor Abschluß der Verhandlungen mit dem IWF zur Vergabe des Beistandskredits hatte die rumänische Regierung zum 1. Januar 1981 neue

---

[158] Klaus Schröder: "Die Umschuldungen mit den Ländern des RGW", in: *Außenpolitik* 2 (1983), S. 134-153.

[159] Petra Pissulla: "Rumäniens Mitgliedschaft im IWF. Hilfe oder Belastung für die rumänische Wirtschaft?" in: *Südosteuropa* 2 (1984), S. 132.

Gesetze zur Preis- und Investitionspolitik erlassen. Das schuf Probleme für die Bevölkerung ebenso wie für die Industrie. Die Erzeuger- und Verbraucherpreise wurden in der Folge um insgesamt 11,8 Prozent erhöht, Lebensmittel gar um 35 Prozent verteuert. Angehoben wurden auch Energiepreise und Transportkosten. Die Produzentenpreise in der Industrie wurden um durchschnittlich 18 Prozent erhöht und somit den Weltmarktpreisen angenähert. Anfang 1981 erfolgte auch die Vereinheitlichung des Handelskurses der rumänischen Währung. Dabei hatte Bukarest, wie zuvor bereits Ungarn und später Polen, den Rubel im Verhältnis zum Dollar abgewertet.

Westliche Kreditgeber, durch die Entwicklung in Polen verunsichert, reagierten jedoch zunehmend mit Kapitalentzug und Kapitalverweigerung. Die USA und Kanada froren im März 1982 eine 900-Millionen-Kreditzusage für das rumänische Kernkraftprojekt in Cernavoda ein, Japan und die Bundesrepublik Deutschland stellten ihre staatlichen Kreditbürgschaften ein. Rumänien mußte 1982 erstmals umschulden; 1986 war eine neuerliche Umschuldung fällig, ein Überbrückungskredit westlicher Banken mußte in Anspruch genommen werden. Gemäß der vom IWF vorgezeichneten Schuldentilgungsstrategie war es Rumänien gelungen, seine Exporte in Hartwährungsländer zwischen 1980 und 1986 real um jährlich durchschnittlich 4,7 Prozent zu steigern[160]. Trotz höherer Weltmarktpreise für Rohöl und der zurückgehenden Förderquoten rumänischen Erdöls konnte Bukarest im abgelaufenen Jahrzehnt aus dem Reexport von Erdölderivaten Devisengewinne erwirtschaften. In diesem Zeitraum konnte das Land nur in drei Warengruppen seine Marktanteile im Westen steigern: bei Erdölprodukten, Chemikalien und Kunstdünger, sowie Eisen und Stahl.[161] Hingegen reduzierte Rumänien seine Hartwährungsimporte in dem Zeitraum zwischen 1980 und 1982 um jährlich durchschnittlich 19,7 Prozent; zwischen 1983 und 1986 stiegen diese Importe wieder um jährlich durchschnittlich 5,4 Prozent. Infolge der Verlagerung der Importe von Rohstoffen und - zum Teil auch Investitionsgütern - aus dem Hartwährungsbereich in die sozialistischen Staaten stieg der Anteil letzterer am Gesamthandelsvolumen Rumäniens in den achtziger Jahren zeitweilig bis auf 55 Prozent, ohne daß damit eine

---

[160] Jan Vanous: "A Review of Developments in Soviet and East European Hard Currency Trade, Balance of Payments, Debt, and Assets, 1980 - 1986" in: *PlanEcon Report* 36-38 (1987), S. 1-3.

[161] Gerhard Fink / Jolanta Zieba: "Die Wirtschaftslage in Rumänien unter besonderer Berücksichtigung der Auslandsverschuldung", in: *Wiener Institut für Internationale Wirtschaftsvergleiche*, Reprint-Serie 105 (1987), S. 16 -163.

prinzipielle, politisch motivierte Umorientierung der rumänischen Außenhandelspolitik nach dem Osten verbunden gewesen wäre.[162]

Wirtschafts- und Versorgungskrise

Mitte der achtziger Jahre wuchs der äußere Druck auf Rumänien. Einige seiner Handelspartner aus dem Kreis der erdölexportierenden Länder bekamen infolge des Preisverfalls für Rohöl selber Liquiditätsprobleme. Hinzu kamen sowjetische Forderungen an Rumänien, für Energieträger in harter Währung oder mit "Hartwährungsgütern" zu bezahlen, da Rumänien nicht die günstigen RGW-Bedingungen eingeräumt worden waren. Für zusätzliche Erdgaslieferungen hatte Bukarest der Sowjetunion einen Kredit in konvertibler Währung gewährt.[163] Seit dem Amtsantritt Gorbačevs drängte die Sowjetunion bei den kleineren RGW-Staaten verstärkt auf Rückzahlung ihrer Schulden gegenüber Moskau.

Um Devisen für die Rückzahlung der Auslandsschulden zu erwirtschaften, verfügte die rumänische Führung eine grundlegende Änderung der Wirtschafts- und Außenhandelsstrategie des Landes. Ein Teufelskreis sich gegenseitig verstärkender Ursachen und Wirkungen war die Folge: Energie- und Rohstoffimporte wurden drastisch eingeschränkt. Das hatte verheerende Auswirkungen auf die Auslastung der Industriekapazitäten, nicht zuletzt auch im Bereich der petrochemischen Industrie, zur Folge. Die Exportfähigkeit der rumänischen Industrie wurde stark beeinträchtigt, was zu noch drastischeren Importrestriktionen führte. Die Substitutionsrate für ehemals importierte Waren war zwar erstaunlich hoch, aber die oft mangelhafte Qualität dieser Ersatzprodukte gehörte zu jenen Faktoren, die - ebenso wie der Entzug von Energieträgern, Rohstoffen oder die Substitution minderwertiger Kohle für Erdöl in den rumänischen Elektrizitätswerken - zu Produktionsrückgang und Produktionsausfällen führten. Der fast völlige Verzicht auf die Einfuhr westlicher Investitionsgüter und Ersatzteile wirkte sich zudem negativ auf

---

[162] Jan Vanous: "Romanian Economic and Foreign Trade Performance in 1988: Mr. Ceauşescus's Dream is Fulfilled - Romania Has No Debt and There Is Not Much Left of the Economy Either" in: *PlanEcon Report* 19-20 (1989), S. 2.

[163] Jochen Bethkenhagen: "Sowjetische Energiewirtschaft an der Schwelle zum 12. Planjahrfünft (1986-1990)", Berichte des Bundesinstituts für ostwissenschaftliche und internationale Studien 46 (1985), S. 29.

den Modernitätsstandard der rumänischen Wirtschaft und auf die Wettbewerbsfähigkeit ihrer Erzeugnisse aus.[164] Einsparungen wurden auch im Bereich der Investitionen vorgenommen. Bereits 1980 wurde das Gesamtvolumen der geplanten Investitionen reduziert. Der Vollendung bereits angelaufener Vorhaben - speziell im Energie- und Rohstoffsektor sowie in der Landwirtschaft - wurde höchste Priorität eingeräumt. Im Vergleich zum Planjahrfünft 1976 - 1980 stiegen die Investionen zwischen 1981 und 1985 nur um insgesamt 6,6 Prozent, was einer durchschnittlichen jährlichen Steigerungsrate von 1,3 Prozent anstelle der geplanten 5,2 Prozent entsprach.[165] Hinzu kam, daß ein Teil dieser Investitionen in großangelegte Projekte, wie die Inbetriebnahme des Donau-Schwarzmeer-Kanals, den Bau der Bukarester U-Bahn, die Regulierung des Laufs des Flusses Dâmboviţa sowie in der Bau des neuen Bukarester Regierungsviertels auf den Ruinen eines traditionellen Stadtteils geflossen war.

Geradezu verheerende Folgen hatte die Spar- und Schulden-tilgungspolitik Ceauşescus jedoch für den Lebensstandard der rumänischen Bevölkerung, der in den achtziger Jahren drastisch abgesenkt wurde. Die Lebensmittelimporte wurden in den achtziger Jahren rigoros reduziert. Hingegen konnte Rumänien seine Ausfuhren von verarbeiteten Nahrungsmitteln zwischen 1985 und 1988 verdoppeln. Nach erfolgter Rückzahung der rumänischen Devisenschulden sprach Ceauşescu in einer Rede vor dem Zentralkomitee der *RKP* Ende April 1989 nur vage von "Anstrengungen" und "Maßnahmen", die zur Aufrechterhaltung von "Ordnung und Disziplin" sowie zur "guten Bewirtschaftung und Leitung aller Bereiche" in Wirtschaft und Gesellschaft notwendig gewesen seien. Dies, so behauptete er, sei jedoch weder zu Lasten der Wirtschaftsentwicklung noch des Lebensstandards der Bevölkerung gegangen. Andernorts hatte aber derselbe Staats- und Parteichef Ceauşescu eingeräumt, daß sein Schuldentilgungsprogramm "den Konsumfonds in den ersten Jahren zweifellos begrenzt" habe.[166] Um das Ausmaß dieses Rückgangs zu verschleiern, waren seit 1981 keine produktbezogene Angaben zum Einzelhandel mehr in den Planerfüllungsberichten gemacht worden.

---

[164] Siehe auch: Roland Schönfeld: "Rumäniens Wirtschaftslage und Beziehungen zum RGW", in: Walter Althammer (Hrsg.): Südosteuropa in der Ära Gorbačev, München 1987, S. 83-102.

[165] Petra Pissulla: "Rumänien", in: Hans-Hermann Höhmann / Gertraud Seidenstecher (Hrsg.): Die Wirtschaft Osteuropas und der VR China 1980 - 1990, Bilanz und Perspektiven, Hamburg 1988, S. 381.

[166] Interview mit der algerischen Zeitschrift *Révolution Africaine*, veröffentlicht in: *Scânteia*, 30.6.1989.

Von allen Staaten des Ostblocks erfolgte in den achtziger Jahren allein in Rumänien ein drastisches Absinken des Lebensstandards, der im scharfem Kontrast zu den steigenden Erwartungen der Bevölkerung stand. Schockiert reagierte man im Jahre 1981 auf die - 1954 ausgesetzte - Rationierung von Lebensmitteln. Das Horten von Lebensmitteln wurde unter Strafe gestellt. Das Lebensmittelangebot für die Bevölkerung wurde aufgrund regierungsamtlicher Programme für eine angeblich "wissenschaftliche und rationelle" Ernährung radikal herabgesetzt. Staatlich verordnete Kürzungen des privaten Energiekonsums (Heizung, Beleuchtung, Fahrverbote) trugen in erheblichem Maße zur Verschlechterung der Lebensbedingungen der Bevölkerung bei, ohne zu relevanten Einsparungen zu führen. Andererseits war es angesichts des hohen Anteils veralteter, energie- und rohstoffintensiver Produktionsstätten nicht möglich, den - im Vergleich zu westlichen Standards - hohen Verbrauch in der rumänischen Industrie spürbar zu senken.

Um den Kaufkraftüberhang in der Bevölkerung abzuschöpfen, war zudem im Jahre 1983 (auf experimenteller Basis) und 1986 (durch ein landesweit verpflichtendes Gesetz) der "Globalakkord" genannte Leistungslohn eingeführt worden. Der garantierte Mindestlohn wurde abgeschafft, die Auszahlung des vollen Lohnes an die Erfüllung bestimmter Planvorhaben gebunden. Infolge des endemischen Mangels an Rohstoffen und Energieträgern sowie des zentralisierten Planungssystems mußten rumänische Arbeitnehmer Lohneinbußen bis zu 50 Prozent hinnehmen. Durch den 1982 gesetzlich verankerten Verkauf von sogenannten "Gesellschaftsanteilen" an die Bevölkerung - 23 Milliarden Lei innerhalb von fünf Jahren[167] - wurde zusätzlich Kaufkraft gebunden. Viele Subventionen aus dem Staatshaushalt wurden gestrichen oder im Rahmen der kommunalen Selbstverwaltung und Selbstfinanzierung auf die Bevölkerung umgelegt.

---

[167] *Scânteia*, 10.2.1989.

III. CEAUŞESCUS POLITIK
DES KONSERVATIVEN WANDELS

Extreme strukturelle Ungleichgewichtigkeiten führen nicht automatisch zu einem radikalen Systemwandel. Für Andrew Wallace, der zwischen fünf Stadien des Ablaufs von Massenbewegungen unterscheidet, ist das revolutionäre Stadium (Wallace spricht von "Revitalisierung") keineswegs unumgänglich. "Konservativer Wandel" kann zur Überwindung akuter gesellschaftlicher Krisen (von Wallace als "kulturelle Verzerrung" bezeichnet) beitragen und die Rückkehr zur gesellschaftlichen Homöostase ermöglichen.[1]

Seit Beginn der achtziger Jahre sah sich die rumänische Staats- und Parteiführung mit einer neuen, zunehmend aggressiven sowjetischen Blockpolitik konfrontiert. Bei dem 1982 erfolgten Führungswechsel an der Spitze der *KPdSU* hatte Nicolae Ceauşescu, wie er einem Besucher, dem ehemaligen amerikanischen Präsidenten Richard Nixon, anvertraute, mit Konstantin Černenko als Nachfolger Leonid Brežnevs gerechnet.[2] Damit hatte er auf das falsche Pferd gesetzt. Mit Jurij Andropov, dem ehemaligen ZK-Sekretär für Fragen der "Bruderländer" und KGB-Vorsitzenden, der zudem als Befürworter ungarischer Interessen galt, kündigte sich in der Sowjetunion ein Wandel der Herrschaftseliten an. Dies sollte nicht für die Sowjetunion, sondern für den gesamten Ostblock Folgen haben, nicht zuletzt für Rumänien.

Unmittelbar nach dem Amtsantritt Jurij Andropovs fand in Moskau ein erstes Gipfeltreffen der Warschauer Paktstaaten statt. Im Anschluß daran erschien in der rumänischen Presse ein Aufsatz zum Stand der Beziehungen zwischen den Staaten des Ostblocks. Die darin enthaltenen indirekten Hinweise ließen Schlußfolgerungen auf die Vorwürfe zu, denen der rumänische Parteichef Ceauşescu offenbar auf diesem Treffen ausgesetzt gewesen war. In dem Aufsatz wurde dagegen polemisiert, daß "Über-

---

[1] Anthony F. C. Wallace: Culture and Personality, New York 1961, S. 143-144, zitiert nach: Chalmers Johnson: Revolutionstheorie, Köln/Berlin 1971, S. 126-134.

[2] Siehe hierzu Vlad Georgescu: Istoria românilor de la origini pînă în zilele noastre (Die Geschichte der Rumänen von den Ursprüngen bis in unsere Tage), Los Angeles 1984, S.340.

einstimmung nicht erzwungen werden kann und Meinungsverschiedenheiten nicht als 'Abweichungen', 'Verrat', 'Irrtümer' und 'Fehler' interpretiert werden" dürften. Allein "die Nation durch ihre legitimen Vertreter"
sei berechtigt, nationale Interessen wahrzunehmen.[3]
Wegen seiner von der sowjetischen Generallinie abweichenden Abrü-
stungsvorschläge war Rumänien Anfang der achtziger Jahre zusätzlich
unter sowjetischen Druck geraten, um seine ausgewogene Verurteilung
amerikanischer ebenso wie sowjetischer Nachrüstungsmaßnahmen und
seinen Ruf nach einseitigen Moskauer Vorleistungen auf dem Abrü-
stungssektor aufzugeben.[4] Zudem verstärkte sich der politische Druck auf
Ceauşescu, sein Land einer Problemlösungsstrategie mit Hilfe und per
Gleichschaltung mit der Sowjetunion zu öffnen. Bukarest wehrte sich
dagegen und wies die Kritik an seiner wirtschaftlichen Lage zurück. Die
ökonomischen Schwierigkeiten wurden von der sowjetischen Führung
offenbar als Argumente genutzt, um Rumänien anstelle seines an
(perzipierten) nationalen Interessen ausgerichteten Entwicklungsmodells
auf das sowjetische Modell einzuschwören und damit seine Souveränitätsrechte zu beschneiden. Wollte man rumänischen Autoren glauben, so
hatten zu jenem Zeitpunkt "die Angriffe gegen die Unabhängigkeits- und
Souveränitätspolitik die Sphäre ideologischer Konfrontationen" längst
überschritten und die Form "unmittelbarer oder verhüllter Einmischungen
in die inneren Angelegenheiten anderer Staaten" angenommen. Den kleineren Staaten im sowjetischen Einflußbereich, so die rumänische theoretische KP-Zeitung *Era Socialistă*, werde die "Freiheit verwehrt ... ihren
eigenen Weg zum Sozialismus zu wählen". Ihre "internen Probleme werden nicht als Schwierigkeiten anerkannt, die von jedem Volk allein gelöst
werden müssen."[5]

In einem im April 1983 veröffentlichten Zeitungsaufsatz polemisierte
Eugen Florescu, der stellvertretende Leiter der Propagandaabteilung im
Zentralkomitee der *RKP*, gegen den wirtschaftlichen Integrationsdruck,
der von "Großmächten" (ein deutlicher Hinweis auf die Sowjetunion) mit
dem Ziel ausgeübt werde, die nationalen Souveränitätsrechte der kleineren
Staaten zu beschneiden. Auch die *RKP*, so Florescu, gehe davon aus, daß
sich in Zukunft ein "gesetzmäßiger Prozeß der Annäherung zwischen den
Nationen" vollziehen werde, der jedoch nur allmählich, "auf der Grundla-

---

[3] Pavel Suian: "Socialismul - operă conştientă a fiecărui popor (Der Sozialismus -
eine bewußte Schöpfung jedes Volkes)", in: *România Liberă*, 10.1.1983.
[4] Siehe hierzu Anneli Ute Gabanyi: "Friedenspolitik zwischen Autonomiestreben
und Blockzwang. Überlegungen zum rumänischen Abrüstungsmodell", in: *Südosteuropa* 1 (1984), S.15-30.
[5] Vasile Secăreş, in: *Era Socialistă*, 25.12.1982.

ge einer gleichberechtigten und freiwilligen Zusammenarbeit" zustandekommen könne. Der rumänische Parteiideologe wehrte sich mit scharfen
Worten gegen einen Export des sowjetischen Modells mit revolutionären
Mitteln. Im Rückblick klingt es nahezu prophetisch, wenn Florescu Protest
anmeldete gegen die Anwendung jeder Art von "Methoden des *spillover*
(Englisch im Originaltext), der radikalen, automatischen Umstürze, die
von außen aufgezwungen werden."[6]

Um sich gegen den von der Sowjetunion ausgeübten Reform- und Inte-
grationsdruck zu wehren, setzte die rumänische Führung eine komplexe
Strategie des konservativen Wandels ins Werk. Sie bestand aus einer
Kombination von scheinreformistischen und scheinliberalen Maßnahmen,
Propaganda und Populismus, und mündete schließlich in eine offen antire-
formistische, ideologisch nach innen wie nach außen verhärtete politische
Generallinie ein.

1. Abwehr des Imports der *Perestrojka*

Rumänische Parteitheoretiker ließen kaum einen Zweifel daran, daß sie in
der gegenwärtig von der sowjetischen Führung gesteuerten blockweiten
Reformdiskussion den Versuch Moskaus sahen, den anderen Staaten Osteuropas "Rezepte" und "Grundmuster der eigenen Entwicklungskonzepti-
on" aufzuzwingen. Die neubelebte "Theorie der begrenzten Souveränität"
manifestiere sich nicht nur in "wirtschaftlichen Willkürakten und Pressionen", sondern auch in "Erklärungen von Leuten, die... sich das Recht an-
maßten, anderen Staaten Lösungen für deren spezifischen Probleme vor-
zuschreiben".[7] Die mechanische Transplantation originärer Strategien und
Strukturen in einen anderen nationalen Kontext könne dort sogar zu
"Funktionsstörungen" und "Blockierungen" führen, warnte ein anderer
Autor.[8] Die rumänische Führung widersetzte sich dem Import der sowjetischen *Perestrojka* und beharrte auf ihrem Recht einer eigenständigen, an
nationalen Zielsetzungen und Wertvorstellungen orientierten Entwick-
lungsstrategie. Unermüdlich wiederholte man in Bukarest die klassische
rumänische These, die das Recht jedes sozialistischen Staates auf unabhängige Entwicklung und die alleinige Verantwortlichkeit jeder nationalen
Staats- und Parteiführung für Erfolg oder Mißerfolg ihrer Politik postulierte. Zwar sei man über die Reformdebatten und -Aktionen in den ande-

---

6   Eugen Florescu in: *România Liberă*, 18. und 25.4.1993.
7   Victor Duculescu in: *Contemporanul*, 8.7.1988.
8   Ioan Florea in: *Era Socialistă*, 25.11.1988.

ren Ostblockstaaten informiert, man betrachte jedoch die dort ablaufenden
wirtschaftlichen und gesellschaftlichen Prozesse als eine innere Angelegenheit der betreffenden Staaten.

Die sowjetischen Reformbestrebungen - so Ceauşescu anläßlich eines
1987 erfolgten Besuchs Gorbačevs in Bukarest - verfolge man "mit Inter-
esse" und "wünsche den lieben sowjetischen Genossen als Freunde und
Nachbarn" Erfolg.[9] Der gegenwärtig in der Sowjetunion unternommene
"Umbau" sei deshalb notwendig geworden, weil dort über einen langen
Zeitraum hinweg Verbesserungen unterblieben seien. Inwieweit diese
spezifisch sowjetische Politik auch in anderen sozialistischen Staaten
Osteuropas zur Anwendung komme, sei Sache der dortigen Politiker.[10] Mit
Nachdruck verwies Ceauşescu darauf, daß die rumänische Führung es
niemandem gestatten werde, ihr "Lektionen zu erteilen." Im Tone besser-
wisserischer Überheblichkeit befand er, jede kommunistische Partei solle
ihre Fähigkeit zur Lösung der Probleme des sozialistischen Aufbaus im
eigenen Lande unter Beweis stellen.[11] Die negativen Auswirkungen prak-
tizierter Reformpolitik wie Inflation, Preisanstieg, erhöhte Lebenshal-
tungskosten, Arbeitslosigkeit und Wohnungsnot in Ungarn nahm die rumänische Presse zum Anlaß, die Reformpolitik nach sowjetischem Muster
in Bausch und Bogen als "den Prinzipien des Sozialismus widerspre-
chend" zu verurteilen.[12]

Die den Satellitenstaaten von Gorbačev eingeräumte Freiheit jeder Partei, ihre eigene Linie zu bestimmen, bezog die Führung der *RKP* primär
auf ihren eigenen Anspruch, das orthodoxe rumänische Sozialismusmodell
ohne Druck und Einmischung von außen in die Praxis umzusetzen. Der
rumänische Staats- und Parteichef wurde nicht müde zu betonen, daß der
Sozialismus weder oktroyiert noch "auf dem Wege der Konterrevolution"
gestoppt werden könne.[13] Angesichts der seiner Meinung nach drohenden
Erosion der klassischen kommunistischen Grundwerte witterte Ceauşescu
überall in der kommunistischen Weltbewegung "Stagnation und Rück-
schritt".[14] Das Auftreten von unvermeidlichen, nicht systemimmanenten
"Schwierigkeiten" beim Aufbau des Sozialismus habe in einigen Ländern
zu "Panik" geführt und das Vertrauen in "die Kräfte des Sozialismus"
schwinden lassen, so der rumänische Parteichef.[15] Jene Kommunisten, die

---

[9] *Scânteia*, 26.5.1987.
[10] Nicolae Ceauşescu in einem Interview mit der Zeitschrift *The Australian*,
veröffentlicht in: *Scânteia*, 17.12.1988.
[11] *Scânteia*, 2.9.1988.
[12] *Neuer Weg* und *Scânteia*, 4.10.1988.
[13] *Scânteia*, 29.11.1988.
[14] *Scânteia*, 29.11.1988.
[15] *Scânteia*, 1.12.1988.

ihr Heil in einem Rückgriff auf kapitalistische Eigentumsformen und Marktmechanismen suchten, bezichtigte Ceauşescu der "Rechtsabweichung" und der "Liquidierung der Grundlagen des Sozialismus.[16] Wie heftig die rumänisch-sowjetische Kontroverse in Verhandlungen zwischen Gorbačev und Ceauşescu ausgetragen wurden, darüber berichtet der damalige sowjetische Außenminister Eduard Ševardnaze. Während Gorbačev für gewöhnlich "im Gespräch mit seinen osteuropäischen Kollegen seine Empfehlungen sehr feinfühlig und vorsichtig vortrug", erreichte die Diskussion mit Ceauşescu einmal "eine solche Heftigkeit, daß Männer von der Wache das Geheimnis des Verhandlungszimmers verletzen mußten: Sie öffneten die Türen, um zu sehen, was los war." Und Ševardnaze fuhr fort: "Vorläufig war nichts los, nur ein Streit zwischen Menschen, die diametral entgegengesetzte Ansichten vertraten. Später war manches los: zuerst in Timişoara, dann in Bukarest."[17]

2. Widerstand gegen RGW-Integration durch Reform

Die von Michail Gorbačev unmittelbar nach seiner Ernennung zum Generalsekretär der KPdSU in Angriff genommene Politik der Umgestaltung auch der östlichen Wirtschaftsgemeinschaft hatte zu einer neuerlichen Verschärfung des rumänisch-sowjetischen Interessengegensatzes in der Frage der RGW-Integration geführt.[18] Ceauşescu versagte sich einer Festigung der Strukturen der multilateralen Zusammenarbeit nach dem Muster der "imperialistischen multinationalen Organisationen".[19] Ihr striktes Festhalten an überlebten ideologischen Postulaten in der Frage des Eigentums,

---

[16] *Scânteia*, 4.5.1988.

[17] Eduard Ševardnaze: Die Zukunft gehört der Freiheit, Reinbek 1993, S. 211.

[18] Bereits zu Beginn der sechziger Jahre hatte sich die damalige Führung der *RKP* unter dem Vorsitz Gheorghe Gheorghiu-Dejs dem von Nikita Hrusčev in Angriff genommenen Versuch einer verstärkten Integration und Spezialisierung der Mitgliedsländer widersetzt. Dejs Nachfolger Nicolae Ceauşescu hatte diese Wende in der rumänischen Außen- und Außenhandelspolitik mitgetragen und fortgeführt. Im Gefolge der Ölkrise der siebziger Jahre hatte die rumänische Führung ihre Vorbehalte gegen die Beteiligung Rumäniens an multilateralen Energie- und Rohstoffgewinnungsprojekten aufgegeben. Im Gegenzug dazu hatte die sowjetische Führung unter Brežnev und vor allem Černenko die Bereitschaft erkennen lassen, einer Ausweitung der bilateralen Wirtschaftsbeziehungen zuzustimmen, ohne sie an wesentliche rumänische Zugeständnisse in der Frage der RGW-Integration zu koppeln.

[19] *Scânteia*, 5.9.1986.

der Allokations- und Planungsprinzipien und der führenden Rolle der Partei benutzte die rumänische Führung nicht zuletzt auch dazu, ihre Verfügungsgewalt über den nationalen Wirtschaftskomplex zu verteidigen. Als einziger Staat dieser Organisation schloß Rumänien kein Regierungsabkommen mit der Sowjetunion über die Herstellung von Direktbeziehungen zwischen den Betrieben der beiden Staaten. Auch weigerte man sich in Bukarest, gesetzliche Sonderregelungen für die Gründung von *joint ventures* mit kommunistischen Staaten auszuarbeiten. Ebenso wie die DDR und Vietnam war Rumänien nicht bereit, seine Landeswährung im bilateralen Handelsaustausch mit den Währungen der übrigen RGW-Mitgliedsstaaten konvertibel zu machen. Als einziges RGW-Land weigerte sich Rumänien, der von den übrigen Mitgliedsstaaten veröffentlichten Absichtserklärung über die Schaffung eines gemeinsamen Marktes innerhalb dieser Organisation zuzustimmen. Zugleich drängte Bukarest aber auf eine Ausweitung der bilateralen Wirtschaftsbeziehungen mit der Sowjetunion. Die Sowjets beharrten ihrerseits darauf, daß Bukarests Politik des "Alles oder Nichts"[20] so lange keine positiven Auswirkungen auf die bilateralen Wirtschaftsbeziehungen haben könne, als Ceauşescu sich der "Vertiefung des gesamten Integrationsprozesses im RGW" entgegenstelle.[21]

3. Ideologische Abgrenzung vom Westen

War die *RKP* mit ihrer "Unabhängigkeitserklärung" von 1964 auf Distanz zur Sowjetunion gegangen, so lieferte Ceauşescu nun anläßlich der Rückzahlung der Devisenschulden im April 1989 so etwas wie eine "Unabhängigkeitserklärung" vom Westen. Die Tilgung der Westkredite - so die offizielle Propaganda - habe der kapitalistischen Großfinanz nicht nur eine Quelle des Profits entzogen, sondern ihr auch jegliche Möglichkeit genommen, sich in die inneren Angelegenheiten der Schuldnerländer einzumischen und diesen die Prinzipien des freien Marktes und der freien Meinung aufzudrängen.[22] Die politische Botschaft an Ost und West, die Ceauşescu so nachdrücklich verkündete, lautete: Rumänien sei nicht auf ausländische Hilfe angewiesen und könne daher auch nicht durch wirt-

---

[20] So der damalige sowjetische Außenminister Andrej Gromyko anläßlich seines Bukarestbesuchs, in: *Pravda*, 15.5 1988.
[21] Michail Gorbačev während seiner Tischrede anläßlich seines Besuchs in Bukarest, in: *Scânteia*, 27.5.1987.
[22] Victor Vîntu: "Democraţia la proba realităţilor contemporane (Die Demokratie auf dem Prüfstand der heutigen Wirklichkeit)", in: *Scânteia*, 4.6.1989.

schaftlichen Druck von außen erpreßt werden. Angesichts einer solchen Rhetorik war es nicht weiter verwunderlich, daß sich die Beziehungen zwischen Rumänien und den westlichen Industriestaaten zusehends verschlechterten. Wegen Nichterfüllung der Leistungskriterien wurde die letzte Rate des IWF-Beistandskredits nicht mehr an Rumänien ausgezahlt.

Nach der Niederlage der *Perestrojka*-Gegner in der sowjetischen KP und der darauf einsetzenden Polarisierung zwischen Reformern und Hardlinern im Warschauer Pakt sah sich der rumänische Parteichef Ceauşescu in einer doppelten Falle gefangen: Mit seiner Ablehnung des sowjetischen Reform- und Entspannungskurses hatte er sich in Ost und West isoliert und ins Abseits manövriert. Der einstige Bannerträger eines autonomen außenpolitischen Kurses von Moskau und der Vorreiter politischer Prinzipien, die nun von der Sowjetunion unter dem Etikett des "Neuen Denkens" propagiert wurden, fand sich nun in der Rolle des Verfechters der "allgemeinen Gesetzmäßigkeiten des Sozialismus" (Gemeinschaftseigentum, Planwirtschaft, führende Rolle der Partei) und des Kämpfers gegen Marktwirtschaft und die Entideologisierung der internationalen Beziehungen wieder.[23]

Entgegen seiner noch Anfang der achtziger Jahre von der rumänischen Außenpolitik geübten Praxis der Annäherung und des Interessenausgleichs mit den Staaten des Westens verfiel Bukarest gegen Ende der Dekade in militantes Konfrontationsdenken. Auf dem im Oktober 1989 abgehaltenen Ideologieplenum der *RKP* polemisierte Ceauşescu gegen "führende imperialistische Kreise des Westens", die aufgrund der in einigen Ostblockstaaten aufgetretenen Krisenerscheinungen zu dem Schluß gekommen seien, sie könnten, "die gegenwärtige internationale Lage dazu zu nutzen, das Kräfteverhältnis im Weltmaßstab zugunsten ihrer Hegemonialpolitik der Gewalt und des Diktats zu verändern". Und er fuhr fort:

"In Verkennung der Realität proklamieren diese Kreise mit immer größerem Nachdruck die Allmacht des Kapitalismus und sagen erneut das baldige Ende des Sozialismus voraus. Indem sie einige Fehler und Mängel in den sozialistischen Ländern sowie gewisse liquidatorische und reformistische Tendenzen in diesen Ländern sowie in einigen kommunistischen und Arbeiterparteien übertreiben, sind die reaktionären imperialistischen Kreise zu einer neuen ideologischen und politischen Offensive der Verleumdung und Untergrabung des Sozialismus übergegangen, zu einer Politik der Einmischung in die inneren Angelegenheiten und der Destabilisierung der sozialistischen Länder. Dabei grei-

---

[23] Nicolae Ceauşescu in seiner Rede auf der Plenartagung der *RKP* zu Ideologiefragen, veröffentlicht in: *Scânteia*, 25.10.1989. Siehe hierzu ausführlich: Anneli Ute Gabanyi: "Ideologiedebatte am Vorabend des 14. Parteitags. Ceauşescu verteidigte den Sozialismus", in: *Südosteuropa* 11./12. (1989), S. 647-662.

fen sie zu allen Mitteln, die sie aus dem veralteten und verrosteten Arsenal des Kalten Krieges übernommen haben, von der Desinformation der öffentlichen Meinung, der Verleumdung des Sozialismus, der Erpressung, der Diversion, der wirtschaftlichen und politischen Unterdrückung bis hin zur direkten finanziellen Subventionierung antisozialistischer und antinationaler Gruppierungen".[24]

Angesichts der so perzipierten Bedrohung des sozialistischen Weltsystems durch den kapitalistischen Westen drängte Nicolae Ceauşescu, häufig ohne einmütige Rückendeckung durch seinen eigenen Parteiapparat, im Warschauer Pakt auf "Blocksolidarität" und einen Schulterschluß gegen jene Mitgliedstaaten wie Polen oder Ungarn, die der Kapitulationspolitik gegenüber den Versuchen der "Einmischung des Imperialismus" seiner Meinung nach Tür und Tor öffneten.[25]

4. Wirtschaftliche Scheinreformen

Im Zuge der rhetorischen Abwehrgefechte, die der rumänische Staats- und Parteichef mit starkem persönlichem Engagement gegen Gorbačevs Strategie der Integration-durch-Reform führte, spielte die behauptete Priorität der rumänischen Reformbemühungen im Ostblock eine wichtige Rolle. Rumänien, so die offizielle rumänische These, habe schon Mitte der sechziger Jahre den Weg der "Vervollkommnung" seines Wirtschafts- und Gesellschaftssystems eingeschlagen. Das rumänische Modell der "perfecţionare" stelle "eines der ersten kohärenten Reformprojekte in Osteuropa dar".[26] Innerhalb des in Osteuropa angelaufenen Reformprozesses habe Rumänien die Rolle eines "Vorreiters" gespielt und fühle sich durch die Reformbemühungen der anderen Ostblockstaaten nachträglich bestätigt.[27]

In der Tat waren in den Jahren 1967, 1977 und 1982 Ansätze zu gesetzlichen und institutionellen Veränderungen zu verzeichnen, die - zumindest formal - als Voraussetzungen für eine Reform- und Demokratisierungspolitik gewertet werden konnten. In den ersten Jahren nach seinem 1965 erfolgten Machtantritt hatte Nicolae Ceauşescu versucht, sich als Verfechter einer nationalen, liberaleren, antidogmatischen Politik zu profilie-

---

[24] *Scânteia*, 25.10.1989.

[25] Nicolae Ceauşescu und der bulgarische Staats- und Parteichef Todor Živkov in einem gemeinsamen Kommuniqué, veröffentlicht in: *Scânteia*, 8.10.1989.

[26] Ovidiu Şincai in: *Tribuna*, 3.3.1988.

[27] Gheorghe Rădulescu in: *Era Socialistă*, 10.2.1988.

ren. So wurde auf der Nationalkonferenz der *RKP* vom Dezember 1967 ein Beschluß hinsichtlich der "Vervollkommnung der Leitung und Planung der Volkswirtschaft" gefaßt und gesetzlich verankert, wodurch die Entscheidungs- und Planungsbefugnisse von den Ministerien auf die Ebene der neugeschaffenen "Industriezentralen" verlegt worden waren. Der gesetzliche Rahmen der Industriezentralen war 1969 auf experimenteller Basis festgelegt, das Planungssystem wurde - zumindest auf dem Papier - dezentralisiert. Das klassische Allokationsmodell sollte aufgrund des 1969 erlassenen Gesetzes durch ein System von Verträgen zwischen Produktionseinheiten ersetzt werden. In dieser ersten Phase war auch ein neues Finanzgesetz verabschiedet worden.

Unter dem Eindruck der Arbeiterunruhen in Polen hatte die Führung der *RKP* in den siebziger Jahren auch Maßnahmen zur "Demokratisierung" der Betriebsstrukturen getroffen. Im Oktober 1971 war ein neues Betriebsgesetz verabschiedet worden, welches die Gründung von "Werktätigenkomitees" vorsah. 1972 waren in allen Betrieben sogenannte "Arbeiterkontrollräte" geschaffen worden. In den Ministerien und zentralen Verwaltungsorganen wurde 1973 das Prinzip der kollektiven Leitung eingeführt. Im Jahre 1974 wurde das Retributionssystem gemäß Quantität und Qualität der erbrachten Arbeitsleistung neu geregelt. Rumänien war seinerzeit das erste Land des Ostblocks gewesen, das die Gründung von *joint ventures* mit westlicher Kapitalbeteiligung auf rumänischem Boden ermöglicht hatte.

Eine zweite Phase der rumänischen "Umgestaltung" wurde zehn Jahre nach den ersten Ansätzen auf der Nationalkonferenz der *RKP* vom Dezember 1977, unmittelbar nach den Streiks der Bergarbeiter des Schiltals, eingeläutet. Auf diesen Zusammenhang wiesen die zur gleichen Zeit verbesserten Sozialleistungen auf dem Gebiet der Wohnungswirtschaft sowie eine Verkürzung der Wochenarbeitszeit hin. Der sogenannte "Neue Wirtschafts- und Finanzmechanismus", auf dem Plenum des Zentralkomitees der *RKP* vom März 1978 angenommen, wurde im Juli 1978 rechtskräftig. Mit Hilfe dieses neugeschaffenen Instrumentariums sollte eine Neuordnung des wirtschaftlichen Geschehens auf der Grundlage ökonomischer Gesetzmäßigkeiten mit dem Ziel der Intensivierung und Rentabilisierung der Produktion erreicht werden. In den Betrieben wurde die wirtschaftliche Rechnungsführung auf der Grundlage der Netto-Produktion eingeführt. Die Planungs- und Finanzgesetzgebung sowie das Kontraktgesetz wurden 1979 novelliert. Ein Jahr später wurden neue gesetzliche Regelungen zur Gestaltung der Herstellerpreise veröffentlicht. Das erklärte Ziel war die Rentabilisierung aller Betriebe; Subventionen sollten nur noch in Ausnahmefällen gewährt werden. Ehedem vom Staat finanzierte Sozialleistungen wurden im Zuge des Selbstfinanzierungsmodells auf die Betriebe umgelegt. Durch die Einführung eines Bonussystems wurden die Beschäftigten an den Gewinnen der Betriebe beteiligt. Für die Beschäftigten in exportorientierten und Förderbetrieben wurden zusätzliche Anreize geschaffen. Als Fernziel wurde die Konvertibilität der nationalen Währung in Aussicht genommen. 1981 wurde erstmals ein "kommerzieller" Wechselkurs für den Leu eingeführt.

5. Politische Pseudoliberalisierung

Vorwiegend propagandistischen Zielen diente auch das im Zuge der "Vervollkommnung" eingeführte politische System, das Elemente der repräsentativen und der direkten Demokratie in, wie es hieß, origineller Weise miteinander verknüpfte. Als Indiz für den "Demokratismus" des politischen Systems in Rumänien wurden auch Organisationen wie die gemischten, Partei und Staat gleichermaßen zugeordneten "Räte" sowie diverse neu geschaffene "Kongresse" (der Betriebsräte, der Bauernschaft, der Volksräte, für Kultur und Wissenschaft) ins Feld geführt. Sie alle sollten breite Partizipation vorgaukeln, waren jedoch nur Foren der Akklamation. Den Demokratieanspruch des Regimes sollten auch die im Verlauf der siebziger Jahre getroffenen Maßnahmen im Bereich von Information und Kultur unterstreichen, so das 1974 erlassene Pressegesetz, die 1977 erfolgte angebliche Abschaffung der Zensurbehörde, die Umwandlung des staatlichen Fernsehens und der staatlichen Nachrichtenagentur Agerpres in gemischte Partei- und Staatsorgane, sowie die Einführung der Selbstverwaltung und Selbstfinanzierung im kulturellen Bereich. Im Jahre 1986 wurde die Möglichkeit der Abhaltung von Volksabstimmungen in die Verfassung aufgenommen.

Die Krise der *Solidarność* in Polen führte in Rumänien - wie überall im Ostblock - zu prinzipiellen Überlegungen über neue Strategien zur Überwindung der strukturimmanenten Schwächen des Sozialismus. Noch vor der *KPdSU* hatte die *RKP* bereits 1982 ideologischen Ballast abgeworfen und neue Korrekturen am "rumänischen Modell" angekündigt. In der heiklen Eigentumsfrage wurde 1982 die Einführung sogenannter "Gesellschaftsanteile" (rum.: părţi sociale) verkündet. Dadurch sollten die Werktätigen in ihrer dreifachen Qualität als Eigentümer, selbstverwaltende Betreiber und Nutznießer des gesellschaftlichen Eigentums besser motiviert werden. Auch zur Rolle der Partei und ihrem Verhältnis zum Staat hatte Ceauşescu sich bereits 1982 an neuen programmatischen Ansätzen versucht. Gemäß der neuen rumänischen Doktrin stellte die *Rumänische Kommunistische Partei* nicht mehr die "Avantgarde des Proletariats" dar, sie übte auch keine "Diktatur" im Namen desselben aus. Die postulierte

Einheit von Partei und Volk wurde in den 1984 abgeänderten Statuten der *RKP* als das "Lebenszentrum der Nation" definiert.

6. Gegenreform und Rezentralisierung

Die meisten der rumänischen "Scheinreform"-Maßnahmen waren jedoch halbherzig angelegt und blieben auf dem Papier oder wurden im Zuge der ideologischen Verhärtung der siebziger oder der Sparpolitik der achtziger Jahre zurückgenommen.

Angesichts des in der Sowjetunion und anderen osteuropäischen Staaten fortschreitenden Reformprozesses und des wachsenden Druckes aus dem In- und Ausland, Reformen à la *Perestrojka* zuzulassen, setzte Ceaușescu einen Prozeß in Gang, der einer Gegenreform gleichkam. Statt dem Trend zu dezentralen Lenkungsmechanismen nachzugeben, setzte er auf eine noch weitergehende Rezentralisierung; anstelle einer Lockerung der Restriktionen für private Eigentumsformen plante er die Auflösung der noch existierenden privaten Landwirtschaftsbetriebe. Bereits 1980 hatte der Staat die freie Nutzung der von kleinen Bauern und Viehzüchtern im hügeligen Karpatenvorland sowie der privaten Hoflandparzellen der in landwirtschaftlichen Produktionsgenossenschaften zusammengefaßten Bauern eingeschränkt; im März 1986 wurden sie vollends in das System staatlicher Planvorgaben und zentral festgesetzter Abgaben einbezogen.

Im Bereich der Industrie sollten kleinere Betriebe zu größeren zusammengefaßt oder Industriezentralen unterstellt werden.[28] Der Rezentralisierung im industriellen Bereich entsprach eine verschärfte Anwendung des Allokationsprinzips. Außenhandelsorganisationen, die bis zum Jahre 1986 den jeweiligen Branchenministerien zugeordnet gewesen waren, wurden nun dem Ministerium für Außenhandel und internationale Zusammenarbeit unterstellt. Damit sollte in erster Linie die zentrale Aufsicht über die Devisenimporte der einzelnen Branchenministerien verfestigt werden. Im April 1988 wurde zudem der Prozeß der Konzentration auf dem Gebiet der Devisenbewirtschaftung durch die Schaffung eines sogenannten "zentralen Devisenfonds" vorangetrieben. Eine Änderung mit möglicherweise weitreichenden Folgen nicht nur für den Planungs- und Leitungsmechanismus der Wirtschaft, sondern für den Bereich der landesweiten Strategieplanung erfolgte im Dezember 1987 mit der Umwandlung des *Obersten Rats für Wirtschaftliche und Gesellschaftliche Entwicklung*, dessen Funktionen nur

---

[28] *Scânteia*, 3.6.1988.

beratender Natur gewesen waren, in eine Art Superplanungsbehörde mit weitreichenden Entscheidungsbefugnissen unter der direkten Kontrolle des Staats- und Parteichefs und seiner Frau Elena. Danach machte Ceauşescu einige der zuvor erfolgten Maßnahmen wie die Erhöhung inländischer Kreditzinsen und die Abwertung des Leu wieder rückgängig, die Aufnahme neuer Auslandskredite wurde per Gesetz verboten.

Mit dem Ausbruch der Schuldenkrise wurde die - an sich bescheidene - Liberalisierung der rumänischen Gesetzgebung im Außenhandelsbereich zurückgenommen, die Ceauşescu ja als die Ursache der unkoordinierten Schuldenaufnahmepraxis bezeichnet hatte. Mit Hilfe des nunmehr gesetzlich verankerten Verbots der Aufnahme neuer Auslandskredite sollte vor allem eine weitere Zentralisierung der Außenhandelsbefugnisse erreicht werden. Auch sollte verhindert werden, daß Ministerien, Banken und Außenhandelsunternehmen - sie wurden im Text des Gesetzes besonders hervorgehoben - unter Umgehung des bereits im April 1988 geschaffenen Zentralen Devisenfonds Importgeschäfte aus dem Hartwährungsraum tätigen können.[29] Das neue Kreditgesetz, das im Hinblick auf die Beibehaltung bzw. Verschärfung der strengen Importrestriktionen konzipiert wurde, war Teil einer Serie von Regelungen, die eine Reform der rumänischen Außenhandelsgesetzgebung verhindern sollten. Das im Jahre 1978 als Bestandteil des "Neuen Wirtschafts- und Finanzmechanismus" verabschiedete neue Außenhandelsgesetz wurde zwei Jahre später revidiert, der zuvor leicht erweiterte Handlungsspielraum der Außenhandelsunternehmen und Betriebe wurde erneut eingeschränkt. Valutaimporte wurden strikt an die Exporterlöse gebunden, der Zwang zu Kompensationsgeschäften auch auf branchenfremde Exporte ausgedehnt.

7. Populismus

Ceauşescus Strategie des konservativen Wandels erzielte jedoch nicht den erhofften Erfolg der Stabilisierung seiner Machtposition. Seitdem seine Politik innerhalb der Regierung und der Parteispitze nicht mehr unangefochten war, versuchte er verstärkt, sich durch populistische Gesten bei der Masse der Bevölkerung anzubiedern. Während er sich trotz kritischer Einwände nicht von seiner Strategie der Austerität und der schnellen Schuldentilgung abbringen ließ, legte er besonderen Wert darauf, als allei-

---

[29] Theodor Stolojan: "Echilibrul financiar-valutar în condiţiile lichidării datoriei externe (Das Gleichgewicht im finanziellen und Kreditbereich unter den Bedingungen der Schuldentilgung)", in: *Revista Economică* 21 (1989), S. 5-6.

niger Initiator der auf der Landeskonferenz der *RKP* im Dezember 1987 vorgeschlagenen Lohn- und Rentenerhöhungen ausgewiesen zu werden. Zwar weigerte sich der rumänische Staats- und Parteichef gegen eine substantielle Anhebung der staatlichen Aufkaufpreise für landwirtschaftliche Produkte sowie gegen die Lockerung des privaten Handels mit landwirtschaftlichen Produkten, aber zur gleichen Zeit beanspruchte er das Verdienst, die Erhöhung der Naturaleinkommen der LPG-Bauern auf einer Sitzung des Politischen Exekutivkomitees vorgeschlagen zu haben.[30] Anläßlich der Feiern zum 70. Geburtstag Nicolae Ceauşescus am 26. Januar 1988 wurden im Zuge einer breitangelegten Amnestie alle Haftstrafen bis zu zehn Jahren erlassen, höhere Strafen halbiert und Todesstrafen in zwanzigjährige Haftstrafen umgewandelt. Ceauşescu höchstpersönlich machte zudem den Vorschlag, über eine Abschaffung der Todesstrafe mit Ausnahme schwerer Vergehen gegen die Sicherheit und die Souveränität des Staates nachzudenken.

Die scheindemokratischen Reformen und der offiziell propagierte Populismus hatte jedoch immer weniger Chancen, bei der Bevölkerung zu verfangen. Im öffentlichen Bewußtsein verfestigte sich vielmehr der Eindruck, daß die Führung der *RKP* ihre Politik der permanenten "Vervollkommnung" vorwiegend dazu benutzte, die Kosten des klassisch-sozialistischen Wohlfahrtssystems so weit wie möglich auf die Bevölkerung umzulegen. Damit war der ungeschriebene kommunistische Gesellschaftsvertrag, aufgrund dessen die kommunistische Führung den rumänischen Bürgern bisher (niedrige) Mindestlöhne, sichere (wenn auch nicht frei wählbare) Arbeitsplätze, eine (obzwar auf niedrigem Niveau) ausreichende Befriedigung der Grundbedürfnisse gewährleistete, von dem Regime Ceauşescus einseitig gebrochen worden.

Das System der kommunalen Selbstfinanzierung und Selbstverwaltung wurde von der Führung der *RKP* dazu benutzt, Subventionen aus dem Staatshaushalt für lokale Infrastrukturmaßnahmen auf die Volksräte abzuwälzen, ohne den Behörden vor Ort autonome Entscheidungskompetenzen einzuräumen. Um den Ausfall der gestrichenen Subventionen wettzumachen, wurde die kommunale Arbeitspflicht aller Bürger, die Rentner mit einschloß, gesetzlich verankert (Gesetz Nr.1/1985). Wer diesen Verpflichtungen nicht nachkommen konnte, mußte Ausgleichszahlungen leisten. Im Rahmen der örtlichen Selbstversorgungsprogramme wurde den Gemeindevolksräten eine zusätzliche Verantwortung beim Eintreiben der landwirtschaftlichen Erzeugnisse von den privaten Erzeugern aufgebürdet. Mit der Schaffung von Krankenhäusern und Kliniken, in denen Patienten sich gegen Entgelt behandeln lassen konnten, wurde die Fiktion von der

---

[30] *Scânteia*, 9.2.1989.

freien Gesundheitsfürsorge in Rumänien auch offiziell zu Grabe getragen.

In der Praxis führten betriebliche Selbstverwaltung und kommunale Selbstversorgung mit Grundnahrungsmitteln gesetzlich jedoch vorwiegend dazu, daß sich die Partei- und Staatsverwaltung aus der Verantwortung für die sich zunehmend verschlechternde Versorgung - der Bevölkerung mit Lebensmitteln, der Betriebe mit Rohstoffen und Energie - stehlen konnte.

Eine letzte Gelegenheit zur populistischen Attitüde und zur selbstverherrlichenden Darstellung ergriff der rumänische Staatschef anläßlich der im April erfolgten Bekanntgabe der Rückzahlung der rumänischen Devisenschulden. Es wurde zugleich auch eine Manifestation rumänischer "Unabhängigkeitspolitik" - anläßlich der in Rumänien herrschenden akuten Versorgungsmisere und seiner extremen wirtschaftlichen und politischen Isolation des rumänischen Regimes ein eher verzweifelt wirkender Rettungsversuch für ein Regime am Abgrund. Die Tilgung der Devisenschulden wurden von der rumänischen Führung als Beweis für die behauptete Fähigkeit des Regimes angeführt, seine Politik einer eigenständigen wirtschaftlichen Entwicklung jenseits von ideologischen und ökonomischen Zwängen umzusetzen. Durch die Rückzahlung seiner Schulden, so der Tenor regimeoffizieller Verlautbarungen, habe Rumänien seine Wirtschaftskraft demonstriert und allen Zweiflern an der Richtigkeit der von Ceauşescu initiierten Politik eine vernichtende Lektion erteilt. Die "Pioniertat" Rumäniens könne "allen Völkern als Beispiel" dienen.[31] Hingegen müßten jene Länder, die dem Konsum der Bevölkerung den Vorrang vor zukunftsorientierten Investitionen gegeben hätten, nun für ihre Versäumnisse büßen. Den Standardrefrain der Propaganda bildeten Elogen auf Staats- und Parteichef Nicolae Ceauşescu: Das "Wunder" der Schuldentilgung, hieß es, fuße auf dem genialen Konzept des "Führers" und spiegele seine "besondere Fürsorge für das Schicksal der rumänischen Nation wider."[32] Die demonstrativ zur Schau gestellte "nationale Einheit", der Versuch, an jene Epoche der Nachkriegsgeschichte anzuknüpfen, als Nicolae Ceauşescu über einen genuinen Rückhalt in der Bevölkerung verfügt hatte, sowie die künstlich erzeugte Belagerungsmentalität - all diese Elemente waren als Reaktion auf die Kritik an der rumänischen Außen- und Wirtschaftspolitik zu verstehen, die am Vorabend des ZK-Plenums im Westen bekannt gemacht wurde: Am 11. März 1989 hatte die britische Rundfunkanstalt BBC einen an Nicolae Ceauşescu gerichteten Brief ausgestrahlt, der von sechs Altfunktionären der Partei unterzeichnet

---

[31] Kommentar der Tageszeitung *România Liberă*, 21.4.1989.
[32] *Scânteia*, 14.4.1989.

war, die das gegenwärtige Regime der Inkompetenz ziehen und die zunehmende außenpolitische Isolierung Rumäniens scharf kritisierten.[33] In keinem anderen Staat Osteuropas war die Frage der Umgestaltung des bisherigen Wirtschaftsmechanismus und der innenpolitischen Liberalisierung auf eine so unmittelbare und brisante Weise mit der Frage nach dem politischen Überleben der herrschenden Führungselite verbunden. Die Gründe hierfür lagen auf der Hand. In keinem anderen osteuropäischen Land wurde eine so konsequent rücksichtslose Sparpolitik durchgeführt. Nirgendwo sonst war ein ähnlich weitgehender Zustand gesamtgesellschaftlicher "Implosion", gekennzeichnet durch Hoffnungslosigkeit und Verlust moralischer Werte bis hin zu biologischen Verfallserscheinungen, zu beobachten. Und nirgendwo sonst im Ostblock war die von Ablehnung, aber zugleich auch von opportunistischer Duldung, passiver Resignation und Verweigerung geprägte Grundhaltung der Bevölkerung zugleich Ursache und Effekt einer beispiellosen Machtkonzentration in den Händen eines Einzelnen. Da die Propagandamaschinerie der *RKP* ihrem angeblich genialen "Führer" die Initialzündung für jede politische Aktion in Rumänien zuschrieb, lastete ihm die Bevölkerung denn auch die ausschließliche Schuld für die unübersehbar negativen Auswirkungen dieser Politik an. Als dann Ende der achtziger Jahre der Lebensstandard der Bevölkerung infolge der von Ceauşescu betriebenen Austeritätspolitik einen beispiellosen Tiefpunkt erreicht hatte, konnte der Leidensdruck der Bevölkerung auch durch die nationalistischen Mobilisierungskampagnen der offiziellen Propaganda nicht mehr aufgefangen werden. Am Vorabend der "Revolution" wünschte die rumänische Gesellschaft insgesamt den Wandel. Vor diesem Hintergrund konnten Vertreter der Ceauşescufeindlichen Eliten gezielt einen Volksaufstand provozieren und in dessen Windschatten einen Staatsstreich inszenieren, der sie an die Macht brachte.

---

[33] Siehe dazu: *Süddeutsche Zeitung* und *Die Welt*, 15.3.1989; *The London Times*, 16.3.1989.

IV. MOBILISIERUNG IM ZUGE DER RUMÄNISCHEN REVOLUTION

Revolutionen als Formen raschen und radikalen Wandels führen nicht nur zu Veränderungen der gesellschaftlicher Strukturen und Institutionen, sondern auch zu Umbrüchen auf dem Gebiet der "Überzeugungssysteme"[1]. In Samuel P. Huntingtons Definition der Revolution spielt der Wandel der politischen Kultur, jene als "Werte und Mythen" bezeichneten Kategorien, eine wichtige Rolle.[2] Viele der bisher gültigen Werte waren diskreditiert und wurden durch neue Wertkriterien ersetzt. Neue ideologische Codes traten an die Stelle der früheren, vom kommunistischen Regime propagierten Mythen.[3] Am Beispiel der revolutionären Mobilisierung wird deutlich, wie eng "Wertkonsens" und "Kommunikationsfähigkeit" in einer Gesellschaft miteinander verbunden sind.

Als Instrument gesellschaftlicher Mobilisierung durch die Regierung, aber auch durch die revolutionären Eliten stellt der Nationalismus eine wichtige Variable revolutionärer Prozesse dar. Der Nationalismus, so Huntington, ist "the cement of the revolutionary alliance and the engine of the revolutionary movement". Den Grund hierfür sieht er in der engen Verflechtung interner und äußerer Faktoren im Verlauf jeder Revolution:

> "No society can carry out a revolution in isolation. Every revolution is, in some measure, against not only the dominant class but also against the dominant system ... The stimulus to nationalist mobilization may be furnished

---

[1] Anton Sterbling: Eliten im Modernisierungsprozeß. Ein Theoriebeitrag zur vergleichenden Strukturanalyse unter besonderer Berücksichtigung grundlagentheoretischer Probleme. Dissertation zur Erlangung der Würde des Doktors der Philosophie im Fachbereich Pädagogik an der Universität der Bundeswehr Hamburg, Hamburg 1987, S. 287-292.

[2] Samuel P. Huntington: Political Order in Changing Societies, New Haven 1968, S. 264.

[3] Auch fand in Rumänien unmittelbar nach der Wende in keinem Bereich der staatlichen Administration ein so grundlegender und rascher Austausch der Führungskräfte statt wie im Kultur- und Erziehungsministerium. All diese Veränderungen wollen aber nichts besagen über die - in Rumänien wie anderswo in den ehemals kommunistischen Staaten Ostmitteleuropas - einsetzende "Entropie" der politischen Kultur im Zuge des Transformationsprozesses.

either by a foreign political, economic, and military presence in a country
before the collapse of the old order or by foreign political and military
intervention after that collapse."[4]

Im Verlauf der ostmitteleuropäischen Revolutionen des Jahres 1989 und
während der Unabhängigkeitsbestrebungen in den ehemaligen Sowjetre-
publiken stellte der Rekurs auf nationalistische Emotionen und Traditionen ein wichtiges Instrument zur Mobilisierung der Bevölkerung dar. Dies
war nur folgerichtig, bedenkt man die enge Interdependenz zwischen den
nationalen Revolutionen und der Staatenrevolution des Ostblocks.

1. Revolutionsideologie statt Nationalismus

Nur Rumänien bildete dabei die signifikante Ausnahme.[5] Die Ursachen
hierfür liegen in gewissen Konstanten der rumänischen Geschichte, in der
spezifischen Prägung des kommunistischen Nachkriegsregimes in Rumänien, der rumänischen Sonderstellung innerhalb des kommunistischen
Staatensystems und der divergenten Entwicklung von Mehrheits- und
Minderheitennationalismus. In Rumänien war das - für die "Sozialpsychologie des anderen Europa"[6] so charakteristische - Gefühl der Unsicherheit, das auf dem Kontinent nach der deutschen Vereinigung nicht nur

[4] Samuel P. Huntington: Political Order in Changing Societies, New Haven 1968,
S. 304-408.
[5] Siehe hierzu: Timothy M. Frye: "Ethnicity, Sovereignty and Transitions from
Non-Democratic Rule", in: *Journal of International Affairs* 2 (1992); Paul
Lendvai: Zwischen Hoffnung und Ernüchterung - Reflexionen zum Wandel in
Osteuropa, Wien 1994, S. 110-152 und S. 192-266; Karlheinz Messelken:
"Verspätungen im Prozeß der Nationenbildung. Zur Situation in Osteuropa", in:
Bálint Balla / Wolfgang Geier (Hrsg.): Zu einer Soziologie des
Postkommunismus. Kritik, Theorie, Methodologie, Münster 1994; Alain Minc:
Die Wiedergeburt des Nationalismus, Hamburg 1992; Margareta Mommsen
(Hrsg.): Nationalismus in Osteuropa, München 1992; Alexander J. Motyl: "The
Modernity of Nationalism: Nations, States and Nation-States in the
Contemporary World", in: *Journal of International Affairs* 2 (Winter 1992);
Wolf Oschlies: "Bedrohung durch den Nationalismus im Osten", in:
Europäische Rundschau 1 (1992), S. 35-47; Gerhard Simon: "Das Entstehen
neuer Staaten auf dem Territorium der früheren Sowjetunion", in: Werner
Weidenfeld (Hrsg.): Demokratie und Marktwirtschaft in Osteuropa. Strategien
für Europa, Gütersloh 1995, S. 105-125.
[6] Jacques Rupnik: "Eisschrank oder Fegefeuer. Das Ende des Kommunismus und
das Wiedererwachen der Nationalismen", in: *Transit* 1 (1990), S. 132-142.

neue Bündnisse und Interessenkoalitionen, sondern auch neue Grenzen denkbar werden ließ, immer stark ausgeprägt. Mit besonderer Aufmerksamkeit wurde hier registriert, daß von dem sicherheitspolitischen Vakuum, das nach dem Zusammenbruch der *pax sovietica* in Mittel-, Ost- und Südosteuropa entstanden ist, offenbar nicht jene nach dem Zweiten Weltkrieg gezogenen Grenzen gefährdet waren, die den territorialen Zugewinn der Sowjetunion und die damit verbundene Westverschiebung Polens sicherten, wohl aber jene, die nach dem Ersten Weltkrieg durch die Friedensschlüsse von Paris fixiert worden waren.

Diese Entwicklung war für Rumänien deswegen von besonderer Bedeutung, weil dieses mitteleuropäische Land bekanntlich zu den Gewinnern der nach dem Zerfall des Habsburger und des Zarenreiches vorgenommenen territorialen Neuordnung in Europa gehörte. Das aufgrund der Pariser Friedensverträge entstandene "Großrumänien" umfaßte neben den im Königreich Rumänien vereinigten rumänischen Fürstentümern Moldau und Walachei erstmals auch die mehrheitlich von Rumänen besiedelten Provinzen Siebenbürgen, Bessarabien und die Nordbukowina. Mit diesen Gebietsgewinnen handelte sich das Land jedoch auch erhebliche innenpolitische Schwierigkeiten ein. Fast über Nacht war Rumänien damit von einem relativ homogenen Nationalstaat zu einem Staat geworden, auf dessen Territorium neben der rumänischen Titularnation nun mehrere, zahlenmäßig starke und selbstbewußte nationale Minderheiten lebten. Die Entstehung einer mündigen politischen Nation wurde dadurch erschwert, daß zwischen dem sogenannten Altreich und den neuen Provinzen erhebliche Unterschiede hinsichtlich ihrer gesellschaftlichen und sozialen Entwicklung, ihrer politischen Kultur und ihrer Religion bestanden. Der - erfüllte - Vereinigungstraum der Nation drohte zu einem nationalen Trauma zu werden.

Zeitgleich mit der Bildung des saturierten großrumänischen Nationalstaates hatte sich der vor 1918 mit liberalen, reformistischen Tendenzen ausgestattete rumänische Risorgimento-Nationalismus allmählich gewandelt und chauvinistische und assimilatorische Züge angenommen. Bedrohungsgefühle stellten sich ein angesichts der revisionistischen Tendenzen, die in den Nachbarländern Sowjetunion, Ungarn und Bulgarien immer offener zutage traten. Daß die rumänischen Ängste nicht ganz unbegründet waren, erwies sich spätestens im Jahre 1940, als aufgrund des Zweiten Wiener Schiedsspruchs und der geheimen Zusatzprotokolle zum (1939 geschlossenen) Hitler-Stalin Pakt rumänisches Staatsgebiet (Nordsiebenbürgen, Bessarabien, die Nordbukowina und die Süddobrudscha) verloren ging. Auch wuchs das Mißtrauen gegenüber den auf dem Boden Rumäniens lebenden Minderheiten, die von den Nachbarstaaten ebenso wie von dem nach Osten ausgreifenden Hitlerstaat nicht ohne einen gewissen Erfolg in ihre Politik einbezogen worden waren.

Die traumatische Erfahrung einer verunsicherten, um ihren Zusammenhalt und ihre Grenzen bangenden Nation wirkte auch nach dem Zweiten Weltkrieg fort, als Rumänien zwar das von Ungarn annektierte Nordsiebenbürgen, nicht jedoch seine von der Sowjetunion besetzten Ostgebiete zurückerlangt hatte. Mit der Rückgabe Nordsiebenbürgens an Rumänien hatte sich die Sowjetunion die Rolle eines Schiedsrichters im historischen Konflikt zwischen Ungarn und Rumänien gesichert, die es ihr bis zum Zerfall ihres äußeren Imperiums erlaubte, Einfluß in der Region auszuüben und von der fortdauernden sowjetischen Besetzung Bessarabiens und der Nordbukowina abzulenken.

Vom antinationalen Besatzungsregime zum Nationalkommunismus

Der unterschwellige, bis in die Zarenzeit zurückreichende Territorialdisput zwischen der Sowjetunion und Rumänien um Bessarabien war bestimmend für die außergewöhnlich aggressive antinationale Ausrichtung des kommunistischen Regimes, das Rumänien nach der Besetzung durch die Rote Armee aufgezwungen worden war. Handlanger dieser Politik war die *Rumänische Kommunistische Partei (RKP)*, die wegen ihrer ausschließlich an den Zielsetzungen der Komintern ausgerichteten Haltung wenige Jahre nach ihrer 1921 erfolgten Gründung verboten worden war. Bei Kriegsende zählte sie knapp eintausend Mitglieder, die nur zur Hälfte ethnische Rumänen waren. Die übrigen Mitglieder, Angehörige anderer Minderheiten, hatten für das Sezessionsrecht der von Minderheiten bewohnten Gebiete und die Auflösung des 1920 entstandenen großrumänischen Staates agitiert.

Nach der kommunistischen Machtübernahme, die mit der erzwungenen Abdankung des Königs Mihai und der Ausrufung der Rumänischen Volksrepublik am 30. Dezember 1947 besiegelt wurde, folgte eine Periode des politischen Terrors, der Ausrottung der rumänischen und nichtrumänischen politischen und geistigen Eliten sowie der totalen "Säuberung" und Umdeutung von Kultur und Geschichte. Erst als die Sowjetunion die Vormachtstellung der inzwischen an die Macht gelangten Heimatfraktion der rumänischen *KP* bedrohte, setzte diese einen Prozeß der Absetzbewegung von der Sowjetunion in Gang. Nach dem Tode Stalins im Jahre 1953 setzte in Rumänien eine Politik der Entsowjetisierung und Entrussifizierung ein, die in den anderen ehemaligen Mitgliedsstaaten des Warschauer Pakts erst nach dem

Zusammenbruch des kommunistischen Staatenverbunds ihren Anfang nehmen konnten.[7] So widersetzte sich zum Beispiel die nationalkommunistische rumänische Führung, angeführt von Gheorghe Gheorghiu-Dej und - seit 1965 - von Nicolae Ceauşescu, im Anschluß an den 1958 erfolgten Abzug der sowjetischen Besatzungstruppen aus Rumänien dem sowjetischen Druck nach einer stärkeren Einbeziehung des Landes in die supranationalen Wirtschafts- und Militärstrukturen des Ostblocks. Im Verlauf der sechziger Jahre diente der rumänische Nationalismus als Instrument der Entsowjetisierung, der Rückbesinnung auf nichtkommunistische geistige Traditionen und der Rückwendung zum westlichen Europa. Sie ging auch mit gewissen politischen und geistigen Liberalisierungstendenzen einher. Am 22. August 1968, als Nicolae Ceauşescu den Einmarsch der Warschauer Pakttruppen in die Tschechoslowakei auf einer Großveranstaltung in Bukarest mit harschen Worten kritisierte, hatte die Akzeptanz dieser nationalkommunistischen Politik seitens der Bevölkerung, allen voran der Intelligenz und der Jugend, ihren Höhepunkt erreicht. Unter zunehmendem äußeren wie internen Druck stoppte Ceauşescu den angelaufenen Prozeß der begrenzten Liberalisierung. Er setzte fortan auf eine Politik der Redogmatisierung von Ideologie und Politik unter gleichzeitigem Forcieren einer zunehmend irrationalen nationalkommunistischen Rhetorik. Im Zuge der 1971 eingeleiteten sogenannten "Kleinen Kulturrevolution" ging die *RKP* systematisch daran, den Kult der Nation zum neuen ideologischen Dogma zu erheben, das an die Stelle der klassisch-internationalistischen marxistisch-leninistischen Doktrin trat. Den Dreh- und Angelpunkt dieser neuen Doktrin bildete ein ausufernder, alle rationalen Grenzen sprengender Personenkult. Die Mobilisierung nationaler Gefühle und Traditionen und die diktatorisch gesteuerte Instrumentalisierung von Geschichte und Kunst wurden der fundamentalistisch-kommunistischen Machtpolitik Ceauşescus untergeordnet. Die letzten noch in der Führung verbliebenen Vertreter einer sowjetloyalen Richtung sowie die meisten der nichtrumänischen Funktionäre im Partei- und Staatsapparat waren ausgeschaltet oder zumindest an den Rand des Machtspektrums gedrängt worden.

---

[7] Siehe hierzu: Anneli Ute Gabanyi: Partei und Literatur in Rumänien seit 1945, München 1975.

Mehrheits- und Minderheitennationalismus

Für die Besonderheit der postrevolutionären Entwicklung in Rumänien war es von entscheidender Bedeutung, daß hier die nationalen Energien der Mehrheitsbevölkerung nicht wie in den anderen kommunistischen Staaten Mittel- und Osteuropas im Untergrund überlebt hatten und im Kampf für den Übergang zu Demokratie und Marktwirtschaft nutzbringend eingesetzt werden konnten. Die nationalistisch-kommunistische Führung hatte sie bereits vorher für ihre Ziele total instrumentalisiert und dadurch abgewertet. Während der letzten Jahre der Ceauşescu-Diktatur hatte dieser Erosionsprozeß des rumänischen nationalen Potentials ein solches Ausmaß erreicht, daß die bloße Weigerung, sich dem vorgeschriebenen Kanon nationaler Selbstbeweihräucherung und den personenkultischen Huldigungsritualen zu unterwerfen, als politische Oppositionshaltung gewertet wurde.

Der Effekt der Mobilisierung der Gesamtbevölkerung durch die von der nationalkommunistischen Führung der *RKP* betriebene Politik der begrenzten Autonomie von der Sowjetunion war bald verpufft, der hypertrophe rumänische Nationalismus des Ceauşescu-Regimes grenzte die Minderheiten zunehmend aus. Die Rechte und Entfaltungsmöglichkeiten der Minderheiten wurden eingeschränkt, ihr Kontakt zu ihren Mutternationen reduziert. Die unmittelbar nach der kommunistischen Machtübernahme eingeleitete Politik der Ansiedlung rumänischer Bürger in Regionen mit einem hohen Minderheitenanteil wurde zügig vorangetrieben. Bei der Besetzung führender Positionen in Wirtschaft, Verwaltung und Kultur, die sich unter der direkten Oberhoheit der ehrgeizigen Ceauşescu-Gattin Elena vollzogen hatte, war ein strenger nationaler Proporz vorgeschrieben. Der nationale Homogenisierungsdruck, Ceauşescus Personenkult und der das gesamte öffentliche Leben überwuchernde Kult der Mehrheitsnation führten schließlich dazu, daß die Minderheiten sich in ihrer nationalen Identität und Würde verletzt und ihrer elementaren politischen Rechte beraubt fühlten.

Während sich das Mehrheitsvolk der Rumänen nach 1989 bis zu einem gewissen Grade verunsichert fühlte, da seine patriotischen Gefühle erniedrigt und pervertiert worden waren, erwies sich im Gegensatz dazu das Nationalgefühl der Minderheiten als ungebrochen. Auch war letzteres im öffentlichen Bewußtsein nicht, wie im Falle des rumänischen Nationalismus, negativ besetzt. Ganz im Gegenteil: Die Manifestation minderheitlichen Nationalstolzes wurde nicht nur innerhalb der Gruppe, sondern auch von Seiten rumänischer Oppositioneller und westlicher Beobachter positiv, d.h. als demokratisch und liberal gewertet. Diese unterschiedliche, ja gegenläufige Entwicklung des Nationalgefühls der rumänischen Bevölkerungsmehrheit und der Minderheiten war für den Ablauf des gewaltsamen Umsturzes vom Dezember 1989 von nicht zu unterschätzender Bedeutung. Der Volksaufstand in der westrumänischen Stadt Temeswar begann am 16. Dezember 1989 mit der Auflehnungsgeste des reformierten Pastors László Tökés, eines Vertreters der ungarischen Minderheit und Priesters einer ungarischen Religionsgemeinschaft, verwandelte sich dann aber im Zuge der Solidarisierung der rumänischen Bevölkerung mit der ungarischen Minderheit in eine Revolte des ganzen Volkes. Das revolutionäre Potential des - ethisch positiv besetzten - Nationalgefühls der ungarischen Minderheit konnte erfolgreich gegen den Diktator eingesetzt werden, ohne daß mit einer nationalistisch geprägten Gegenreaktion der rumänischen Mehrheitsbevölkerung ernsthaft zu rechnen gewesen wäre. Zu bürgerkriegsähnlichen Ausschreitungen kam es nach dem Sturz Ceauşescus nur in wenigen Einzelfällen und dies auch nur in den mehrheitlich von Ungarn bewohnten Kreisen Covasna und Harghita, wo rumänische Vertreter der lokalen Sicherheitskräfte von der ungarischen Bevölkerung tätlich angegriffen wurden.

Der Sturz Ceauşescus löste in der gesamten Bevölkerung einen Taumel der Euphorie aus. Die ungarische Minderheit gab sich dem Hochgefühl hin, als Katalysator der rumänischen Revolution gewirkt zu haben; dieses Verdienst wurde ihr landesweit uneingeschränkt zuerkannt. Die Mehrheit wiegte sich ihrerseits in dem Hochgefühl, die rumänische Nation durch ihren opfermutigen Aufstand von dem Makel der Unterwürfigkeit unter das nationalkommunistische Ceauşescu-Regime befreit und in den Augen der Welt rehabilitiert zu haben.

Bei ihrem Machtantritt distanzierte sich die neue Führung vom übersteigerten Nationalismus und dem Personenkult der Ceauşescu-Ära. Um ihren Herrschaftsanspruch zu rechtfertigen, setzte die neue Führung in der Anfangsphase auf zwei Strategien - ihre Legitimation als Vollstreckerin der Revolution und den Populismus. Als selbsternannte Caretaker-Regierung verfügte die neue Führung nicht nur über die wirtschaftlichen Ressourcen des Staates, die es ihr erlaubten, am Vorabend der ersten Parlaments- und Präsidentschaftswahlen vom Mai 1990 eine massive Sympathiewerbung durch populistische Sofortmaßnahmen zur raschen Verbesserung der Versorgungslage der Bevölkerung zu treffen. Kraft ihrer Selbstermächtigung als Legislative konnte die *Front der Nationalen Rettung* zudem Gesetze erlassen, die langgehegte Erwartungen der Bevölkerung erfüllten (Rückgabe des Bodens) oder besonders verhaßte Regelungen der Ceauşescu-Ära aufhoben.

Als Vehikel dieser Rechtfertigungsstrategien der neuen Führung dienten die elektronischen Medien, die noch lange nach dem Machtwechsel unter der Kontrolle der neuen Führung verblieben. Ihre revolutionäre Legitimation hatten Ion Iliescu und seine *Front der Nationalen Rettung* dadurch erlangt, daß sie sich im Verlauf der selbstinzenierten "Tele-Revolution" als Retter der Nation, Befreier von Ceauşescu und Herolde von Demokratie und materiellem Wohlergehens profilieren konnten. Bei den Wahlen von 1990 ernteten die beim Umsturz angetretenen neuen Machthaber die Früchte ihrer beispiellosen Massenmobilisierung durch die Tele-Revolution, die praktisch 100 % der Bevölkerung am Bildschirm miterlebt hatte. Ion Iliescu wurde von der Bevölkerung nicht als Angehöriger der ehemaligen kommunistischen Nomenklatura gewählt, sondern als der Befreier *vom Kommunismus*. Dieser Bevölkerung erschien Iliescu als der Mann, der das Ende der Austeritätspolitik, des allfälligen Mangels und der entwürdigenden Entbehrungen eingeläutet hatte, die die Menschen während der Jahre der Schuldentilgung unter Ceauşescu erduldet hatten. Die Bauern stimmten für Iliescu und seine *Front der Nationalen Rettung*, weil sie nach 1989 im Zuge der Zerschlagung der Landwirtschaftlichen Produktionsgenossenschaften und der ersten Stufe der Bodenrestitution ihr Land wiederbekommen hatten. Vielen Intellektuellen galt Iliescu als jener Politiker, der die außenpolitische Ächtung und Isolierung Rumäniens beendet und das Tor zum Westen, dem die Rumänen sich kulturell und wertemäßig immer zugehörig gefühlt hatten, wieder geöffnet hatte. Zum Zeitpunkt der ersten freien Wahlen waren die Oppositionsparteien noch viel zu schwach, um ihre eigene Sicht der Dinge wirkungsvoll zu propagieren. Die oppositionellen Printmedien konnten sich noch nicht gegen das staatliche Fernsehen durchsetzen, das damals in Abwesenheit privater Fernsehsender seine Monopolstellung eindeutig zugunsten der neuen Führung in die Waagschale geworfen hatte.

Trotz ihres anfänglich geübten Verzichts auf die nationale Integrationsideologie konnte und wollte die regierende *Front der Nationalen Rettung* das Mobilisierungspotential des Nationalismus nicht dauerhaft missen. Die Gründe für diesen taktischen Umschwung sind in den innen- und außenpolitischen Veränderungen seit dem Umsturz zu suchen. Im Anschluß an die Wahlen vom 20. Mai 1990 hatte die neue Führung ständig an Popularität verloren, ihr Revolutionsmythos hatte sich abgenutzt und seine Anziehungskraft eingebüßt. Der Rückgriff auf nationale Traditionen und Emotionen erschien nun als ein probates Mittel, um von wirtschaftlichen Schwierigkeiten abzulenken und die sich abzeichnenden gesellschaftlichen Konflikte aus dem rational bestimmten politischen Raum in den von Emotionen geprägten vorpolitischen Raum zu verlegen. Das Bedürfnis der Bevölkerung nach Identität und Sicherheit mußte auf neue Weise kanalisiert und für die eigenen politischen Zielsetzungen instrumentalisiert werden. Auch galt es zu verhindern, daß dieses Potential von der demokratisch-bürgerlichen Opposition genutzt wurde.

Fragen des nationalen Interesses, insbesondere die Probleme der seinerzeit von der Sowjetunion besetzten rumänischen Territorien Bessarabien

und Bukowina und der ungarischen Minderheit liefern Jahre nach dem
Umsturz noch Sollbruchstellen für Spaltungen des rumänischen Parteiensystems. Die Tatsache, daß wichtige politische Grundsatzfragen in der
öffentlichen Debatte immer wieder von vergleichsweise untergeordneten
nationalen Problemen übertönt wurden, hat dem Modernisierungs- und
Demokratisierungsprozeß Rumäniens nach der Wende nachhaltig geschadet.[8]

2. Die Tele- Revolution

In der Endphase der Ära Ceauşescu hatte das in seiner Sendezeit stark
reduzierte Fernsehen fast völlig auf Auslandsberichte verzichtet und auch
keine internationalen kulturellen oder sportlichen "Spiele fürs Volk" mehr
geliefert. Internationale Sportwettkämpfe, Fernsehserien, Darbietungen
junger Musikstars waren wegen angeblicher Devisenknappheit abgesetzt
worden. Dies hatte dazu geführt, daß die Bevölkerung die nationalen Sender boykottierte und sich westlichen Rundfunksendern und den Fernsehanstalten der Nachbarstaaten zugewandt hatte. Damit hatte sich Nicolae
Ceauşescu, dessen Glaubwürdigkeit und Akzeptanz im Verlauf der achtziger Jahre katastrophal gesunken war, zudem des wichtigsten Mittels zur
Mobilisierung der Bevölkerung für seine politischen Zwecke begeben.
Das sollte seinen Sturz beschleunigen.

Ähnlich wie zweihundert Jahre zuvor die Französische Revolution wurde auch die Rumänische Revolution von Anfang an als weltgeschichtli-
ches Ereignis wahrgenommen und dokumentiert:

> "Man handelte nicht nur vor den Augen der Mitwelt, sondern für das Gedächt-
> nis der Nachwelt. Man kommemorierte, kaum war ein Ereignis vorüber, mit
> Feiern, Stätten, Bildern und Münzen des Gedenkens ... Man protokollierte die
> Reden in den Klubs und die Verhandlungen in der Nationalversammlung, und
> der Leser verlangte danach, und ein neuer Typus von Zeitungen wie der 'Mo-
> niteur' lieferte die Reden."[9]

Wenn, wie Horst Günther, der Autor des oben angeführten Zitats betont,
daß die Französische Revolution die moderne Geschichtswissenschaft erst

---

[8] Siehe hierzu Anton Sterbling: "Ethnische Minderheiten und Demokratisierungs-
    probleme in Südosteuropa", in: Bálint Balla / Anton Sterbling (Hrsg.): Zusam-
    menbruch des Sowjetsystems als Herausforderung für die Soziologie, Hamburg
    1996, S. 253-275.
[9] Horst Günther: "Die Revolution und ihre Historiker", in: *Neue Zürcher Zeitung*,
    26.5.1989.

möglich gemacht hat, so kann man die Dokumentation des Umsturzes in
Rumänien als die Geburtsstunde der Tele- und Videorevolution bezeichnen. Erstmals in der Geschichte haben in Rumänien die Bewohner eines
ganzen Landes "ihre Revolution" in den Medien miterlebt. Bis zum Sturz
Ceauşescus am 22. Dezember 1989 hatten die Menschen die Nachrichten
der Rundfunk- und Fernsehsender der benachbarten Staaten sowie westlicher Kurzwellensender verfolgt. Nach der Übernahme des rumänischen
Rundfunks und des Fernsehens durch die Aufständischen boten die heimi-
schen Medien "Revolution live" rund um die Uhr. Die Art und Weise, wie
sich diese "Tele-Revolution" vor den Augen der Öffentlichkeit, vor Rund-
funkmikrophonen und Fernsehkameras vollzog, war in der Geschichte
ohne Beispiel.[10] Das Sendestudio Nr. 4 des rumänischen Fernsehens wurde
zur Bühne umfunktioniert, auf der die Revolution in der Art eines klassischen Dramas ablief: Es wurden militärische Aktionen abgesprochen und
koordiniert, Aufrufe verlesen, die Führer der sich formierenden neuen
Machtstrukturen präsentierten sich der Bevölkerung, Boten berichteten
vom Schicksal des flüchtigen Diktators Ceauşescu, Dichter wandten sich
Volkstribunen gleich an das Publikum. Gelegentlich wurde die Szene auch
zum Tribunal umfunktioniert, wenn verhaftete Mitglieder des Ceauşescu-
Clans vorgeführt oder der Schauprozeß und die Hinrichtung der Ceauşescus gezeigt wurden. Während der heißen Phase der gewaltsamen Auseinandersetzungen in Bukarest, als das Fernsehstudio selbst stark umkämpft
war, verwischten sich die Grenzen zwischen Berichterstattung und Wirklichkeit. "Das Fernsehen hat die Revolution gemacht; das Fernsehen *ist* die
Revolution", sagte der erste Direktor des Freien Rumänischen Fernsehens,
Aurel-Dragoş Munteanu.[11]

Die Teilnahme an der Tele-Revolution war aber nur eine scheinbare
Form der Partizipation. Die Tatsache, daß der Kontakt des Großteils der
Bevölkerung mit der neuen Wirklichkeit nur mittelbar, durch das Medium
Fernsehen, zustande kam, und daß diese Wiedergabe auch noch gestellt
und gesteuert war, sollte den Gang der revolutionären Ereignisse negativ
beeinflußen. Die Politologin Alina Mungiu sprach in diesem Zusammen-

---

[10] Zur Prägung des Begriffs der rumänischen Tele-Revolution siehe Anneli Ute
Gabanyi: "In Bukarest geht's um die Wurst. Wird sich Rumäniens 'rote
Aristokratie' gegen das Militär durchsetzen?", in: *Die Weltwoche*, 4.1.1990, S. 3.
Mehr zu diesem Thema in: Peter Weigel (Hrsg.): Von der Bürokratie zur
Telekratie. Rumänien im Fernsehen. Ein Symposion in Bukarest, Berlin 1990;
Hubertus von Amelunxen / Andrei Ujica (Hrsg.): Television/Revolution. Das
Ultimatum des Bildes. Rumänien im Dezember 1989, Marburg 1990; Teodor
Brateş: Explozia unei secunde. 22 decembrie 1989 în studioul 4 (Die Explosion
einer Sekunde. Der 22. Dezember 1989 im Studio 4), Bukarest 1992.
[11] *UPI*, 28.12.1989.

hang, wie bereits andere Kommentatoren vor ihr, von der "Ursünde des nachrevolutionären Lebens in Rumänien".[12] Zugleich wurden alle Phasen des Umsturzes auf Videoband festgehalten. Einige davon wurden sofort, andere später ganz oder teilweise publik gemacht. Es ist nicht ausgeschlossen, daß weitere Kassetten in Zukunft je nach politischem Bedarf veröffentlicht werden.[13] Sie zeigen spontane ebenso wie teilweise inszenierte Abläufe, die als Rechtfertigung für bestimmte Legitimationsthesen der neuen Führung ("spontanes Auftreten" der neuen Machtstrukturen, Unabhängigkeit gegenüber Moskau etc.) dienen sollten. Auch bei späteren "spontanen" Ereignissen nach 1989 in Rumänien wurden immer Videoaufnahmen gemacht: bei den gewaltsamen Auseinandersetzungen in Târgu-Mureş vom März 1990 oder beim Aufmarsch der Bergarbeiter auf dem Bukarester Universitätsplatz im Juni 1990. Das Gedenken an die Revolution wurde durch jährlich im Dezember abgehaltene Parlamentssitzungen und im Zuge der Zusammenkünfte von Vereinigungen ehemaliger Revolutionäre wachgehalten.

3. Die inszenierte Revolution

Ein wichtiges Element der revolutionären Legitimationsideologie der *Front der Nationalen Rettung* war der Mythos ihrer spontanen Genese. Durch das Beharren auf ihrer angeblich spontanen, im Sinne einer übergeordneten Notwendigkeit erforderlichen Machtübernahme, wollte die neue Führung sich politisch legitimieren und den schon früh gehandelten Verschwörungstheorien eine Abfuhr erteilen. Diesem Mythos zufolge war die Rumänische Revolution eine spontane Erhebung der Volksmassen, aus deren Reihen ebenfalls spontan die neuen Machthaber hervorgegangen seien. Zur Bezeichnung dieses Vorgangs wählte die neue, am 22. Dezember 1989 angetretene Führung einen ausgesprochen seltenen philosophischen Fachbegriff, der ihr eine quasi übernatürliche und dadurch unanfechtbare Entstehung attestierte: Das Wort "Emanation" (rum: emanaţie) bezeichnet laut Wahrigs Deutschem Wörterbuch "das Entstehen aller Din-

---

[12] Alina Mungiu: Românii după '89. Istoria unei neînţelegeri (Die Rumänen nach '89. Die Geschichte eines Mißverständnisses), Bukarest 1995, S.25.

[13] Die Verfasserin war überrascht, als ihr am Vorabend der ersten freien Parlamentswahlen vom Mai 1990 anläßlich eines inoffiziellen Besuchs bei dem damaligen Außenminister Sergiu Celac ein langer Videofilm über die Rolle präsentiert wurde, die der Minister vor und während der Revolution gespielt hatte. Der Film ist, soweit bekannt, nicht öffentlich gezeigt worden.

ge aus dem höchsten Einen (Gott)". Die Folklore der Rumänischen Revolution griff den Terminus auf und versah die Vertreter der neuen revolutionären Führung mit dem scherzhaft gemeinten Namen "emanaţii - die Emaniierten".

Im Verlauf der Zeit veerlor der Mythos von der Spontangenese der neuen Führung aus dem Geist der Revolution jedoch einiges an Glaubhaftigkeit. Es mehrten sich die Anzeichen dafür, daß die Dramaturgie der rumänischen Tele-Revolution keineswegs zufällig gewesen war. Die szenischen Arrangements waren weitgehend gestellt. Spätestens seit der Veröffentlichung des Mitschnittes über den Ablauf der Vorgänge im Rumänischen Fernsehen während des Umsturzes wissen wir, daß der weltweit mit Spannung verfolgte Fernsehauftritt des Dissidenten Mircea Dinescu, der das Ende der Ceauşescu-Diktatur verkündete, nicht spontan erfolgte, sondern inszeniert und zuvor geprobt worden war: Eine Studiokamera hatte versehentlich die Generalprobe einschließlich der Regieanweisung für Dinescu aufgezeichnet.[14]

Im Zuge der Inszenierung der vorgeblich spontanen Rumänischen Revolution standen Situationselemente der Französischen Revolution von 1789 im Vordergrund. Den Rumänen wurde der Umsturz in ihrem Lande als klassische Revolution im Stile der großen Französischen Revolution präsentiert. Das ist nicht weiter verwunderlich: Bereits die bürgerliche Revolution von 1848 in den Rumänischen Fürstentümern "kopierten" das Modell der Französischen Revolution von 1789 und prägten dabei den Prozeß der Bildung der neuen Institutionen.[15] Zwischen der Französischen Revolution von 1789 und der Rumänischen Revolution von 1989 lassen sich zahlreiche strukturelle Gemeinsamkeiten aufzeigen - eine sicherlich lohnende Aufgabe für künftige Historiker.[16] Einige dieser Parallelen fallen gleichsam ins Auge :

- der Verschwörungscharakter beider Revolutionen und die Rolle, welche Geheimgesellschaften im Vorfeld gespielt haben;

---

[14] "Fă-te că lucrezi (Tu so, als ob du arbeiten würdest"), in: Revoluţia Română în direct (Die rumänische Revolution live), Bukarest 1990.

[15] Dan Berindei: "Revoluţia franceză şi resurecţia românească (Die Französische Revolution und die rumänische Wiederauferstehung)", in: ders.: Românii şi Europa. Istorie, societate, cultură, Vol. I, secolele XVIII -XIX (Die Rumänen und Europa. Geschichte, Gesellschaft, Kultur. Band I, 18. - 19. Jahrhundert), Bukarest 1991, S. 43-54.

[16] Wertvolle Hinweise auf die Französische Revolution finden sich bei: Michel Vovelle: Die Französische Revolution. Soziale Bewegung und Umbruch der Mentalitäten, Frankfurt am Main 1985.

• die Fehleinschätzung der Situation durch die Machthaber am Vorabend der Krise, veranschaulicht durch die Einberufung der Generalstände durch Ludwig XVI. im Mai 1889 und die Abhaltung einer Massenveranstaltung durch Ceauşescu am 20.12.1989;

• das Vorhandensein mehrerer miteinander rivalisierender Revolutionsstränge;

• die Beschwörung imaginärer Gefahren - der "Grande Peur" vor den sogenannten "Briganten" oder "Anarchisten" im Falle der Französischen Revolution, der angeblichen Angriffe sogenannter "Terroristen" im Falle der Rumänischen Revolution;

• das Schüren der "Furcht vor einer mythischen Konterrevolution", sei es einer Konterrevolution von unten (gegen die Revolution gerichtete Erhebungen unter Ausnützung sozialer, religiöser und politischer Konflikte in den Regionen) oder von oben (unter Einsatz des Terrors "bewaffneter Patrioten", der sogenannten Sansculotten, "um die Insurrektionsmaschine zu zerschlagen").[17] Die Parallelen zu den interethnischen Ausschreitungen vom März 1990 in Târgu-Mureş einerseits und zu dem mehrmaligen Einsatz der Bergarbeiter durch die neue Führung drängen sich geradezu auf;

• der Einsatz illegaler Gewalt, verkörpert durch gewalttätige Bergarbeiter aus dem Schiltal, wurde in Rumänien "mineriade" (von rum.: miner - Bergarbeitern) genannt. Dieser Terminus weckt Assoziationen an Begriffe, die zur Zeit der Französischen Revolution für diverse Terrorpraktiken wie der "noyade" (Ertränkung"), der "fusillade" (Massenerschießung) und der "carrierade" (Morde im Stil Carriers) im Gebrauch waren;[18]

• allein in Rumänien richtete sich die "volonté punitive"[19] wie in Frankreich gegen den obersten Repräsentanten der Macht, nur dort wurde der kommunistische Staats- und Parteichef hingerichtet.

Gelegentlich wurden die Parallelität zwischen Rumänischer und Französischer Revolution regelrecht forciert. Dies gilt beispielsweise für die sprachlich ungewöhnliche und seltene Formel, mit der Ion Iliescu am 22. Dezember 1989 den revolutionären Massen vorgestellt wurde - als "Patriot

---

[17] Michel Vovelle: Die Französische Revolution. Soziale Bewegung und Umbruch der Mentalitäten, Frankfurt am Main 1985, S. 25-28.

[18] Rudolf Walther: "Die Waffe des Despotismus. Die Doktrin der 'Terreur' - Vor 200 Jahren stürzte Robespierre", in: *Frankfurter Allgemeine Zeitung*, 27.7.1994.

[19] Georges Lefèbvre: Études sur la révolution française, Paris 1963, S. 129.

und Sohn von Patrioten". Während der Französischen Revolution bezeichnete man die Linken in der Konstituierenden Nationalversammlung als "Patrioten." Ähnlich verhält es sich auch mit Anredeformeln wie "Fraţilor (Brüder") und "Cetăţeni (Bürger)", die im Zuge der Tele-Revolution unmittelbar nach dem Sturz des Diktators Ceauşescu gebraucht wurden und an die Französische Revolution erinnern. Eine kurze aber intensive Karriere feierten auch seltene und etwas gestelzt wirkende Ausdrücke wie "un om de bine (ein ehrbarer Mensch)", eine direkte Übersetzung aus dem während der Französischen Revolutionszeit gebräuchlichen Vokabular ("homme de bien").[20]

Diese Parallelen zwischen der Rumänischen und der Französischen Revolution werden jedoch, wie beispielsweise von Huntington, negativ gewertet:

> "Die Rumänen vergleichen ihre Revolution gerne mit der Französischen Revolution. Sie täten jedoch gut daran, sich daran zu erinnern, daß die Französische Revolution als Militärdiktatur geendet hat."[21]

4. Rituale und Symbole der Revolution

Die Abkehr von den verordneten Mythen und politischen Ritualen der Ceauşescu-Zeit in der Phase der revolutionären Mobilisierung waren sichtbare Zeichen kulturellen Wandels im Zuge der Rumänischen Revolution. Vor der Wende von 1989 war das politische Geschehen in Rumänien in ungewöhnlich hohem Maße ritualisiert gewesen. Das galt nicht nur für den ausufernden Personenkult, der Nicolae und später auch Elena Ceauşescu bereitet wurde, sondern auch für inszenierte Massenkunstfestivals wie die landesweite *Cântarea României* (Lob Dir, Rumänien) und die agitatorischen Happenings des von Ceauşescus Hofpoeten Adrian Păunescu geleiteten *Flacăra*-Zirkels. Die Medien wiederum hatten in der Endphase der Diktatur ihre Informationsfunktion weitgehend verloren. Eine wirkliche Interaktion zwischen der Führung und der Masse der Bevölkerung fand nicht mehr statt. Statt dessen herrschte der Zwang zur gleichgeschalteten Inszenierung der Persönlichkeit der Ceauşescus und zur Darbietung von Huldigungsritualen seitens der Bevölkerung.

---

[20] Michel Vovelle: Die Französische Revolution. Soziale Bewegung und Umbruch der Mentalitäten, Frankfurt am Main 1985, S. 114.
[21] Samuel P. Huntington: The Third Wave, Boston 1991, S. 149.

Die "radikaldemokratische Spontaneität"[22] im Verlauf des Umsturzes führte zur Herausbildung neuer, verbaler und nonverbaler Formen der politischen Auseinandersetzung, die teils dem klassischen Fundus revolutionärer Mythen und Rituale entstammten, teils unmittelbar aus der konkreten Situation erwuchsen. Im Zuge der Tele-Revolution wurden sie landesweit transportiert und ermöglichten die Mobilisierung der gesamten Bevölkerung innerhalb kürzester Frist.

Die Formen der sprachlichen Vermittlung politischer Inhalte und Botschaften reichen von offiziellen Erklärungen, Veröffentlichungen, skandierten Slogans, Gerüchten, politischen Witzen und Karikaturen, Liedern, Manifesten, Handzetteln und Graffitti.[23] Die Losungen, die bei den revolutionären Volkserhebungen in Temeswar und einigen anderen Provinzstädten und in Bukarest skandiert wurden, stellen eine besondere Form der Folklore dar. In Temeswar gingen die ersten Demonstranten am 16. Dezember 1989 mit Rufen wie *"Libertate* (Freiheit)", *"Dreptate* (Gerechtigkeit)"* und dem auch aus Prag, Leipzig oder Berlin bekannten Slogan *"Noi suntem poporul* (Wir sind das Volk)" auf die Straße. *"Acum sau niciodată* (Jetzt oder nie)", hieß es, und: *"Ne-am săturat* (Wir haben es satt)", *"Jos criminalul* (Nieder mit dem Verbrecher)", *"Vrem Crăciun/fără nebun* (Wir wollen Weihnachten ohne den Verrückten)", und immer beschwörende Rufe wie *"Fără violenţă* (Ohne Gewalt)" und *"Armata e cu noi* (Die Armee ist mit uns)". Bereits am 17. Dezember waren in Temeswar auch die Rufe *"Jos Ceauşescu* (Nieder mit Ceauşescu)" und *"Jos comunismul* (Nieder mit dem Kommunismus)" zu hören. Der Name der Stadt Temeswar, wo die Volkserhebung ihren Anfang genommen hatte, wurde noch vor Ort zum revolutionären Symbolträger. Dort skandierte man *"Azi în Timişoara/mâine-n toată ţara* (Heute in Temeswar/morgen im ganzen Land)".[24] Wenige Tage später, am 21. Dezember 1989, riefen junge Arbeiter in der Banater Industriestadt Cugir bereits: *"Hai cu Timişoara* (Auf mit Temeswar)". Zu hören war auch der Ruf nach freien Wahlen (*"Alegeri libere")*, politischem Pluralismus, Demokratie und Abschaffung der Zensur. Auch wurden Rufe laut nach dem Rücktritt Ceauşescus *"Ceauşescu nu uita/astăzi vrem demisia* (Ceauşescu, vergiß nicht/heute wollen wir deinen Rücktritt)" und nach seiner Verurteilung für die blutige

---

[22] Dietrich Geyer: Die Russische Revolution, Göttingen 1985.

[23] Siehe hierzu auch Wolf Oschlies: "Wir sind das Volk". Zur Rolle der Sprache bei den Revolutionen in der DDR, Tschechoslowakei, Rumänien und Bulgarien, Köln/Wien 1990.

[24] Domniţa Ştefănescu: Cinci ani din istoria României. O cronologie a evenimentelor decembrie 1989 - decembrie 1994 (Fünf Jahre rumänische Geschichte. Eine Chronologie der Ereignisse Dezember 1989 - Dezember 1994), Bukarest 1995.

Repression des Aufstandes in Temeswar: *"Pentru sângele vărsat/Ceauşescu condamnat* (Für das vergossene Blut/muß Ceauşescu verurteilt werden)"[25] Die bei den Demonstrationen skandierten Losungen waren zumeist gereimte Zweizeiler ähnlich denjenigen, die während der Huldigungsrituale für Ceauşescu vor der Wende deklamiert werden mußten: *"Ceauşescu - PCR* (Ceauşescu- *RKP)"* oder *"Ceauşescu - România / stima noastră şi mândria* (Ceauşescu - Rumänien/unsere Hochachtung, unser Stolz)".* Ihr Tenor war pathetisch bis provokant, oft witzig wie die originelle Aufforderung zum Rücktritt nach dem Vorbild Erich Honeckers: *"Ceauşescu fii boier/fă şi tu ca Honecker* (Ceauşescu, sei ein Herr/mach es so wie Honecker)" oder die makabren Prophezeihungen: *"Ceauşescu anu nou/o să-l facă în cavou* (Ceauşescu wird das Neue Jahr/in der Gruft feiern)" und *"Ăsta-i dricu / Lui nea Nicu* (Dies ist der Totenwagen/von Onkel Nicu)". Im Stil der Fußballfans feierten Kinder auf den Straßen den Sturz des Diktators: *"Olé, olé, olé/Ceauşescu nu mai e* (Olé, olé, olé/Ceauşescu ist nicht mehr)".

Losungen und Graffiti enthielten auch wichtige Hinweise auf die ursprünglichen Zielvorstellungen der Teilnehmer des Volksaufstandes in Rumänien. Sowohl die Texte, die bei den Demonstrationen vom 21. und 22. Dezember 1989 in Bukarest skandiert wurden, als auch die Aufschriften auf den Wänden der Gebäude zwischen Universitätsplatz und Piaţa Romană in Bukarest machten deutlich: Der Volksaufstand in Bukarest war nicht nur gegen die persönliche Diktatur Ceauşescus gerichtet gewesen und galt nicht, wie im sowjetischen Fernsehen behauptet, der Unterstützung für Gorbačev und seine *Perestrojka.* Es war ein Aufstand gegen den Kommunismus und die Kommunisten.[26] *"Jos comunismul* (Nieder mit dem Kommunismus)"* war von Anfang an eine der häufigsten Inschriften an den Hauswänden. Die Aufrufe gegen den Kommunismus wurden nachts immer wieder übertüncht, Studenten malten sie tagsüber immer wieder neu. Unter den rund 130 Graffiti, die in einem Dokumentarband mit dem eindrucksvollen Titel "Vom muri şi vom fi liberi "('Wir werden sterben und wir werden frei sein)" enthalten sind, findet sich nur ein einziger Ruf nach *Perestrojka.*[27]

Zu den pathetisch anmutenden Losungen gehörten Texte wie: *"Nu plecăm acasă, morţii nu ne lasă* (Wir gehen nicht nachhause, die Toten

---

[25] Corneliu Dorin Gavraliugov, Ansprache vor dem Abgeordnetenhaus, in: *Monitorul Oficial al României,* II. Teil, Nr. 32/1995.

[26] Siehe auch: *Die Welt,* 4.1.1990.

[27] Vom muri şi vom fi liberi (Wir werden sterben und wir werden frei sein), Bukarest 1990.

lassen das nicht zu)" oder "*Luptăm, murim/dar liberi vrem să fim* (Wir kämpfen, wir sterben/doch frei wollen wir sein)". Nationale Töne wurden hingegen nur höchst selten angeschlagen in Slogans wie "*Noi sîntem români* (Wir sind Rumänen)," "*Asta ie românul* (So ist der Rumäne)", "*Românii nu sînt Iaşi* (Die Rumänen sind nicht feige)".

Der unvollendete, häßliche Marmorsockel eines unter Ceauşescu geplanten, aber nie vollendeten Denkmals auf der Piaţa Romană, wo während der Revolution in Bukarest heftige, verlustreiche Kämpfe stattfanden, wies bis zum Jahre 1994 die anrührende Inschrift auf: "*De Crăciun ne-am luat raţia de libertate* (Zu Weihnachten haben wir uns unsere Ration Freiheit genommen)".

Die sichtbaren Symbole der Macht, "the visible symbols of authority"[28], spielten in dieser inszenierten und ritualisierten Rumänischen Revolution ebenfalls eine wichtige Rolle. Das galt, wie bereits im November 1987 in Braşov (Kronstadt) deutlich wurde, für die Parteizentralen, Polizeistationen, Armeekasernen, aber auch für die allgegenwärtigen Porträts des Staats- und Parteichefs, für kommunistische Losungen und Wandsprüche, für die endlosen Buchreihen mit den gesammelten Reden und Interviews Ceauşescus, aber auch - in der Tradition der ungarischen Revolution von 1956 - für das kommunistische Symbol in der Mitte der traditionellen, blau-gelb-roten rumänischen Nationalflagge, das während der Revolution von Demonstranten entfernt wurde.

Das vielleicht wichtigste Symbol in Rumänien war der Balkon, insbesondere der Balkon des Zentralkomitees der *Rumänischen Kommunistischen Partei* gegenüber dem alten rumänischen Königspalast. Zwar hatte der Balkon auch im Verlauf der ungarischen Revolution von 1956[29] und der tschechoslowakischen Revolution von 1968 eine Rolle gespielt. Auch während der "Samtenen Revolution" von 1989 in der Tschechoslowakei wurde der Balkon der am Wenzelsplatz gelegenen Räume der Tageszeitung der *Tschechoslowakischen Sozialistischen Partei Svobodné slovo*, den Oppositionellen bei allen Kundgebungen zur Verfügung gestellt.[30]

In einer flammenden Rede, die den Höhe- und zugleich Endpunkt seiner Akzeptanz als nationalkommunistischer Führer bedeutete, hatte Nicolae Ceauşescu von eben jenem Balkon den Einmarsch der Warschauer-Pakt-

---

[28] Thomas H. Greene: Comparative Revolutionary Movements. Search for Theory and Justice, Englewood Cliffs 1984, S. 114.

[29] György Litván; János M. Bak (Hrsg.): Die ungarische Revolution 1956. Reform - Aufstand - Vergeltung, Wien 1994, S. 70.

[30] Vladimír Horský: Die sanfte Revolution in der Tschechoslowakei 1989. Zur Frage der systemimmanenten Instabilität kommunistischer Herrschaft, Berichte des Bundesinstituts für ostwissenschaftliche und internationale Studien 14 (1990), S. 41.

Truppen in die Tschechoslowakei vom August 1968 verurteilt. In einer weiteren Rede vor über 100 000 Teilnehmern einer Kundgebung anläßlich der Rückzahlung der Devisenschulden Rumäniens hatte Ceauşescu am 19. April 1989 selbst den *genius loci* beschworen, indem er auf die "Ereignisse von besonderer Bedeutung" hingewiesen hatte, die auf eben jenem Balkon stattgefunden und zur "Festigung der Wirtschaftsmacht, der politischen Kraft und der Einheit des Volkes" beigetragen hätten.[31] Und dort war er am 20. Dezember 1989 ausgepfiffen worden.

Während des Volksaufstandes in Temeswar wurde der Balkon der Staatsoper zum Zentrum des politischen Geschehens umfunktioniert. Nach dem Überschwappen der Unruhen auf die Hauptstadt Bukarest wurde der Balkon des Zentralkomitees dann erneut Ort der Handlung. Im Anschluß an die am Mittag des 22. Dezember 1989 erfolgte Flucht Nicolae Ceauşescus an Bord eines Hubschraubers vom Dach des Gebäudes wurde der Balkon zur Bühne für die Auftritte diverser Kandidaten für die Besetzung des so entstandenen Machtvakuums umfunktioniert. Dort stellten sich die Vertreter der neuen Staatsmacht der Öffentlichkeit vor, bevor der Platz vor dem ehemaligen Zentralkomitee in die bis zur Hinrichtung Ceauşescus andauernden Kämpfe einbezogen wurde.[32]

Nach dem Umsturz bildeten sich neue Rituale und neue verbale Stereotypen heraus, andere wurden gemäß der fortschreitenden politischen Entwicklung umfunktioniert. Am Vorabend der ersten Parlamentswahlen nach dem Umsturz kam es zu einer Marathondemonstration in einem neuen, ebenfalls symbolträchtigen Rahmen mit einem neuen Balkon. Es war dies der Balkon der Geologiefakultät auf dem Platz gegenüber dem Hotel Intercontinental, wo am 21. Dezember 1989 die ersten blutigen Auseinandersetzungen zwischen dem Ceauşescu-Regime und den Demonstranten stattgefunden hatten. Die Demonstranten hatten den Autoverkehr auf dem Platz wochenlang unterbrochen und dort eine sogenannte "neokommunismusfreie" Zone eingerichtet. Graffiti auf der Außenwand des Hauptgebäudes der Universität sowie auf der Außenwand der Architekturfakultät (viele davon mehrfach übertüncht und mehrfach erneuert) zeugten von der gewandelten ideologischen Ausrichtung der Protestierenden. Ein Ausspruch von Adam Michnik "Es gibt keinen Kommunismus mit menschlichem Antlitz, es gibt nur einen Kommunismus mit ausgeschlagenen Zähnen" hielt sich lange, ebenso eine auf den orthodoxen

---

[31] *Scânteia*, 20.4.1989.
[32] Zu den Herrschaftssymbolen, die, ähnlich wie 1956 in Ungarn und 1968 in der Tschechoslowakei, überall im ehemaligen Ostblock entfernt wurden, gehören das kommunistische Staatswappen und die Leninstatuen. Aus den jeweiligen Staatsflaggen wurden die kommunistischen Symbole herausgeschnitten.

Kalender bezugnehmende Inschrift, die bereits vor den Wahlen vom 20.Mai 1990 an der Wand der Architekturfakultät prangte: "*20 mai - duminica orbilor* (Der 20. Mai - der Sonntag der Blinden)". Nach dem im Juni 1990 erfolgten Einsatz der Bergarbeiter gegen die Demonstranten kam, eine weitere Inschrift hinzu: "*Piaţa Tien an Men II*", später der Spruch: "*Monarhia salvează România* (Die Monarchie rettet Rumänien)". Viele der gegen Ceauşescu eingeübten Denk- und Sprachschemata wiederholten sich in der Protestkultur der Zeit nach 1989. Losungen wie die Forderung nach *Libertate* (Freiheit), *Jos comunismul* (Nieder mit dem Kommunismus) blieben unverändert. Die Opposition machte der Führung die politische Legitimation durch die Revolution streitig: "*Adevărata emanaţie a Revoluţiei este Proclamaţia de la Timişoara* (Die wahre Emanation der Revolution ist die Proklamation von Temeswar.)" Die Frage nach der Schuld am Tod der meisten Opfer der Revolution wurde immer lauter gestellt: "*21 - 22/Cine a tras în noi*" (21 - 22 - Wer hat auf uns geschossen.")

Lieder spielten bei der Marathondemonstration am Universitätsplatz eine wichtige Rolle. In der sogenannten "Hymne des Universitätsplatzes" hieß es:

"Noi de-aicea nu plecăm, nu plecăm acasă,
Până nu vom câştiga libertatea noastră.

(Wir gehen von hier nicht fort
Ehe wir unsere Freiheit errungen haben.)"

Ein weiteres Lied vollzog die Gleichsetzung Ceauşescu-Iliescu. Ersterer hatte die Revolutionäre von 1989 als "Hooligans" apostrophiert, letzterer hatte die Teilnehmer an der Demonstration am Universitätsplatz als "golani (Strolche)" bezeichnet:

"Mai bine haimana, decât trădător
Mai bine golan, decât dictator,
Mai bine huligan, decât activist,
Mai bine mort decât comunist.

(Besser Nichtsnutz als Verräter.
Besser Strolch als Diktator,
Besser Hooligan als Funktionär,
Besser tot als Kommunist.")

Zu den Ritualen gehörten bereits in Prag und Leipzig eingeübte - wie das Anzünden von Feuerzeugen und das Klingeln mit einem Schlüsselbund. Aus der Situation entstanden so etwas wie neue "Liturgien der aufständischen Demonstrationen"[33]: Niederknien der auf dem Platz versammelten Menschenmenge, gemeinsames Absingen von Liedern etc. Witzige Aspekte fehlten auch jetzt nicht. So löste die Kritik des Staatspräsidenten an den "golani (den Strolchen)" vom Universitätsplatz eine Welle ironischer Selbstbezichtigungen prominenter Oppositioneller aus, die sich entsprechend ihrer beruflichen Tätigkeit als "golan - actor (Schauspielerstrolche)", "golan-ofiţer (Offiziersstrolche)", "golan-pictor (Malerstrolche)" oder "golan-ambasador (Botschafterstrolche)" bezeichneten. In Anlehnung an das Kommunistische Manifest hieß es in einem Graffiti: "Golani din toate ţările, uniţi-vă (Strolche aller Länder, vereinigt euch!)". Studenten verteilten handgeschriebene Ansteckzettel an Passanten.

Anders als im Dezember 1989 fruchteten im Juni 1990 Appelle zur Gewaltlosigkeit nichts. Bergarbeiter aus dem Schiltal, die den Platz mit Schlachtrufen wie "_Noi muncim, nu gândim_ (Wir arbeiten, wir denken nicht)" und "_Moarte intelectualilor_ (Tod den Intellektuellen)" stürmten, gingen gewaltsam gegen die Demonstranten vor.

Im Zuge des Übergangs zur politischen Normalität sind die revolutionären Symbole und Rituale inzwischen obsolet geworden. Zusammen mit vielen Aufschriften sind auch die improvisiert wirkenden selbstgefertigten Wegkreuze, die an die Opfer der Revolution erinnern sollten, von vielen Straßen und Plätzen verschwunden oder durch handwerklich ausgefeilte Repliken ersetzt worden. Die rußgeschwärzten Metallbehälter, in denen Passanten in den ersten Monaten nach der Revolution lange, dünne Wachskerzen anzündeten, wurden entfernt, nachdem sie in zunehmendem Maße als Abfalleimer umfunktioniert worden waren.

Nicht obsolet geworden ist hingegen das Bewußtsein der Rumänen, eine Revolution erlebt zu haben, und die Enttäuschung der Bürger über ihren Mißbrauch wuchs. Der bleibend hohe Mobilisierungsgrad breiter Schichten der Bevölkerung und die Fähigkeit der Erlebnisgeneration, "jenen zeitlichen Bruch in einem Veränderungsprozeß auszumachen, den wir als revolutionär bezeichnen"[34], ist kennzeichnend für die revolutionäre Entwicklung in Rumänien. Anders als in den anderen ostmitteleuropäischen Staaten, wo der Begriff der "Revolution" für die Ereignisse des Jahres 1989 im eigenen Land in Ungarn und Polen kaum, in der (ehemaligen) Tschechoslowakei und der (ehemaligen) DDR nur mit einschränkenden Zusätzen gebraucht wird, spricht man in Rumänien - so Andrew Arato im

---

[33] Michel Vovelle: Die Französische Revolution. Soziale Bewegung und Umbruch der Mentalitäten, Frankfurt am Main 1985, S. 95.
[34] Andrew Arato: "Revolution, _Civil Society_ und Demokratie", in: _Transit_ 1 (1990), S. 115.

Herbst 1990 - "ohne jede Einschränkung" von Revolution. Wenn der Revolutionsbegriff seither zumeist mit einem Zusatz versehen wird, - ist die Rede von der "gestohlenen Revolution", der "konfiszierten Revolution", der "verworrenen Revolution" oder der "unvollendeten Revolution" -, dann doch wohl nur, weil auch diese Zusätze spätestens seit 1789 zum Standardrepertoire jedes revolutionären Diskurses gehören.

Der Zeitpunkt des Umsturzes wird in Rumänien immer noch häufig als die Stunde Null apostrophiert, die Zeit "vor der Revolution" von der Zeit "nach der Revolution" abgegrenzt. Für die Rumänen, so der Dichter Marin Sorescu am ersten Weihnachtstag 1989 im Rundfunk, sei erst mit dem Sturz Ceauşescus der zweite Weltkrieg zu Ende gegangen. Erst jetzt werde das rumänische Volk aus den Vernichtungslagern entlassen.[35] Keine der ostmitteleuropäischen "Domino-Revolutionen" des Jahres 1989 wurde in einem solchen Ausmaß wie die Rumänische Revolution von Anfang an als "pathetisches Ereignis"[36] und als historisches Phänomen perzipiert. Das "Pathos des Neubeginns" bestimmt den öffentlichen Diskurs immer noch über weite Strecken.[37]

Im Bewußtsein der rumänischen Bevölkerung ebenso wie in der Perzeption westlicher Beobachter ist die rumänische Revolution die formal typischste, sozusagen "revolutionärste" aller ostmitteleuropäischen Revolutionen. Zugleich ist jedoch die Überzeugung weit verbreitet, in Rumänien habe trotz des klassischen Revolutionscharakters der dortigen Wende kein grundlegender Wandel stattgefunden. Dabei werden zumeist kurzfristige Ergebnisse ins Auge gefaßt, so von Andrew Arato in einem im Herbst 1990 veröffentlichten Aufsatz:

"Gerade das rumänische Beispiel zeigt offenbar, daß es in einer Gesellschaft sowjetischen Typs umso schwieriger ist, Systemveränderungen zu bewerkstelligen, je näher der Übergang dem klassischen Revolutionsmodell kommt."[38]

Tatsache ist, daß das revolutionäre Bewußtsein für sich genommen noch keinen Gradmesser für das Ausmaß und die Radikalität des gesellschaftlichen Wandels darstellt. Doch auch die Nähe der Rumänischen Revolution zum klassischen Revolutionsmodell ist an sich kein Hindernis für radikale institutionelle und personelle Änderungen. Unter Hervorhebung der im ostmitteleuropäischen Kontext einzigartigen Hinrichtung des rumänischen Staatsoberhauptes folgert Claus Offe:

---

[35] *Radio Bukarest*, 25.12.1989.
[36] Michel Vovelle: Die Französische Revolution. Soziale Bewegung und Umbruch der Mentalitäten, Frankfurt am Main 1985, S. 151.
[37] Hannah Arendt: Über die Revolution, Frankfurt/Main, 1968, S. 41.
[38] Andrew Arato: "Revolution, *Civil Society* und Demokratie", in: *Transit* 1 (1990), S. 115.

nien habe trotz des klassischen Revolutionscharakters der dortigen Wende kein grundlegender Wandel stattgefunden. Dabei werden zumeist kurzfristige Ergebnisse ins Auge gefaßt, so von Andrew Arato in einem im Herbst 1990 veröffentlichten Aufsatz:

> "Gerade das rumänische Beispiel zeigt offenbar, daß es in einer Gesellschaft sowjetischen Typs umso schwieriger ist, Systemveränderungen zu bewerkstelligen, je näher der Übergang dem klassischen Revolutionsmodell kommt."[38]

Tatsache ist, daß das revolutionäre Bewußtsein für sich genommen noch keinen Gradmesser für das Ausmaß und die Radikalität des gesellschaftlichen Wandels darstellt. Doch auch die Nähe der Rumänischen Revolution zum klassischen Revolutionsmodell ist an sich kein Hindernis für radikale institutionelle und personelle Änderungen. Unter Hervorhebung der im ostmitteleuropäischen Kontext einzigartigen Hinrichtung des rumänischen Staatsoberhauptes folgert Claus Offe:

> "Bemerkenswerterweise ist Rumänien, trotz (oder auch wegen) dieser extremen Form der Verabschiedung der alten Führung heute das Land, das sich unter allen mittel- und osteuropäischen Ländern am wenigsten von den Strukturen und Machtverhältnissen seines alten Regimes entfernt hat."[39]

In der Tat ist die erzielte fundamentale Umgestaltung der bestehenden gesellschaftlichen Ordnung wichtiger als explizit revolutionäre Zielsetzungen oder eine revolutionäre Selbstwahrnehmung der Akteure. Ein typisch revolutionärer Verlauf *kann*, doch er *muß* nicht zwingend zu Systemveränderungen führen. Allerdings schließt ein radikaler Umbruch wie der in Rumänien radikale Umwälzungen auch nicht aus.

---

[38] Andrew Arato: "Revolution, *Civil Society* und Demokratie", in: *Transit* 1 (1990), S. 115.

[39] Claus Offe: Der Tunnel am Ende des Lichts. Erkundungen der politischen Transformation in Neuen Osten, Frankfurt/New York 1994, S. 217.

V. DER MACHTWECHSEL

In Rumänien - dem letzten Dominostein des "äußeren sowjetischen Imperiums", der im Dezember 1989 gefallen war - fand weder ein gradueller Machtübergang statt wie in Polen oder Ungarn noch eine "samtene Revolution" wie in der ehemaligen DDR oder der Tschechoslowakei, sondern ein gewaltsamer Umsturz. Zwischen dem 16. Dezember 1989, als in Temeswar Unruhen ausbrachen, und dem 22. Dezember 1989, dem Tag der Flucht und Gefangennahme Nicolae Ceauşescus, kam es zum Einsatz staatlicher Gegengewalt gegen die politische Gewalt revolutionärer Kräfte. Die von Nicolae Ceauşescu anvisierte "chinesische Lösung" konnte jedoch dank der Haltung der Streitkräfte verhindert werden. Der Staatschef wurde - ein Unikum im Verlauf der Revolution in den anderen Staaten des ehemaligen Ostblocks - von den aufständischen Kräften hingerichtet. Um diese Aktion zu legitimieren, kam es zu anonymen Terrorakten, eine Gegenrevolution Ceauşescu loyal gesinnter Kräfte wurde simuliert. Doch der Kampf um das Monopol der institutionalisierten Macht ging auch nach dem physischen Verschwinden des Diktators weiter. Gelegentlich wurde dabei ebenso Gewalt eingesetzt wie im Zuge der sich zunehmend verschärfenden Kämpfe zwischen Teilen der revolutionären Machtallianz. Die Projektion von Gewalt und der tatsächliche Einsatz von Gewaltmitteln durch äußere Kräfte waren ebenfalls Teil der Strategie des Machtwechsels in Rumänien.

Die genauen Umstände dessen, was im Zuge des Volksaufstandes geschah, können trotz der Fülle der Veröffentlichungen zu diesem Thema, die ihrerseits einer kritischen Analyse bedürfen, möglicherweise nie mehr ganz geklärt werden. Opfer wurden beseitigt, Untersuchungen verschleppt, Akten vernichtet. Gewalttätige "Terroristen" (die Rede ist von rund 1.800) wurden festgenommen, dem Staatsanwalt vorgeführt und nach kurzer Zeit wieder auf freien Fuß gesetzt.[1] Die neue Führung öffnete die Grenzen. Eine beträchtliche Zahl wichtiger, unmittelbar in die Vorkommnisse verstrickter Vertreter von Polizei, Armee und Staatsanwaltschaft sind nicht mehr am Leben. Mit dem Umsturz vom Dezember 1989 wurde in

---

[1] Valentin Gabrielescu, der Vorsitzende der Senatskommission zur Untersuchung der Ereignisse vom Dezember 1989, in einem Interview mit der Wochenzeitung 22, 28.12.1995 - 4.1.1996, S. 9.

Rumänien ein Machtwechsel eingeleitet, der zu raschen und radikalen Veränderungen speziell in jenem Bereich führte, wo die wirkliche Macht angesiedelt ist: bei den Streitkräften und bei den Sicherheitskräften. Gewalt wurde vor dem Sturz Ceauşescus, aber auch danach eingesetzt. Es kam zu Machtkämpfen zwischen einzelnen Gruppierungen von Armee und Sicherheitskräften, die die Frage nach einem möglicherweise geplanten Putsch national gesinnter Offiziere nahelegen. Illegaler Terror, in den Jahren 1990 und 1991 ausgelöst, kam im Zuge des gewaltsamen Machtwechsels in Rumänien ebenfalls zum Tragen. Mit der Abhaltung der ersten Kommunalwahlen und der zweiten Parlaments- und Präsidialwahlen im Jahre 1992 vollzog sich in Rumänien der Übergang von der "explosivdestruktiven in eine produktiv-konstruktive Ära der Revolution".[2]

1. Volkserhebung oder Staatsstreich?

In Rumänien fand 1989 ein "revolutionärer Staatsstreich"[3] statt, der aus zwei sich teils überschneidender, teils gegenseitig bedingender revolutionärer Handlungsstränge zusammengesetzt war: Volksaufstand und Staatsstreich. Aufgrund des von Chalmers Johnson erstellten Kriterienkatalogs - Ziele der Revolution, Identität der Akteure der Revolution, revolutionäre Ideologie, spontane oder kalkulierte Revolution - können die beiden Prozesse klar voneinander abgegrenzt werden:[4]

- *Ziele der Revolution:* Das Ziel des Volksaufstandes in Rumänien war die Abschaffung des kommunistischen Systems, das Ziel des Staatsstreichs war die Beendigung des Regimes von Nicolae Ceauşescu

- *Akteure der Revolution:* Der Volksaufstand wurde von den Massen getragen, der Staatsstreich war das Werk einer zahlenmäßig begrenzten Gegenelite

---

[2] Theodor Geiger: Die Masse und ihre Aktion. Ein Beitrag zur Soziologie der Revolution, Stuttgart 1967, S. 157.

[3] Raymund Tanter / Manus Midlarsky: "A Theory of Revolution", in: *Journal of Conflict Resolution* 3 (1967), S. 264-280.

[4] Chalmers Johnson: Revolutionstheorie, Köln/Berlin 1971, S. 26 ff, Im Anschluß an diesen Problemkatalog läßt sich im Verlauf einer Revolution natürlich noch weiter differenzieren. Zu fragen wäre beispielsweise, welche Akteure einer Revolution am Ende von deren Ergebnissen profitieren, wie sich die Programme, mit denen diverse revolutionäre Akteure angetreten sind, zu den tatsächlich erfüllten Versprechungen verhalten, etc.

- *Revolutionäre Ideologie:* Die Ideologie des Volksaufstandes lautete: Freiheit, Rückkehr zu den Werten der westlichen Zivilisation, ökonomische "Normalität", die Ideologie des Staatsstreichs - Systemreform, Liberalisierung, *Perestrojka*

- *Spontane oder kalkulierte Revolution:* Der Volksaufstand erfolgte aus der Sicht der Teilnehmer spontan, der Staatsstreich dagegen war eine kalkulierte Aktion

Dem wären noch mindestens zwei weitere Unterscheidungskriterien hinzuzufügen, die sich aus der Sachlage in Rumänien ergeben:

- *Einstellung der Akteure zur Gewalt:* Die Teilnehmer des Volksaufstandes wollten eine gewaltfreie Revolution, die Akteure des Staatsstreichs setzten auf Gewalt

- *Ursprüngliche außenpolitische Zielvorstellungen der Akteure:* Das Ziel der Teilnehmer am Volksaufstand war die Hinwendung zum Westen, das eines Teils der Akteure des Staatsstreichs war die Abkehr von der bisher geübten Politik der Unabhängigkeit gegenüber der Sowjetunion.

Der Volksaufstand

Im Vorfeld der Revolution wurde die Möglichkeit eines Volksaufstandes als sehr gering erachtet. Die rumänische Tradition und Geschichte wurden bemüht, um zu beweisen, daß es in Rumänien keinen antikommunistischen Aufstand wie 1953 in Ostberlin und Warschau, 1956 in Budapest und 1968 in Prag gegeben habe. In Unkenntnis oder Nichtachtung des jahrelangen bewaffneten Partisanenkampfes von Bauern und Angehörigen der Streitkräfte wurde daraus geschlossen, daß "die" Rumänen nicht zur Auflehnung fähig seien. Das damals in der Presse bis zum Überdruß wiederholte verallgemeinernde Stichwort lautete: "Maisbrei (das rumänische Nationalgericht) explodiert nicht!"

Allenfalls eine "Jacquerie" wurde im Vorfeld in der Presse antizipiert, ein Bauernaufstand nach dem Muster des Jahres 1907, als 11.000 Aufständische ums Leben kamen. Das war eine grobe Fehlkalkulation: Weder in Rumänien noch in irgendeinem anderen Land Ostmitteleuropas spielten die Bauern im Verlauf der Revolutionen des Jahres 1989 jene überragende Rolle, die Huntington dieser sozialen Gruppe im Zuge aller Revolutionen zugeschrieben hat.[5] Die Gründe hierfür sind in den demographischen, sozialen und wirtschaftlichen Veränderungen im Zuge des sozialistischen "Modernisierungsprozesses" zu suchen. Sofern die Bauern in dem kleinen, aber effizienten Bereich der nichtkollektivierten Landwirtschaft arbeiteten, waren sie nicht offensiv, sondern passiv eingestellt. Der Volksaufstand in Rumänien - wie auch in den anderen Staaten Ostmitteleuropas - war ein Aufstand der Stadtbevölkerung. Ausgangspunkt in Rumänien war nicht die Hauptstadt, sondern Temeswar, eine Industriestadt in der Provinz. Dafür gibt es ebenfalls einleuchtende soziologische und demographische Gründe. Anders als auf dem Lande, wo sich noch etwas von den bäuerlichen Werten und der dörflichen Mentalität erhalten hatte, war in den Städten im Zuge der von den kommunistischen Machthabern nach 1948 forcierten Industrialisierungs- und Urbanisierungspolitik ein seiner Traditionen entfremdetes, gesichts- und geschichtsloses Halbproletariat entstanden. Während die direkte Mobilisierung der Dorfbevölkerung für einen Aufstand ein schwieriges und riskantes Unterfangen darstellte, war dieses Segment der Stadtbevölkerung leichter zu mobilisieren und zu manipulieren. Die Konzentration der Massen in den Städten und ihre straffe Organisation in paramilitärischen Bereitschaftsverbänden auf Betriebsebene (wie den Patriotischen Garden) erlaubte die rasche Mobilisierung der Arbeiterschaft. Die urbane Anonymität bildete den Nährboden für das Auftreten von *agents provocateurs*. In den großen Städten befanden sich auch die herausgehobenen Zielscheiben für Gewaltaktionen wie Lokalverwaltungen, Polizeistationen, Hauptquartiere des Geheimdienstes, Militärkasernen, überörtliche Rundfunk- und Fernsehstationen, die leichter zentral ausgeschaltet werden konnten.[6]

Der Staatsstreich

Der wenig ausgeprägten Tradition städtischer Aufruhr in Rumänien stand hingegen eine vergleichsweise reiche Erfahrung mit dem Staatsstreich als einer Form der Bewältigung politischer Krisen gegenüber. Diese politische Tradition dürfte den Gang der Ereignisse beim Sturz Ceauşescus tatsächlich beeinflußt haben. Die rumänische Geschichte kennt zwei gelungene und einen mißlungenen Staatsstreich:

[5] Samuel P. Huntington: Political Order in Changing Societies, New Haven 1968, S. 293.
[6] Jack A. Goldstone (Hrsg.): Revolutions. Theoretical, Comparative and Historical Studies, San Diego etc. 1986, S. 10-11.

- Prinz Alexander Ioan Cuza, der erste gewählte Fürst der im Jahre 1859 vereinigten rumänischen Fürstentümer Wallachei und Moldau, wurde am 23. Februar 1866 von einer Gruppe von Verschwörern zur Abdankung und zum Verlassen des Landes gezwungen;

- am 21. und 22. Januar 1941 versuchte die faschistische Organisation *Eiserne Garde* gegen den damaligen rumänischen Staatschef General Ion Antonescu zu putschen. Der Aufstand konnte jedoch von der rumänischen Armee unterdrückt werden, über 400 Menschen kamen dabei ums Leben;

- am 23. August 1944 fand ein weiterer Staatsstreich gegen Marschall Ion Antonescu statt. Antonescu wurde von Vertretern einer breiten Parteienkoalition einschließlich der Kommunisten gestürzt, die sich des Rückhalts bei König Mihai versichert hatten. Antonescu wurde nach einem von der sowjetischen Besatzungsmacht organisierten Schauprozeß erschossen.[7]

Der Staatsstreich als Bestandteil der Revolution in Rumänien war kein spontanes Ereignis, sondern das Ergebnis vorbedachter Aktionen entschlossener Akteure. Damit steht die Rumänische Revolution in der jakobinischen Tradition der Französischen Revolution, die sich über die Lehren von François Baboeuf, Louis Auguste Blanqui, Karl Marx und Friedrich Engels bis hin zu Vladimir I. Lenin und Leo Trotzki fortgesetzt hat: "Das Komplott muß den Volksaufstand ergänzen. Die Avantgarde muß die Massen lenken."[8] In Rumänien hatten Vertreter der revolutionären Koalition seit Anfang der siebziger Jahre Verschwörungen zum Sturz der nationalkommunistischen Führung geschmiedet. Sie waren sich laut eigenen Aussagen bereits damals im Klaren, daß es ihnen gelingen mußte, ihr Komplott durch einen Volksaufstand zu ergänzen. Das war solange schwierig, als Ceauşescus Strategie der nationalistischen Mobilisierung

---

[7] Gelegentlich werden in der rumänischen Presse Parallelen zwischen den Staatsstreichen gegen Antonescu und Ceauşescu gezogen. In beiden Fällen, so der Tenor solcher Aufsätze, habe es sich um den Sturz von Staatsführern gehandelt, die sich als "von der Vorsehung" erwählt betrachteten. Beide hätten durch Erschießung geendet, in beiden Fällen habe Moskau die Hände mit im Spiel gehabt. In beiden Fällen seien ihre jeweiligen Sicherheitschefs - Eugen Cristescu und Iulian Vlad - verhaftet worden. Siehe z. B. Ion Cristoiu: "De la 23 august 1944 la 22 decembrie 1989 (Vom 23. August 1944 zum 22. Dezember 1989)", in: *Evenimentul Zilei*, 13./14.5.1990.

[8] E. Lussu: Theorie des Aufstands, Wien 1974, S. 30, zitiert nach: Werner W. Ernst: "Zur Logik der Revolution", in: Werner W. Ernst (Hrsg.): Theorie und Praxis der Revolution, Wien etc. 1980, S. 29.

erfolgreich und die Hoffnungen der Bevölkerung auf eine - wenn auch bescheidene - Besserung ihres Lebensstandards noch vorhanden waren.

General Nicolae Militaru, der Kopf einer der Gruppen, die im Zuge der Rumänischen Revolution um die Macht kämpften und der nach dem Machtwechsel für wenige Wochen das Amt des Verteidigungsministers bekleidete, berichtet, daß Gegner des rumänischen Staats- und Parteichefs Nicolae Ceauşescu in Partei, Armee und Sicherheitsapparat bereits vor 1989 einen Umsturz geplant hatten, damals aber nicht auf die Unterstützung durch die Bevölkerung setzen konnten. Erst die Austeritätspolitik der achtziger Jahre schuf die Voraussetzungen für eine Mobilisierung der Massen mit dem Ziel ihrer den Staatsstreich legitimierenden Teilnahme an einem Volksaufstand. Am Tage nach seinem erzwungenen Ausscheiden aus dem Amt des Verteidigungsministers hatte Militaru erklärt, daß er bereits im Jahre 1984 zusammen mit Ion Iliescu einen Staatsstreich geplant habe.[9] An den Vorbereitungen dazu seien auch der damalige Verteidigungsminister Ion Ioniţa und János Fazekas, ein weiterer hoher Parteifunktionär, beteiligt gewesen. Man habe damals, so Militaru, zwei alternative Szenarien entworfen: Entweder sollte die Aktion einer kleinen Gruppe von Putschisten durch die schnelle Unterstützung der Bevölkerung abgesichert werden, oder der Putsch sollte durch eine Volkserhebung flankiert und danach unter Kontrolle gebracht werden. "Dies ist 1989 geschehen", meinte ein Kommentator im rumänischen Fernsehen. Mochte Militarus Enthüllung auch die Rache an jenen seiner bisherigen Mitverschworenen in der revolutionären Allianz darstellen, die ihn fallen ließen, seine Enthüllungen schadeten der politoffiziellen These vom "spontanen" Ausbruch der Revolution.

Akzeptiert man die These vom geplanten Staatsstreich, so stellt sich im Anschluß daran die Frage nach der Wahl des Zeitpunktes, an dem der Staatsstreich ausgelöst wurde. Unter den sogenannten "beschleunigenden Variablen" ("precipitating variables")[10] sind vor allem zwei Faktoren von Bedeutung: Die Abwesenheit des Staatschefs und die Modellwirkung, die von den anderen ostmitteleuropäischen Revolutionen ausging.

Die geplante Abwesenheit des Staatschefs: Eine wichtige beschleunigende Variable für den Zeitpunkt des Ausbruchs des Volksaufstandes in Temeswar am Sonnabend, den 16. Dezember 1989 könnte der für den 18. und 19. Dezember geplante Besuch Nicolae Ceauşescus im Iran gewesen sein. Die Bedeutung, die der Präsenz Ceauşescus an der Spitze des von ihm aufgebauten extrem zentralistisch regierten rumänischen Herrschafts-

---

[9] *AFP*, 16.2.1990.
[10] Ekkart Zimmermann: Political Violence, Crises and Revolutions: Theories and Research, Boston 1983, S. 283.

systems zukam, war erstmals zum Zeitpunkt des verheerenden Erdbebens vom 4. März 1977 deutlich geworden, als dieser einen Staatsbesuch in Nigeria absolvierte. Die in Bukarest zurückgebliebenen, mit wenig Handlungskompetenzen ausgestatteten Vertreter der Staats- und Parteiführung - in Rumänien gab es weder das Amt eines Stellvertretenden Präsidenten noch das eines Stellvertretenden Generalsekretärs der kommunistischen Partei - handelten zaghaft und mit Verspätung. Daraus zogen Ceaușescus Kontrahenten damals schon den Schluß, daß wie auch immer geartete Aktionen zu seinem Sturz während eines Auslandsaufenthalts terminiert sein müßten. Zwar wurden danach die früher im Amtsblatt angekündigten Termine für die Auslandsreisen des Staats- und Parteichefs geheimgehalten, doch gelang es den an einem Umsturz Interessierten über eine Verbindung zu Ioan Ursu, einem Mitglied des Politischen Exekutivkomitees des ZK der *RKP*, der Vorsitzender des Rates für Wissenschaft und Technologie und ein Vertrauter Elena Ceaușescus war, diese Termine beizeiten zu erfahren. So überrascht es nicht, daß ein erster, mißglückter Umsturzversuch im August 1984 während eines Besuchs Nicolae Ceaușescus in der Bundesrepublik Deutschland angesetzt war.[11] Ein zweiter, der Aufstand vom November 1987 in Brașov (Kronstadt), brach am Vorabend eines geplanten Besuchs Nicolae Ceaușescus in Ägypten aus. In keinem der beiden Fälle war der Besuch abgesagt bzw. vorzeitig abgebrochen worden.

Die Modellwirkung der ostmitteleuropäischen Revolutionen: Ein weiterer Faktor könnte die Modellwirkung gewesen sein, die von den erfolgreichen Staatsstreichen des Jahres 1989 im Umfeld des Ostblocks und von dem hohen internationalen Erwartungsdruck ausging. Innerhalb Rumäniens stieg damals die Hoffnung, daß auch der letzte Stein des östlichen Staaten-Dominos umfallen würde.

---

[11] Die Dauer von Ceaușescus Besuch in der Bundesrepublik, ursprünglich auf vier Tage terminiert, wurde auf zwei Tage verkürzt, die geplanten Besuche Bayerns und Baden-Württembergs fielen aus. Rumänische Diplomaten erklärten die Änderung des ursprünglichen Besuchsplans mit der Notwendigkeit, den bevorstehenden Parteikongreß vorzubereiten. Siehe hierzu Anneli Ute Gabanyi: "Ceaușescu's Visit to the FRG", in: *Radio Free Europe Research,* 17.10.1984, S. 1-5.

Die Kontroverse um Volksaufstand und Staatsstreich

Wie nach jeder Revolution hat auch in Rumänien die anfängliche Euphorie der Ernüchterung Platz gemacht. In den ersten Stunden und Tagen herrschte in Rumänen in der gesamten Bevölkerung uneingeschränkte Begeisterung darüber, daß die Rumänen, die sich als letzte Nation Ostmitteleuropas gegen ihre kommunistische Führung aufgelehnt hatten, nun die ersten waren, die dem kommunistischen System in ihrem Lande definitiv, wie sie meinten, ein Ende gesetzt hatten. Der Stolz, nach Jahren der Erniedrigung durch die Diktatur nun mit einem Schlag an die Spitze der revolutionären Bewegung in Ostmitteleuropa vorgedrungen zu sein, einte für einen historischen Augenblick Rumänen und Vertreter der nationalen Minderheiten. Bald kamen jedoch Zweifel auf am Revolutionscharakter der Rumänischen Revolution. Der Begriff wurde immer häufiger in Anführungszeichen gesetzt, immer öfter wurde die "sogenannte Revolution" als "verraten", "unvollendet", "konfisziert" etc. apostrophiert.[12] Die rumänische Schriftstellerin Tita Chiper beschreibt dieses Dilemma folgendermaßen:

> "Wenn wir die Wahrheit über sie fordern oder wenn wir uns darüber beschweren, daß sie konfisziert worden sei, nennen wir die Dezemberrevolution eine Revolution. Ansonsten überstellen wir sie in den Bereich der Umschreibung, der gequälten Ironie und der herabwürdigenden Vergleiche, so als ob wir uns vor der Feierlichkeit dieses Begriffs fürchteten. Noch vor der Wahrheit oder anstelle der Wahrheit haben wir erfahren, daß sich '89 nicht genau das zugetragen hat, was wir damals geglaubt, gesehen oder erlitten hatten, sondern daß wir statt dessen 'Ereignisse' durchlebt haben, eine 'sogenannte Revolution', vor allem einen 'Revolustreich'...".[13]

In Rumänien wird das Thema "Volkserhebung versus Staatsstreich" im Lichte unterschiedlicher politischer Interessen zunehmend kontrovers diskutiert. Zwei höchst gegensätzliche politische Kräfte sind daran interessiert, die These von der Rumänischen Revolution als einer ausschließlich spontanen Volkserhebung zu akkreditieren. Übereinstimmend, wenn auch aus unterschiedlichen Beweggründen, wird die Staatsstreich-These von

---

[12] Für Vaclav Havel sind alle "Revolutionen Ostmitteleuropas unvollendet geblieben". Siehe Vaclav Havel: "Die unvollendete Revolution. Ein Gespräch mit Adam Michnik", in: *Transit* 4 (1992), S. 12-13.

[13] Tita Chiper: "Gest şi oglinzi (Geste und Spiegel)", in: *Dilema*, 14.-20.7.1995, S. 16. Der Begriff des "Revolustreichs" (Revolution + Staatsstreich) ist eine unvollkommene deutsche Übersetzung des rumänischen "loviluţie", einem Begriff, der sich aus "lovitură de stat" und "revoluţie" zusammensetzt; Neculai Constantin Munteanu: "La Europa Liberă, când cu 'loviluţia' (Bei Radio Free Europe, zur Zeit des Revolustreichs)", in: *Dilema,* 14.-20.7.1995, S. 16.

Vertretern der Führung und der Opposition verurteilt: Von der *Front der Nationalen Rettung*, die ihre politische Legitimität auf die These von der spontanen Revolution gegründet hat, wie auch von der demokratischen Opposition, die darauf ihren Führungsanspruch aufbaut.

Führende Vertreter der 1989 angetretenen rumänischen Führung weisen die These zurück, daß es sich bei der Revolution (auch) um einen verkappten Putsch gehandelt habe. Aus ihrer Sicht ist die Staatsstreich-These nicht zuletzt auch deswegen absurd, weil Ceauşescu selbst sie mit Blick auf die Ereignisse in Temeswar vorgebracht hatte.[14] Gegen die Behauptung, die *Front der Nationalen Rettung* habe bereits vor dem 22. Dezember 1989 existiert, wird das Argument ins Feld geführt, unter dem totalen Bespitzelungs- und Überwachungssystem Ceauşescus sei eine konspirative Tätigkeit organisierter Gruppen nicht möglich gewesen.[15]

Um die Einschätzung der revolutionären Wende vom Dezember 1989 zu erkunden, hat Pavel Câmpeanu, der Leiter des Unabhängigen Zentrums für Gesellschaftliche Studien und Umfragen, über einen längeren Zeitraum repräsentative Meinungsumfragen durchgeführt.[16] Die Umfrage ging der Frage nach, wie sich das Bild des historischen Umbruchs vom Dezember 1989, seiner Natur, seiner Akteure und seiner Folgen, in der rumänischen Bevölkerung seit 1992, dem Jahr der ersten derartigen Umfrage, gewandelt hat.

Tabelle 1: Auf die Frage nach der *Art des Umbruches*, der 1989 stattfand, antworteten

Art des Umbruchs	1991	1994	1995
Revolution	46 %	51 %	50 %
Internes Komplott	31 %	30 %	30 %
Externes Komplott	23 %	16 %	24 %

Im Zuge der Umfrage traten die Unterschiede in der Bewertung der seit 1989 erfolgten politischen Veränderungen zwischen den politischen Parteien deutlich hervor:

---

[14] *Figaro Magazine*, 7.1.1990.
[15] Silviu Brucan in: *Neue Zürcher Zeitung*, 7./8.1.1990.
[16] Pavel Câmpeanu: "Sondaje de decembrie. Decembrie '89 în versiunea lui decembrie '95 (Dezemberumfragen. Der Dezember '89 in der Lesart des Dezember '95)", in: "*22*", 24.-30.1.1995, S. 7.

162 *Anneli Ute Gabanyi*

- Die minderheitlich regierende *Partei der Sozialen Demokratie Rumäniens*, als deren Präsidentschaftskandidat Ion Iliescu 1992 kandidiert hat und 1996 kandidierte, sieht in dem Umsturz vom Dezember 1989 eine echte, spontane Revolution mit vorwiegend positiven Folgen;

- die aus dem alten Apparat hervorgegangenen nationalistischen Parteien (die *Partei der Rumänischen Nationalen Einheit PUNR*, die *Partei Großrumänien PRM* und die *Sozialistische Partei der Arbeit PSM*), die nach den Wahlen vom September 1992 mit der Iliescu-Partei ein inzwischen aufgekündigtes Bündnis eingingen, interpretierten den Umsturz als eine "antisozialistische und antinationale Konterrevolution", die das Ergebnis eines Komplotts interner wie externer politischer Kräfte gewesen sei;[17]

- für einen Teil der Oppositionsparteien, vorwiegend für jene, deren Vertreter aktiv am Volksaufstand teilgenommen haben und ihre politische Legitimation daraus ableiten (beispielsweise die *Bürgerallianz AC*, die *Nationale Christdemokratische Bauernpartei PNȚCD*), stellt die Revolution eine Rebellion der Volksmassen dar, die jedoch von einer Clique des ehemaligen Machtapparats konfisziert worden sei;

- andere oppositionelle Vertreter stellen das Konzept einer Verschwörung von Gorbačev-Anhängern innerhalb und außerhalb Rumäniens in den Vordergrund.

Daraus folgert Câmpeanu: In der rumänischen Gesellschaft gibt es keine klar vorherrschende Interpretation des Umbruchs von 1989. Die Einschätzung, es sei eine Revolution gewesen, ist jedoch die am weitesten verbreitete und es sit auch die einzige, die nach 1989 an Boden gewinnen konnte. Sechs Jahre nach der Wende ist die Bevölkerung ziemlich gleichmäßig in Anhänger der Revolutionstheorie und der Verschwörungstheorie gespalten.

---

[17] Siehe hierzu: Liana Şega: "Mărturii pentru istorie (Zeugnisse für die Geschichte)", in: *Azi*, 23.1.1995.

Tabelle 2: Auf die Frage nach der *Art der Teilnahme* an den Ereignissen von 1989 antworteten

Art der Teilnahme	1992	1994	1995
teilgenommen	23 %	26 %	19 %
nicht teilgenommen	76 %	74 %	81 %

Tabelle 3: Welche *Institution hat die entscheidende Rolle* bei der Revolution gespielt?

Institution	1992	1994	1995
Streitkräfte	55 %	50 %	52 %
Fernsehen	9 %	8 %	6 %
Gruppen aus der RKP	9 %	13 %	12 %
Securitate	25 %	26.5 %	30 %

Die Streitkräfte stehen dabei unangefochten an erster Stelle, doch die Rolle des Sicherheitsdienstes Securitate gewinnt in der öffentlichen Wahrnehmung offenbar zunehmend an Bedeutung.

Tabelle 4: Auf die Frage, ob die *Ceauşescus ihr Schicksal* verdient hätten, antworteten

	1994	1995
Schicksal verdient	50 %	32 %
Hätten nicht hingerichtet werden sollen	28 %	53 %
Unentschlossen	22 %	15 %

Tabelle 5: Dies bedeutet jedoch nicht den Wunsch der Menschen nach einer ***Rückkehr zu den Verhältnissen vor 1989.*** Auf diese Frage antworteten im Jahre 1995

Für eine Rückkehr	18 %
Gegen eine Rückkehr	65 %
Unentschlossen	17 %

Drei Fragen zielten auf die Einschätzung der Auswirkungen des Umsturzes auf die nationalen Belange und auf das persönliche Schicksal der Befragten:

Tabelle 6: Auf die Frage, ob der ***Umsturz im nationalen Interesse*** erfolgte, antworteten

	1992	1994	1995
Zugunsten des Landes	58 %	60 %	54 %
Zum Schaden des Landes	19 %	29 %	20 %
Unentschlossen	19 %	20 %	26 %

Tabelle 7: ***Positive Folgen*** des Umsturzes in der persönlichen Rangfolge

	1994	1995
Beginn der Privatisierung	44 % (Rang 1)	49 % (Rang 1)
Bodenrückgabe	40 % (Rang 2)	40 % (Rang 2)
Neue Verfassung	37 % (Rang 3)	23 % (Rang 6)
Freie Wahlen	25 % (Rang 5)	33 % (Rang 3)

Tabelle 8: Negative Folgen des Umsturzes in der persönlichen Rangfolge

	1994	1995
Sinkender Lebensstandard	65 % (Rang 1)	61 % (Rang 2)
Preisanstieg	53 % (Rang 3)	65 % (Rang 1)
Arbeitslosigkeit	58 % (Rang 3)	45 % (Rang 3)

Bei den negativen Folgen der Wende, die eindeutig höher als die positiven Folgen gewertet wurden, dominieren die ökonomischen Aspekte. Bei den positiven Folgen stehen neben zwei wirtschaftlichen auch eine politische Überlegung (Verfassung, freie Wahlen) an der Spitze der von den Befragten genannten Kriterien. Auf der Grundlage dieser Umfrageergebnisse lautet das Fazit des Autors der Untersuchung: Nach Ansicht einer Mehrheit der rumänischen Bevölkerung ist eine Rückkehr zum Regime vor 1989 weder möglich noch erwünscht.

2. Der gewaltsame Umsturz

Die Frage, ob der Einsatz von Gewalt im Verlauf des Umsturzes eine unverzichtbare definitorische Kategorie jeder Revolution darstellt, ist in der Forschung umstritten. Für Chalmers Johnson, dessen Revolutionstheorie aus der unmittelbaren Erfahrung der amerikanischen Studentenunruhen der sechziger Jahre erwachsen war, stellt die "gewaltfreie Revolution" eine *contradictio in adjecto* dar. Revolution bedeutet für ihn die Zuhilfenahme oder Billigung von "zielgerichteter politischer Gewalt" seitens der Akteure des angestrebten Machtwechsels in einer Gesellschaft, die - gemäß Hobbes - mit dem Ziel der Eindämmung oder Überwindung der naturgemäßen Gewalt organisiert ist.[18] Auch für die Ideologen der jakobinischen Tradition bis hin zu Marx und einigen Marxisten ist der Faktor Gewalt ein wesentliches Kennzeichen von Revolutionen. Ekkart Zimmermann bestreitet das. Seiner Meinung nach ist politische Gewalt "...neither *the* determinant nor *the* definitional criterion of revolutions. ... Political

---

[18] Chalmers Johnson: Revolutionstheorie, Köln/Berlin 1971.

violence is one of several means of achieving revolutionary or other political goals."[19]

Androhung von Gewalt, der tatsäche Einsatz von Gewalt und die ideologische Rechtfertigung des Einsatzes gewaltsamer Mittel für politische Zielsetzungen gehören für Thomas H. Greene zu den deutlichsten Indizien für die revolutionären Absichten einer gesellschaftlichen Bewegung. Ausmaß und Intensität der Gewaltanwendung sind von mehreren Variablen abhängig: dem Rückhalt der revolutionären Bewegung in der Bevölkerung, ihrer Verflechtung mit den Strukturen der herrschenden Eliten ("regime access"), der organisatorischen Stärke und Einheit der Opposition, dem Grad des angestrebten sozialen Wandels und der Rolle fremder Staaten bei der Unterstützung der Regierung oder der revolutionären Bewegung.[20] Das entscheidende Kriterium stellt in diesem Kontext jedoch das Verhalten der Streitkräfte dar. Die Unterstützung der Streit- und Sicherheitskräfte für die Aufständischen ist eine unabdingbare Voraussetzung für einen erfolgreichen revolutionären Machtwechsel, wie Katherine Chorley nachgewiesen hat:

> "Die Geschichte zeigt, daß Erfolg oder Fehlschlag in letzter Instanz von der Haltung abhängen, die die Streitkräfte einer Status-Quo-Regierung gegenüber dem Aufstand einnehmen. ... Eine Regierung oder Partei, der die bewaffneten Kräfte des Landes voll ergeben sind, ist im Grunde politisch unüberwindlich."[21]

Entsprechend dem Verhalten der Ordnungskräfte ergeben sich folgende Optionen für einen Ausgang des Kampfes um die Macht im Verlauf einer Revolution:

• Ein schneller Sieg der Kräfte der Revolution - wenn die Ordnungskräfte illoyal und/oder ungenügend ausgerüstet sind und über Unterstützung von außen[22] verfügen;

• eine länger andauernde Phase des "inneren Krieges", die zum Sieg der Aufständischen führen kann, wenn die Ordnungskräfte zumindest teilweise zerrieben werden. Auch in dieser Phase kann äußere Unterstüt-

---

[19] Ekkart Zimmermann: Political Violence, Crises and Revolutions. Theories and Research, Boston 1983, S. 417.

[20] Thomas H. Greene: Comparative Revolutionary Movements. Search for Theory and Justice, Englewood Cliffs 1984, S. 129.

[21] Katherine Chorley: Armies and the Art of Revolution, Boston/London 1943, zitiert nach: Chalmers Johnson: Revolutionstheorie, Köln/Berlin 1971, S. 120.

[22] Der Faktor äußere Unterstützung wird gesondert behandelt.

zung für die Status-Quo Macht oder für die Rebellen entscheidend für den Sieg der einen oder der anderen Seite sein;

• die erfolgreiche Unterdrückung des Aufstandes durch loyale Sicherheits- oder Streitkräfte, durch loyale Truppen und/oder äußere Unterstützung. Der Erfolg der Machthaber kann davon abhängen, ob sie konsequent hart durchgreifen.[23]

Der gewaltfreie Verlauf der "verhandelten" und "samtenen" Revolutionen in Ostmitteleuropa wird nicht selten als Beweis für den überlegenen Grad der politischen Zivilisiertheit der betreffenden Völker ins Treffen geführt. Auch wird unterstellt, daß die beabsichtigte Friedfertigkeit revolutionärer Demonstranten automatisch einen gewaltfreien Verlauf der Demonstrationen garantiere. Und schließlich wird dem letzten kommunistischen Staats- und Parteichef Rumäniens unterstellt, er habe, weil er nicht zurückgetreten sei, auch nicht, wie seine Amtskollegen in Ungarn, der DDR, Bulgarien und der Tschechoslowakei, seinen Rücktritt angeboten.[24] Das stimmt jedoch so nicht.

Tatsache ist, daß es auf der Sitzung des Politischen Exekutivkomitees vom 17. Dezember 1989 zu heftigen Auseinandersetzungen zwischen Staats- und Parteichef Ceauşescu und einigen anderen Mitgliedern des Politischen Exekutivkomitees der *RKP* (vergleichbar dem Politbüro der anderen kommunistischen Parteien des Ostblocks) gekommen war. Dem Stenogramm dieser Sitzung[25] ist zu entnehmen, daß diese Sitzung sehr dramatisch ablief. Ceauşescu hatte Verteidigungsminister Vasile Milea, Innenminister Vasile Postelnicu und Sicherheitschef Vlad Befehlsverwei-

---

[23] Ekkart Zimmermann: Political Violence, Crises and Revolutions. Theories and Research, Boston 1983, S. 402.

[24] "Hatte seinerzeit die ungarische Schwesterpartei ihren gestürzten Chef Kádár noch rücksichtsvoll zum Ehrenpräsidenten gekürt, hatte die SED ihren abgehalfterten Honecker mit hohem Lob und viel Anerkennung verabschiedet und hatte die bulgarische KP ihrem Živkov für seinen 'langen selbstlosen Dienst für Partei und Volk' gedankt, so verschwand Parteichef Jakes ohne ein einziges Dankeswort in der Versenkung und mußte sich noch scharfe Kritik 'seines' ZK gefallen lassen;" Siehe Vladimír Horský: "Die sanfte Revolution in der Tschechoslowkei 1989. Zur Frage der systemimmanenten Instabilität kommunistischer Herrschaft", Berichte des Bundesinstituts für ostwissenschaftliche und internationale Studien 14 (1990), S. 45-46.

[25] Der Autor des Berichts - wahrscheinlich eine Stenographin - berichtet einleitend, daß zwei hohe Parteifunktionäre sie einen Tag nach der Sitzung dringend gebeten hätten, niemand von den darin verzeichneten Vorfällen zu berichten, vor allem nicht über jene Passagen des Berichts, die der Zensur bei der aktuellen Berichterstattung in der Presse zum Opfer gefallen waren. Siehe hierzu *România Liberă*, 10.1.1990.

gerung und Verrat vorgeworfen und damit gedroht, sie ihrer Posten zu entheben und vor ein Kriegsgericht zu stellen. Zu den dramatischen Auseinandersetzungen war es gekommen, weil die drei gegen die Aufrührer in Temeswar nicht so rasch und so hart durchgegriffen hatten, wie Ceauşescu dies angeordnet hatte.

Als sich im Politischen Exekutivkomitee entgegen sonstiger Gepflogenheiten Widerstand gegen die sofortige Entlassung der beiden Minister und des Sicherheitschefs regte, sei Ceauşescu wütend von seinem Sessel aufgesprungen, habe Anstalten gemacht, den Sitzungssaal zu verlassen und gerufen: "Dann sucht euch doch einen anderen Generalsekretär." Ohne die Quelle für seine Information preiszugeben, berichtet Radu Portocală, daß Ceauşescu dem Satz noch einen weiteren hinzugefügt habe, der von der Zensur aus dem Stenogramm entfernt worden sei: "Wollt ihr Iliescu an meiner statt?"[26] Nach einem Augenblick des Schweigens, so berichtet die Verfasserin des Sitzungsberichts, sei es zu einem größeren Aufruhr gekommen. Mit wenigen ungenannten Ausnahmen seien die Mitglieder des Politischen Exekutivkomitees von ihren Sitzen aufgesprungen und hätten Ceauşescu angefleht, "sie nicht allein zu lassen". Gheorghe Rădulescu, der Stellvertretende Vorsitzende des Staatsrats, der Ceauşescu durch seinen Widerspruch zu seinem Rücktrittsangebot herausgefordert hatte, stand daneben und murmelte: "Das habe ich nicht gewollt, ich habe doch nur einen Vorschlag gemacht."[27] Schließlich sei es Elena Ceauşescu gelungen, den Diktator umzustimmen. Er sei an seinen Platz zurückgekehrt und habe erklärt, daß er ab sofort selbst das Kommando über die Armee übernehmen werde.[28]

---

[26] Radu Portocală: Autopsie du coup d'état roumain. Au pays du mensonge triomphant, Paris 1990, S. 43. Portocală fährt fort: "C'est à dire: acceptez-vous le coup d'état, avec tout ce qu'il implique pour nous tous? Cela prouve à quel point il est conscient de sa fin, à quel point il es bien informé de tout ce qui se trame. Mais cela donne aussi la mesure de sa totale impuissance devant un pays et un appareil qui ne sont plus dirigés de l'intérieur."

[27] Das Stenogramm beweist, daß Gheorghe (Gogu) Rădulescu seinem Ruf als der in der Hierarchie höchstplacierte Widersacher Ceauşescus gerecht wurde. Der Gruppe der Altkommunisten und Internationalisten in der Partei zugerechnet, hatte er sich vor der Revolution dadurch einen Namen gemacht, daß er in den Jahren vor dem Umsturz in seinem Sommerhaus regelmäßig so ziemlich alle prominenten Dissidenten und Regimegegner zu Gast hatte. Zudem hatte er im Jahre 1988, ohne Ceauşescu namentlich zu erwähnen, den offiziell geförderten Nationalismus in der Presse scharf kritisiert.

[28] *România Liberă*, 10.1.1990.

Politische Gewalt als Mittel des revolutionären Kampfes

Eine Analyse der Aufstände, die, von Temeswar ausgehend mehrere
Städte des Banats und Siebenbürgens erfaßten und schließlich in der
Hauptstadt Bukarest ihren Gipfelpunkt erreichten, muß zwangsläufig nach
den Akteuren fragen und danach, wie sie mobilisiert wurden und wie sie
organisiert waren. Aus den vorhandenen Zeitzeugen- und Presseberichten
- systematische Studien hierüber gibt es verständlicherweise nicht - läßt
sich folgende Interpretation der Ereignisse ableiten: Die Aufstände der
Bevölkerung, die zu Beginn der Rumänischen Revolution in mehreren
rumänischen Städten von Temeswar bis Bukarest ausbrachen, waren aus
der subjektiven Sicht der Beteiligten spontan. Dennoch war der Ausbruch
dieser Volksaufstände sehr wohl das Ergebnis einer sorgfältig geplanten
Aktion der Mobilisierung der Bevölkerung mit Blick auf einen geplanten
Staatsstreich. Den Anfang machte eine Demonstration gegen die lange
zuvor angekündigte Umsiedlung des ungarischen reformistischen Pfarrers
László Tökés von Temeswar in das Dorf Mineu - ein Auslöser wie aus
dem Lehrbuch, aus dem hier wahlweise zitiert wird:

"Auch Revolutionäre, die sich ihres Erfolges sicher sind, betreiben mitunter
die Einleitung der Revolution als kalkuliertes Risiko; sie veranstalten zunächst
legale oder halblegale Aktionen (Streiks, Demonstrationen, Massenkundge-
bungen u.ä.), um die Festigkeit der Elite und ihrer Armee auf die Probe zu
stellen. Auch stacheln Revolutionäre zuweilen Massen zu Unruhen auf, um die
Abschreckungsstrukturen zu testen."[29]

Die Teilnehmer an den Demonstrationen, zu denen sie mancherorts - wie
Augenzeugen berichteten - in geordneten Kolonnen aus den Betrieben
geführt wurden, waren tendenziell friedfertig. In ihren Losungen setzten
sie sich ebenso wie die Demonstranten in Prag oder Leipzig für Gewalt-
freiheit ein und versuchten, die Armee auf ihre Seite zu ziehen. Im Windschatten der intendiert friedlichen Demonstrationen kam es jedoch zu
Zwischenfällen: Unbekannte verübten aus der Masse heraus Gewalt -
zuerst gegen Sachen, danach auch gegen Menschen. Auch dies ist eine
klassische Methode des "inneren Krieges", die dazu dient, die
"Machtdeflation"[30] der Status-Quo-Regierung zu demonstrieren. Sie

[29] Chalmers Johnson: Revolutionstheorie, Köln/Berlin 1971. S. 125.
[30] Siehe hierzu: Talcott Parsons: "Some Reflections on the Place of Force in the
Social Process", in: Harry Eckstein (Hrsg.): Internal War: Problems and
Approaches, New York 1964, S. 33-70, zitiert nach: Ekkart Zimmermann:
Political Violence, Crises and Revolutions. Theories and Research, Boston
1983.

kommt insbesondere dann zur Anwendung, wenn der Aufstand anonym, ohne eine erklärte Führung abläuft:

"Nicht alle Revolutionen werden durch Strategien ausgelöst, und es werden auch nicht alle Revolutionen von einer Leitungsinstanz organisiert, geführt und gelenkt. Wohl die einfachste Art Auslöser ist der 'Zwischenfall', der dem Mob offenbart, daß die gegen ihn aufgestellten Streitkräfte aktionsunfähig sind, oder der den Mob zu glauben veranlaßt, er könne mit vereinten Kräften die bewaffnete Macht überwinden ... Die Rolle von 'Zwischenfällen' kann so als eine koordinierende Rolle aufgefaßt werden; sie sind ein Ersatz für offene Führung und Kommunikation."[31]

Ob und von wem die "Zwischenfälle" von Temeswar bis Bukarest provoziert wurden, wird wohl nie eindeutig zu klären sein. Klar war aber das von ihnen verfolgte Ziel, mit den Mitteln der gewaltsamen Provokation "eine Atmosphäre der Angst, der Ungewißheit, des Schreckens und der Verzweiflung zu schaffen und um das Regime zu inkonsequenten Repressionen zu bringen mit dem Ziel, seine Unfähigkeit und Bösartigkeit zu entlarven."[32]

Das Element der induzierten Gewalt unterscheidet den Volksaufstand von Temeswar vom Dezember 1989 von der Arbeiterrevolte vom November 1987 in Kronstadt. Auch in Kronstadt war der Auszug der Arbeiter aus einigen Fabriken und die Erstürmung der Parteizentrale nicht spontan erfolgt. Es kam jedoch nicht zu gewaltsamen Vorfällen und damit auch nicht zum Einsatz des Militärs. Damals wurde deutlich, daß der Abfall eines Teils der Nomenklatura und der Sicherheitskräfte allein nicht ausreichte, um das Ceauşescu-Regime ernsthaft zu gefährden.

Hinweise darauf, daß "das Blutbad von Timişoara einen schon vorbereiteten oder zumindest gewünschten Staatsstreich ausgelöst hat", gab es schon während, beziehungsweise unmittelbar nach dem Ablauf der revolutionären Ereignisse.[33] Eine Fülle von Indizien deutet darauf hin, daß der Ausbruch der Aufstände von Ceauşescu-feindlichen Kräften in Partei, Sicherheitsdienst und Armee teils aktiv ausgelöst, teils passiv geduldet wurde. Eine besondere Funktion wurde hierbei von dem ungarischen reformierten Pastor László Tökés wahrgenommen, dessen angekündigte Zwangsumsiedlung in ein siebenbürgisches Dorf, als "Auslöser" und "Katalysator" des Volksaufstandes in Temeswar fungierte. Einer korrekten Einschätzung der Rolle, die Tökés gespielt hat, stand eine Zeitlang das hohe Ansehen entgegen, das er im Ausland genoß. Seitdem jedoch die

---

[31] Chalmers Johnson: Revolutionstheorie, Köln/Berlin 1971. S. 177-178.
[32] Robert Bossard: Die Gesetze von Politik und Krieg. Grundzüge einer Allgemeinen Geschichtswissenschaft, Bern/Stuttgart 1990, S. 275.
[33] *Tanjug*, 21.12.1989 und *Neue Zürcher Zeitung*, 5.1.1990.

Einschätzung der Person und Funktion von Tökés einer realistischeren Betrachtungsweise gewichen ist, wurden zunehmend öffentlich Zweifel an der These vom spontanen Ausbruch der Kette von Volksaufständen geäußert, deren erstes Glied in Temeswar geschmiedet worden war. Dazu schrieb beispielsweise die renommierte *New York Review of Books*: "Could it be that the eviction of pastor Tökés was deliberately bungled so as to start a long chain of political events."[34]

Im Verlauf der rumänischen Revolution lassen sich einige der von der Forschung benannten und beschriebenen Phasen ausmachen: Massenmobilisierung, Sturz des herrschenden Regimes, Herrschaft der gemäßigten Revolutionäre, Terrorherrschaft, Rückkehr der gemäßigten Kräfte (Thermidor) und die Institutionalisierung und Bürokratisierung der Gesellschaft.[35] Ekkart Zimmermann entwirft ein kybernetisches Modell, das die als notwendig erachteten Variablen in zeitlicher Verlaufsform analysiert. Dabei hebt Zimmermann im Verlauf der Revolutionen vier kritische Schnittstellen ("junctures") hervor, an denen unumkehrbare Entscheidungen fallen: der Verlust der Legitimation des Regimes, der Abfall der Eliten, die Mobilisierung der Massen und die Stärke und Loyalität der Ordnungskräfte.[36]

Staatliche Gegengewalt - war eine "chinesische Lösung" geplant?

Hatte die rumänische Führung angesichts der am 16. Dezember ausgebrochenen gewaltsamen Unruhen geplant, den Demonstranten mit Gegengewalt zu begegnen? Staats- und Parteichef Nicolae Ceauşescu, daran besteht kein Zweifel, hatte eine "chinesische Lösung" ins Auge gefaßt. Zwar hatte die rumänische Führung entgegen anderslautenden Presseberichten die Niederwerfung des Aufstandes vom Juni 1989 in Beijing nicht offiziell gutgeheißen. Ihr Interesse daran war jedoch an der auffallend intensiven Besuchsdiplomatie mit China während der darauffolgenden Monate ebenso abzulesen wie an dem Interessengebiet und dem beruflichen Hintergrund der Delegationsteilnehmer. Im Juli und August 1989 hielt sich Nicolae Constantin, der Vorsitzende der Zentralen Kontrollkommission der *Rumänischen Kommunistischen Partei*, in China auf, eine Gruppe rumänischer Armeeoffiziere unter Leitung von Generalmajor Constantin Codre-

---

[34] István Deák: "Survivors", in: *The New York Review of Books*, 5.3.1992, S. 49.
[35] Crane Brinton: The Anatomy of Revolution, New York 1952.
[36] Ekkart Zimmermann: Political Violence, Crises and Revolutions. Theories and Research, Boston 1983, S. 398-403.

scu bereiste China.[37] Anfang Dezember 1989 hielt sich eine Delegation der chinesischen *KP* eine Woche lang in Rumänien auf. Sie trat auch mit dem für Propagandafragen zuständigen Sekretär des Zentralkomitees der *RKP* zusammen, der bis zum Oktober desselben Jahres als Kreisparteisekretär in Temeswar fungiert hatte.[38] Die Haltung der führenden Vertreter von Armee und Sicherheitsapparat hinsichtlich des Gebrauchs von Gegengewalt ist bis zum heutigen Tage umstritten. Einige westliche Beobachter vertreten die Meinung, daß die Führung der rumänischen Streitkräfte unter dem damaligen Verteidigungsministers Vasile Milea seit Beginn des Aufstandes in Temeswar darauf bedacht gewesen sei, eine "chinesische Lösung" zu vermeiden: Die kommunistischen Regime in Ostmitteleuropa, so Adam Przeworski, stürzten, "because they did not have the guns. In no country did the army ... come to their rescue. In Poland, the army led the reforms; in all other countries, including Romania, they refused to repress."[39] In der Sowjetunion war bereits zu einem frühen Zeitpunkt eine Propagandakampagne gegen die rumänische Armee angelaufen. Sowjetische Politiker und Journalisten wollten die Schuldder gewaltsamen Repression des Aufstandes zuweisen.[40] Gorbačev selbst hatte am 23. Dezember 1989 vor den Volksdeputierten der Sowjetunion erklärt, die rumänische *Front der Nationalen Rettung* habe sowjetische Hilfe angefordert, weil Einheiten der rumänischen "Streitkräfte" gegen "das Volk" vorgingen. Auch waren es sowjetische Medien sowie die Medien der anderen Warschauer-Pakt-Staaten und Jugoslawiens gewesen, die von Anfang an Horrormeldungen und um das Zigtausendfache überzogene Zahlen von Opfern der Repression verbreiteten. Der französische Journalist Michel Castex, als Chefreporter der Nachrichtenagentur *AFP* während der Rumänischen Revolution im Einsatz, hat diese seiner Meinung nach von Moskau gesteuerte Desinformationskampagne minutiös dokumentiert.[41]

[37] *Xinhua*, 10.7. und 8.8.1989.
[38] *Scânteia*, 14.12.1989.
[39] Nancy Bermeo: "Surprise, Surprise: Lessons from 1989 and 1991", in: Nancy Bermeo (Hrsg.): Liberalization and Democratization. Change in the Soviet Union and Eastern Europe, Baltimore/London 1992, S. 199.
[40] Ein Kommentator in der sowjetischen Parteizeitung setzte die behauptete Schuld der Armee an der Repression in Temeswar in Beziehung zu der ihr in der rumänischen Militärdoktrin vorgegebenen Unabhängigkeitspolitik, indem er fragte,"weshalb die Truppen die Unabhängigkeit des Landes auf den Straßen einer friedlichen rumänischen Stadt verteidigen", in: *Pravda*, 22.12.1989.
[41] Michel Castex: Un mensonge gros comme le siècle. Roumanie, histoire d'une manipulation, Paris 1990, S. 125-139, und Radu Portocală: Autopsie du coup d'état roumain. Au pays du mensonge triomphant, Paris 1990, S. 58-71.

In den ersten vierundzwanzig Stunden des Temeswarer Aufstandes grif-
fen Armee und Polizei noch nicht mit voller Härte durch, wie aus dem
Stenogramm der Sitzung des Politischen Exekutivkomitees vom 17. Dezember 1989 zu ersehen ist.

Ihm ist zu entnehmen, daß der rumänische
Verteidigungsminister Vasile Milea die Soldaten der regulären Armee, die
in Temeswar gegen die Demonstranten im Einsatz waren, weder mit
scharfer Munition ausgerüstet noch ihnen einen Schießbefehl erteilt hatte.
Den Befehl Ceauşescus, gepanzerte Armeeverbände zur Einschüchterung
der Bevölkerung durch das Stadtzentrum von Temeswar rollen zu lassen,
hatte er erst mit mehrstündiger Verspätung und eher formal ausgeführt. In
der Sitzung erklärte Milea sich für "schuldig", die Schwere und das Ausmaß der Ausschreitungen falsch eingeschätzt zu haben. Während dieser
dramatischen Auseinandersetzung drohte Ceauşescu nicht nur Verteidigungsminister Vasile Milea, sondern auch Innenminister Vasile Postelnicu
und dem Chef des Sicherheitsdienstes Securitate, Iulian Vlad, mit Entlassung und sogar mit dem Kriegsgericht. Als einige Mitglieder des Politischen Exekutivkomitees sich gegen eine Entlassung der drei aussprachen,
übernahm Ceauşescu persönlich das "Kommando über die Armee". Während Innenminister Postelnicu sich "als Soldat und Parteifunktionär" Ceauşescu gegenüber als loyal erklärte, beharrte Verteidigungsminister Milea
darauf, daß es einen Schießbefehl gegen das Volk nicht geben könne. Er
sagte, gemäß dem veröffentlichten Protokoll: "Übrigens habe ich letzte
Nacht alle das Militär betreffenden Bestimmungen durchgelesen und darin
keinen Paragraphen gefunden, worin es heißt, daß die Armee auf das Volk
schießen muß." Danach, so das Protokoll, wurde es Milea untersagt, wei-
terzusprechen. [42]

Während der zweitägigen Iranreise, die Staats- und Parteichef Ceauşescu am 18. Dezember 1989 angetreten hatte, gelang es Verteidigungsminister Milea, Elena Ceauşescu, die in Abwesenheit ihres Mannes den militärischen Oberbefehl innehatte, im Zusammenwirken mit dem Generalstabschef der Patriotischen Garden dazu zu bewegen, die bereits an die Betriebe
ausgelieferte scharfe Munition in die Depots zurückzuschicken. Damit
sollte ein allfälliges Gemetzel zwischen Soldaten und den Arbeitergarden
verhindert werden. [43] Die letzte Amtshandlung des Ministers bestand darin,
am 22. Dezember 1989, offenbar unmittelbar nach der von Ceauşescu
verfügten Ausrufung des landesweiten Ausnahmezustandes, alle Orts-
kommandeure der Streitkräfte per Telex anzuweisen, nicht auf die Bevölkerung zu schießen. [44] Um zehn Uhr desselben Tages meldeten Rundfunk

---

[42] Veröffentlicht in *România Liberă*, 10.1.1990.
[43] *Adevărul*, 7.2.1990.
[44] *The Independent*, 15.1.1990.

und Fernsehen den angeblichen Selbstmord des "Verräters Milea": Dieser habe "im Zusammenwirken mit einheimischen Verrätern und imperialistischen Kreisen diese Provokationen organisiert, gelogen und falsche Informationen über die Lage im Lande geliefert." Es war dies die letzte Meldung des rumänischen Rundfunks vor dem Sturz Ceauşescus.

Nach seiner Rückkehr aus dem Iran hatte Ceauşescu versucht, die Lage durch eine Mischung aus nationalistischer Mobilisierung, Drohungen und Populismus zu entschärfen. In einer von allen Rundfunk- und Fernsehanstalten des Landes übertragenen Ansprache wandte er sich am 20. Dezember an die Nation. Erstmals seit Ausbruch der Unruhen in Temeswar sprach er das Thema an und interpretierte sie als Angriffe fremder Staaten auf die territoriale Einheit, Unabhängigkeit und Souveränität Rumäniens. Demnach seien Einheiten der rumänischen Armee von "terroristischen, antinationalen Gruppen" angegriffen worden, die angeblich gemeinsam mit "reaktionären, imperialistischen und chauvinistischen Kreisen und mit den Spionagediensten fremder Staaten" agierten. Ceauşescu erinnerte an das Jahr 1968, als Rumänien sich in einer ähnlich gefährlichen Lage befunden habe. Ausdrücklich verteidigte er das Verhalten der Streitkräfte. Die Soldaten, so Ceauşescu, hätten auch dann nicht reagiert, als sie von "terroristischen Banden" angegriffen und staatliche Institutionen angegriffen worden seien. Seine Rede schloß mit einem flammenden Appell an die Bevölkerung, keine Opfer zu scheuen, um die Unabhängigkeit des Vaterlandes und den Aufbau des Sozialismus in Rumänien nicht zu gefährden.[45]

Am darauffolgenden 21. Dezember hatte Ceauşescu für den Mittag eine große Volksversammlung auf dem Platz vor dem Gebäude des Zentralkomitees der *RKP* einberufen. Auf dem Balkon des Zentralkomitees stehend, wandte er sich an Tausende mit Porträts der beiden Ceauşescus und mit Losungen ausgerüstete Teilnehmer, in der Mehrzahl Arbeiter, die seit dem frühen Morgen aus den Betrieben am Rande der Hauptstadt herangeholt worden waren.

Es ist viel darüber spekuliert worden, warum der Staats- und Parteichef angesichts der angespannten inneren Lage seinen für den 18. Dezember 1989 geplanten Besuch im Iran nicht abgesagt und weshalb er nach seiner Rückkehr eine seiner üblichen Massen-Akklamationsveranstaltungen anberaumt hatte. Der Grund hierfür ist weder, wie häufig vermutet, in seiner Ahnungslosigkeit noch in seiner Überheblichkeit zu suchen. Viel eher wollte Ceauşescu in dieser Phase Normalität - *recte* eine unbeschädigte Autorität - vortäuschen. Bereits zweimal, 1984 und 1987, waren kurz vor bzw. während einer Auslandsreise Putschversuche gegen ihn fehlgeschlagen. Inszenierte Massenveranstaltungen waren die für seine populi-

---

[45] *Scânteia*, 21.12.1989.

stische, pseudo-charismatische Herrschaftsausübung übliche Form, um die behauptete Einheit des "Führers" mit dem Volk zu demonstrieren. Ein Verzicht auf beides wäre vorweg als Eingeständnis seines Machtverlustes und somit als ein ermutigendes Signal für die Kräfte des Aufruhrs verstanden worden. Indem er die Reise antrat und die Massenkundgebung vom 21. Dezember einberief, ging er jedoch das - tatsächlich eingetretene - Risiko ein, daß 'Vorfälle' provoziert würden. Sie ließen den Verlust seiner Autorität offenkundig werden.

Wenige Minuten nachdem Ceauşescu zu seiner Rede angesetzt hatte, wurde er von Schreien, Buhrufen und Pfiffen aus der Menge unterbrochen. Bevor die Live-Sendung für kurze Zeit unterbrochen wurde, zeigte das Fernsehen minutenlang das Bild der verzerrten Züge des Diktators. Dieses Bild sandte ein nonverbales, aber nichtsdestoweniger deutliches Signal an die Fernsehzuschauer. Seine Botschaft: Ceauşescu hält die Zügel nicht mehr fest in der Hand. Seine Macht ist verwundbar.

Im Anschluß an diese Versammlung kam es in Bukarest und anderen Städten bis in die späten Abendstunden zu blutigen Zusammenstößen zwischen der Bevölkerung und den Ordnungskräften. Zwischen dem 16. und dem 22. Dezember 1989 waren landesweit 162 Menschen zu Tode gekommen, 1.107 wurden verletzt - im Zuge der von der damaligen Parteiführung angeordneten Repressionsmaßnahmen ebenso wie durch Konfusion und Panikreaktionen bei den Streitkräften und den Truppen des Innenministeriums, wie ein Ende 1994 veröffentlichter Bericht der Militärstaatsanwaltschaft bekanntgab.[46]

Am 22. Dezember 1989 strömten, beginnend mit den frühen Morgenstunden Kolonnen von Demonstranten ins Bukarester Stadtzentrum. Vom Gebäude des Zentralkomitees der *RKP* aus, wo Ceauşescu und seine Frau Elena übernachtet hatten, ließ er den Ausnahmezustand für das ganze Land ausrufen. Die Meldung vom angeblichen Selbstmord des Verteidigungsministers Vasile Milea, dessen nähere Umstände bis heute nicht aufgeklärt wurden, war die letzte Meldung des offiziellen Hörfunks und Fernsehens vor dem Fall des Regimes. Auf die Bevölkerung dürfte sie als ein weiteres Signal für den endgültigen Machtverlust der Streitkräfte gewirkt haben. Für viele Angehörige der Streitkräfte dürfte dies den Anstoß für einen Wechsel auf die Seite der Putschisten gewesen sein.

Danach hatte Nicolae Ceauşescu noch ein letztes Mal versucht, zu den Menschenmassen, die sich vor dem Balkon des Zentralkomitees versammelt hatten, zu sprechen, doch er wurde niedergeschrieen. Vor den in das Gebäude eindringenden Aufständischen konnte er sich - für die Demonstrationsteilnehmer weithin sichtbar und vom Fernsehen landesweit pro-

---

[46] *Adevărul*, 22.12.1994.

pagiert - nur noch mit knapper Not in einem Hubschrauber vom Dach des Gebäudes retten. Das Bild symbolisierte die totale Delegitimierung des Staatsoberhauptes und damit den Sieg der Revolution.

3. Der Machtkampf nach dem Umsturz

In Rumänien war das Ausmaß der Gewalt, die zwischen dem Ausbruch des Aufstandes am 16. Dezember bis zur Flucht Ceauşescus am Mittag des 22. Dezember 1989 ausgeübt wurde, nicht so groß wie die Gewaltausübung nach dem Umsturz. Ein solches Phänomen ist im historischen Kontext keineswegs untypisch. Charles Tilly hat dafür mehrere Gründe angeführt, die auch im Falle der Rumänischen Revolution Anwendung finden: die Existenz paralleler Machtzentren, der Zerfall der revolutionären Koalition nach der Machtübernahme und der Versuch der neuen Machtinhaber, die Kontrolle über die Bevölkerung wiederzugewinnen:

> "First, the appearance of multiple sovereignty puts into question the achieved position of every single contender, whether a member of the polity or not, and therefore tends to initiate a general round of testing among contenders.... Second, the struggle of one polity against its rival amounts to war: battle fought with unlimited means .... Third, the revolutionary coalition is likely to fragment once the initial seizure of control over the central government apparatus occurs .... Fourth, the victorious polity still faces the problem of reimposing routine governmental control over the subject population, even after multiple sovereignty has ended."[47]

Für eine solche Entwicklung gibt es in Rumänien mehrere Gründe: Zum einen wurde das staatliche Waffenmonopol unmittelbar nach der Flucht Ceauşescus aufgehoben, zum anderen wurde mithilfe des anonymen Terrors eine Gegenrevolution simuliert. Was Verteidigungsminister Vasile Milea bis zu seinem Tod verhindern konnte - die Durchbrechung des Waffenmonopols der Streitkräfte - das geschah unmittelbar danach: Eine nicht näher bezeichnete Menge von Waffen und Munition gelangte unkontrolliert in den Besitz der Bevölkerung.[48] Depots der Patriotischen Garden in

---

[47] Charles Tilly: "Revolutions and Collective Violence", in: Fred I. Greenstein / Nelson W. Polsby (Hrsg.): Handbook of Political Science, Bd. 3, S. 483-555; zitiert nach: Ekkart Zimmermann: Political Violence, Crises, and Revolutions. Theories and Research, Boston 1983, S. 408.

[48] "...Zum Beispiel gehört es oft zur Strategie des revolutionären Staatsstreichs, den zeitweiligen Ausfall der bewaffneten Macht auszunutzen oder (Fortsetzung der Fußnote siehe nächste Seite)

den Betrieben wurden aufgebrochen, revolutionäre Kräfte stürmten Polizeistationen und Büros der Sicherheitsorgane und nahmen dort vorgefundene Waffen an sich. In den ersten Stunden nach der Flucht Ceauşescus
war es ein leichtes gewesen, in das Gebäude des Zentralkomitees einzudringen und die Waffenlager der für den Personenschutz abgestellten
Fünften Hauptverwaltung der Securitate zu plündern. Waffen wurden auch
im Gebäude des Fernsehens ausgegeben oder gestohlen. Es sollen auch
ganze Organisationen der Patriotischen Garden zum Schutze der Revolution unterwegs gewesen sein, berichtete der Leiter der "Senatskommission
zur Untersuchung der Ereignisse vom Dezember 1989", Valentin Gabrielescu.[49]

Die "Terreur"

Wenige Stunden nachdem die *Front der Nationalen Rettung* ihren Führungsanspruch angemeldet hatte, brach in Rumänien der blanke Terror los.
Die "terreur" in Bukarest dauerte bis zur Exekution Ceauşescus am 25.
Dezember 1989. In einigen Städten wie beispielsweise in Sibiu
(Hermannstadt), wo Nicu Ceauşescu bis zum Machtwechsel als Kreisparteisekretär tätig gewesen war, kam es zu bürgerkriegsähnlichen Zusammenstößen zwischen Angehörigen der Armee und der Sicherheitskräften.
Dort flauten die Kämpfe erst zum Jahresende ab.

Was hier ablief, war das Vortäuschen der "Gegenrevolution" einer
Staatsmacht, die es so nicht mehr gab. Gewalt wurde offensichtlich provoziert und induziert. Unbekannte "Terroristen" schossen wahllos auf Demonstranten und Armeeangehörige, es wurden Gebäude, darunter die
Bukarester Universitätsbibliothek, in Brand gesteckt. Mit den klassischen
Mitteln der Diversion und Desinformation sollte Panik erzeugt und in der
Bevölkerung der Eindruck erweckt werden, daß dem alten Regime ergebene Einheiten des Geheimdienstes Securitate versuchten, Ceauşescu zu
befreien und die alte Ordnung wiederherzustellen. Mit gezielten Falschmeldungen[50] über die Gefährdung der Revolution durch angebliche

---

weiterzutreiben, bevor sie wieder konsolidiert werden kann", schreibt Chalmers
Johnson: Revolutionstheorie, Köln/Berlin 1971, S. 176.

[49] Interview in *"22"*, 28.12.1995-4.1.1996.

[50] Als Quelle dieser Falschmeldungen wurden beispielsweise General Nicolae
Militaru und Silviu Brucan identifiziert, die sie den Redakteuren der in Studio 4
produzierten Live-Sendungen zur Verbreitung zukommen ließen. Siehe hierzu:
Valentin Gabrielescu, der Vorsitzende der Senatskommission zur Untersuchung
der Ereignisse vom Dezember 1989, in einem Interview mit der Wochenzeitung
"22", 28.12.1995-4.1.1996, S. 9.

"terroristische Angriffe" schürte das Fernsehen in der Bevölkerung eine beispiellose kollektive Psychose. Prominente Vertreter der neuen Führung riefen die Bevölkerung über Funk und Fernsehen dazu auf, sich zum Sitz des Fernsehens, zu jenem Zeitpunkt der Aufenthaltsort der führenden Männer der *Front der Nationalen Rettung*, zu begeben, um es zu verteidigen. Ahnungslose Zivilisten, die den Fernsehappellen Folge geleistet hatten, kamen dabei zu Tode oder wurden verletzt. Es kam zu mehreren tragischen Zusammenstößen zwischen einzelnen Armee-Einheiten.

Vertreter der neuen Machthaber der *Front der Nationalen Rettung* versuchten den Eindruck zu erwecken, bei den sogenannten "Terroristen" handele es sich um Ceauşescu-loyale Vertreter des Militärs und des Sicherheitsapparats, die den Staats- und Parteichef befreien und den Sieg der Revolution zunichte machen wollten. Indem die behauptete Gefährdung durch die mit der alten, Ceauşescu-treuen Securitate gleichgesetzten "Terroristen" hochgespielt wurde, konnte ein zwingendes Motiv für eine rasche Eliminierung Nicolae Ceauşescus konstruiert werden.

Die mysteriöse Kanonade der Securitate-"Terroristen", die noch nicht hinreichend geklärten Aktionen zur Ablenkung und Verwirrung der Armee und die laufende Desinformationskampagne zur Verunsicherung und Einschüchterung der Bevölkerung endeten schlagartig mit der Erschießung der Ceauşescus. Der Schluß, den die offizielle nachrevolutionäre Propaganda in Rumänien daraus gezogen sehen wollte, daß nämlich die Ceauşescu-loyalen Sicherheitskräfte ihre Bemühungen zur Befreiung Ceauşescus erst aufgegeben hätten, nachdem sie die Aussichtslosigkeit ihres Unterfangens erkannt hätten, ist jedoch nicht zwingend. Mindestens ebenso einleuchtend ist die auf Indizien gestützte Interpretation, derzufolge der Terror von der neuen Führung mit dem Ziel inszeniert worden war, die Hinrichtung des Diktators als unabwendbare Notwendigkeit erscheinen zu lassen.

Hierfür spricht auch die Tatsache, daß es für den Fall, daß Armee und Sicherheitsapparat tatsächlich geschlossen auf der Seite des Diktators gestanden und ihn entschlossen verteidigt hätten, in Rumänien sicher zu einem Blutbad gekommen wäre. In einem solchen Falle wären die 60000 Opfer, von denen in den ersten Tagen des Umsturzes die Rede war, keine unrealistische Ziffer gewesen.[51] Daß schließlich "nur" 1104 Menschen (Wehrpflichtige und Offiziere eingeschlossen) im Verlauf des Umsturzes ums Leben kamen und "nur" 3352 verletzt wurden, ist jedoch weniger erstaunlich als die Tatsache daß 162 der Toten und 1107 der Verletzten *vor* dem Zeitpunkt der Flucht der Ceauşescus aus dem Gebäude des Zen-

---

[51] Unter Anklage des "Genozids" gegen 60.000 Menschen war Ceauşescu summarisch abgeurteilt und am 25.1.1989 standrechtlich erschossen worden.

tralkomitees der *RKP* am 22.12.1989, kurz vor 12 Uhr mittag zu verzeichnen waren. Die weit größere Zahl der Getöteten und Verletzten - landesweit 942 bzw. 2245 Personen - wurde jedoch *nach* Mittag des 22. Dezember 1989 registriert, nachdem sich der Rat der *Front der Nationalen Rettung* erstmals an die Öffentlichkeit gewandt hatte. 260 der Toten und 545 der Verletzten waren Wehrpflichtige und Offiziere, 65 Tote und 76 Verletzte hatten bei den Truppen des Innenministeriums gedient.[52]

Angesichts der Menschenmassen, darunter viele Jugendliche, Frauen und Kinder, die den Aufrufen der neuen Machtinhaber gefolgt und auf die Straße gegangen waren, sahen sich die Streitkräfte nicht in der Lage, gegen die "Terroristen" vorzugehen. Daher beabsichtigte Stefan Guşă, zu jenem Zeitpunkt noch amtierender Generalstabschef der rumänischen Streitkräfte und Mitglied des Rates der *Front der Nationalen Rettung*, die Bevölkerung in einem Kommuniqué aufzufordern, die Straßen zu räumen und zuhause zu bleiben. Ion Iliescu hatte sich Guşăs Vorschlag, wie er anläßlich seiner Anhörung durch die Senatskommission zur Aufklärung der Ereignisse vom Dezember 1989 bestätigte, mit den Worten widersetzt: "Nein, das Volk ist unsere Stärke. Mit dem Volk wurde die Revolution gemacht."[53] Iliescus Vorgehen entsprach den Erfordernissen einer klassischen Regel moderner Revolutionen, daß Aufstände "gegen den Widerstand der regulären Streitkräfte erfolgreich sind, wenn diese aus dem einen oder anderen Grund daran gehindert sind, Gebrauch von allen ihren Mitteln zu machen."[54]

Allein in Rumänien wurde der kommunistische Staats- und Parteichef hingerichtet. Nur dort richtete sich die "volonté punitive"[55] der Revolutionäre gegen das abgesetzte Staatsoberhaupt. Dies war keine "Bestrafung" für den - aus der Sicht Gorbačevs - "Zuspätgekommenen" und geschah wohl auch nicht primär aus Furcht vor unangenehmen Enthüllungen, die Ceauşescu im Falle eines regulären Gerichtsverfahrens gegen die "Verräter" aus dem eigenen Land und über Personen und Fakten aus der Sowjetunion hätte machen können.

Der den Ceauşescus in aller Eile gemachte Prozeß und die sofortige Hinrichtung ist der einzige Gewaltakt gegen Repräsentanten des alten Regimes, der von den Vertretern der zu jenem Zeitpunkt weder legalen noch legitimen Macht, der *Front der Nationalen Rettung*, organisiert wur-

---

[52] Nicolae Militaru: "Diversiunea a făcut mai multe victime decât represiunea (Die Diversion hat mehr Opfer gefordert als die Repression)", in: *Adevărul*, 22.12.1994

[53] Valentin Gabrielescu in *"22"*, 28.12.1995-4.1.1996, S. 9.

[54] Catherine Chorley: Armies and the Art of Revolution, Boston/London 1943, zitiert nach: Chalmers Johnson: Revolutionstheorie, Köln/Berlin 1971, S. 123.

[55] Georges Lefèbvre: Études sur la révolution française, Paris 1963, S. 129.

de.[56] Der auf der Flucht verhaftete Diktator und seine Frau, so die öffentliche Ankündigung, würden vor Gericht gestellt und "vom Volk" abgeurteilt werden. Der Prozeß fand vor einem außerordentlichen Militärgericht statt - gemäß (noch) geltendem Recht. Die für das Fernsehen präparierte erste Fassung des Prozesses kreiste um die Frage der Gesetzlichkeit des Verfahrens, die der Angeklagte Ceauşescu beharrlich bestritt. Immer wieder verwies er darauf, der rechtmäßige Staatspräsident und Oberbefehlshaber der Armee zu sein. Allein die Große Nationalversammlung (das kommunistische rumänische Parlament) könne ihn aufgrund der gültigen verfassungsmäßigen Bestimmungen absetzen.

Doppelherrschaft

Mit diesem Akt der ultimativen, nicht mehr umkehrbaren Beseitigung des exemplarischen Exponenten des alten Regimes wollte die revolutionäre Elite signalisieren, daß sie im Besitz der politischen Macht im Staate sei, die ihr niemand mehr streitig machen könne.[57] Der Einsatz politischer Gewalt und erstmals auch des Terrors gegen die Bevölkerung diente in dieser Phase der Rumänischen Revolution der revolutionären Legitimation der neuen Führung sowie der Konsolidierung ihrer Herrschaft. Aus der Sicht der Akteure des Staatsstreichs waren Schauprozeß und die Exekution Ceauşescus zwingend notwendig gewesen, um jenes Machtvakuum zu erzeugen, das sie auszufüllen trachteten. Mit dem Zusammenbruch des alten Regimes war der Übergang der Macht aber noch nicht entschieden.

---

[56] Über den Schauprozeß und die Hinrichtung Nicole Ceauşescus und seiner Frau Elena am Weihnachtstag des Jahres 1989, über den die Öffentlichkeit nur schrittweise informiert wurde, ist viel geschrieben und noch mehr spekuliert worden. Im Januar 1996 wurde der Prozeß von Vertretern der oppositionellen Intelligenz sogar erneut aufgerollt mit dem Ziel, die Unrechtmäßigkeit des Verfahrens, auf das die Legitimität der neuen, revolutionären Führung gegründet ist, zu unterstreichen. Siehe hierzu Ileana Mălăncioiu: "Procesul procesului (Der Prozeß des Prozesses)", in: "22", 24.-30.1.1996, S. 10.

[57] "Daß die Frage der Rechtmäßigkeit gerade konkret gestellt wird, ist die Revolution. Die 'Paradoxie', daß das 'alte Regime' im Besitze der Macht das Recht, 'die Legitimität', die 'Revolution' aber gegen diese Legitimität die Macht anruft, hat eine Lösung. Beide setzen das, worauf sie ihr Recht gründen, in Differenz zueinander. Unvereinbarkeit, Auseinandersetzung und Gewalt sind die konkreten Formen der Revolution. Ihr Resultat ist verbindlich", in: Werner W. Ernst: "Zur Logik der Revolution", in: Wolfgang W. Ernst (Hrsg.): Theorie und Praxis der Revolution, Wien etc. 1980, S. 77. Der von Ernst zitierte Zitat Passus stammt aus: C. Brinkmann: Soziologische Theorie der Revolution, Göttingen 1948, S. 53.

Ähnlich wie im Falle der Französischen, Englischen, Mexikanischen und, besonders aufschlußreich, der aus einem revolutionären Staatsstreich hervorgegangenen Portugiesischen Revolution folgte auch in Rumänien eine längere Periode der Machtkämpfe zwischen rivalisierenden Gruppen.[58] Die neue Führung der *Front der Nationalen Rettung* mußte sich gegen Vertreter des alten Regimes durchsetzen, die sich der von der neuen Führung angestrebten grundlegenden außenpolitischen Kehrtwendung widersetzten ("Doppelherrschaft").[59] Zugleich mußte sich das neue Regime in zunehmendem Maße gegen Kreise verteidigen, die als "Linksabweichler" noch weitergehende Reformen wünschten ("Thermidorianischer Umschlag").[60]

Für einen gewissen Zeitraum gab es in Bukarest so etwas wie eine "Doppelherrschaft". Iulian Vlad, der ehemalige Chef des Sicherheitsdienstes Securitate, sprach bei seiner Vernehmung als Zeuge in einem Prozeß von "zwei Kommandozentralen".[61] Die eine hatte sich um General Stefan Gușă, den immer noch amtierenden Generalstabschef der rumänischen Streitkräfte mit Sitz im ehemaligen ZK-Gebäude gebildet, die andere Gruppe, ein "engerer Kreis" des Rates der *Front der Nationalen Rettung* um Ion Iliescu und General Nicolae Militaru. Diese zweite Gruppe hatte ihren Sitz beim rumänischen Verteidigungsministerium. Erst mit mehrjähriger Verspätung wurde die Existenz dieses "engen Kreises", gebildet aus "einer Gruppe von Mitgliedern des *Rates der Front Nationalen Rettung*", enthüllt. Zugleich wurde bekannt, daß alle wichtigen Entscheidungen zwischen dem 22. und dem 27. Dezember von dieser Gruppe gefaßt worden waren. Die Presse veröffentlichte diese Informationen am 7. Februar 1996, als Staatspräsident Ion Iliescu das Stenogramm der Sitzung des Rates der *Front der Nationalen Rettung* vom 27. Dezember 1989 zur Veröffentlichung freigab. An diesem Tag hatte das erste Treffen dieses Gremiums nach der Hinrichtung Ceaușescus stattgefunden. Wie schon bei der allerersten Zusammenkunft dieses Gremiums am 22. Dezember war Ion Iliescu auch am 27. Dezember unangefochten als dessen führende Persönlichkeit aufgetreten. Die Veröffentlichung dieses Stenogramms seitens des Präsidialamtes erfolgte mit dem Ziel, die "Erfindungen (rum. fabulațiile)", die, wie es in einer beigefügten Erklärung hieß, zum Schaden der Legitimität des Rates der *Front der Nationalen Rettung* in Umlauf gesetzt worden seien, in Hinblick auf die anstehenden Wahlen richtigzustellen. Dies

---

[58] Ekkart Zimmermann: Political Violence, Crises, and Revolutions. Theories and Research, Boston 1983, S. 404-405.
[59] Robert Bossard: Die Gesetze von Politik und Krieg, Bern 1990, S. 269-273.
[60] Robert Bossard: Die Gesetze von Politik und Krieg, Bern 1990, S. 277-281.
[61] Ondine Gherguț: "Iulian Vlad îl acuză indirect pe Nicolae Militaru (Iulian Vlad klagt Nicolae Militaru indirekt an)", in: *Cotidianul*, 4.5.1995.

gelte in besonderem Maße für die Frage der Haltung und der Kontakte der *FNR* zur Sowjetunion, wie die Zeitung *Adevarul* in einer redaktionellen Notiz hinzufügte.[62] Beide Machtzentren waren in der *Front der Nationalen Rettung*, die ja nur eine locker zusammengeschmiedete revolutionäre Allianz von Gruppierungen mit unterschiedlicher und zum Teil sogar gegensätzlicher Interessenlage darstellte, vertreten. Was beiden Hauptrivalen verbunden hatte, war das Ziel der Beseitigung Ceaușescus. In der Grundfrage der rumänischen Außen- und Sicherheitspolitik bestanden hingegen fundamentale Unterschiede. Die Gruppe um Generalstabschef Ștefan Gușă, mit der ein Teil der rumänischen Generalität sympathisierte, fühlte sich nach dem Sturz Ceaușescus zwar der Loyalität zum Oberbefehlshaber der Streitkräfte entpflichtet; dennoch war sie entschlossen, auch weiterhin auf der Grundlage der geltenden rumänischen Militärdoktrin zu handeln und auf eine Politik der Unabhängigkeit gegenüber der Sowjetunion zu setzen. Die Gruppe um General Militaru hingegen verfolgte offenbar von Anfang an das Ziel, eine grundlegende Kehrtwendung der rumänische Außenpolitik zu vollziehen und das Land wieder näher an die Sowjetunion heranzuführen.

Analysiert man das Verhalten General Gușăs und General Militarus nach dem Sturz Ceaușescus, so fallen fundamentale Unterschiede ins Auge. Bereits am 22. Dezember 1989 klagte im befreiten rumänischen Fernsehen der damalige "Armeeoberst" Nicolae Militaru - kein Geringerer als der wenige Tage später zum General beförderte, neue rumänische Verteidigungsminister - rumänische Soldaten an, auf Kinder und Frauen geschossen und unschuldige Menschen getötet zu haben. Er rief mehrere aktive Generale, darunter auch den amtierenden Generalstabschef Ștefan Gușă, namentlich dazu auf, "das Gemetzel zu beenden." Eine Stimme im "Chor" der im Studio 4 des rumänischen Fernsehens versammelten "Revolutionäre" forderte damals sogar die Gefangennahme des "Verräters Gușă."[63] Gemäß einer Aussage des Vorsitzenden der Senatskommission zur Aufklärung der Ereignisse vom Dezember 1989 war es der rumänische General Nicolae Eftimescu, der am 23. Dezember 1989 vom Sitz des Verteidigungsministeriums im Beisein des Rates der *Front der Nationalen Rettung* den Generalstabschef der sowjetischen Armee, General Moiseev, um militärische Hilfe und Unterstützung ("ajutor militar, desant") gebeten hatte.[64]

---

[62] *Adevărul*, 7.2.1996.
[63] *Radio Bukarest*, 22.12.1989.
[64] *Adevărul*, 16.12.1995.

Anders Generalstabschef Guşă, der bei seinem ersten Fernsehauftritt unmittelbar nach dem Sturz Ceauşescus am 22. Dezember 1989 die Bevölkerung nicht nur dazu ermahnt hatte, Ruhe zu bewahren, sondern auch zur Wahrung der "Souveränität und Integrität des Landes" aufgerufen hatte. Mit seiner Weigerung, ein militärische Eingreifen der Sowjetunion in Rumänien zuzulassen, hatte er die Pläne der sowjetloyalen Generäle vereitelt. Nachdem Ceauşescu hingerichtet und die Gruppe um Iliescu-Militaru die Macht im Staate übernommen hatte, wurde Stefan Guşă als Generalstabschef entlassen. Als eine ihrer ersten Maßnahmen als legal konstituiertes Machtorgan setzte die *Front der Nationalen Rettung* das rumänische Verteidigungsgesetz, das die Grundlage der autonomen Außen- und Sicherheitspolitik Rumäniens gebildet hatte, außer Kraft.

War ein Aufstand der Offiziere geplant?

Die neue Führung mußte von Anfang an versuchen, sicherzustellen, daß sich die rumänischen Streitkräfte den Aufständischen gegenüber neutral verhielten. Zugleich mußten sie aber auch verhindern, daß die national gesinnten Köpfe der Armee den Sturz Ceauşescus zum Anlaß nahmen, um selbst die Macht zu ergreifen. Immer wieder wurde im Verlauf der Revolution von Vertretern der neuen Führung die Gefahr eines Militärputsches beschworen. Auch der ungarische Pastor László Tökés wurde damals nicht müde, vor einer Machtübernahme durch das Militär zu warnen.[65] Für den Dichter Mircea Dinescu stellte Ion Iliescu "die einzige Alternative zu einem möglichen Militärputsch" dar und die "einzige Chance", einen solchen zu verhindern.[66]

Es stellt sich die Frage, ob aktive Offiziere unabhängig von der internationalistischen Gruppe um Ion Iliescu, der auch eine Anzahl sowjetloyaler, von Ceauşescu seinerzeit in die Reserve geschickter Offiziere angehörte, eine gewaltsame Ablösung des Staatschefs geplant hatten? Damals kursierten Gerüchte, die davon sprachen, daß "die Revolte der Jugend", die in Temeswar ihren Ausgang genommen hatte, einem von der Armee geplanten Umsturz zuvorgekommen sei.[67]

An Ursachen für einen Staatsstreich der aktiven Militärs, der darauf hingezielt hätte, den Staats- und Parteichef abzusetzen, ohne die Grundpfeiler rumänischer Außen- und Sicherheitspolitik anzutasten, fehlte es nicht. Die Existenz politisch antagonistischer Fraktionen innerhalb der Streitkräfte

---

[65] *Süddeutsche Zeitung*, 18.1.1990.
[66] *Frankfurter Rundschau*, 11.1.1990.
[67] *Frankfurter Allgemeine Zeitung*, 12.1.1990 und *Die Tageszeitung*, 16.1.1990.

stellt zweifellos ein wichtiges Element dar, dessen Brisanz auch dadurch nicht entschärft wurde, daß der Staats- und Parteichef einen Großteil der sowjetloyalen Offiziere in die Reserve versetzt oder mit Posten im zivilen Bereich betraut hatte.

Status, Privilegien und Abgrenzung der Streitkräfte von Sicherheitskräften oder Patriotischen Garden sowie der zunehmend massive Einsatz der Wehrpflichtigen bei landwirtschaftlichen Arbeiten und baulichen Großprojekten schürte den Unmut in der Armeeführung. Von Ceauşescus Austeritätspolitik, die mit zahlreichen demonstrativen Abrüstungsinitiativen einherging, waren die Streitkräfte in besonderem Maße betroffen zum Unterschied von den Sicherheitskräften, deren Ausrüstung und finanzielle Ausstattung derjenigen der Armee überlegen war. Die Streitkräfte mußten das Waffenmonopol mit den Sicherheitskräften teilen, schlimmer noch: Bewaffnung und Munition der Armee standen unter der Kontrolle der *Securitate*.

Zwar hatten aktive rumänische Offiziere im Verlauf der achtziger Jahre ihrem Unmut mehrmals Luft gemacht. Das bedeutete jedoch nicht, daß sie bereit gewesen wären, sich vor den Karren der Pläne Moskaus für einen Umsturz in Rumänien spannen zu lassen. Im Dezember 1985, wenige Monate nach dem Amtsantritt Gorbačevs, hatte der sowjetische Außenminister Andrej Gromyko versucht, den damaligen rumänischen Verteidigungsminister Constantin Olteanu anläßlich eines offiziellen Besuchs in der Sowjetunion für eine "brüderliche Hilfsaktion" für das krisengeschüttelte Rumänien zu gewinnen. Olteanu verhielt sich loyal. Bald nach seiner Rückkehr wurde er aus der Schußlinie genommen und als Verteidigungsminister von Vasile Milea abgelöst.[68]

Im Verlauf der Monate vor dem Umsturz mehrten sich jedoch die Anzeichen dafür, daß das Vertrauen Staats- und Parteichefs Ceauşescus in die Armee im allgemeinen und Minister Milea im besonderen im Abnehmen begriffen war. Am 11. Dezember 1989, wenige Tage vor dem Ausbruch des Aufstandes in Temeswar, beschloß das Politische Exekutivkomitee des Zentralkomitees der *RKP*, die bis dahin dem Verteidigungsministerium unterstellten Grenztruppen, die bereits im Juli desselben Jahres einen erweiterten Schießbefehl erhalten hatten, dem Innenministerium zu unterstellen. Hatte Ceauşescu das Vertrauen in die Armee verloren? Einen Tag

---

[68] Während Olteanus Besuch in Moskau wurde in einem Kommentar der Moskauer Parteizeitung *Pravda* betont, daß es "die internationalistische Pflicht" der Staaten der sozialistischen Gemeinschaft sei, deren "Einheit und Zusammenhalt" zu stärken. Der Warschauer Pakt verfolge den "Stand der Errungenschaften" in den einzelnen Staaten des Bündnisses sehr aufmerksam und sei "jederzeit bereit, ihnen zu Hilfe zu eilen." Siehe hierzu: Anneli Ute Gabanyi: "Von Gorbačev zu Gromyko: Zum Stand der rumänisch-sowjetischen Beziehungen", in: *Südosteuropa* 6 (1988), S. 264.

später wurde Oberst Corneliu Pârcălăbescu zum Generalstabschef der (unmittelbar dem Zentralkomitee der *RKP* unterstellten) Patriotischen Garden ernannt. Seit seiner Ernennung zum Verteidigungsminister im Dezember 1985 hatte Milea diesen Posten in Personalunion mitverwaltet. Sollte dies ebenfalls darauf hindeuten, daß der Staats- und Parteichef seinem Verteidigungsminister nicht mehr traute?

Daß Milea in Verbindung mit der Gruppe um Ion Iliescu gestanden haben könnte, erscheint zweifelhaft. Am Vorabend der Revolution konnte diese Gruppe jedoch auf eine Anzahl führender aktiver Offiziere der rumänischen Streitkräfte zählen. Silviu Brucan, ehemaliger außenpolitischer Berater der neuen Führung, erklärte in einem Interview, man sei sich bei der *Front der Nationalen Rettung* eines Großteils der Armee immer sicher gewesen, nicht aber aller ihrer Generale.[69] In der westlichen Presse war von "elf Armeegeneralen, deren Rebellion den Umsturz ermöglicht hat", die Rede.[70] Während die Haltung des von Ceauşescu zuletzt als "Verräter" gebrandmarkten Vasile Milea nicht zuletzt wegen seines angeblichen Selbstmords mehr Fragen aufwirft, als zur Zeit beantwortet werden können, scheint das Verhalten seines seinerzeitigen ersten Stellvertreters Victor Stănculescu vor und während des Umsturzes darauf hinzudeuten, daß er ein doppeltes Spiel gespielt hatte in der Hoffnung, seine Karriere nach dem Umsturz fortsetzen wenn nicht gar krönen zu können.[71]

Die Hypothese, daß die Gruppe um Iliescu einen Putsch national gesinnter Militärs unterlaufen hat, ist nach all dem Gesagten nicht von der Hand zu weisen. Sie liefert nicht nur eine Erklärung für die Schärfe der Machtkämpfe vor der Hinrichtung Ceauşescus, sondern auch für die Radikalität der von der neuen Führung danach getroffenen Maßnahmen. Im Dezember 1989 wurde wurde Nicolae Militaru zum neuen Verteidigungsminister ernannt, ein Absolvent der Obersten Sowjetischen Kriegsakademie, der 1978 aus dem aktiven Dienst der Armee entfernt und zum stellvertretenden Minister für Industriebauten ernannt worden war. Neuer Generalstabschef anstelle des entlassenen Guşă wurde Vasile Ionel, ebenfalls ein Absolvent einer Moskauer Militärakademie, der offenbar bis zuletzt das Vertrauen Ceauşescus genossen hatte und in einer wichtigen Funktion als Kommandant der Direktion zum Bau des Donau-Schwarzmeer-Kanals eingesetzt gewesen war.

[69] *Le Monde*, 29.12.1989.
[70] *Die Zeit*, 4.1.1990.
[71] Siehe hierzu ausführlich Anneli Ute Gabanyi: Die unvollendete Revolution. Rumänien zwischen Diktatur und Demokratie, München 1990, S. 98-118.

Die Machtübernahme durch die Radikalen

Die Machtübernahme durch die sowjetloyalen Radikalen innerhalb der
Front der Nationalen Rettung erhöhte die Spannungen mit den konservativen Kräften innerhalb der revolutionären Koalition.[72] Der Wechsel an der
Spitze der Streitkräfte zog weitere zahlreiche tiefgreifende Veränderungen
im Aufbau und in der Personalstruktur der Streit- und Sicherheitskräfte
nach sich. Die Truppen des Innenministeriums wurden dem Verteidigungsministerium unterstellt, der Sicherheitsdienst Securitate aufgelöst.
Acht vor 1989 in wichtigen Funktionen tätige Generale wurden in die
Reserve versetzt, der ehemalige erste stellvertretende Verteidigungsminister Victor Stănculescu trotz seiner aktiven Unterstützung der revolutionären Gruppe um Iliescu aus dieser Funktion entlassen und zum Wirtschaftsminister ernannt. Statt dessen wurden achtzehn seinerzeit von Ceauşescu in die Reserve versetzten Generale in den aktiven Dienst zurückgeholt.

Ähnlich weitreichende Umwälzungen fanden auch im Bereich der Führungseliten des Innenministeriums statt. Innenminister Tudor Postelnicu
wurde vor Gericht gestellt, 28 Generale, darunter anfangs auch der Secu-
ritate-Chef Iulian Vlad, wurden in die Reserve versetzt, während von
Ceauşescu in die Reserve beförderte hohe Milizoffiziere reaktiviert wurden.

Zugleich wurde der bisherigen Außen- und Sicherheitspolitik Rumäniens das Fundament entzogen: Unmittelbar nachdem er sich am 26. Dezember 1989 gesetzlich konstituiert hatte, erließ der Rat der *Front der
Nationalen Rettung* eine Verordnung, welche die Annullierung jener gesetzlichen Regelungen betraf, die im Anschluß an die Invasion der Warschauer-Pakt-Truppen in die Tschechoslowakei verabschiedet worden
waren und den Grundstein für die relative militärpolitische und außenpolitische Außenpolitik Rumäniens gelegt hatten.

Mit der Entlassung Ştefan Guşăs als Generalstabschef war der Widerstand der national denkenden Offiziere in den Streitkräften aber noch nicht
gebrochen. Am 6. Januar 1990 wandte sich eine Gruppe führender Offiziere mit einem Schreiben an den Rat der *Front der Nationalen Rettung*,
worin sie gegen die Reaktivierung der sowjetloyalen Offiziere und ihre
Einsetzung an der Spitze der Armee protestierten. Bei zwei aufeinanderfolgenden Treffen der Offiziere des militärischen Führungsstabs mit Spit-
zenvertretern des Rates der *Front der Nationalen Rettung* erklärten sich

---

[72] Robert Bossard: Die Gesetze von Politik und Krieg, Bern 1990, S. 273-276.

diesem Bericht zufolge weitere Offiziere mit dem Brief ihrer Kollegen solidarisch.[73] Wenige Tage nach der Bildung des *Provisorischen Rates der Nationalen Einheit*[74] forderte ein aus jungen Offizieren gebildetes sogenanntes *Komitee für die Demokratisierung der Armee* die Regierung des Runden Tisches auf, [75] das Geschehen in Temeswar aufzuklären und jene Kommandeure aus dem aktiven Dienst zu entlassen, die sich seit dem 16. Dezember 1989 der Niederschlagung des Volksaufstandes schuldig gemacht hatten. Jene Generale, die nach dem Umsturz in den aktiven Dienst zurückgeholt und in Führungspositionen berufen worden waren, sollten in die Reserve zurückversetzt werden. Das Komitee forderte die Abberufung von Verteidigungsminister Nicolae Militaru und Innenminister Mihai Chiţac und die Ernennung eines Zivilisten zum neuen Verteidigungsminister. Die Demokratisierung des öffentlichen Lebens, so der Appell, dürfe nicht vor der Armee haltmachen. Das Hauptanliegen des Komitees bestand darin, sicherzustellen, daß die Streitkräfte nicht in die politischen Auseinandersetzungen zwischen unterschiedlichen Gruppierungen und Parteien hereingezogen und nie mehr als Instrument der Repression gegen das Volk mißbraucht werden können.[76] Unter dem Druck der jungen Offiziere mußte Präsident Iliescu Verteidigungsminister Militaru fallenlassen. Zu seinem Nachfolger wurde Victor Stănculescu ernannt. Damit fand innerhalb weniger Wochen ein neuerlicher Umschwung an der Spitze des Verteidigungsministeriums statt. Militaru und seine sowjetloyalen Generale wurden, zumeist nach einer Beförderung, wieder in die Reserve geschickt. Die Zeit, die sie an der Spitze der Streitkräfte waren, hatten sie nicht zuletzt auch dazu genutzt, die Archive des aufgelösten Sicherheitsdienstes *Securitate* zu vernichten, zu säubern oder außer Landes zu schaffen und die militärischen Geheimnisse des Landes, die für Moskau während der Jahrzehnte rumänischer Autonomiepolitik nicht zugänglich gewesen waren, zu entschlüsseln.[77]

Nach der Ablösung General Militarus als Verteidigungsminister meldete sich auch der frühere Generalstabschef Stefan Guşă, der ein Kommando in der Moldau übernommen hatte, wieder öffentlich zu Wort. Auf einem Treffen des Präsidenten mit Vertretern der Streitkräfte warnte er vor einer

---

[73] Cornel Ivanciuc: "Virgil Măgureanu sau modelul exemplar al disimulării (Virgil Măgureanu oder der Modellfall der Verstellung)", in: *"22"*, 31.5.-6.6.1995, S. 12.
[74] Siehe hierzu das Kapitel "Institutionenbildung in Rumänien".
[75] *România Liberă*, 14.2.1990.
[76] *România Liberă*,. 17.2.1990.
[77] Solche Aktionen waren in allen ehemaligen kommunistischen Staaten Ostmitteleuropas einschließlich der DDR zu beobachten.

von der *Front der Nationalen Rettung* und Kräften der ehemaligen Securitate gesteuerten Desinformationskampagne, deren Ziel es sei, die Armee in eine Konfrontation mit der Bevölkerung zu treiben:

"Bisher ist es nicht gelungen, die Armee in ein Gemetzel hineinzuziehen. Es hat ein Krieg nach einem klaren Plan stattgefunden. Der Krieg geht weiter und ist gegen die Armee gerichtet."[78]

Der Einsatz illegaler Gewalt

In der Tat gingen die Versuche von Kräften, die nicht identifiziert werden konnten, die rumänischen Streitkräfte, die sich in der Bevölkerung höchster Wertschätzung erfreuten, zu repressiven Einsätzen zu provozieren und auf diese Weise in den Augen der Bevölkerung zu diskreditieren, auch nach dem Sturz Ceauşescus weiter. Dreimal, am 28. - 29. Januar, dem 18.- 19. Februar und zwischen dem 13. - 15. Juni 1990, hat die neue Führung und Präsident Ion Iliescu persönlich den Einsatz illegaler Gewalt durch eine nichtinstitutionelle Kraft - die Arbeiter im allgemeinen und die Bergarbeiter aus dem Schiltal im besonderen - initiiert und sanktioniert, um das neue Regime zu retten.[79] Ein am 20. März 1990 gewaltsam ausgetragener Konflikt zwischen ungarischen Bewohnern der siebenbürgischen Stadt Târgu-Mureş, Roma und rumänischen Bauern aus der Umgegend, lief nach einem ähnlichen Schema wie die Einsätze der Bergarbeiter ab. Es gilt als ausgemacht, daß solche "Zwischenfälle" nur Kräften angelastet werden können, die "die Kunst der Provokation, der Mobilisierung und der Manipulation beherrschen".[80]

---

[78] *România Liberă*, 16.3.1990.

[79] Der Volksmund nennt diese Einsätze "mineriade" (von rum. miner - Bergarbeiter), ein Terminus, der Assoziationen weckt an Begriffe, die zur Zeit der französischen Revolution für diverse Praktiken des Terrors wie der "noyade" ("Ertränkung"), "fusillade"("Massenerschießung)" und "carrierade" ("Morde im Stile Carriers") im Gebrauch waren. Siehe hierzu Rudolf Walther: "Die Waffe des Despotismus. Die Doktrin der 'Terreur' - Vor 200 Jahren stürzte Robespierre", in: *Frankfurter Allgemeine Zeitung*, 27.7.1994.

[80] Mihnea Berindei / Ariadna Combes / Anne Planche: România, cartea albă (Rumänien, das Weißbuch), Bukarest 1991, S.9. Siehe hierzu auch: Grupul pentru Dialog Social, Asociaţia pentru Apărarea Drepturilor Omului în România - Comitetul Helsinki (Hrsg.): Raport asupra evenimentelor din 13 - 15 iunie 1990, Bucureşti (Bericht über die Ereignisse vom 13. - 15. Juni 1990, Bukarest), Sf. Gheorghe, ohne Datumsangabe.

Diese Zwischenfälle, bei denen die Polizei und Armee nicht eingriffen, hatten der neuen Führungsmannschaft ebenso wie die Spannungen innerhalb der Streitkräfte klargemacht, daß *die Front der Nationalen Rettung* ein institutionelles Gegengewicht zur Armee brauchte, um ihre durch den Umsturz errungene, aber noch nicht durch Wahlen legitimierte Machtposition zu verteidigen und zu festigen. Unmittelbar nach seiner Ernennung kündigte Verteidigungsminister Victor Stănculescu die Bildung "neuer Strukturen" des Sicherheitsapparats an, deren Aufgabe es sein werde, die Unabhängigkeit Rumäniens zu verteidigen, eine Destabilisierung des Landes zu verhindern und die Fortführung der Demokratisierungsprozesses zu gewährleisten. Die neuen Sicherheitskräfte dürften nicht in den Dienst einer Partei oder Gruppierung gestellt werden.[81]

Im Anschluß an die blutigen Auseinandersetzungen von Târgu-Mureş wurde am Runden Tisch des *Provisorischen Rates der Nationalen Einheit* die Gründung des Geheimdienstes *Serviciul Român de Informaţii* (*SRI*) beschlossen.[82] Er stützt sich zu einem Teil auf Angehörige des ehemaligen Geheimdienstes Securitate. Unmittelbar nach der Räumung der Marathon-Demonstration auf dem Universitätsplatz durch die Bergarbeiter erfolgte die Aufstellung der Gendarmerie, die angeblich einen Teil der bewaffneten Einheiten des ehemaligen Geheimdienstes in Dienst stellte.[83]

Ein letztes Mal übten die Bergarbeiter am 25. September 1991 illegale Gewalt aus. Damals wurde der reformorientierte Premierminister Petre Roman von Kräften gestürzt, die im Umfeld des Geheimdienstchefs Virgil Măgureanu und des sowjetloyalen Senatspräsidenten Alexandru Bârlădeanu angesiedelt waren.[84]

Der mit Gewalt erzwungene Rücktritt Petre Romans beendete die gewaltsame Phase der Rumänischen Revolution. Die Regierungspartei zerfiel in zwei Teile. Bei den Parlamentswahlen von 1992 konnte die Partei, die Ion Iliescu als Präsidentschaftskandidaten nominiert hatte, keine Mehrheit mehr erringen. Mit dem Untergang der Sowjetunion war auch der äußere Faktor verschwunden, auf den jene Kräfte - in Rumänien wie anderswo in den ehemals kommunistischen Staaten Ostmitteleuropas - gesetzt hatten, die ein Fortschreiten auf dem Weg zu einer demokratisch-parlamentarischen, marktwirtschaftlichen Ordnung verhindern oder zumindest erschweren wollten. Wie überall in Ostmitteleuropa kam es nun

---

[81] *România Liberă*, 21.2.1990. Siehe auch: *Frankfurter Allgemeine Zeitung*, 23.2.1990 und 3.3.1990.

[82] *AFP*, 25.3.1990.

[83] Siehe hierzu auch: Mihnea Berindei / Ariadna Combes / Anne Planche: România, cartea albă (Rumänien, das Weißbuch), Bukarest 1991, S. 9.

[84] Siehe hierzu die Anklageschrift des Generalinspektorats der Polizei in: *România liberă*, 2.3.1994.

auch in Rumänien zur "Normalisierung der Revolution", die Machtkämpfe
auf den Straßen wurden von dem verhandelten Interessenausgleich innerhalb des parlamentarischen Systems abgelöst.[85]

4. Externe Unterstützung

Die Gorbačev-Doktrin - eine Brežnev-Doktrin für Rumänien?

Der Faktor der externen Unterstützung für Regierungen oder revolutionäre
Gruppierungen ist von großer, nicht selten ausschlaggebender Bedeutung
für Erfolg oder Mißerfolg einer revolutionären Bewegung. In seiner klassischen Revolutionsstudie hat Ted Gurr nachgewiesen, daß von den vie-
rundfünfzig Revolutionen (er spricht von "internen Kriegen"), die zwischen 1961 und 1965 in 114 Staaten stattgefunden haben, in dreißig Fällen
die Aufständischen von äußerer Hilfe seitens fremder Staaten profitiert
haben.[86] Eine von den Vereinigten Staaten in Auftrag gegebene Studie
kam zu dem Schluß, daß die Grenze zwischen internationalen und internen
Kriegen sehr schmal ist.[87]

Der Faktor der äußeren Unterstützung für revolutionäre Gruppierungen,
von politischen Kontakten, diplomatischer Anerkennung, wirtschaftlicher
Unterstützung bis zu offenen oder verdeckten militärischen Aktionen,
spielte in allen ostmitteleuropäischen Staaten eine Rolle. Solche Unterstützung gab es seitens der Hegemonialmacht Sowjetunion, aber auch von
westlichen oder benachbarten Staaten.

Daß die damalige sowjetische Führung die Krise in Rumänien nicht nur
als eine rein innerrumänische Angelegenheit betrachtete, sondern als einen
Vorgang, der sich auch auf die Beziehungen zur Sowjetunion auswirkte
und der Sache des Sozialismus schade, hatte Gorbačevs Außenminister
Eduard Ševardnaze in einem Interview deutlich gemacht, das zwei Tage
vor dem Sturz Ceaușescus in einer Sendung des Moskauer Rundfunks in
rumänischer Sprache ausgestrahlt worden war: "Die internen Vorgänge in

---

[85] Vasile Iosipescu: "Europa posttotalitară - de la haos la normalizare (Das
posttotalitäre Europa - Vom Chaos zur Normalisierung)", in: *Observatorul
Militar,* 31.8.-6.9.1994.

[86] Ted Robert Gurr: Why Men Rebel, Princeton 1970.

[87] "The boundary between international and internal war is frail", schreibt Thomas
H. Greene: Comparative Revolutionary Movements. Search for Theory and
Justice, Englewood Cliffs, 1984, S. 155.

Rumänien beginnen sich auch auf die zwischenstaatlichen Beziehungen auszuwirken ... sie können das Image der sozialistischen Ideale trüben."[88] Genau dieses Argument, so war offiziellen Verlautbarungen zu entnehmen, hatte Michail Gorbačev bei seinen 1987 und 1988 geführten Unterredungen mit Nicolae Ceauşescu vorgebracht.[89] Die Haltung der sowjetischen Führung in der Frage einer möglichen Intervention in Rumänien im Stil der klassischen internationalistischen Hilfeleistung war über weite Strecken zweideutig. Die Gegner Gorbačevs und seiner Innen- und Außenpolitik sprachen sich früh gegen eine sowjetische Intervention in Rumänien aus, dessen Führung Sympathien für die reformfeindliche Fraktion innerhalb der Moskauer Führung signalisiert hatte. Im Anschluß an die Arbeiterunruhen in Braşov (Kronstadt) vom November 1987 hatte der Sekretär des Zentralkomitees der KPdSU, Jegor Ligačev, auf einer Pressekonferenz anläßlich eines Frankreich-Besuchs erklärt, daß die Sowjetunion in Rumänien nicht intervenieren würde, falls das Regime Ceauşescus gestürzt würde:

> "Wenn die Rumänen Schwierigkeiten haben, hoffen wir inständig, daß sie diese überwinden. Wenn etwas anderes passieren sollte - was sowieso eine Hypothese ist - beabsichtigen wir nicht, einzugreifen."[90]

Daran, daß die Gruppe um Gorbačev zugunsten Ceauşescus in Rumänien intervenieren würde, war angesichts der gespannten Beziehungen zwischen den Führungen der beiden Staaten nicht zu denken. Das wußten auch die führenden Vertreter der *Front der Nationalen Rettung*, die sich - so ihr damaliges Mitglied Mihai Lupoi - am 22. Dezember 1989, dem Tag der Flucht Ceauşescus aus Bukarest, mit der Frage an Gorbačev gewandt hatten, ob Moskau zugunsten Ceauşescus intervenieren werde. Davon, so Lupoi, sei auf sowjetischer Seite zu keinem Zeitpunkt die Rede gewesen.[91]

---

[88] *Radio Moskau*, 20.12.1989.
[89] Bei seinem Rumänienbesuch im Mai 1987 hatte Gorbačev darauf hingewiesen, daß die kommunistischen Staaten bei der Festsetzung ihrer politischen Linie zwar unabhängig seien, daß sie aber zugleich auch eine "kollektive Verantwortung für das Schicksal des Weltsozialismus" trügen. Anläßlich der Gegenvisite Ceauşescus in Moskau im Oktober 1988 hatte der sowjetische Parteichef ausdrücklich die "internationale Verantwortung" der Sowjetunion für die Entwicklung des Sozialismus in den anderen kommunistischen Staaten hervorgehoben. Siehe hierzu: Anneli Ute Gabanyi: "Gorbačev in Bukarest: Rumänisch-sowjetische Differenzen treten offen zutage", in: *Südosteuropa* 5 (1987), S. 273, und dies.: "Rumänien im Zeichen von Perestrojka und Glasnost", in: *Osteuropa* 5 (1989), S. 747.
[90] *AFP*, 4.12.1986.
[91] *Le Figaro*, 3.1.1990.

Destabilisierung, Desinformation, verdeckte Aktionen

Es besteht kein Zweifel, daß die sowjetische Führung während der heißen Phase des Umsturzes in Rumänien aktiv gegen Ceauşescu und für die neuen Machthaber eingetreten ist. Eine Analyse der sowjetischen Politik im Verlauf der Rumänischen Revolution ergibt, daß die Sowjetunion sich propagandistisch, politisch, durch aktive Maßnahme im Zuge sogenannter "verdeckter Aktionen" und mit dem Angebot militärischer Unterstützung zugunsten sowjet- und *Perestrojka*-freundlicher Kräfte in Rumänien eingesetzt hat. Stellungnahmen sowjetischer Politiker und die Berichterstattung in den staatlichen sowjetischen Medien über die am 16. Dezember 1989 ausgebrochenen Unruhen in Rumänien ließen erkennen, daß die Moskauer Führung bereits vor dem 22. Dezember 1989 über den geplanten Umsturz in Rumänien informiert gewesen war. Am 20. Dezember 1989 erklärte Michail Gorbačev während einer Sitzung des Obersten Sowjets der Sowjetunion, in Rumänien würden "innerhalb der kommenden 24 Stunden radikale Veränderungen eintreten".[92] Die rumänischsprachige Sendung von Radio Moskau verwies ihre Hörer auf Sendungen der Rundfunk- und Fernsehstationen der Nachbarstaaten Rumäniens, die das von Bukarest verhängte Nchrichtenembargo über die Vorgänge in Temeswar unterliefen. Im Anschluß an die Großveranstaltung in Bukarest, in deren Verlauf Staats- und Parteichef Ceauşescu von Teilnehmern der Veranstaltung gestört wurde und seine Fernsehrede zeitweilig abbrechen mußte, kamen im Moskauer Rundfunk drei Deputierte des Obersten Sowjets der Sowjetunion zu Wort. Einer von ihnen sagte, Ceauşescu sei kein Sozialist mehr, weil er auf das Volk schießen lasse, er sei ein Gegner der sowjetischen Umgestaltung und des Demokratisierungsprozesses in Osteuropa. Während sie den rumänischen Staats- und Parteichef als "totalitär", "autoritär" und als "Stalinist" brandmarkten, stellten sich die sowjetischen Abgeordneten ausdrücklich auf die Seite des rumänischen "Volkes", dessen Protestaktionen und Forderungen sie begrüßten.[93]

Es gibt eine große Zahl verschiedener, offizieller und inoffizieller Hinweise darauf, daß Rumänien zur Zeit der gewaltsamen Unruhen gegen das Ceauşescu-Regime Schauplatz indirekter Interventionen der Sowjetunion gewesen ist. Bereits zu einem frühen Zeitpunkt waren in der rumänischen Öffentlichkeit, aber auch in der westlichen Presse Stimmen

---

[92] A. Vladimir: "François Mitterand era unul din cunoscătorii culiselor evenimentelor din Decembrie '89 (François Mitterand war einer der Kenner der Hintergründe der Ereignisse vom Dezember '89)", in: *România Liberă*, 15.1.1996.

[93] *Radio Moskau* in rumänischer Sprache, 21.12.1989.

laut geworden, die den "auslösenden Aufstand in Temeswar" auf "gezielte Provokationen", ja sogar auf die "lange Hand Moskaus" zurückführten.

Unmittelbar im Anschluß an den Umsturz mehrten sich die Hinweise auf die große Zahl der mit Einzelvisa ausgestatteten sowjetischen Touristen, die zur Zeit des Aufstandes die Hotels in Temeswar bevölkert hatten und im Umkreis der Pfarrei des Pastors Tökés aufgefallen waren. Dieselben "Touristen" sollen danach auch in Bukarest an der von Ceauşescu organisierten Demonstration vom 21. Dezember 1989 als Provokateure aufgetreten sein.[94] Şerban Săndulescu, Senator der Nationalen Bauernpartei und Mitglied der Senatskommission zur Untersuchung der Ereignisse vom Dezember 1989 berichtete in einem Zeitungsinterview, daß sich im Dezember 1989 rund 67.500 sowjetische Touristen in Rumänien aufgehalten haben - in den Jahren zuvor seien es durchschnittlich 23.000 gewesen. Er zitiert Augenzeugenberichte, denen zufolge im Dezember 1989 Kolonnen von sowjetischen Wagen mit jeweils zwei oder drei Insassen aus mehreren Richtung auf Temeswar zugesteuert hätten.[95] Einem anderen Pressebericht zufolge sollen damals sowjetische Aufklärungs- und Diversionstruppen beim Hauptquartier der sowjetischen Truppen in Ungarn stationiert gewesen sein.[96]

Seither veröffentlichte Untersuchungen haben diese frühen Erkenntnisse bestätigt und durch zahlreiche Einzelheiten ergänzt. Es konnte bisher jedoch noch nicht eindeutig geklärt werden, ob und in welchem Umfang während der gewaltsamen Auseinandersetzungen in Rumänien Formen der militärischen Diversion zur Verunsicherung der rumänischen Streitkräfte eingesetzt wurden und ob bzw. inwieweit sie auf Aktivitäten ausländischer Kräfte zurückzuführen sind.

War eine militärische Intervention der Sowjetunion geplant?

Besonders umstritten war die Frage, ob die Sowjetunion in irgendeiner Phase der rumänischen Krise die Absicht hatte, direkt mit militärischen Mitteln in Rumänien einzugreifen. Dabei gilt es zudem zu klären, ob die neue rumänische Führung Moskau mit einem "Hilferuf" um militärische

---

[94] *The London Times*, 2.3.1990.
[95] Şerban Madgearu: "Ceauşescu a avut o armată secretă (Ceauşescu hatte eine Geheimarmee)", in: *Cotidianul*, 21.12.1994.
[96] A. Vladimir: "François Mitterand era unul din cunoscătorii culiselor evenimentelor din Decembrie '89 (François Mitterand war einer der Kenner der Hintergründe der Ereignisse vom Dezember '89)", in: *România Liberă*, 15.1.1996.

Hilfe gebeten hat, und wie die sowjetische Seite in einem solchen Falle darauf reagiert hat. Hierzu einige Fakten: Am 23. Dezember 1989 sendete der rumänische Rundfunk zwischen elf und zwölf Uhr vormittags folgende Nachricht:

"Wir haben erfahren, daß durch die Vermittlung der Botschaft der UdSSR die Hilfe der Sowjetarmee angefordert wurde, weil Terroristen durch fremde Interventionisten Hubschrauber eingesetzt haben."

Die jugoslawische Nachrichtenagentur *Tanjug* und der britische Rundfunksender *BBC* bestätigten übereinstimmend, daß im rumänischen Fernsehen "von einem Sprecher der Aufständischen" eine Nachricht verlesen worden sei, worin es geheißen habe, die sowjetische Botschaft in Bukarest habe zugesagt, die UdSSR werde den "notwendigen militärischen Beistand für die rumänische Bevölkerung" leisten, nachdem "in Rumänien Gruppen ausländischer Terroristen" aufgetreten seien, die "die Institutionen und die Bevölkerung mit Hubschraubern" angriffen.[97]

Auch die sowjetische Presse bestätigte, daß ein Hilfeersuchen seitens der *Front der Nationalen Rettung* an die Sowjetunion ergangen sei. Nach einem Korrespondentenbericht soll sich am 23. Dezember 1989 morgens gegen 10 Uhr beim sowjetischen Pressebüro ein unbekannter Anrufer mit folgender Nachricht gemeldet haben: "Ich konnte zur sowjetischen Botschaft telefonisch nicht durchdringen. Teilen Sie Gorbačev mit, daß wir bereit sind, sowjetische Militärhilfe anzunehmen. Wir brauchen sie." Eine halbe Stunde später sei dort eine weitere Nachricht eingegangen: "Als Folge des Hilfeersuchens, das die *Front der Nationalen Rettung* an die Sowjetunion gerichtet hat, haben die Sicherheitskräfte Hilfe aus dem Iran angefordert."[98]

Am gleichen Tage bestätigte Michail Gorbačev das rumänische Hilfeersuchen. Vor dem Kongreß der Volksdeputierten der UdSSR sagte er am frühen Nachmittag des 23. Dezember: "Da gab es immerhin einen Moment, in dem aus Bukarest vom Komitee der Nationalen Rettung (sic) um Hilfe gebeten wurde, weil einige Einheiten der Streitkräfte gegen das Volk vorgegangen seien."[99] Er kündigte Maßnahmen auf der bilateralen Ebene und auf der Ebene des Warschauer Pakts an. Weil, so Gorbačev, in Bukarest ein Sowjetbürger verwundet worden sei,[100] habe man eine Erklärung

---

[97] *Reuter*, 23.12.1989.

[98] *Sovetskaja Rossija*, 24.12.1989.

[99] *TASS*, 23.12.1989.

[100] Die Nachricht von einem angeblichen sowjetischen Opfer der Unruhen in Bukarest wurde nie wieder erwähnt. Die "Ermordung zum Schein" gehörte zum Standardrepertoire des KGB in jener Periode, wie die Diversion um den angeblichen Tod eines Prager Studenten während der tschechoslowakischen (Fortsetzung der Fußnote siehe nächste Seite)

abgegeben. Darin heißt es in fast wörtlicher Übereinstimmung mit der Erklärung, die die US-Administration hinsichtlich ihrer zur gleichen Zeit ablaufenden Intervention in Panama veröffentlicht hatte:

"In der Sowjetunion kann man gegenüber dem Schicksal sowjetischer Bürger nicht gleichgültig bleiben und diejenigen, die die Initiative zu den genannten Aktionen ergriffen haben und das Leben sowjetischer Menschen bedrohen, werden aufgefordert, ihre Aktionen unverzüglich einzustellen."[101]

Zugleich hatte Gorbačev die sowjetischen Abgeordneten darüber informiert, daß Moskau beabsichtige, Kontakt zu den anderen Staaten des Warschauer Pakts aufzunehmen, um eine Zusammenarbeit zur Unterstützung des "Volkes" Rumäniens zu treffen "und eine Reihe anderer Maßnahmen zu koordinieren, die zu diesem Zweck durchgeführt werden müssen". Er forderte die baldige Aufstellung einer Beobachtergruppe, um die Ereignisse in Rumänien zu verfolgen. Tatsächlich waren im Rahmen des Warschauer Pakts schon Tage zuvor Maßnahmen angelaufen, wie der damalige ungarische Außenminister Gyula Horn ebenfalls am 23. Dezember im Budapester Fernsehen berichtete. Die "operative Gruppe", deren baldige Aufstellung Gorbačev den Volksdeputierten angekündigt hatte, funktionierte laut Horn "bereits seit einigen Tagen."

Horn kündigte für den 24. Dezember die Abhaltung eines Außenministertreffens des Warschauer Pakts zur Lage in Rumänien an. Ebenfalls am 23. Dezember hatte Ungarn den Vorsitzenden des Sicherheitsrats der Vereinten Nationen ersucht, möglichst noch am selben Tag eine Sitzung dieses Gremiums einzuberufen. Berichten zufolge standen in der Nacht vom 22. auf den 23. Dezember 1989 an der sowjetisch-rumänischen Grenze im Nordosten Rumäniens Panzer und schwere Waffen aufgereiht, berichtet Şerban Săndulescu, Senator der Nationalen Bauernpartei und Mitglied der Senatskommission zur Untersuchung der Ereignisse vom Dezember 1989: "Dies bedeutet, daß sie auch schon für eine Intervention für den Fall bereitstanden, daß die internen Kräfte nicht in der Lage gewesen wären, Ceauşescu zu stürzen."[102] An der Grenze Ungarns zu Rumänien waren zu jenem Zeitpunkt ungarische Truppen massiert, doch Ungarns Verteidigungsminister "schloß eine sofortige Intervention aus."[103]

Revolution erkennen läßt. Siehe hierzu Barbara Coudenove-Kalergi: "Jetzt beginnt die Prosa", in: Hans Benedict: Revolution! Die Befreiung Osteuropas vom kommunistischen Absolutismus, Wien 1990, S. 213-215.

[101] Die Erklärung wurde am 24.12.1989 in allen sowjetischen Tageszeitungen abgedruckt.

[102] Şerban Madgearu: "Ceauşescu a avut o armată secretă (Ceauşescu hatte eine Geheimarmee)", in: *Cotidianul*, 21.12.1994.

[103] *The Independent*, 24.12.1989.

Gemäß einer Taktik, die von der Sowjetunion bereits im Afghanistankrieg erprobt worden war, kamen im Zuge der "verdeckten Aktionen" Soldaten der Sowjetarmee zum Einsatz, die aus der Moldauischen Sozialistischen Sowjetrepublik stammten und deren Muttersprache das Rumänische war. In der rumänischen Presse wurde das Interview eines Bürgers der Moldaurepublik veröffentlicht, der in der Zeitspanne zwischen dem 16. und dem 25. Dezember 1990 als Wehrpflichtiger in der Sowjetarmee in Rumänien im Einsatz war. Er berichtete, am Abend des 22. Dezember den Befehl erhalten zu haben, das Feuer gegen Personen in Uniform zu eröffnen. Er habe Rumänien nach Beendigung seiner Mission ungehindert in der Nacht zum 25. Dezember verlassen können, als - nicht zuletzt wegen des angekündigten, jedoch immer wieder verschobenen Fernsehberichts über die Erschießung Ceauşescus - die meisten Straßenkontrollpunkte unbesetzt gewesen seien. Nach Ansicht dieses ehemaligen Soldaten könnte es sich bei den angeblichen "arabischen Terroristen" um sowjetische Soldaten aus den muslimischen Republiken der ehemaligen Sowjetunion gehandelt haben.[104] Und aus einem bald nach dem Umsturz veröffentlichten Interview mit einem dortigen Schriftsteller geht hervor, daß in der Moldauischen Sowjetrepublik zwei Divisionen gebildet worden seien, zu denen auch Freiwillige eingezogen worden waren.[105] Mehr als 5000 Freiwillige sollen sich bei der Moldauischen Volksfront gemeldet haben.[106]

Die Reaktion des Warschauer Pakts

Wurde zu jenem Zeitpunkt eine Intervention der Warschauer-Pakt-Staaten in Rumänien ins Auge gefaßt? Tatsache ist, daß sich sowohl die getroffenen diplomatischen und militärischen Maßnahmen, der Wortlaut des rumänischen "Hilfeersuchens" als auch die in den Mitgliedsstaaten angelaufenen Propagandakampagnen hinsichtlich der Lage in Rumänien auffällig mit den Abmachungen deckten, die in Artikel 4 des Warschauer Vertrags für den Verteidigungsfall bei einem Angriff auf ein Mitgliedsland festgelegt waren. Demnach konnte jeder Mitgliedsstaat dem Angegriffenen auf individueller Basis in Abstimmung mit den anderen Unterzeichnerstaaten Soforthilfe leisten, die bis zum Einsatz von Streitkräften gehen konnte. Als

---

[104] Şerban Madgearu: "Ceauşescu a avut o armată secretă (Ceauşescu hatte eine Geheimarmee)", in: *Cotidianul*, 21.12.1994.
[105] *Tineretul Liber*, 21.1.1990.
[106] *Tanjug*, 27.12.1989.

nächsten Schritt sah der Vertrag Konsultationen der Unterzeichnerstaaten
vor, in deren Verlauf gemeinsame Maßnahmen zur Wiederherstellung und
Beibehaltung des Friedens und der internationalen Sicherheit getroffen
werden sollten. Schließlich mußte als dritter Schritt der Sicherheitsrat der
Vereinten Nationen über die getroffenen Maßnahmen informiert werden.

In dem offenbar bereits mehrere Tage vor dem Umsturz angelaufenen
countdown für eine solche statutengemäße Intervention gab es einen einzigen Schwachpunkt: Die Begründung zum Angriff und die Legitimierung
einer solchen Aktion mußte von außen kommen. Eben diese Begründung
war aber in dem von Radio Bukarest ausgestrahlten Hilfeersuchen enthalten, das vom Einsatz von Hubschraubern durch "fremde Interventionisten"
gesprochen hatte. Zur gleichen Zeit war damals in Rumänien eine Desinformationskampagne angelaufen, die Schreckensmeldungen über angebliche Untaten arabischer Söldnertruppen in Rumänien verbreitete. Rund-
funksprecher riefen die Bevölkerung zur Verteidigung der Rundfunk- und
Fernsehanstalten gegen "arabische Truppen" auf. Mehrere osteuropäische
Nachrichtenagenturen verbreiteten die Nachricht, daß Palästinenser, Syrer
und Libyer an der Seite von Ceauşescus Anti-Terror-Truppen in die
Kämpfe verwickelt seien.

Die Kampagne wurde auch außerhalb Rumäniens geführt. Das tschechoslowakische Bürgerforum berichtete, die tschechoslowakische Botschaft in Bukarest habe Berichte über 2.000 ausländische Söldner bestätigt. Der ungarische Außenminister behauptete am 30. Dezember 1989 im
Anschluß an seinen Besuch in Rumänien, es sei "eine Tatsache, daß Ausländer der verschiedensten Nationalitäten an den Kämpfen teilgenommen
hätten." Und *Radio Moskau* berichtete, sowjetische und bulgarische Stellen hätten vor "fremden Söldnern an Bord von Schiffen und Hubschraubern gewarnt, die ohne nationale Kennzeichen in rumänischen Küstenge-
wässern operiert hätten - angeblich um den Anhängern des hingerichteten
rumänischen Diktators zu Hilfe zu kommen."[107]

Daß es dann doch nicht zu einer direkten Intervention kam, hatte mehrere Gründe. Zum einen gab es in dieser Frage keinen Konsens in der sowjetischen Führung. Es war vor allem Ministerpräsident Ryžkov, der
einen Tag nach der von Gorbačev gemachten Ankündigung, die Sowjetunion erwäge mit anderen Warschauer-Pakt-Staaten koordinierte
"Hilfsmaßnahmen" für Rumänien, im sowjetischen Fernsehen erklärt
hatte, er halte eine Militärintervention für "inakzeptabel". Er verwies darauf, daß die Staaten des Warschauer Pakts erst vor kurzem "die Ereignisse
von 1968 in der Tschechoslowakei neu bewertet" - das heißt verurteilt

---

[107] *Radio Moskau* in rumänischer Sprache, 31.12.1989.

hätten und fragte: "Sollen wir so etwas wenige Tage später wiederholen?"[108] Entscheidend war aber wohl die Weigerung des rumänischen Generalstabschefs Ştefan Guşă, irgend eine Form von ausländischer militärischer Hilfe zu akzeptieren, von einem Einsatz ausländischer Truppen ganz zu schweigen. Wie Gorbačev den Deputierten des sowjetischen Volkskongresses berichtete, habe "der Leiter des Generalstabs der rumänischen Streitkräfte erklärt, daß die Armee die Situation im Lande unter Kontrolle habe und keine Hilfe benötige", obwohl die *Front der Nationalen Rettung* eine solche angefordert habe. Dieselbe Auskunft hatte die Führung der rumänischen Streitkräfte auch Vertretern der ungarischen Streitkräfte übermittelt, die militärische Unterstützung angeboten hatten. In einem Fernsehinterview bestätigte der neue rumänische Ministerpräsident Petre Roman, daß es ein Telefongespräch über eventuelle Waffenhilfe für die Aufständischen zwischen dem rumänischen Verteidigungsministerium und der sowjetischen Führung gegeben habe. Beide Seiten seien aber danach übereingekommen, daß eine sowjetische Intervention "nicht wünschenswert" sei.[109]

In der Tat wäre eine sowjetische Intervention in Widerspruch zu den übergeordneten Interessen Moskaus an einem *disengagement* in Ostmitteleuropa und einer Verbesserung des Bildes der Sowjetunion in der Sicherheitsperzeption des Westens gestanden. Die neue rumänische Führung war sich ihrerseits der Gefahr für ihre nationale Legitimation bewußt, die ihr aus dem Anschein einer allzu großen Nähe zu Moskau erwachsen könnte. Ein sowjetischer Funktionär hatte in einem Pressegespräch jedoch durchblicken lassen, daß der Entschluß zum Eingreifen nur vorläufig aufgeschoben sei: "Wir würden unbedingt aktiv werden, um eine Rückkehr Ceauşescus zu verhindern."[110] Für den Fall, so Vikentij Matveev, ein Kolumnist der Regierungszeitung *Isvestija*, daß sich eine Wende zugunsten Ceauşescus abgezeichnet hätte, hätte der Warschauer Pakt "seine Hände nicht in Unschuld waschen können oder sollen." Die Verantwortung für die Intervention, so Matveev weiter, hätte über den Warschauer Pakt hinausreichen müssen."[111]

---

[108] *The Christian Science Monitor*, 27.12.1989.
[109] *AFP*, 8.1.1990.
[110] *The Los Angeles Times*, 24.12.1989.
[111] Zitiert in *The Christian Science Monitor*, 27.12.1989.

Die Haltung des Westens beim Umsturz

An diplomatischer Unterstützung für die Kräfte des Umsturzes hatte es von Anfang an nicht gefehlt. Unmittelbar nach der Flucht Ceauşescus aus Bukarest am 22. Dezember 1989 gingen in Bukarest Glückwunschbotschaften zum Sturz des Regimes aus praktisch allen europäischen Staaten, den USA und der NATO ein.[112] Am Tage der Hinrichtung Ceauşescus hatten dreizehn Regierungen, darunter auch jene der Vereinigten Staaten und der Sowjetunion, die *Front der Nationalen Rettung* als die legitime Regierung Rumäniens anerkannt.[113] Die Botschafter der betreffenden Staaten wurden angewiesen, mit dem neuen Regime zusammenzuarbeiten. Am 27. Dezember 1989 beglückwünschte Präsident George Bush den neuen rumänischen Staatschef Ion Iliescu in einem Telegramm, worin er die Hoffnung ausdrückte, daß die neue Regierung in Bukarest bald Reformen durchführen und einen Rechtsstaat etablieren würde.

Über die Möglichkeit, daß einige westliche Staaten eine sowjetische Intervention in Rumänien abgesegnet oder sogar mitgetragen hätten, sind nur Andeutungen in die Öffentlichkeit gedrungen. Tatsächlich haben einige westliche Regierungen zum fraglichen Zeitpunkt ihre wohlwollende Haltung im Falle einer solchen "demokratischen Neuauflage der Brežnev-Doktrin"[114] signalisiert oder sogar ihre Unterstützung angeboten. Es gibt Berichte, denen zufolge der französische Präsident François Mitterand im September 1989 anläßlich seines Zusammentreffens mit Michail Gorbačev Übereinstimmung hinsichtlich der Notwendigkeit erzielt hätte, Ceauşescu auszuschalten.[115] Als erster westlicher Politiker hatte der französische Außenminister Roland Dumas die Unterstützung Frankreichs für eine mögliche sowjetische Intervention in Rumänien erklärt, an der Paris sich, falls erforderlich, auch mit Freiwilligen beteiligen wolle.[116] Im Verlauf der Unterredung des Staatspräsidenten Ion Iliescu mit Mitgliedern der rumänischen Senatskommission zur Aufklärung der "Ereignisse vom Dezember 1989", die am 16. Dezember 1994 stattfand, berichtete Senator

[112] Domniţa Ştefănescu: Cinci ani din istoria României. O cronologie a evenimentelor Decembrie 1989 - Decembrie 1994 (Fünf Jahre rumänischer Geschichte. Eine Chronologie der Ereignisse Dezember 1989 - Dezember 1994), Bukarest 1994, S. 29-31.
[113] *The Baltimore Sun*, 26.12.1989.
[114] Lothar Rühl in: *Die Welt*, 2.1.1990.
[115] A. Vladimir: "François Mitterand era unul din cunoscătorii culiselor evenimentelor din Decembrie '89 (François Mitterand war einer der Kenner der Hintergründe der Ereignisse vom Dezember '89)", in: *România Liberă*, 15.1.1996.
[116] *AFP, AP*, 24.12.1989.

Sergiu Nicolaescu von der regierenden *Partei der Sozialen Demokratie Rumäniens*, der ihm bekannte französische Botschafter habe ihn beim Sitz des rumänischen Fernsehens (während der heißen Phase der Revolution nach der Flucht Ceaușescus aus Bukarest) angerufen und angeboten, achtzig Antiterrorsoldaten, die Frankreich einsatzbereit in Oradea stehen habe, zur Verfügung zu stellen.[117] Die holländische Regierung hatte sich ebenfalls positiv zu einer Ost-Intervention in Rumänien geäußert.[118] Großbritanniens stellvertretender Außenminister William Waldegreve erklärte am 23. Dezember 1990, sein Land könnte sich dazu bereitfinden, ein Eingreifen des Warschauer Pakts in Rumänien "verständlich" zu finden: Schließlich sei es nur der Sowjetunion oder einem anderen Staat des Warschauer Pakts möglich, militärisch in Rumänien einzugreifen.[119] Aufgrund der derzeit verfügbaren Quellen zeigten sich die USA offenbar bereit, eine eventuelle militärische Intervention der Sowjetunion in Rumänien mehr als nur zu dulden. Der Außenminister der Vereinigten Staaten, James Baker, hatte Außenminister Ševardnaze in einem Telefongespräch versichert, daß die USA nichts gegen eine militärische Intervention der Sowjetunion oder anderer Mitgliedsstaaten des Warschauer Pakts zugunsten der Opposition gegen Ceaușescu einzuwenden hätten. Als sich die Lage in Rumänien nach dem Ausbruch des Aufstandes in Temeswar zuzuspitzen begann, sandte er eine schriftliche Botschaft an seinen sowjetischen Amtskollegen, worin er Moskau dazu aufforderte, Druck auf das Ceaușescu-Regime auszuüben, um den Einsatz von Gewalt zur Unterdrückung des Aufstandes zu beenden. Am 24. Dezember 1989 erklärte der amerikanische Außenminister im US-Fernsehen, die Vereinigten Staaten "würden eine sowjetische Intervention in Rumänien begrüßen, wenn diese für den Triumph der revolutionären Kräfte notwendig sei."[120] Michael Beschloss und Strobe Talbott erklären diesen Schritt mit dem Wunsch der US-Administration, sich die Rückendeckung der Sowjets für ihre gerade begonnene Invasion in Panama zu sichern und "stillschweigend eine neue amerikanisch-sowjetische Doktrin zu etablieren, in deren Schutz beide Großmächte das Recht haben würden, 'der gerechten Sache' in ihrer

---

[117] Sergiu Nicolaescu in: Ion Iliescu: Revoluţia trăită (Die erlebte Revolution), Bukarest 1995, S. 46. In einem anderen Bericht wird derselbe Nicolaescu mit dem Ausspruch zitiert, die bewußte Antiterrortruppe sei nahe Oradea *außerhalb der Grenzen Rumäniens* stationiert gewesen. Siehe hierzu Ondine Ghergut: "Iulian Vlad îl acuză indirect pe Nicole Militaru (Iulian Vlad klagt Nicolae Militaru indirekt an)", in: *Cotidianul*, 4.5.1995.

[118] *AFP, AP*, 24.12.1989.

[119] *The Sunday Correspondent*, 24.12.1989.

[120] *The Baltimore Sun*, 25.12.1989 und *The Washington Post*, 1.1.1990.

jeweiligen Einflußsphäre militärische Hilfe anzubieten. Der Vorschlag Bakers, den der damalige amerikanische Außenminister in Moskau vortrug, wurde von sowjetischer Seite als eine "Falle" und sogar eine "Provokation" verstanden. Der sowjetische Außenminister Ševardnaze nannte den amerikanischen Vorschlag "stupid" und betonte, Moskau sei "kategorisch gegen jedwede externe Intervention in Rumänien."[121] Bald danach wurde von allen Seiten dementiert. So bestritt Ion Iliescu nach der Hinrichtung Nicolae Ceaușescus und der danach erfolgten Ernennung zum Vorsitzenden des Rates *der Front der Nationalen Rettung*, daß sie ein militärisches Hilfeersuchen an die Sowjetunion gerichtet habe. Am selben Tage dementierte auch das sowjetische Außenministerium.[122] US-Außenminister Baker wies darauf hin, daß seine am 24. Dezember abgegebene Erklärung, daß die Vereinigten Staaten eine sowjetische Intervention in Rumänien unterstützen würden, in einem "hypothetischen Kontext gemacht worden seien."[123]

Dennoch deutet einiges darauf hin, daß die anvisierte Intervention der Sowjetunion als *ultima ratio* vorgesehen war, falls führende Vertreter der rumänischen Streitkräfte sich dem von der neuen Führung verfolgten prosowjetischen Kurs widersetzen sollten. Immer wieder wurde von verschiedenen Seiten die Gefahr eines "Militärputsches" beschworen. Bei seinem Prozeß, so Ion Dinca, einer der vier vor Gericht gestellten engsten Mitarbeiter Ceaușescus, sei er "wiederholt nach einem mit dem Kürzel ZZ bezeichneten Plan einer Militärintervention von fünf Staaten im Falle eines Militärputsches" befragt worden.[124]

Offenbar waren die sowjetische ebenso wie die rumänische Führung unmittelbar nach dem Umsturz darum bemüht, umlaufenden Gerüchten bezüglich einer *Soviet connection* beim Staatsstreich nicht zusätzlich Nahrung zu geben. Bei seinem Rumänienbesuch Anfang Januar 1990 gab der sowjetische Außenminister Ševardnaze seiner Genugtuung über die Normalisierung der durch Ceaușescus "antisowjetische"[125] Außenpolitik gestörten beiderseitigen Beziehungen Ausdruck. Die auf sowjetischer Seite gehegte Erwartung, die neue rumänische Führung werde Ceaușescus konfrontativen Autonomiekurs verlassen, wurde zumindest befriedigt. In der Tat machten die neuen Männer der Front nicht nur den langerwarteten Kotau vor Gorbačevs Reformpolitik. Sie verzichteten auf die von Ceaușescu betriebene Instrumentalisierung des Bessarabienproblems. Mit dem

[121] Michael R. Beschloss; Strobe Talbott: At the Higest Levels, Boston 1993.
[122] *TASS*, 25.12.1989 und *Le Monde*, 26.12.1989.
[123] *The Los Angeles Times*, 30.12.1989.
[124] *AP*, 3.2.1990.
[125] *Radio Moskau* in rumänischer Sprache, 29.12.1990.

Machtwechsel hatte sich in Rumänien aus der Sicht der Sowjetunion ein grundlegender außenpolitischer Pardigmenwechsel vollzogen: Die jahrzehntelang gespielte Oppositionsrolle Rumäniens im Warschauer Pakt hatte ein Ende gefunden. "Mit dem Sturz Nicolae Ceauşescus hatte auch das unberechenbare Verhalten der rumänischen Vertreter ein Ende," schreibt der seinerzeitige sowjetische Stardiplomat Julij A. Kwizinskij.[126] Rumänien, so vermerkte *Radio Moskau* wenige Tage nach dem Sturz des Diktators, nehme nun dieselbe Position ein wie die übrigen sozialistischen Staaten: "Bei allem Meinungspluralismus, der zwischen den einzelnen sozialistischen Staaten besteht, erkennen dennoch alle die Notwendigkeit an, den Warschauer Pakt zu stärken."[127]

Zusammenfassend läßt sich feststellen, daß die äußere Unterstützung im Verlauf des Machtwechsels in Rumänien eine äußerst wichtige Rolle gespielt hat. Wenn das Ausmaß dieser Unterstützung nicht genau quantifiziert werden kann und ihre konkreten Methoden und Erscheinungsformen nicht immer detailliert beschrieben werden können, liegt das an der - geheimen - Natur solcher Maßnahmen. Hinzu kommt, daß Unterstützung von außen nach einem gelungenen Machtwechsel zumeist geleugnet wird - sowohl von denen, die sie gegeben, wie auch von denen, die sie erhalten haben. Die Gründe für das Verhalten in beiden Fällen - innenpolitische Legitimität auf der einen, außenpolitische Respektabilität auf der anderen Seite - liegen auf der Hand.

---

[126] Julij A. Kwizinskij: Vor dem Sturm. Erinnerungen eines Diplomaten, Berlin 1993, S. 32.
[127] *Radio Moskau*, 28.12.1990.

VI. TRANSFORMATION:
DIE NEUEN INSTITUTIONEN

Mit dem Machtübergang und dem Elitenwechsel im Zuge der Revolution
wurden in Rumänien die Voraussetzungen für eine Umgestaltung des
sozialen Gefüges nach dem Muster der westlichen, demokratisch verfaß-
ten Gesellschaften geschaffen. Für Rumänien wie auch für die anderen
Staaten Ostmitteleuropas bedeutet das den Beginn eines Modernisierungsprozesses, der geprägt ist von der Gleichzeitigkeit von Transformations-
schritten im ordnungspolitischen, institutionellen und im geistig-
moralischen Bereich. In all diesen Ländern ergeben sich nach den analo-
gen, im Domino-Verfahren verlaufenen Revolutionen ähnlich gelagerte
Modernisierungsprobleme, für die adäquate, fallspezifische Lösungen
gefunden werden müssen.[1] Probleme und Lösungsmöglichkeiten müssen
sich an den historischen Gegebenheiten und kulturellen Prägungen, der
ökonomischen Ausgangslage, den innenpolitischen Machtverhältnissen
und nicht zuletzt auch an den außenpolitischen Rahmenbedingungen
orientieren. Die Haltung der westlichen Staaten könnte sich dabei als ein
sehr wichtiger wenn nicht gar entscheidender Faktor für den Erfolg der
Transformationspolitik in den neuen demokratischen Staaten Ostmitteleuropas erweisen:

> "Ökonomisch und politisch haben sie keine andere Wahl als zu versuchen, das
> institutionelle Gerüst der kapitalistischen Demokratie des Westens zu kopie-
> ren. Sie sind daher alle gemeinsam, und dies nicht nur 'ideell', von den indu-
> striell hochentwickelten Demokratien abhängig. Diese Abhängigkeit suggeriert
> eine schiefe Beweislastverteilung: Nur die *Rückschläge* auf diesem Weg der
> wirtschaftlichen und politischen Modernisierung wird man den Kräften, Ver-
> hältnissen und Erblasten in den Ländern selbst zuschreiben. *Fortschritte* hin-
> gegen hängen, wie jeder weiß, von begünstigenden Umständen ab, die von au-
> ßen beigesteuert werden und nicht allein intern generiert werden können.... Je-
> denfalls haben die nachkommunistischen Regimes gemeinsam, Objekt westli-
> cher Handlungen und Unterlassungen auf politischem, wirtschaftlichem und

---

[1] Siehe hierzu: Anton Sterbling: "Demokratisierungsprobleme in Südosteuropa",
in: *Südosteuropa* 6 (1991), S. 307-324.

militärischem Gebiet zu sein und sich in ihren Entwicklungsperspektiven weithin von diesem Objektstatus bestimmt zu sehen."[2]

Bei der Analyse der Transformationsstrategien, welche die sogenannten "neuen Demokratien" nach 1989 gewählt haben, gilt es zum einen, die konkreten Schritte auf dem Wege der Bildung neuer, demokratischer Institutionen zu untersuchen, zum anderen ist natürlich zu fragen, ob die darauf aufbauenden politischen Prozesse ein Voranschreiten in Richtung auf Demokratie, Pluralismus und Stabilität möglich oder sogar wahrscheinlich erscheinen lassen.[3]

Für Rumänien ist dies, zählt man die unökonomische und undemokratische, von Machtsicherungskriterien bestimmte Strategie während der kommunistischen Epoche hinzu, der vierte Modernisierungsschub, den dieses Land seit der Mitte des 19. Jahrhunderts erlebt hat. Trotz - oder gerade wegen - der gewaltsamen, radikalen und abrupten Form des Machtwechsels konnte hier eine gänzlich neue Verfassung verabschiedet werden. Damit wurden die Voraussetzungen geschaffen für die Bildung eines weitgespannten institutionellen Rahmens für Gewaltenteilung, Pluralismus, aber auch für die Entstehung marktwirtschaftlicher Strukturen und die Integration Rumäniens in die Strukturen der Europäischen Gemeinschaft.

In Rumänien haben seit 1989 bereits mehrmals freie Wahlen stattgefunden: 1990 für die Verfassunggebende Versammlung und den Posten des Staatspräsidenten, 1992 und 1996 für die Kommunalvertretungen, 1992 für Parlament und Präsidentschaft. Zwar sind die Parteien-Wähler-Beziehungen noch nicht festgelegt, die Parteienlandschaft ist noch nicht völlig ausdefiniert, in ihrer Grundkonfiguration aber doch erstaunlich stabil, wie die jüngsten Kommunalwahlen gezeigt haben.

---

[2] Claus Offe: Der Tunnel am Ende des Lichts. Erkundungen der politischen Transformation im Neuen Osten, Frankfurt/New York 1994, S. 237.

[3] Eine tiefschürfende Untersuchung der Stabilitätsproblematik im Verlauf der ostmitteleuropäischen Transformationsprozesse ist nachzulesen bei Wojtek Lamentowicz: "Politische Instabilität in Ost- und Mitteleuropa: Innenpolitische Gefährdungen der europäischen Sicherheit und Integration", in: Werner Weidenfeld (Hrsg.): Demokratie und Marktwirtschaft in Osteuropa. Strategien für Europa, Gütersloh 1995, S. 65-88. Siehe hierzu auch Wolfgang Merkel: "Transformationsstrategien. Probleme, Erfahrungen und Grenzen", in: *Internationale Politik* 6 (1995), S. 3-8; Edmund Wnuk-Lipinski: "Transformationsprobleme in Mittel- und Osteuropa", ebd., S. 15-20; Philippe C. Schmitter: "Von der Autokratie zur Demokratie. Zwölf Überlegungen zur politischen Transformation", ebd., S. 47-52.

1. Die Bildung neuer Institutionen

Die Entstehung der neuen Verfassung: Machtpolitik und Rechtssetzung

Die Ausarbeitung der gesetzlichen Voraussetzungen für die neuen Institutionen war ein wichtiger Aspekt der in den postkommunistischen Staaten ablaufenden machtpolitischen Auseinandersetzungen. "Verfassungsänderungen und Rechtssetzungen", so der sächsische Justizminister Steffen Heitmann, "begleiteten den revolutionären Prozeß in einer bislang wohl einmaligen Art." Die spezifische Dynamik dieser Transformationsabläufe charakterisierte Heitmann wie folgt:

> "Die Dynamik der Rechtssetzung entsprach der Dynamik der politischen und faktischen Verhältnisse; ständig wurden die Verhältnisse von neuen Rechtslagen überlagert und umgekehrt. Die Wirkung dieser Verrechtlichung ist ambivalent: Einerseits sicherte sie die revolutionären Erfolge, denn mit ihr wurden normative Barrieren gegen die immer noch für möglich gehaltene kommunistische Gegenrevolution errichtet. Andererseits aber formalisierte und bremste der Verrechtlichungsprozeß den Erneuerungsprozeß."[4]

Die Errichtung demokratischer und rechtsstaatlicher Institutionen in den ehemals kommunistischen Staaten Osteuropas wurde und wird nicht um ihrer selbst willen betrieben. Vielmehr wurden auch im Zuge der Revolutionen der Jahre 1988 und 1989 in den ehemals kommunistischen Staaten Mittel- und Osteuropas ebenso wie im Verlauf der vorhergehenden politischen Revolutionen der Neuzeit primär Institutionen geschaffen, mit deren Hilfe die Macht der siegreichen Klassen - oder Eliten - abgesichert werden sollte.[5]

Die spezifischen Merkmale der Machtübertragung und der Elitenkonstellationen in den Transformationsstaaten waren bestimmend für den Prozeß der Rechtssetzung und der Bildung der neuen Institutionen.[6] Dorel

---

[4] Steffen Heitmann: "Die Revolution in der Spur des Rechts. Verdienst und Schwäche des Umbruchs in der früheren DDR", in: *Frankfurter Allgemeine Zeitung*, 30.12.1994.

[5] Ulrich K. Preuß: "Das Recht der Revolution", in: *Frankfurter Allgemeine Zeitung*, 29.8.1992.

[6] Vgl. hierzu: Jerzy L. Wiatr: "Verfassungsänderungen und kontraktliche Demokratie in Polen, 1989 - 1990", in: *Freibeuter* Nr. 45 (1990), S. 39-46; Wulf Schade: "Zur Verfassungsdiskussion in Polen," in: *Osteuropa* Nr. 7 (1995), S. 638-650; Helga Hirsch: "Paragraphen ohne Gewähr", in: *Die Zeit*, 30.4.1993; Marian Posluch: "Demokratische Verfassungsänderungen in der CSFR", in: (Fortsetzung der Fußnote siehe nächste Seite)

Şandor, der Leiter des Bukarester Zentrums für Strategische Studien und Vergleichende Analyse, sieht in der institutionellen Modernisierung, so wie sie in den postkommunistischen Staaten abläuft, vor allem Verteilungskämpfe von Macht- und Wirtschaftsressourcen. "Das strategische Ziel eines solchen Systems", so Şandor, "besteht nicht darin, zu reformieren, sondern den Wandel unter Kontrolle zu halten."[7] Anders als in Polen oder Ungarn, wo die graduelle, von inneren Reformkräften herbeigeführte "verhandelte" oder "paktierte" Form des Übergangs zu einer Überarbeitung und Ergänzung der aus kommunistischer Zeit stammenden Verfassungstexte geführt hat, wurde in Rumänien im November 1991 ein gänzlich neues Grundgesetz verabschiedet - eine Folge des revolutionären Umbruchs. "Wirklich neue Verfassungen", so Robert Leicht, "entstehen nur aus einem revolutionären Umbruch. Ein neuer *pouvoir constituant* setzt sich an die Stelle der alten Mächte und schreibt sich eine neue Verfassung."[8] Diese Tatsache stellte die vergleichende Transformationsforschung vor ein interpretatives Dilemma. Zum einen sind sich die Wissenschaftler darin einig, daß die Ersetzung einer alten, häufig noch aus stalinistischer Zeit stammenden Verfassung durch ein gänzlich neues Grundgesetz im Prinzip positiv zu werten ist, zum anderen fällt es einigen von ihnen schwer, es als positives Faktum zu werten, daß die Ausarbeitung einer gänzlich neuen Verfassung u.a. gerade in Rumänien erfolgt ist. Für Klaus von Beyme ist die neue Verfassung ein Produkt der immer noch starken alten, d.h. kommunistischen Partei im Lande.[9] Bruce Ackermann empfand es als eine "traurige Tatsache, daß bis jetzt die einzigen neuen Verfassungen in Osteuropa in Bulgarien und

---

Freibeuter Nr. 45 (1990), S. 47-52; Pavel Mates: "The Czech Constitution", in: *RFE/RL Research Report* Nr. 2 (5.3.1993), S. 53-57; László Sólyom: "Neue Gesetze in der Restauration der Demokratie", *Freibeuter* Nr. 45 (1990), S. 53-62; Georg Brunner: "Die neue Verfassung der Republik Ungarn: Entstehungsgeschichte und Grundprobleme," in: Jahrbuch für Politik 1991, Halbbd. 1, S. 297-318; Klaus Westen: "Zur Verfassung der Russischen Föderation", in: *Osteuropa* Nr. 9 (1994), S. 809-832. Zur besonderen Situation in der ehemaligen DDR siehe u.a.: Klaus Stern: "Verfassungen müssen von Schwärmereien frei bleiben. Das Grundgesetz - bewährt, bewahrt, unlängst maßvoll ergänzt, stets im Wandel", in: *Frankfurter Allgemeine Zeitung*, 26.1.1995.

[7] Dorel Şandor:"Contrareforma. Dincolo de iluziile societăţii posttotalitare. (Die Gegenreform. Jenseits der Illusionen der posttotalitären Gesellschaft)", in: *Sfera Politicii* 3 (1993).

[8] Robert Leicht: "Umsturz ohne Revolution", in: *Die Zeit*, 1.7.1994.

[9] Klaus von Beyme: Systemwechsel in Osteuropa, Frankfurt am Main 1994, S. 235 ff.

Rumänien vorbereitet wurden und zwar unter massiver Mitwirkung von Altkommunisten".[10] Im Falle Rumäniens hatte die neue, als Folge eines gewaltsamen Umsturzes an die Macht gelangte Führung Gründe, so schnell wie möglich eine gänzlich neue Verfassung zu verabschieden. Sowohl hinsichtlich ihrer Machtübernahme als auch hinsichtlich der Absicherung ihrer Macht ließ sie von Anfang an eine klare Strategie in dieser Richtung erkennen.[11] Die Verfassung des nationalkommunistischen Ceauşescu-Regimes war nicht nur das Grundgesetz eines ideologisch rigiden, zentralistischen Ein-Parteien-Staates. Sie stellte zudem die gesetzliche Basis für die extreme Machtkonzentration in den Händen des Diktators Ceauşescu dar und bildete das Fundament der nationalen Verteidigungsdoktrin und der Autonomiepolitik Rumäniens im außenpolitischen Bereich. Nur ein Bruch mit dem alten Regime und seinen Institutionen auf der Grundlage des Revolutionsvorbehaltes ermöglichte die Machtübertragung auf eine neue Führung.[12] Um ihrem revolutionären Anspruch gerecht zu werden, mußte sich die neue Führung in den Augen der Bevölkerung und des Auslandes als Sachwalter der Revolution und Vorkämpfer von Demokratisierung und Modernisierung legitimieren. Mit der Verabschiedung einer neuen, demokratischen Verfassung sollte wohl auch verhindert werden, daß sich die Frage einer Restitution der von den kommunistischen Machthabern 1948 außer Kraft gesetzten alten Verfassung von 1923 und damit die Frage einer Rückkehr zur Monarchie stellen könnte.[13] In Rumänien lief der Prozeß der Ausarbeitung der neuen Verfassung in drei Phasen ab. Er umfaßt eine revolutionäre Phase, eine Verhandlungsphase und eine reguläre Phase.

---

[10] Bruce Ackerman: "Von der Revolution zur Verfassung", in: *Transit* 4 (1991), S. 57.

[11] Virgil Măgureanu, der Leiter des Rumänischen Sicherheitsdienstes Serviciul Român de Informaţii (SRI) und nach Meinung vieler Beobachter einer der wichtigsten Akteure der Machtübernahme, war während seiner Tätigkeit als Dozent an der ehemaligen Parteihochschule "Ştefan Gheorghiu" mit Publikationen zum Thema der Erlangung und Erhaltung von politischer Macht hervorgetreten.

[12] Klaus von Beyme spricht in diesem Zusammenhang von einem klaren Bruch, einer "klaren ruptura" mit dem alten Regime, in: Systemwechsel in Osteuropa, Frankfurt am Main 1994, S. 235 ff.

[13] Für diese These spricht nicht nur die seit dem Umsturz geübte Politik der neuen Führung gegenüber dem 1947 abgesetzten und im Schweizer Exil lebenden rumänischen König, sondern auch die hohen Hürden, welche der Text der neuen Verfassung von 1991 vor einer Änderung der republikanischen Staatsform aufgebaut hat.

Die revolutionäre Phase

Machtergreifung durch die neue Führung (22.12.1989 - 8.2.1990)

Im Verlauf der ersten Phase der Institutionenbildung vom Sturz des Ceauşescu-Regimes (22.12.1989) zur Bildung des *Provisorischem Rates der Nationalen Einheit,* der rumänischen Variante des Runden Tisches (8.2.1990), war der Prozeß der Ersetzung der alten durch neue Institutionen besonders eng mit dem Prozeß des Machtwechsels verzahnt.[14]

Am 22. Dezember 1989 konstituierte sich ein sogenannter Rat der *Front der Nationalen Rettung* in einer ersten Erklärung an das rumänische Volk als Inhaber der Staatsmacht. Die Tätigkeit der verfassungsmäßigen Institutionen des alten Regimes - Staatsrat, Große Nationalversammlung und Verteidigungsrat - wurde ausgesetzt. Zugleich ordnete sich der Rat der *Front der Nationalen Rettung* die Organe der Exekutive sowie die zentrale und lokale Verwaltung unter. Diese Institutionen wurden in ihren bestehenden Strukturen belassen und aufgefordert, "ihre normale Tätigkeit fortsetzen, um einen normalen Fortgang des wirtschaftlichen und gesellschaftlichen Lebens zu gewährleisten"[15].

Nicht ausdrücklich außer Kraft gesetzt wurde hingegen die bisher geltende Verfassung - dies geschah erst im Text der neuen, im November 1991 verabschiedeten Verfassung. Nicolae Ceauşescu und seiner Frau wurden im Anschluß an einen Schauprozeß durch ein außerordentliches Militärtribunal, besetzt mit Militärstaatsanwälten der alten Strukturen und organisiert von Vertretern des neuen Machtorgans der *Front der Nationalen Rettung,* zum Tode verurteilt und hingerichtet. Der Prozeß erfolgte gemäß der Verfassung und den Gesetzen des alten Regimes. Davon ging auch der des Völkermordes an 60000 Menschen angeklagte rumänische Staats- und Parteichef aus, der sich im Verlauf des Prozesses auf die gel-

---

[14] *Consiliul Provizoriu de Uniune Naţională,* bekannt unter dem Kürzel *CPUN.* In seiner ansonsten so hervorragenden Studie über den Prozeß der Ausarbeitung neuer Verfassungen in den Übergangsstaaten Osteuropas hat Jon Elster die Existenz eines Runden Tisches in Rumänien übersehen ("Romania with its totalitarian oppression and violent transition, did not have round table talks"). Siehe hierzu: Jon Elster: "Constitution-Making in Eastern Europe: Rebuilding the Boat in the Open Sea", in: Joachim Jens Hesse (Hrsg.): Administrative Transformation in Central and Eastern Europe. Towards Public Sector Reform in Post-Communist Societies, Oxford/Cambridge 1993, S. 187.

[15] Siehe hierzu auch Ion Ceterchi: "Les problèmes institutionnels de la transition en Roumanie", in: *Revue d'études comparatives Est-Ouest* Nr. 4 (1994), S. 89-126.

tende Verfassungsordnung berief und die Einberufung der Großen Nationalversammlung, des kommunistischen Parlaments, forderte. Die gegen
ihn verhängte und ausgeführte Todesstrafe war nur in der Verfassung von
1995 vorgesehen - unmittelbar nach der Exekution Ceauşescus wurde sie
von den neuen Machthabern aufgehoben.

Das Problem des Gewaltmonopols war eine der zentralen Fragen der
rumänischen Revolution.[16] Im Zuge des Volksaufstandes war das Gewaltmonopol des alten Regimes schrittweise durchbrochen und schließlich *de
facto* aufgehoben worden. In seiner Proklamation vom 22. Dezember 1989
hatte sich der Rat der *Front der Nationalen Rettung* zum Monopolinhaber
der Gewalt erklärt und sich den Obersten Militärrat, dem die Koordinierung der Armee und der Truppen des Innenministeriums unterstand, untergeordnet. Zugleich waren im Zuge einer Aktion, deren Hintergründe
noch nicht völlig geklärt sind, nach der Flucht Ceauşescus am 22. Dezember 1989 in Bukarest massenweise und unkontrolliert Waffen an Demonstranten ausgegeben worden.

Beides, das Machtmonopol und das Gewaltmonopol, forderte der Rat
der *Front der Nationalen Rettung* in einer zweiten, unmittelbar nach der
Exekution Ceauşescus und seiner Frau Elena am 25. Dezember 1989
verbreiteten Erklärung für sich ein. Alle neu gebildeten "demokratischen
Strukturen" wurden aufgefordert, sich sofort dem der Rat der *Front der
Nationalen Rettung* unterzuordnen. Mit dem Hinweis auf die Notwendigkeit, die Sicherheit der Bürger zu gewährleisten, forderte er alle Zivilper-
sonen, an die nach Ceauşescus Sturz Waffen und Munition ausgegeben
worden waren, ultimativ auf, diese wieder abzuliefern.[17]

Unmittelbar nach der Exekution Nicolae Ceauşescus erklärte der Rat der
Front der Nationalen Rettung zugleich auch alle "Strukturen des Ceauşe-
scu-Clans" für aufgelöst und die Regierung für abgesetzt.[18] In einem am
27. Dezember 1989 erlassenen Dekretgesetz proklamierte sich der Rat der
Front der Nationalen Rettung zum alleinigen Inhaber der Macht im Staate
mit legislativen und exekutiven Befugnissen einschließlich der Kontrolle

---

[16] Siehe hierzu Anton Sterbling: Eliten im Modernisierungsprozess. Ein Theoriebeitrag zur vergleichenden Strukturanalyse unter besonderer Berücksichtigung
grundlagentheoretischer Probleme. Dissertation zur Erlangung der Würde eines
Doktors der Philosophie des Fachbereichs Pädagogik an der Universität der
Bundeswehr Hamburg, Hamburg 1987, S. 214-215.
[17] Veröffentlicht in: *Monitorul Oficial*, 25.12.1989.
[18] Am 27. Dezember 1989 zählte dieses neue, konspirativ geprägte Machtorgan,
dessen personelle Zusammensetzung nicht bekanntgegeben wurde, 145 Mitglieder. Ihm stand ein aus elf Mitgliedern zusammengesetztes Exekutivbüro vor,
dem neben bekannten Regimegegnern und Dissidenten Vertreter der Gegeneliten aus Partei, Militär und Sicherheitskräften angehörten.

über die Streitkräfte. Er sprach sich selbst das Recht zu, Gesetze und Dekrete mit der einfachen Mehrheit seiner Mitglieder zu verabschieden und
den Ministerpräsidenten, den Vorsitzenden des Obersten Gerichtshofes
und den Generalstaatsanwalt sowie die Kommission zur Ausarbeitung des
neuen Verfassungsentwurfs zu ernennen. Zu den selbstgestellten Pflichten
des neuen Gesetzgebungsorgans gehörte auch die Verabschiedung des
Staatshaushalts, die Ratifizierung internationaler Verträge sowie deren
Aufkündigung, die Anordnung der Mobilisierung sowie die Ausrufung
des Ausnahme- oder Kriegszustandes. Zudem hatte sich die neue Führung
den Zugriff auf die wirtschaftlichen und finanziellen Ressourcen des
Staates gesichert. Damit hielt sie die wichtigen ökonomischen Hebel zur
Festigung ihrer politischen Vormachtstellung in der Hand.

Die Position des Ratsvorsitzenden (und nachmaligen Staatspräsidenten
Ion Iliescu) war bereits in dieser Phase mit den Attributen eines Staats-
oberhauptes ausgestattet: Vertretung des Landes in seinen auswärtigen
Beziehungen, Ernennung und Rückruf von Botschaftern, Gewährung und
Entzug der rumänischen Staatsbürgerschaft etc.

Am 31. Dezember wurde per Dekretgesetz eine neue Regierung instal-
liert.[19] Sie wurde dem Rat der *Front der Nationalen Rettung* untergeordnet
und auf dessen politisches Programm festgelegt. Am 7. Januar 1990 wurden die neuen Macht- und Verwaltungsstrukturen auf Kommunalebene
gesetzlich festgeschrieben. Damit blieb die gesamte Staatsbürokratie des
alten Regimes intakt, die - so wollte es das von Ceauşescu entworfene
rumänische Modell - auf Verwaltungsebene identisch gewesen war mit
den Strukturen der Kommunistischen Partei.[20] Die extreme Zentralisierung
der Strukturen des alten Regimes und die Kumulation der Macht in den
Händen des bis 1989 amtierenden Staats- und Parteichefs hatten der er-
neuten Zentralisierung der neuen Machtstrukturen Vorschub geleistet.

Die neue Führung der *Front der Nationalen Rettung* war jedoch nicht
bereit, auch formal die direkte Nachfolge der *RKP* anzutreten. Sie wollte
sich weder mit deren schlechtem Image belasten noch sich die rund 3,8
Millionen ehemaligen Parteimitglieder entfremden, denen der größte Teil
der alten Funktions- und Leistungseliten zuzurechnen war. Es sollte keine
Gewissenserforschung und keine speziellen Durchleuchtungsverfahren für
ehemalige Funktionäre geben, keine Hexenjagd, keine Racheakte. Auf
Anwürfe der Opposition, die *Front der Nationalen Rettung* sei die eigent-
liche kommunistische Nachfolgeorganisation, reagierte Ion Iliescu mit

---

[19] Dekretgesetze 8 und 10, in: *Monitorul Oficial*, 31.12.1989.
[20] Zum rumänischen Modell der Verflechtung von Staat und Partei siehe Günther
H. Tontsch: Partei und Staat in Rumänien. Das Verhältnis von Partei und Staat
in Rumänien - Kontinuität und Wandel, Köln 1985.

dem Hinweis, ehemalige RKP-Mitglieder seien in allen politischen Parteien zu finden.[21] Die *Rumänische Kommunistische Partei* wurde weder aufgelöst noch verboten. Sie löste sich auch nicht selbst auf. Silviu Brucan, der zu jenem Zeitpunkt als der Chefideologe der neuen Führung galt, behauptete in einem Zeitungsinterview, die Partei habe sich "praktisch aufgelöst", sie habe "aufgehört, zu existieren."[22] Die *Rumänische Kommunistische Partei* sei mit dem "Ceausescu-Clan" identisch gewesen, habe im revolutionären Prozeß keine Rolle gespielt und sei von der Revolte des Volkes hinweggefegt worden. Dies sei das Ende ihrer Geschichte.[23] Als es jedoch am 12. Januar 1990 in Bukarest zu einer Demonstration gegen das neue Regime kam, erklärten sich Dumitru Mazilu, Vizepräsident des Rates der *Front der Nationalen Rettung*, und Premierminister Petre Roman bereit, die *Rumänische Kommunistische Partei* für ungesetzlich zu erklären und die Abhaltung eines Referendums über die Zukunft der Partei anzukündigen. Am 17. Januar 1990 revidierte der Rat dann diese Entscheidung, die er als einen politischen Fehler bezeichnete - nach Einspruch aus Moskau.[24] Am 18. Januar wurde daraufhin die Überführung des Besitzes der *Rumänischen Kommunistischen Partei* in Staatsbesitz erklärt.

Die neue Führung legitimierte sich von Anfang an als Sachwalterin der Volkssouveränität und "Emanation" einer revolutionären Volkserhebung.[25] Der Revolutionsvorbehalt wurde von der neuen Führung in zweifacher Weise genutzt: Zum einen, um das Ende der bisherigen Strukturen der politischen Macht zu postulieren und die Volkssouveränität zu dekretieren; zum anderen, um die derart erfolgte Machtübernahme in den Augen der an der Volkserhebung beteiligten Kräfte, die in dem neuen Machtorgan nominell vertreten waren, zu legitimieren. Ihre revolutionäre Selbstlegitimierung konnte sie innerhalb kürzester Frist in eine landesweit akzeptierte revolutionäre Legitimität umwandeln. Dies geschah, indem die neue Führung einen Großteil der politischen Forderungen der Volkserhebung erfüllte. In ihrer am 22. Dezember 1989 veröffentlichten "Erklärung an das Land" proklamierte die neue Führung ausdrücklich das Prinzip der

---

[21] Fernsehrede Ion Iliescus, veröffentlicht in: *Adevărul*, 26.1.1990.

[22] "Die Rumänische Kommunistische Partei hat aufgehört zu existieren", in: *Frankfurter Allgemeine Zeitung*, 4.1.1990, und Florin Gabriel Mărculescu: "Autodizolvare (Selbstauflösung)", in: *România Liberă*, 10.1.1990.

[23] *Le Monde*, 29.12.1989.

[24] *AP*, 13.1.1990.

[25] "Die Diktatur ist abgeschafft, die Macht gehört dem Volke", erklärte Petre Roman, der nachmalige Premierminister, den Demonstranten vor dem Sitz des Zentralkomitees der RKP unmittelbar nach der Flucht Nicolae Ceaușescus und seiner Frau Elena aus Bukarest; Petre Roman, Interview in: *Azi*, 4.10.1993.

Gewaltenteilung.[26] Sie verfügte eine Reihe von Demokratisierungsmaß-
nahmen - die Gewährung bürgerlicher Rechte und Freiheiten, das Recht
auf die Bildung unabhängiger Parteien und Verbände, das Recht auf freie
Meinungsäußerung, das Demonstrationsrecht sowie die Reise- und Aus-
reisefreiheit.

Die Verhandlungsphase

Der Runde Tisch (8.2.1990 - 20.5.1990)

Während der zweiten Phase der Institutionenbildung (vom 8. Februar
1990 bis zu den Wahlen zur Verfassunggebenden Versammlung vom 20.
Mai 1990), konstituierte sich ein *Provisorischer Rat der Nationalen Einheit* (*CPUN*) als rumänische Variante des Runden Tisches. Die Bildung
des Runden Tisches war eine Folge der Protestaktionen vom 28. Januar
1990. Die Demonstrationen waren ausgebrochen, nachdem der ursprünglich als *caretaker*-Regierung angetretene Rat der *Front der Nationalen
Rettung* seine Absicht bekundet hatte, an den kommenden Wahlen teilzu-
nehmen. Von den 253 Sitzen am rumänischen Runden Tisch sicherte sich
der Rat der *Front der Nationalen Rettung* die Hälfte, die restlichen Sitze
teilten sich die Vertreter der neu zugelassenen politischen Parteien und
Organisationen. Zugleich wurden die unmittelbar nach dem Umsturz
eingesetzten neuen lokalen *Räte der Front der Nationalen Rettung* zu
örtlichen *Provisorischen Räten der Nationalen Einheit* umfunktioniert.

An den tatsächlichen Machtverhältnissen änderte die Gründung des
Runden Tischs wenig. Kritiker dieses Gremiums verwiesen darauf, daß
die Vertretung der Opposition in diesem Organ bestenfalls symbolisch
gewesen sei.[27] Ion Iliescu war zugleich der Vorsitzende des *Rates der
Front der Nationalen Rettung* und des Runden Tisches. Die am 31. Dezember 1989 vom Rat der *Front der Nationalen Rettung* eingesetzte Re-

---

[26] Die Tatsache, daß dieses Prinzip in der im November 1991 verabschiedeten
Verfassung nicht *expressis verbis* festgeschrieben wurde, werteten Vertreter der
Opposition in Rumänien als Rechtsbruch. Siehe dazu: Lucian Mihai: "Absenţa
statului de drept în România (Das Fehlen des Rechtsstaates in Rumänien)", in:
România Liberă, 11./12.7.1992.

[27] Raluca Stroe Brumariu: "Un compromis numit CPUN (Ein Kompromiß namens
CPUN)", in: *Cotidianul*, 11.2.1995, und Ion Cristoiu: "Aniversarea CPUN -
aniversarea unei mari diversiuni (Der Jahrestag des PRNE - der Jahrestag einer
großen Diversion)", in: *Expres Magazin* 6, 14.-21.2.1995.

gierung blieb auch nach der Bildung des Runden Tisches bis zu den Wahlen im Amt.[28] Es war die Aufgabe des im Sinne eines Vorparlaments agierenden *Provisorischen Rates der Nationalen Einheit*, die gesetzlichen Voraussetzungen für die Wahlen zur Verfassunggebenden Versammlung zu schaffen. Doch die im Wahlgesetz vom 18. März 1990 enthaltenen Bestimmungen gehen weit über den Rahmen einer Wahlgesetzgebung hinaus. Tatsächlich stellte dieses Dekretgesetz eine vorweggenommene Verfassung dar. Sie enthielt detaillierte Vorgaben zur künftigen Staatsform (Präsidialrepublik), zum Wahlmodus des Staatspräsidenten (allgemeine direkte Wahlen), zur Struktur des künftigen Parlaments (ein Zweikammer-System) und zur Schaffung neuer Institutionen wie des Obersten Nationalen Verteidigungsrats. Die Verfassung von 1965 wurde durch das neue Wahlgesetz vom März 1990 nicht außer Kraft gesetzt. Es wurden nur jene Vorschriften aufgehoben, die Fragen der Macht und der sie ausübenden Institutionen betrafen.[29]

In allen ehemals kommunistischen Staaten spielte die Frage der machtpolitischen Stellung des Staatspräsidenten eine herausragende Rolle.[30] In Rumänien hatte der Rat der *Front der Nationalen Rettung* seit seinem Machtantritt das Ziel verfolgt, die starke Position des Präsidenten in der neuen Verfassung abzusichern. Die neue Führungsgruppe war dabei von der Annahme ausgegangen, daß sie stark genug sein würde, die mit derart weitreichenden Prärogativen ausgestattete Funktion mit einem Vertreter ihrer Wahl zu besetzen. Die am rumänischen Runden Tisch vertretenen Oppositionsparteien waren ihrerseits zu schwach und zu uneinig, um diese Strategie der Führung zu vereiteln.

Der rumänische Runde Tisch beschränkte sich jedoch nicht nur auf die Vorbereitung der Wahlen. Vielmehr verabschiedete der *Provisorische Rat der Nationalen Einheit*, dessen Zusammenkünfte im Fernsehen übertragen wurden, in den rund hundert Tagen seines Bestehens zusätzlich rund 150 Dekretgesetze. Ein Großteil davon betraf organisatorische und personelle Fragen der Ministerien und anderer staatlicher Institutionen.

---

[28] Siehe hierzu: Varujan Vosganian: "Echilibrul puterilor: Parlament versus Guvern (Das Gleichgewicht der Gewalten: Parlament gegen Regierung)", in: *Sfera Politicii* 13 (1994).

[29] Dies bestätigte der ehemalige Vorsitzende des Obersten Gerichtshofs Teofil Pop in einem Interview mit der Tageszeitung *Adevărul*, 23.1.1991.

[30] Vgl. Jon Elster: "Constitution-Making in Eastern Europe: Rebuilding the Boat in the Open Sea", in: Joachim Jens Hesse (Hrsg.): Administrative Transformation in Central and Eastern Europe. Towards Public Sector Reform in Post-Communist Societies, Oxford/Cambridge 1993, S. 189.

Anneli Ute Gabanyi

Die reguläre Phase

Die Verfassunggebende Versammlung (20.5.1990 - 8.12.1991)

Die dritte Phase der Institutionenbildung setzte in Rumänien nach den
Wahlen vom 20. Mai 1990 und der Bildung der Verfassunggebenden
Versammlung ein und endete mit der Verabschiedung der neuen Verfassung durch die Verfassunggebende Versammlung am 21. November 1991.
Am 8. Dezember 1991 wurde die Verfassung durch ein - im Wahlgesetz
vom März 1990 ursprünglich nicht vorgesehenes - Referendum bestätigt.
Dieses Dekret war offenbar als Plebiszit für die Staatsform der Republik
und implizit gegen eine Rückkehr zur Monarchie gedacht.[31] Die Tatsache,
daß der rumänische *pouvoir constituant* nicht aus "illegitimen kommunistischen Parlamenten hervorgegangen oder an einem ausschließlich selbst-
ernannten Runden Tischen"[32] ausgearbeitet worden war, verlieh der rumänischen Verfassung gegenüber anderen postkommunistischen Verfassungen ein gewisses Maß an demokratischer Legitimität. Wie der *Provisorische Rat der Nationalen Einheit* davor fungierte auch die Verfassunggebende Versammlung in dem gesamten Zeitraum bis zur Verabschiedung
der Verfassung zugleich auch als gewöhnliche gesetzgeberische Institution.

2. Grundprinzipien und Grundrechte in der neuen Verfassung

Am 21. November 1991 verabschiedete die am 20. Mai 1990 aus freien
und direkten Wahlen hervorgegangene Verfassunggebende Versammlung
Rumäniens neue Verfassung. Sie wurde im Zuge einer Volksabstimmung
am 8. Dezember 1991 bestätigt. Die neue Verfassung ist die siebente seit
der Gründung des modernen rumänischen Staates. Ihre Vorläufer stammen
aus den Jahren 1866, 1923 und 1938. Zwischen dem 6. September 1940
und dem 23. August 1944 war die Verfassung aufgehoben. Am 2. Oktober
1944 wurde die Verfassung von 1923 wieder eingesetzt. Im Anschluß an
die Absetzung des rumänischen Königs Michael am 31. Dezember 1947
und die Abhaltung von Wahlen im März trat im April 1948 die erste von
drei kommunistischen Verfassungen in Kraft. Sie stellte die Weichen für

---

"Kritik an Rumäniens neuer Verfassung. Emotionsgeladene Debatten über die
Minderheitenrechte", in: *Neue Zürcher Zeitung*, 7.12.1991.

Andrew Arato: "Revolution, *Civil Society* und Demokratie", in: *Transit* 1
(1990), S. 117.

einschneidende gesellschaftliche und wirtschaftliche Veränderungen in der "Volksrepublik" Rumänien. In der Verfassung von 1952 wurde die außenpolitische Abhängigkeit Rumäniens von der Sowjetunion und seine Angleichung an das sowjetkommunistische Modell festgeschrieben. Die im Jahre 1965 verabschiedete und danach mehrfach novellierte rumänische Verfassung bildete die Grundlage für die autonome Außenpolitik des Landes und die Verfolgung einer nationalkommunistischen Wirtschafts- und Sozialpolitik. Sie wurde 1974 ergänzt.[33]

In Rumänien kam es nach dem Sturz der kommunistischen Diktatur nicht zu einer *restitutio in integrum* der Rechtslage, wie sie vor Ausbruch des Zweiten Weltkriegs bestanden hatte. Die Monarchie als Staatsform wurde nicht wiederhergestellt, sondern durch die republikanische Staatsform ersetzt. Der Boden wurde seinen früheren Besitzern nur bis zu einer Höchstgrenze von 10 Hektar zurückgegeben. Gesetzesvorschläge, die eine Rückgabe der 1948 verstaatlichen Betriebe vorsehen, wurden im Parlament nicht eingebracht. Ein im Jahre 1996 verabschiedetes Gesetz über die Rückgabe des verstaatlichen Immobilienbesitzes verbindet das Prinzip der begrenzten Rückgabe mit Entschädigungsleistungen. Mit der Verabschiedung des neuen Grundgesetzes wurde die kommunistische Verfassung von 1965 zwar hinfällig, doch sieht Artikel 150 die fortdauernde Gültigkeit aller früheren gesetzlichen Bestimmungen vor, sofern sie der neuen Verfassung nicht entgegenstehen.[34]

Im Zuge der Ausarbeitung der neuen Verfassung durch die 1990 gewählte Verfassunggebende Versammlung fand ein reger Austausch mit westlichen Verfassungsexperten statt. Verfassungsexperten des Europarats und mehrerer westeuropäischer Staaten standen den rumänischen Abgeordneten und Senatoren als Berater zur Seite. Dabei fanden Präsidialverfassungen wie die amerikanische Verfassung von 1787 und nicht zuletzt die Verfassung der V. Französischen Republik von 1958 besondere Be-

---

[33] Siehe zur Geschichte der rumänischen Verfassung: L. Schulz: "Die verfassungsrechtliche Entwicklung der sozialistischen Republik Rumänien seit dem Zweiten Weltkrieg", in: Jahrbuch des öffentlichen Rechts der Gegenwart, Neue Folge 15 (1966), S. 407 ff.; Franz Mayer / Günther Tontsch / Ilie Iovănaş: "Staat, Verfassung, Recht,Verwaltung", in: Klaus-Detlev Grothusen (Hrsg.): Südosteuropa-Handbuch. Band II. Rumänien, Göttingen, Vandenhoek und Ruprecht 1977, S. 42-87; Mihai T. Oroveanu: Istoria dreptului românesc şi evoluţia instituţiilor constituţionale (Die Geschichte des rumänischen Rechts und die Entwicklung der verfassungsmäßigen Institutionen), Bukarest 1992.

[34] Betinio Diamant: "Transformations législatives en Roumanie après décembre 1989", in: *Revue Roumaine de Sciences Juridiques* VI (XXXIX) 2, 1995, S. 197-203.

achtung und Nachahmung.[35] In dem der neuen rumänischen Verfassung vorangestellten zentralen Prinzipienkatalog wird die Natur des Staates definiert und das Verhältnis zwischen den Bürgern und dem Staat festgelegt:

• Der rumänische Staat ist ein souveräner, unabhängiger, einheitlicher und unteilbarer Nationalstaat. (Artikel 1.1) Die Regierungsform des rumänischen Staates ist die Republik. (Artikel 1.2) Der Staat definiert sich als sozialer und demokratischer Rechtsstaat. (Artikel 1.3)

• Der Text der Verfassung dekretiert die Volkssouveränität, die mit den Mitteln der parlamentarischen Demokratie oder durch Referendum ausgeübt werden kann. (Artikel 2.1) Das Territorium Rumäniens ist unveräußerlich. (Artikel 3.1)

• Der Staat gründet auf dem Prinzip der Einheit des rumänischen Volkes. (Artikel 4.1) Den nationalen Minderheiten wird das Recht auf Wahrung, Entwicklung und Äußerung ihrer ethnischen, sprachlichen und religiösen Identität garantiert, (Artikel 6.1) ihre positive Diskriminierung gegenüber der Mehrheitsbevölkerung wird jedoch ausgeschlossen. (Artikel 6.2)

• Der Pluralismus ist Voraussetzung und Gewähr der verfassungsrechtlichen Demokratie. (Artikel 8.1)

• Vom Parlament ratifizierte völkerrechtliche Verträge sind Bestandteil des internen Rechts, (Artikel 11.2) ein Punkt, der im Zuge der Annäherung Rumäniens an die Europäische Union zunehmend an Bedeutung gewinnt. Bei Unstimmigkeiten zwischen den internationalen Menschenrechtsverträgen, an denen Rumänien beteiligt ist, und internen Gesetzen haben internationale Reglementierungen Vorrang. (Artikel 20.2)

---

[35] Dan A. Lăzărescu: "Cum se repetă istoria (Wie die Geschichte sich wiederholt)", in: *Sfera Politicii* 13 (1994).

Politische Rechte

In der neuen rumänischen Verfassung sind die folgenden politischen Rechte festgeschrieben:

- Das Recht auf physische und psychische Unversehrtheit. (Artikel 22.1) Die Todesstrafe ist untersagt. (Artikel 22.3)

- Das Recht auf individuelle Freiheit und Sicherheit der Person. (Artikel 23.1)

- Die Bewegungs- und Niederlassungsfreiheit. (Artikel 25.1)

- Das Recht auf Verteidigung vor Gericht. (Artikel 24.1)

- Der Schutz des Familien- und Privatlebens. (Artikel 26.1)

- Die Unverletzlichkeit des Wohnsitzes. (Artikel 25.2)

- Das Briefgeheimnis. (Artikel 28)

- Die Gewissens-, Meinungs- und Glaubensfreiheit. (Artikel 29.1, 29.2, 30.1) Zensur jeder Art ist verboten. (Artikel 30.2) Die Meinungsfreiheit wird durch das Verbot der Verletzung der Menschenwürde, der Diffamierung des Landes, der Aufhetzung zu Krieg, Haß und "territorialem Separatismus" eingeschränkt. (Artikel 30.7 und 30.8)

- Das Recht auf Information. (Artikel. 31.1)

- Die Versammlungs- und Vereinigungsfreiheit. (Artikel 36.1, 37.1) Der Beitritt zu politischen Parteien ist folgenden Kategorien von Angehörigen des öffentlichen Dienstes untersagt: den Richtern am Verfassungsgerichtshof, den Anwälten des Volkes, aktiven Armeeangehörigen und Polizisten. (Artikel 37.3)

- Das Streikrecht. (Artikel 40.1)

- Das aktive Wahlrecht gilt ab dem 18. Lebensjahr, (Artikel 34) das passive Wahlrecht ab dem 23. Jahr für Abgeordnetenhaus und den Kommunalbereich bzw. dem 35. Jahr für Senat und Präsidentenamt. (Artikel 35.1, 35.2)

Soziale Rechte

Entsprechend der Selbstdefinition Rumäniens als "sozialer Rechtsstaat" räumt die Verfassung den Bürgern gewisse soziale Anspruchsrechte ein - nicht ausdrücklich allerdings das Recht auf Arbeit, welches bekanntlich mit der in der Verfassung ebenfalls garantierten Freiheit der Berufs- und Arbeitsplatzwahl unvereinbar ist.[36] Garantiert ist demnach:

* Der Schutz gegen die Einschränkung des Rechts auf Arbeit, die Freiheit der Berufs- und Arbeitsplatzwahl. (Artikel 38.1)

* Das Recht auf sozialen Arbeitsschutz, auf einen Mindestlohn in der Wirtschaft, auf bezahlten Jahresurlaub, auf gleiche Entlohnung bei gleicher Arbeit. (Artikel 38.2. und 4)

* Das Recht auf Gesundheitsfürsorge. (Artikel 33.1)

* Das Recht auf Rente, bezahlten Schwangerschaftsurlaub, ärztlichen Beistand in der staatlichen Gesundheitsfürsorge, Arbeitslosenunterstützung und auf andere gesetzliche Formen des gesetzlichen Sozialschutzes. (Artikel 43.2)

* Der Schutz von Kindern, Jugendlichen und Behinderten. (Artikel 45.1 und 46.2)

* Zur Verteidigung der Rechte und Freiheiten der Bürger sieht die Verfassung erstmals einen dem schwedischen Ombudsmann vergleichbaren "Anwalt des Volkes" vor, der vom Senat für die Dauer von vier Jahren bestellt werden soll. (Artikel 55, 56, 57) [37]

---

[36] Siehe hierzu Wolfgang Rudzio: Das politische System der Bundesrepublik Deutschland, 3. Auflage, Opladen 1991, S. 46-49.

[37] Das Gesetz über die Einführung dieser Institution wurde der Fachkommission des Parlaments vom Justizministerium zugeleitet, aber bisher noch nicht verabschiedet. Siehe hierzu: Anca Elena Coca: "Avocatul Poporului`- o instituție democratică de care legiuitorii de la București încă se tem (Der Anwalt des Volkes - eine demokratische Institution, vor der sich die Parlamentarier in Bukarest immer noch fürchten)", in: Adevărul, 17.10.1995.

Wirtschaftliche Rechte

Ausdrücklich schreibt die neue rumänische Verfassung die Marktwirtschaft als Ordnungsprinzip der Wirtschaft fest. (Artikel 134.1). Konkret bedeutet das:

• Der Staat gewährleistet den Schutz der Handelsfreiheit, des lauteren Wettbewerbs, der nationalen Interessen in Wirtschafts-, Finanz- und Valutafragen, Förderung der nationalen Forschungstätigkeit, Umweltschutz etc. (Artikel 134.2)

• In der rumänischen Verfassung ist das Recht auf Eigentum garantiert. (Artikel 41.1)

• Der Schutz des Eigentums erfolgt durch den Staat. (Artikel 135.1)

• Die Güter des öffentlichen Eigentums sind unveräußerlich, können aber konzessioniert oder vermietet werden. (Artikel 135.5)

• Das Privateigentum ist unverletzlich. (Artikel 135.6)

• Das Privateigentum ist geschützt. (Artikel 41.1)

• Der Erwerb von Privateigentum ist aber eingeschränkt. Ausländer und Staatenlose können kein Eigentumsrecht auf Grundstücke erwerben. (Artikel 41.2)[38]

• Die Verfassung sieht den Schutz vor Enteignung vor (Artikel 41.3) und garantiert das Erbrecht. (Artikel 42)

---

[38] In der Praxis wird diese Einschränkung durch die Bildung gemischter Gesellschaften mit rumänischen Partnern umgangen, die den Grundbesitz in das Gemeinschaftseigentum einbringen.

3. Die politischen Institutionen

Die rumänische Verfassung beruht auf dem Prinzip der Trennung von gesetzgeberischer, ausführender und rechtsprechender Gewalt, auch wenn dies nicht ausdrücklich im Text der Verfassung festgeschrieben wird. (Artikel 58, 101, 123).

Das Parlament

• Das Parlament ist höchste Vertretungsinstanz des rumänischen Volkes und zugleich einzige gesetzgebende Instanz. (Artikel 58.1)[39]

• Es setzt sich aus zwei Kammern zusammen: der Abgeordnetenkammer (camera deputaţilor) und dem Senat (senatul). (Artikel 58.2)[40]

• Die Wahl der Abgeordneten und der Senatoren erfolgt durch allgemeine, gleiche, direkte, geheime und freie Wahlen entsprechend dem Wahlgesetz. (Artikel 59.1)

• Die Verbände der nationalen Minderheiten, die bei den Wahlen nicht die erforderliche Wählerzahl für einen Parlamentssitz erzielen konnten, erhalten je ein Abgeordnetenmandat. (Artikel 59.2)

• Die Dauer des Mandats der Abgeordneten und Senatoren ist auf vier Jahre angelegt. (Artikel 60.1)

• Das Mandat ist frei und repräsentativ: "Jedes imperative Mandat ist nichtig". (Artikel 66.1, und 66.2)

• Abgeordnetenkammer und Senat treten zu getrennten, aber in besonderen Fällen auch zu gemeinsamen Sitzungen zusammen. (Artikel 62.1, 62.2)

---

[39] Siehe hierzu: Alexandru Atanasiu: "Parlamentul (Das Parlament)", in: *Sfera Politicii* 13 (1994).

[40] Der Grund, weswegen man sich bereits im Wahlgesetz vom März 1990 auf eine Zweikammerstruktur festgelegt hat, wird gemeinhin mit Berufung auf die rumänische parlamentarische Tradition erklärt. In der parlamentarischen Praxis seit 1990 wurde die Existenz zweier Kammern seitens der Regierungsmehrheit nicht selten dazu benutzt, den Prozeß der Ausarbeitung und Verabschiedung bestimmter Gesetze hinauszuzögern.

- In Ausübung ihrer gesetzgeberischen Funktion verabschieden Abgeordnete und Senatoren Verfassungsgesetze, organische Gesetze und ordentliche Gesetze. (Artikel 72.1) Durch organische Gesetze werden Fragen des Wahlrechts, des Parteienrechts, der Ausrufung des Belagerungs- und Notstandes, grundsätzliche Fragen des Eigentums, des Status der öffentlichen Bediensteten, der Gewerkschaften, des Sozialschutzes, der Lokalverwaltung sowie von Unterricht und Kultus bestimmt. (Artikel 72.3)

- Die Verfassung sieht die Möglichkeit einer zeitlich befristeten Kompetenzübertragung des Parlaments an die Regierung vor, die Ermächtigungsgesetze (rumänisch: ordonanţă) erlassen kann in Bereichen, die nicht Gegenstand von organischen Gesetzen sind. (Artikel 114.1, 114.2)

- Die beiden Kammern des rumänischen Parlaments besitzen neben der Regierung und (mit Einschränkungen) den Bürgern Gesetzesinitiative. (Artikel 73.1)

- Das Parlament bewilligt das Programm einer neuen Regierung (Artikel 101.1) und erteilt einem neuen Premierminister sowie seiner Kabinettsliste das Vertrauensvotum. (Artikel 102.2)

- Das Parlament nimmt eine Kontrollfunktion gegenüber dem Rumänischen Sicherheitsdienst SRI (Artikel 62.2) und gegenüber der Regierung wahr. Letzteres geschieht auf dem Wege der Akteneinsichtnahme (Artikel 110.1), der Interpellation (Artikel 111.1) oder des Mißtrauensantrags. (Artikel 112)

- Die beiden Kammern des Parlaments können mit Zweidrittelmehrheit Anklage wegen Hochverrats gegen den Präsidenten erheben; (Artikel 84.3) in gemeinsamer Sitzung können sie mit einfacher Mehrheit Antrag auf Amtsenthebung des Präsidenten stellen. (Artikel 95.1)

- Das Parlament kann bei der Einbringung von Anträgen auf Abänderung der rumänischen Verfassung mitwirken. (Artikel 146.1)

- Die Wahlfunktion des Parlaments beschränkt sich auf folgende Aspekte: Das Parlament ernennt auf Vorschlag des Präsidenten den Direktor des Nationalen Sicherheitsdienstes SRI. (Artikel 62.2)

- Das Parlament wählt die Mitglieder des Obersten Rates der Magistratur, (Artikel 132.1) es ernennt die Mitglieder des Rechnungshofes sowie sechs von neun Mitgliedern des Verfassungsgerichtshofs (je drei das Abgeordnetenhaus und der Senat). (Artikel 140.2)

Der Staatspräsident

Das politische System Rumäniens ist das einer semipräsidentiellen Republik.[41] Die Macht des direkt gewählten Präsidenten ist sehr weitreichend
und wird vorwiegend durch das Gegenzeichnungsgebot seiner Gesetzes-
initiativen durch den Ministerpräsidenten eingeschränkt: Die vom Präsidenten erlassenen Dekrete müssen vom Premierminister gegengezeichnet
werden. (Artikel 99.2)

•   Die Wahl des Präsidenten erfolgt durch allgemeine, gleiche, direkte,
    geheime und freie Wahlen. (Artikel 81.1) Die Dauer seines Mandats
    beträgt vier Jahre (Artikel 83.1). Die Verfassung läßt nur zwei Amts-
    perioden eines Präsidenten zu. (Artikel 81.4)

•   Der Präsident kann im Verlauf seiner Amtszeit nicht Mitglied einer
    Partei sein und keine andere öffentliche oder private Funktion ausfül-
    len. (Artikel 84.1)

Der Präsident übt repräsentative Funktionen aus. Er wacht über die Einhaltung der Verfassung und die Funktionsweise der öffentlichen Behörden
und vermittelt zwischen den einzelnen Staatsgewalten sowie zwischen
Staat und Gesellschaft (Artikel 80.1, 80.2) Die dem Präsidenten in der
Verfassung zugewiesene Organisationsgewalt ist sehr weitreichend:

•   Der Präsident bestimmt den Kandidaten für das Amt des Premiermini-
    sters nach Befragung der Partei, welche im Parlament die absolute
    Mehrheit innehat bzw., wenn eine solche Mehrheit nicht besteht, mit
    den im Parlament vertretenen Parteien. (Artikel 103.1)

•   Der Präsident kann Anfragen an die Regierung richten, (Artikel 86) an
    Sitzungen der Regierung teilnehmen, wobei er den Vorsitz führt.
    (Artikel 87.1, 87.2)

---

[41] Siehe hierzu: Lewis J. Edinger: "Approaches to the Comparative Analysis of
Political Leadership", in: *The Review of Politics* 52 (Herbst 1990) 4, S. 509-523;
Ihor Markov, "The Role of the President in the Ukrainian Political System", in:
RFE/RL Research Report 2 (3.12.1993) 48, S. 31-35; James McGregor: "The
Presidency in East Central Europe, in: *RFE/RL Research Report* 3 (14.1.1994),
S. 23-31; Helga Hirsch: "Polens Präsident schert sich wenig um die Verfassung
und das Parlament. Selbst ist der Mann", in: *Die Zeit*, 21.10.1994; Klaus von
Beyme: Systemwechsel in Osteuropa, Frankfurt am Main 1994, S. 254-277;
Tudor Drăganu: Întroducere în teoria şi practica statului de drept (Einführung in
Theorie und Praxis des Rechtsstaates), Klausenburg 1992, S. 39 ff.

- Nach Befragung der Kammervorsitzenden kann der Präsident das Parlament auflösen, wenn dieses die vorgegebenen Fristen zur Abgabe eines Vertrauensvotums für die Regierungsbildung nicht einhält. (Artikel 89.1) Nach Befragung des Parlaments kann der Präsident ein Referendum ansetzen. (Artikel 90)

- Zu den außenpolitischen Befugnissen des Präsidenten gehören der Abschluß von internationalen Verträgen, die Beglaubigung und Berufung diplomatischer Vertreter Rumäniens sowie die Akkreditierung ausländischer Diplomaten. (Artikel 91.1., 91.2., 91.3)

- Der rumänische Präsident genießt in seiner Eigenschaft als Befehlshaber der Armee und Vorsitzender des Obersten Rates für Landesverteidigung (Artikel 92.1.) weitreichende militärische Kompetenzen. Ihm obliegt die Anordnung der teilweisen oder allgemeinen Mobilmachung der Armee sowie Ausrufung des Belagerungszustandes oder des Notstandes mit vorheriger Genehmigung des Parlaments - in Ausnahmefällen aber auch mit nachträglicher Genehmigung des Parlaments nach spätestens fünf Tagen(Artikel 92.2, 93.1). Der Präsident entscheidet über den Eintritt des Verteidigungsfalles und informiert hierüber das Parlament (Artikel 93.3)

- Der Präsident verfügt über folgende innenpolitische Kompetenzen: Er verleiht Auszeichnungen, Ehrentitel und hohe militärische Grade, ernennt Amtsträger (Richter, Staatsanwälte sowie drei von neun Mitgliedern des Verfassungsgerichtshofes), spricht Begnadigungen aus. (Artikel 94)

- Bei schwerwiegenden Verstößen des Präsidenten gegen Verfassungsbestimmungen sieht die Verfassung ein Amtsenthebungsverfahren (rumänisch: procedură de suspendare) vor. Die prozeduralen Hürden für ein solches Verfahren sind hoch angesetzt. Nach Befragung des Verfassungsgerichtshofes kann das Parlament mit Mehrheitsbeschluß die Amtsenthebung des Präsidenten beschließen, die dann im Zuge eines Referendums entschieden wird. (Artikel 95.1, 95.2, 95.3)[42]

---

[42] Bisher wurde am 5. Juli 1994 seitens eines Teils der parlamentarischen Opposition ein Amtsenthebungsverfahren gegen Präsident Iliescu eingeleitet. 166 Parlamentarier stimmten für den Antrag, 242 Abgeordnete waren dagegen, der Rest enthielt sich der Stimme. Siehe hierzu: Răsvan Dobrescu: "Procedura de suspendare (Das Amtsenthebungsverfahren)", in: *"22"* Nr. 27, 6.-12.7.1994; Cici Iordache-Adam: "Suspendarea Preşedintelui, masca unei lovituri de stat pe care opoziţia vrea s-o dea pe cale politică (Die Amtsenthebung des Präsidenten, der Vorwand für einen Staatsstreich den die Opposition auf politischem Wege (Fortsetzung der Fußnote siehe nächste Seite)

Die Regierung

Der Regierung wird in der neuen rumänischen Verfassung eine Exekutiv-
und Verwaltungsfunktion zugeschrieben. Sie "gewährleistet, gemäß ihrem
vom Parlament bewilligten Regierungsprogramm, die Verwirklichung der
Innen- und Außenpolitik und übt die allgemeine Leitung der öffentlichen
Verwaltung aus". (Artikel 101.1) Zum Unterschied von der im Wahlgesetz
vom März 1990 getroffenen Regelung, wonach die Mitglieder der Regierung dem Parlament nicht angehören dürfen, stipuliert die Verfassung von
1991 die Vereinbarkeit eines Regierungsamts mit einem Parlamentsman-
dat. (Artikel 104.1) [43]
Der Premierminister wird vom Präsidenten bestimmt nach Rücksprache
mit jener Partei, welche im Parlament die absolute Mehrheit innehat bzw.
wenn eine solche Mehrheit nicht besteht, mit den im Parlament vertretenen Parteien. (Artikel 103.1) Innerhalb der Regierung kommt dem Premierminister eine Leitungs- und Koordinierungsfunktion zu (Artikel
106.1.), eine ausdrückliche Richtlinienkompetenz besitzt er jedoch nicht.
Der Premierminister hat gegenüber den vom Präsidenten erlassenen De-
kreten eine Gegenzeichnungspflicht. (Artikel 99.2)
Die Tätigkeit der Regierung unterliegt der parlamentarischen Kontrolle
(Artikel 110.1); die Minister sind dem Parlament gegenüber kollektiv
verantwortlich (Artikel 108.1); Abgeordnetenkammer und Senat können
der Regierung in gemeinsamer Sitzung das Vertrauen entziehen durch
Annahme eines Mißtrauensantrags mit Stimmenmehrheit der Abgeordneten der beiden Kammern. (Artikel 112.1)

Die Zentralverwaltung

Die Verfassungsbestimmungen hinsichtlich der Armee, des Obersten
Rates für Landesverteidigung, der Geheimdienste und der Polizei sind sehr
summarisch. Sie wurden bzw. werden durch Grundgesetze ausgefüllt.
Die Armee ist ausschließlich dem Willen des Volkes untergeordnet. Sie
wird zur Gewährleistung von Souveränität, Unabhängigkeit, Einheit und

---

durchführen will)", in: *Dimineaţa*, 6.7.1994; Matthias Rüb: "Strafraumszenen
vor dem Tor Iliescus", in: *Frankfurter Allgemeine Zeitung*, 9.7.1994.
[43] Die vor 1991 geltende Inkompatibilitätsregelung hatte dazu geführt, daß Premierminister Petre Roman und jene Mitglieder seiner Regierung, die nach seinem im September 1991 erfolgten Sturz ihre Ministerämter verloren hatten, zugleich auch aus dem Parlament ausscheiden mußten.

territorialen Integrität des Landes sowie zum Schutz der verfassungsrechtlichen Demokratie eingesetzt. (Artikel 117.1) Fragen der Struktur des
Verteidigungssystems, der Organisation der Armee, der Vorbereitung der
Bevölkerung, der Wirtschaft und des Territoriums für die Verteidigung
sowie der Status der Armeeangehörigen werden durch Grundgesetze geregelt. (Artikel 117.1, 117.2) Die in Artikel 117. 1 und 2 enthaltenen Regelungen kommen in entsprechend abgewandelter Form auch für die Geheimdienste und die Polizei zur Anwendung. (Artikel 117.3) Die einheitli-
che Organisation und Koordinierung aller die Verteidigung und die nationale Sicherheit betreffenden Tätigkeiten obliegt dem Obersten Rat für
Landesverteidigung. (Artikel 118)
  Die Frage des Einmarsches oder Durchzugs ausländischer Truppen auf
dem Territorium Rumäniens ist gesetzlichen Regelungen vorbehalten.
(Artikel 117.5)
  Im Bereich der öffentlichen Verwaltung auf kommunaler Ebene stipuliert die rumänische Verfassung ausdrücklich das Prinzip der Lokalautonomie und der Dezentralisierung. (Artikel 119) Die Behörden der lokalen
öffentlichen Verwaltung - Lokalräte und Bürgermeister - werden gewählt
und fungieren als "autonome Verwaltungsbehörden". (Artikel 120.1,
120.2) An der Spitze der Lokalverwaltung auf Kreisebene und in der
Hauptstadt Bukarest steht ein von der Regierung ernannter Präfekt. Er ist
"der Vertreter der Regierung auf Lokalebene und leitet die dezentralisier-
ten öffentlichen Dienste der Ministerien und der anderen Zentralorgane
der territorialen Verwaltungseinheiten". (Artikel 112.1, 112.2)

Die Gerichtsbarkeit

Die Richter sind unabhängig und nur dem Gesetz unterworfen. (Artikel
123.2) Sie sind unabsetzbar. (Artikel 124.1.)
  Die Staatsanwaltschaft, welche die in kommunistischer Zeit gebräuchli-
che, aus dem russischen Sprachgebrauch entlehnte Bezeichnung
"procuratura" abgelegt hat und nun als "Ministerul Public" (Öffentliches
Ministerium) firmiert, bezeichnet sich selbst als Vertreter der öffentlichen
Interessen der Gesellschaft, als Verteidiger der Rechtsordnung sowie der
Rechte und Freiheiten der Bürger. Sie agiert auf der Grundlage der Prinzipien der Gesetzlichkeit und Unparteilichkeit und untersteht dem Justizminister. (Artikel 130.1, 131.2)
  Neu in die Verfassung aufgenommen sind Bestimmungen hinsichtlich
der Institution des Verfassungsgerichtshofs. Dieser setzt sich aus neun
Richtern zusammen, die für ein Mandat von neun Jahren ernannt werden,
das weder verlängert noch erneuert werden kann. (Artikel 140.1) Sie

werden zu gleichen Teilen von der Abgeordnetenkammer, dem Senat und dem Staatspräsidenten ernannt. (Artikel 140.2) Bedingung für die Ernennung zum Richter am Verfassungsgerichtshof ist eine juristische Hochschulbildung sowie ein Dienstalter von mindestens 18 Jahren in der juristischen Praxis oder Lehre. (Artikel 141) Die Richter am Verfassungsgerichtshof sind unabhängig und für die Dauer ihres Mandats unabsetzbar. (Artikel 143) Der Verfassungsgerichtshof hat folgende Befugnisse:

- Aussagen zur Verfassungsmäßigkeit der Gesetze vor ihrer Verkündigung (auf Anfrage des Präsidenten, eines der beiden Kammerpräsidenten, der Regierung oder einer festgelegten Anzahl von Abgeordneten oder Senatoren) sowie von Rechts wegen über Anträge zur Änderung der Verfassung.

- Aussagen zur Verfassungsmäßigkeit der Geschäftsordnungen der beiden Kammern (auf Anfrage).

- Entscheidung über gerichtlich erhobene Einwände hinsichtlich der Verfassungwidrigkeit von Gesetzen und Anordnungen.

- Kontrolle der Einhaltung der Verfahren zur Wahl des Präsidenten, die Durchführung von Referenden.

- Es wirkt beratend mit bei Entscheidungen über eine Amtsenthebung des Präsidenten und entscheidet über Einwände gegen die Verfassungsmäßigkeit von politischen Parteien. (Artikel 144)

Bei festgestellter Verfassungsswidrigkeit noch nicht veröffentlichter Gesetze oder Geschäftsordnungen durch das Verfassungsgericht werden diese zur Nachprüfung zurückgeschickt. Wenn das Gesetz in gleicher Form mit wenigstens einer Zweidrittelmehrheit in jeder Kammer angenommen wird, fällt der Einwand der Verfassungswidrigkeit weg und die Verkündigung wird obligatorisch. (Artikel 145.1) Die Entscheidungen des Verfassungsgerichtshofes sind verbindlich. (Artikel 145.2)

Abänderung der Verfassung

Der Text der neuen Verfassung enthält detaillierte Verfahrenshinweise für eine nachträgliche Abänderung der Verfassung. Demnach kann die Initiative zu einer Verfassungsänderung vom Präsidenten auf Vorschlag der Regierung, von mindestens einem Viertel der Abgeordneten oder Senatoren sowie von mindestens 500 000 stimmberechtigten Bürgern nach einem vorbestimmten territorialen Verteilungsschlüssel eingebracht werden.

(Artikel 146.1, und 146.2) Änderungsentwürfe oder Änderungsvorschläge müssen mit wenigstens der Zweidrittelmehrheit jeder Kammer bzw. nach einem erfolglosen Vermittlungsverfahren, auf einer gemeinsamen Sitzung beider Kammern mit Zweidrittelmehrheit angenommen werden. (Artikel 147.1, 147.2) Die Änderung tritt endgültig nach Genehmigung durch ein Referendum in Kraft (Artikel 147.3)[44]
Von einer Änderung sind einige Bestimmungen der Verfassung ausdrücklich ausgenommen: die Bestimmungen hinsichtlich des nationalen, unabhängigen, einheitlichen und unteilbaren Charakters des rumänischen Staates, der republikanischen Regierungsform, der Integrität des Territoriums, der Unabhängigkeit der Justiz, des politischen Pluralismus und der Amtssprache. (Artikel 148.1) Es dürfen keine Änderungen der Verfassung durchgeführt werden, welche die Unterdrückung der Grundfreiheiten und Grundrechte der Bürger zum Ziel haben. (Artikel 148.2) Die Verfassung darf während des Belagerungs- und Notstandes sowie in Kriegszeiten nicht abgeändert werden. (Artikel 148.3)

4. Die neue Verfassung im Spiegel der Kritik

Gegen die neue Verfassung wurden sowohl in der Phase der Debatten in der Verfassunggebenden Versammlung als auch nach ihrem Inkrafttreten kritische Einwände erhoben. Einige dieser von Rechtsexperten, Journalisten und Politikern vorgebrachten Kritikpunkte sollen hier erläutert werden.

Keine Restitution der Verfassung von 1923: Ein häufig vorgebrachter Kritikpunkt betrifft die Tatsache, daß die Verfassung von 1923 nicht wiederhergestellt wurde. Zwar habe der Rat der *Front der Nationalen Rettung* das kommunistische Regime in seinem Antrittskommuniqué öffentlich verurteilt, die Errichtung des kommunistischen Regimes in Rumänien aber nicht für null und nichtig erklärt. Ein solches Vorgehen, so die Begründung dieser Kritiker, hätte automatisch die *restitutio in integrum* der verfassungsrechtlichen Situation, aber auch der Eigentumsverhältnisse aus der Zeit vor der Errichtung der kommunistischen Diktatur nach sich gezogen.[45]

---

[44] Über das benötigte Mehrheitsverhältnis beim Referendum sagt der Text der Verfassung nichts aus.
[45] Siehe hierzu: Anton Carpinschi: "Lungul drum (Der lange Weg)", in: *Sfera Politicii* 6 (1993).

Vorwegnahme des Staatsmodells: Mit dem neuen Wahlgesetz, so wird in der Öffentlichkeit argumentiert, habe die neue Führung nach 1989 Weichen gestellt und die wesentlichen Merkmale der neuen Verfassung, insbesondere die Staatsform der semipräsidentiellen Republik, die künftige Regierungsform sowie den Status aller fundamentalen Institutionen des Staates vorgeprägt und damit die künftige Verfassung vor der Verabschiedung des neuen Grundgesetzes *de facto* vorweggenommen.[46] Die neue Verfassung habe dann den bereits vorgegebenen Regierungstypus nur noch nachträglich sanktioniert und legitimiert.

Prinzip der Gewaltenteilung nur impliziert: Ein weiterer Vorwurf bezieht sich auf die Tatsache, daß das Prinzip der Gewaltenteilung nicht als solches in der Verfassung festgeschrieben ist, obwohl es - und das mußten die Kritiker einräumen - der Gesamtkonzeption der Verfassung zugrunde liegt. Die Kritiker führen die Tatsache ins Feld, daß die neue rumänische Führung das Prinzip der Gewaltentrennung ausdrücklich in ihrer am 22. Dezember 1989 erlassenen Proklamation an die Nation als auch im Wahlgesetz vom Mai 1990 erwähnt hatte.[47]

Unklare Vorgaben: Kritik entzündete sich auch an Unklarheiten, schwammigen Formulierungen oder an der Tatsache, daß der Text der Verfassung zu viel Spielraum für künftig zu verabschiedende organische Gesetze offenlasse. Vertreter der Opposition unterstellen der rumänischen Führung, mithilfe solcher Praktiken nachträglichen Einschränkungen der in der Verfassung gewährten Rechte und Freiheiten Vorschub geleistet zu haben.[48] Im Zuge der parlamentarischen Debatten über einschlägige Gesetzesvorlagen wird dieses Argument von der Opposition häufig ins Feld geführt.

An einer dieser als unklar erachteten Vorgaben der Verfassung hat sich ein Streit entzündet, der im Hinblick auf die 1996 stattfindenden Parlaments- und Präsidentschaftswahlen noch an Bedeutung gewinnen könnte. Die Rede ist von der in Artikel 81.4 enthaltenen Bestimmung, derzufolge eine Person höchstens zweimal zum Präsidenten Rumäniens gewählt werden darf. Vertreter der Opposition, die eine weitere - aus ihrer Sicht

---

[46] Vgl. hierzu: Wolfgang Rudzio: Das politische System der Bundesrepublik Deutschland, 3. Auflage, Opladen 1991, S. 49-52; Victor Iancu: "Păcatul originar (Die Ursünde)", in: *România Literară* 15, 30.4.-6.5.1992.

[47] Siehe hierzu: Lucian Mihai: "Absența statului de drept in România (Das Fehlen des Rechtsstaates in Rumänien)", in: *România Liberă*, 11.7.1992.

[48] Siehe hierzu Dan-Şerban Rădulescu: "Regimul constituțional în România după prăbuşirea dictaturii comuniste (Das Verfassungssystem Rumäniens nach dem Zusammenbruch der kommunistischen Diktatur)", in: *Alianța Civică* 11, 30.1.-5.2.1992.

dritte und daher verfassungswidrige - Amtsperiode des derzeitigen Staatspräsidenten Ion Iliescu verhindern wollen, weisen darauf hin, daß Iliescu
bereits zweimal - 1990 und 1992 - zum Präsidenten gewählt worden sei.
Befürworter einer neuerlichen Kandidatur Iliescus verweisen ihrerseits
darauf, daß die Verfassung keine rückwirkende Gültigkeit habe und daß
daher Ion Iliescu unter den Bestimmungen der neuen Verfassung erst
einmal, nämlich 1992, zum Präsidenten gewählt worden sei und danach
erst seine erste Amtszeit angetreten habe.[49]

Schwierige Abänderung der Verfassung: Ein weiterer, häufig vorgebrachter Kritikpunkt betrifft die - aus der Sicht der Kritiker der Verfassungsbestimmungen außerordentlich hohen - Hürden, die der Text der
Verfassung gegen eine nachträgliche Abänderung ihrer Bestimmungen
aufgerichtet hat.[50] Damit, so argumentieren Vertreter einiger Oppositionsparteien, solle die Möglichkeit der Rückkehr zur Monarchie verhindert
werden.[51]

Nationalstaat, Staatssprache, Minderheitenrechte: Es gehört zu den
Besonderheiten des rumänischen Gesetzgebungsprozesses nach der Wende, daß sich die Debatten im Parlament zu Verfassungs- und anderen
wichtigen Fragen unverhältnismäßig lang mit entsprechenden Forderungen der Minderheiten befassen mußten. So ergaben sich im Parlament
nicht selten ethnische Trennlinien anstelle politischer Trennlinien, was den
Meinungsbildungsprozeß verfälschte und die Verabschiedung wichtiger
Gesetzeswerke verzögerte. Im Verlauf der Verfassungsdebatten zielte ein
spezifischer, von Vertretern der nationalen Minderheiten und dabei insbesondere der ungarischen Minderheit vorgebrachter Kritikpunkt auf die
Bezeichnung Rumäniens als eines einheitlichen Nationalstaats und auf die
Setzung des Rumänischen als alleiniger Amtssprache hin. Ungarische
Politiker treten für eine Charakterisierung Rumäniens als "Vielvölkerstaat"
ein, in dem die ungarische gleichberechtigt neben der rumänischen Sprache in der Verwaltung und vor Gericht stehen müßte. Die Forderungen der

---

[49] Siehe hierzu: "De ce nu mai poate candida domnul Iliescu a treia oară (Weshalb
Herr Iliescu nicht ein drittes Mal kandidieren kann)", in: *Azi*, 29.4.1995.

[50] Dies widerspricht der Einschätzung Elsters, daß es allen Verfassungen der neuen
Demokratien in Osteuropa an zwingenden Bestimmungen zur Verhinderung
leichtfertiger nachträglicher Verfassungskorrekturen mangele. Siehe hierzu: Ion
Elster: "Constitution-Making in Eastern Europe: Rebuilding the Boat in the
Open Sea", in: Joachim Jens Hesse (Hrsg.): Administrative Transformation in
Central and Eastern Europe. Towards Public Sector Reform in Post-Communist
Societies, Oxford/Cambridge 1993, S. 195-196.

[51] "Volksabstimmung über die neue Verfassung", in: *Frankfurter Allgemeine
Zeitung*, 9.12.1991.

Minderheit werden von Parlamentariern von Regierung und Opposition zurückgewiesen. Die Bezeichnung "einheitlicher, unteilbarer Nationalstaat" (rumänisch: stat uniţar national şi indivizibil), so der angesehene, der politischen Opposition nahestehende Historiker Andrei Pippidi, sei Bestandteil der rumänischen Verfassungstradition. Auch ziele die aus dem Französischen entlehnte Bezeichnung des "einheitlichen" Staates nicht auf ethnische Einheitlichkeit ab, sondern bezeichne die Einheit der politischen Nation.[52] Vertreter des *Demokratischen Verbandes der Ungarn Rumäniens* monieren zudem die fehlende Anerkennung kollektiver Rechte für die Minderheiten.[53] Sie lassen sich von ihrer Kritik auch durch die Tatsache nicht abbringen, daß die Verfassung den des Rumänischen unkundigen Minderheitenvertretern sowie Ausländern das Recht auf einen Dolmetscher zusichert. In dem Gesetz über die Kommunalverwaltung wird den Bürgern zudem das Recht zugestanden, sich im mündlichen und schriftlichen Verkehr mit den Behörden der jeweiligen Muttersprache zu bedienen.[54]

Die Schaffung neuer Institutionen verzögert sich: Kritik entzündet sich auch an der Tatsache, daß auch in Rumänien die in der Verfassung auf Druck der Opposition eingeführte neue Institution des Ombudsmanns bislang drei Jahre nach Verabschiedung der Verfassung hinausgeschoben wurde.[55] Dies ist jedoch nicht ungewöhnlich. Bekanntlich zögern auch andere Transformationsstaaten die praktische Umsetzung entsprechender gesetzlicher Vorgaben hinaus.[56]

Mängel der gesetzgeberischen Praxis: Parlamentarier und Presse haben mehrmals auf das angebliche "Chaos" und die "Instabilität" des gesetzgeberischen Prozesses hingewiesen.[57] Die legislative Praxis, so heißt es,

---

[52] Andrei Pippidi: "De ce stat naţional unitar (Weshalb ein einheitlicher Naţionalstaat)", in: *Expres* 38, 21.-27.9.1993.

[53] "Kritik an Rumäniens neuer Verfassung. Emotionsgeladene Debatten über die Minderheitenrechte", in: *Neue Zürcher Zeitung*, 7.12.1991.

[54] Artikel 54, Legea administraţiei publice locale (Das Gesetz der öffentlichen Lokalverwaltung), veröffentlicht in: *Monitorul Oficial al României*, Teil I, Nr.238, 28.11.1991.

[55] Dan A. Lăzărescu: "Cum se repetă istoria (Wie die Geschichte sich wiederholt)", in: *Sfera Politicii* 13 (1994).

[56] Siehe hierzu: László Vass: "The Relationship Between Executive and Legislative Powers: Focus on the First Hungarian Parliament (1990 - 1994)", in: Attila Agh / Sándor Kurtán: Democratization and Europenization in Hungary: The First Parliament (1990 - 1994), Budapest 1995, S. 211.

[57] Ion Marin: "Cand va fi defrişată jungla legislativă? (Wann wird der gesetzgeberische Dschungel gelichtet?)", in: *Adevărul*, 28.1.1995.

schwanke zwischen hyperaktiver Überreglementierung und der Verschleppung wichtiger Regelungen. Während zum einen Gesetze, Dekrete
und Verordnungen, welche die Absicherung und Festigung der Machtposition der neuen Führung zum Ziel hatten, recht früh verabschiedet wurden, harren wichtige Gesetze immer noch ihrer Verabschiedung durch
beide Kammern des Parlaments. Es handelt sich dabei um wichtige organische Gesetze, die für die Konsolidierung fudnamentaler staatlicher Institutionen wie Armee, Schule und Kirche, für die Absicherung der demokratischen Errungenschaften und des sozialen Friedens, für das Fortschreiten zur Marktwirtschaft und die wirtschaftliche und politische Öffnung nach Westen unabdingbar sind.[58]

- Im außen- und sicherheitspolitischen Bereich gehören hierzu die vom
  Verteidigungsministerium im Parlament eingebrachten Gesetzesvor-
  schläge zur Militärdoktrin, zum nationalen Sicherheitskonzept und zur
  Militärgerichtsbarkeit.

- Ein Minderheitengesetz konnte bislang nicht verabschiedet werden.
  Dem Parlament liegen zur Zeit drei Entwürfe dafür vor: ein Entwurf
  des *Demokratischen Verbandes der Ungarn UDMR*, ein Entwurf der
  nichtungarischen Minderheiten und ein Entwurf der *Partei der Bürgerallianz PAC*. Auch das Gesetz über Religionsgemeinschaften harrt
  noch seiner Verabschiedung. Zwar wurde 1995 der Status von Notaren
  und Rechtsanwälten gesetzlich geregelt, doch fehlen noch Gesetze zum
  Status der Parlamentarier, der Minister und der Beamten. Am Vorabend der für 1996 angesetzten Kommunal- und Parlamentswahlen ist
  die Verabschiedung eines neuen Parteiengesetzes, das vor allem die
  Finanzierungsfrage der Parteien regelt, bald zu erwarten.

- Im Bereich der Sozialgesetzgebung fehlen immer noch wichtige gesetzliche Regelungen zum Lohnsystem, zum System der Renten und
  Sozialversicherungen und zur Krankenversicherung. Im Jahre 1995
  wurden das langerwartete Konkursgesetz sowie ein neues Gesetz zur
  beschleunigten Privatisierung der Wirtschaft verabschiedet. Das Urhe-

---

[58] Allerdings stellt Rumänien in dieser Hinsicht keinen Sonderfall dar. In anderen
ehemals kommunistischen Staaten ist das von der Budapester Politologin
Gabriella Ilonszki diagnostizierte "legislative paradox" ebenfalls zu beobachten.
Ähnlich wie in Rumänien steht auch in Ungarn dem "legislative boom" ein "big
legislative deficit" an grundlegenden Gesetzen entgegen. Siehe hierzu: Alfred
A.Reisch (Hrsg.): Roundtable: Hungary's Parliament in Transition, in: *RFE/RL
Research Report* 48 (4.12.92); Joachim Jens Hesse (Hrsg.): Administrative
Transformation in Central and Eastern Europe. Towards Public Sector Reform
in Post-Communist Societies, Oxford/Cambridge 1993, S. 227.

berschutzgesetz passierte 1995 den Senat, aber noch nicht die Abgeordnetenkammer.

Kritik an der Vormachtstellung des Präsidenten: Die Vorbehalte gegen die starke Stellung des Präsidenten in der neuen Verfassung ziehen sich wie ein roter Faden durch die öffentliche Verfassungsdiskussion. Während die meisten Rechtsexperten dazu tendieren, die dem Präsidenten unter der Verfassung verliehenen Machtbefugnisse allzu hoch anzusetzen und Rumänien sogar als "republikanische Monarchie" bezeichneten, sind nur wenige bereit, von einem "Dualismus der Macht" zwischen Präsidenten und Premierminister zu sprechen.[59]

Das öffentliche Unbehagen an der Vormachtstellung des Präsidenten wird dadurch verstärkt, daß die tatsächlichen Einflußmöglichkeiten des amtierenden Staatspräsidenten Ion Iliescu über das ihm rechtlich zugestandene Maß noch hinausgehen. In der Tat fließt seine Macht nicht nur aus konstitutionellen Quellen, sie beruht auch auf Schatteninstitutionen und persönlichen Netzwerken. Als Schatteninstitutionen sind Institutionen zu bezeichnen, die dazu tendieren, sich der öffentlichen Kontrolle weitgehend zu entziehen. Status und Kompetenzen solcher Institutionen wie der Berater des Präsidenten, der Vorsitzenden der Parlamentskammern, des Obersten Rates für Landesverteidigung sowie informeller Gruppen aller Art sind in der Verfassung und in einschlägigen Gesetzen bestenfalls vage definiert. In der Praxis geht ihr Einfluß in jedoch erheblichem Maße über den gesetzlich vorgegebenen Rahmen hinaus.

Der rumänische Geheimdienst, genannt *Rumänischer Informationsdienst* (*Serviciul Român de Informaţii SRI*), war im März 1990 vor dem Hintergrund provozierter ethnischer Wirren in der siebenbürgischen Stadt Tîrgu Mureş gegründet worden und ist immer noch ein wichtiger Machtfaktor, auch wenn die von der Vorgängerorganisation "Securitate" ausgeübte Strafermittlungskompetenz für den neuen Geheimdienst abgeschafft wurde. Der Chef des Nationalen Sicherheitsdienstes Virgil Măgureanu, ein Mann mit einem großen Herrschaftswissen, gilt als enger Vertrauter des Staatspräsidenten Ion Iliescu.

Besonders heftige Kritik entzündet sich in der oppositionellen Presse an der Institution des Obersten Rates für Landesverteidigung. Ihm gehören

---

[59] Vasile Gionea: "Preşedintelui i s-au dat atribuţii pe care nu ar trebui să le aibă (Dem Präsidenten wurden Befugnisse verliehen, die ihm nicht zustehen)", in: *România Liberă*, 22.12.1990; Tudor Drăgan: "Spre o monarhie ... republicană? (In Richtung auf eine ...republikanische Monarchie?)", in: *România Liberă*, 13.3.1991. Die gegenteilige Meinung vertritt Ovidiu Şincai: "Preşedintele: 'monopol al puterii' sau influenţă? (Der Präsident: 'Machtmonopol' oder Einflußnahme?)", in: *Sfera Politicii* 13 (1994).

die Minister der strategisch wichtigen Bereiche Verteidigung, innere Sicherheit, Außenpolitik, Information, Außenhandel, aber auch der Chef des Inforamtionsdienstes *SRI* an.[60] Gemäß der Verfassung übt der Staatspräsident den Vorsitz im Obersten Rat für Landesverteidigung aus.[61]

Seit dem Umsturz stand dem Präsidenten Ion Iliescu ein wechselndes Team von Beratern zur Seite, das in der Verfassung keine Erwähnung findet, jedoch über beträchtlichen Einfluß verfügt und von Kritikern gelegentlich als "Überregierung" bezeichnet wird.[62] Die Berater Iliescus haben Ministerrang. Es ist zu beobachten, daß im Zuge der vom Präsidenten getragenen außenpolitischen Kursänderung des Landes hin auf eine Eingliederung in die euro-atlantischen Strukturen präsumptive Gegner der neuen Westpolitik Zug um Zug aus dem Sicherheitsdienst und aus dem Obersten Rat für Landesverteidigung entfernt werden.

Zu den strategisch wichtigen Positionen, die Präsident Iliescu sowohl nach den Wahlen vom Mai 1990 wie nach den Wahlen vom September 1992 mit Männern seines Vertrauens besetzen konnte, gehört auch der Vorsitz in den beiden Kammern des Parlaments. Auf diesem Wege konnte seit den Wahlen vom Mai 1990 der gesetzgeberische Prozeß in der Verfassunggebenden Versammlung und im 1992 gewählten Parlament gesteuert und Einfluß auf die Tätigkeit der Regierung genommen werden.

Die Regierung - eine zweite Legislative? In jüngster Zeit ist die Praxis der Regierung von Premierminister Nicolae Văcăroiu, den gesetzgeberischen Prozeß am Parlament vorbeizulenken, ins Schußfeld der öffentlichen Kritik geraten. In der Presse wird Kritik daran geübt, daß die regierende *Partei der Sozialen Demokratie Rumäniens* mit Hilfe der Regierungspolitik versucht, ihre eigenen politischen Vorstellungen und Ziele möglichst rasch in die Tat umzusetzen und ihr nicht genehme Vorhaben im Parla-

---

[60] Eine ähnliche Entwicklung hat sich auch in den anderen postkommunistischen Staaten vollzogen. Im Falle des Sicherheitsrates von Boris Jelzin, dem Präsidenten der Russischen Föderation, spricht eine Kommentatorin sogar von einem "Politbüro". Siehe hierzu: Elfie Siegl: "Der Zerstörer?", in: *Frankfurter Allgemeine Zeitung*, 30.12.1994.

[61] Siehe hierzu den Bericht zum Ablauf des Sturzes von Premierminister Petre Roman im September 1991, in dessen Verlauf Staatspräsident Iliescu mit dem Obersten Rat für Landesverteidigung und seinem Beraterteam eng zusammenarbeitete, veröffentlicht in: *Curierul Național*, 19.6.1992. Die Initiative zu seinem Sturz, so der ehemalige Premierminister Petre Roman, sei im Rahmen des Obersten Rates für Landesverteidigung von Geheimdienstchef Virgil Măgureanu ausgegangen. Siehe hierzu: Petre Roman - Interview in: *Südosteuropa* 9 (1992), S 340-343.

[62] Dan Mihalache: "Frontul şi sindicatele (Die Front und die Gewerkschaften)", in: *Azi*, 18.8.1992.

ment abzublocken. Dabei bediene sich die Regierung von Ministerpräsident Văcăroiu immer häufiger des Mittels der Ermächtigungsgesetze (rumänisch: ordonanțe), eine Praxis, die zeitlich befristet und nur in Ausnahmefällen von der Verfassung gedeckt ist. Zugleich, so heißt es, verstärke die Partei ihren Zugriff auf die Regierung.[63] Die Zahl der von der Regierung verabschiedeten Ermächtigungsgesetze - darunter auch Reformgesetze oder unpopuläre, aber von internationalen Organisationen geforderte Sparmaßnahmen - die rückwirkend vom Parlament gebilligt werden müssen, liegt ungefähr gleichauf mit der Anzahl der vom Parlament verabschiedeten Gesetze - Grund genug für die Opposition, von einer "Regierungsdiktatur" zu sprechen.[64]

5. Die neuen Institutionen im Spiegel der öffentlichen Meinung

Unabhängig davon, ob solche Kritik berechtigt oder von Parteiräson und Partikularinteressen diktiert ist, bleibt festzuhalten: Der Prozeß der Verfassungsgebung und der Schaffung der gesetzlichen Grundlagen für die in Entstehung begriffene rumänische Demokratie erfreut sich in der öffentlichen Meinung des Landes großer Aufmerksamkeit. Die Debatten der Verfassunggebenden Versammlung und des Parlaments werden auf weite Strecken in Rundfunk und Fernsehen übertragen, die Printmedien referieren und kommentieren den gesetzgeberischen Prozeß ausführlich und detailliert. Transparenz und ein relativ großes öffentliches Interesse an Themen aus dem Bereich der Gesetzgebung und der Institutionsbildung sind positive Faktoren. Die Kehrseite der Medaille: Demagogie, Populismus, elitäres Gehabe und andere Auswüchse der sogenannten "Politikasterei" (rumänisch: politicianism), so wie sie im Zuge der Parlamentsdebatten zutage treten, sind dem Ansehen des Parlaments keines-

---

[63] Liana Simion: "Liderii PDSR explică decizia partidului de a controla proiectele de legi înainte de a fi aprobate de partid (Die Führer der PSDR erklären den Beschluß der Partei, alle Gesetzesentwürfe von der Partei absegnen zu lassen, bevor sie angenommen werden)", in: *Evenimentul Zilei*, 16.9.1994.

[64] György Frunda: "Lupta împotriva dictaturii guvernamentale (Der Kampf gegen die Regierungsdiktatur)", in: *Expres Magazin* 36, 24.-30.9.1994; "Legile - la concurență cu ordonanțele (Die Gesetze - im Wettstreit mit den Ermächtigungsgestzen), in: *Adevărul*, 20.5.1995; Varujan Vosganian: "Echilibrul puterilor: Parlament versus Guvern (Das Gleichgewicht der Kräfte: Parlament und Regierung)", in: *Sfera Politicii* 13 (1994).

wegs förderlich. In Rumänien ebenso wie in den anderen ostmitteleuropäischen Staaten rangiert diese Institution auf der Akzeptanzskala der rumänischen Bevölkerung konstant auf einem der untersten Ränge.[65] Bei einer im Juni 1995 durchgeführten repräsentativen Umfrage stuften 78 Prozent der Befragten die Tätigkeit des Parlaments als schlecht oder sehr schlecht ein, nur 18 Prozent bewerteten sie als gut oder sehr gut. Im Vergleich mit anderen Institutionen ergibt sich folgendes Bild:

Tabelle 1: Rumänische Institutionen in der öffentlichen Meinung[66]

	schlecht/ sehr schlecht	gut/ sehr gut
Streitkräfte	7 %	89 %
Kirche	12 %	87 %
Justiz	56 %	36 %
Lokalverwaltung	61 %	37 %
Regierung	71 %	26 %
Parlament	78 %	18 %

---

[65] Siehe hierzu Jakob Juchler: "'Demokratie' oder 'Politikerstaat': Wie entwickeln sich die politischen Verhältnisse? Politik als Attitüde", in: *Wochenzeitung*, 10.3.1995.

[66] Public Opinion Barometer conducted by CURS - Center for Urban and Regional Sociology, commissioned by: The SOROS Foundation for an Open Society, June 1995, S. 25.

6. Die Reform der Gesetzgebung

Der nach 1989 in Wirtschaft und Gesellschaft angelaufene Reformprozeß
verlief in Rumänien dank der eine Zeitlang ungeklärten Machtverhältnisse
zwischen konkurrierenden Eliten stockend und in Schüben. Erst nach dem
Zerfall der Sowjetunion, der einen grundlegenden Wandel der außenpolitischen Grundkonstellationen mit sich brachte, und nachdem die Ion Iliescu
unterstützende *Partei der Sozialen Demokratie* bei den Wahlen von 1992
die absolute Mehrheit verloren hatte, kam der Prozeß wieder in Gang. Er
läuft parallel zu den anfangs gebremsten, danach beschleunigt verlaufen-
den Integrationsbestrebungen in die Europäische Union und in die NATO.

Meinungsfreiheit, Mediensystem. Meinungsfreiheit wird garantiert, jegliche Form der Zensur ist untersagt. Nach 1989 wurde kein neues Pressegesetz verabschiedet, die Abgeordnetenkammer übernahm jedoch die Resolution der Parlamentarischen Versammlung des Europarates über das
journalistische Berufsethos. Die Privatisierung der elektronischen Medien
begann 1992. Bis zum Januar 1994 verteilte die Staatskommission für
audiovisuelle Medien 336 lokale Fernsehlizenzen (meist Kabel) sowie 107
Radiolizenzen. Die Bevölkerung hat Zugang zu zwei landesweiten öffent-
lich-rechtlichen Fernsehprogrammen, zahlreichen öffentlichen lokalen
TV-Sendern und privaten Rundfunkstationen (landesweit und lokal) sowie
ausländischen Sendern. Die Massenmedien stellen zwar noch nicht die
vierte Macht im Staate dar, sind aber zu einem wichtigen politischen Faktor geworden. Die Meinung, daß die Regierung das staatliche Fernsehen
unter Kontrolle habe, während die gedruckten Medien von den Ansichten
der Opposition beherrscht seien, ist weit verbreitet.

Verwaltungsstrukturen. Im Jahre 1991 wurde ein neues Gesetz über die
öffentliche Verwaltung erlassen, das im Oktober 1994 nach Unterzeichnung der Europäischen Konvention über Lokalautonomie durch die rumänische Regierung abgeändert wurde. Zwar wurden einige Liberalisie-
rungsmaßnahmen in bezug auf die Haushalte der Kommunen getroffen,
die Gesetze über Kommunalhaushalte und Kommunalvermögen haben das
Parlament aber noch nicht passiert.

Menschen- und Minderheitenrechte. Bis 1989 gehörte Rumänien zu den
Ländern, in denen Menschen- und Grundrechte systematisch verletzt
wurden. Nach 1989 unterzeichnete Rumänien zahlreiche wichtige, gesetzlich bindende UN-Dokumente sowie acht Konventionen des Europarates,
darunter auch den Rahmenvertrag über den Schutz nationaler Minderheiten sowie die Europäische Charta über regionale und Minderheitenspra-

chen. Vor Gericht haben Personen, die nationalen Minderheiten angehören, Anrecht auf die Bereitstellung eines Dolmetschers. Ein Teil der Zusatzgesetzgebung wie das Unterrichtsgesetz, die das Gerüst der verfassungsmäßigen Bestimmungen über die Menschenrechte einschließlich der Rechte der nationalen Minderheiten unterstützt, wurde bereits erlassen. Andere, nicht zuletzt das Minderheitengesetz selbst, harren noch ihrer Verabschiedung durch das Parlament.

Rechtspflege und Rechtsschutz. Die Verfassung und das Gesetz über die Organisation der Judikative stellen die gesetzliche Grundlage für die Gewaltenteilung, die Rückkehr zur Rechtsstaatlichkeit und die Schaffung einer unabhängigen Rechtsprechung in Rumänien dar. Die Richter sind dem Gesetz nach unabhängig und unabsetzbar. Die Staatsanwaltschaft ist dem Justizminister unterstellt. Seit 1992 schaltet sich der Verwaltungsgerichtshof aktiv in den gesamten politischen Prozeß ein. 1995 wurde der Status von Notaren und Rechtsanwälten durch einschlägige Gesetze festgeschrieben. Regelungen zur Verantwortung von Ministern und öffentlichen Beamten sind noch in Vorbereitung. In der Presse finden kritische Wertungen zu Fragen der Gesetzgebung ein breites Echo. Als schädlich für die Verankerung der Rechtsstaatlichkeit gelten fehlende Gesetze, ungenügende institutionelle Koordinierung, Rechtswillkür und Korruption. In den Gerichten herrscht infolge der niedrigen Besoldung der Richter ein beträchtlicher Personalmangel.

Privatisierung und Restrukturierung. Der nach 1989 einsetzende Prozeß der Deregulierung des von Überzentralisierung, sektorieller Verzerrung, Entkapitalisierung und technologischer Rückständigkeit gekennzeichneten rumänischen Wirtschaftssystems verlief nicht geradlinig und im Vergleich zu einigen anderen ostmitteleuropäischen Staaten langsam. Dies kann zum Teil durch das schwere Vermächtnis der starrsinnigen reformfeindlichen Politik des alten Regimes erklärt werden, zum anderen aber auch durch den Widerstand, den Vertreter der neuen Führungseliten marktwirtschaftlichen Reformen entgegenbrachten. Geplant war ursprünglich nur eine wirtschaftliche Liberalisierung, so wie sie auch in Gorbačevs Konzept der Perestrojka vorgesehen war. 1990 setzte die kleine Privatisierung in den Bereichen Landwirtschaft, Handel und Dienstleistungen ein, gefolgt von Maßnahmen zur Dezentralisierung und Demonopolisierung der überdimensionalen Industrie- und Außenhandelsbetriebe. Das erste Gesetz, das im Jahre 1991 die große Privatisierung in Angriff nahm, basierte auf der Verteilung unentgeltlicher Bürgeraktien in Höhe von 30 Prozent des Eigenkapitals aller Aktiengesellschaften. Laut dem 1995 erarbeiteten neuen Privatisierungsplan können sowohl die kostenlosen Eigentumsanteile als auch neue Voucher gegen Aktien an der neugeschaffenen rumänischen Börse eingetauscht werden. In Rumänien waren 1995 17,4 Prozent aller

Unternehmen und 8 Prozent des gesamten Gesellschaftskapitals in privater Hand. Der Anteil des privaten Sektors an der Wirtschaft Rumäniens lag bei 35 Prozent, dort waren aber bereits 47 Prozent der Erwerbsbevölkerung beschäftigt. 29,4 Prozent der Exporte und 32 Prozent der Importe wurden von dem privaten Sektor des Einzelhandels erbracht. Im Jahre 1995 wurden mehrere Gesetze verabschiedet, die eine beschleunigte Einführung der Marktwirtschaft und eine verbesserte wirtschaftliche Effizienz als Ziel hatten: ein neues Gesetz zur beschleunigten Privatisierung, ein Konkursgesetz. Die erste Wertpapierbörse wurde in Bukarest eingerichtet.

Die Liberalisierung der Preise, die im Oktober 1990 begonnen und in mehreren Stufen durchgeführt wurde, ist inzwischen weitgehend Realität: Die Preise von über 90% der Produktions- und Konsumgüter werden derzeit durch Angebot und Nachfrage geregelt. Im November 1991 wurde die Nationalwährung abgewertet und intern konvertibel gemacht.

Im Jahre 1993 wurde die Rumänische Restrukturierungsagentur gegründet, welche die schrittweise Auflösung unproduktiver Industriebetriebe und die Umstrukturierung überlebensfähiger Einheiten mit dem Ziel durchführen soll, die wichtigsten sektoriellen Ungleichgewichte im Bereich der Industrie zu beseitigen. Im Juli 1993 wurde mit dem Internationalen Währungsfonds wurde ein Privatisierungs- und Umstrukturierungsprogramm für 30 Betriebe vereinbart. Die praktische Umsetzung verläuft jdedoch schleppend. Die Anstrengungen der Regierung können jedoch nicht darüber hinwegtäuschen, daß im Bereich der Vorstandsetagen der immer noch staatlichen Großbetriebe, in deren Aufsichtsräten nicht selten auch Politiker Macht und Einfluß ausüben, immer noch starkes Interesse an der Erhaltung der gegenwärtigen Strukturen herrscht.

Bank- und Kreditwesen. Im Jahre 1991 wurde ein neues Bankengesetz erlassen, das die Grundlage für ein zweistufiges Bankwesen bildete. Die zunehmend unabhängige Nationalbank, die parlamentarischer Kontrolle untersteht, arbeitet mit der Regierung bei der Umsetzung der Wirtschaftsreformen zusammen.

Agrarpolitik. Die Agrarreform in Rumänien begann im Jahre 1990 mit der Auflösung der ehemaligen landwirtschaftlichen Produktionsgenossenschaften. Mit dem Bodengesetz vom Februar 1991, das für enteigneten Grundbesitz eine Rückübertragung von bis zu 10 Hektar pro Familie vorsieht, setzte der Prozeß der Reprivatisierung der Landwirtschaft ein. Etwa 99 Prozent der berechtigten Personen erhielten bislang vorläufige Bescheide über ihre Eigentumsansprüche. Inzwischen wurden auch die ehemaligen staatlichen Betriebe in Aktiengesellschaften umgewandelt, der letzte große landwirtschaftliche Monopolbetrieb privatisiert. Ein neues Gesetz über Grundstücksleasing trat im April 1995 in Kraft. Der private Sektor in der Landwirtschaft umfaßt inzwischen rund 70 Prozent der

landwirtschaftlichen Nutzfläche und 80 Prozent des kultivierten Ackerlandes.
Rahmenbedingungen für ausländische Investoren. Ausländer genießen dieselben persönlichen und Eigentumsrechte wie Rumänen - mit Ausnahme des Rechts, in Rumänien Grundbesitz zu erwerben. Diese Einschränkung fällt jedoch bei Gründung gemischter Handelsbetriebe mit rumänischen Partnern weg. Zu den Gründen, die den Investitionen westlicher Investoren bisher im Wege gestanden haben, gehören neben den als unzureichend erachteten gesetzlichen Rahmenbedingungen vor allem bürokratische Auswüchse und Korruption.[67]
    Am 1. Februar 1993 unterzeichnete Rumänien den Assoziierungsvertrag mit der Europäischen Union. Seit Inkrafttreten des Europaabkommens Rumäniens am 1. Februar 1995 vollzieht sich der legislative Prozeß unter einem doppelten Vorzeichen: Zeitgleich mit der nationalen Strategie der Gesetzgebung und Institutionenbildung verläuft der Prozeß der legislativen Annäherung an das in der Europäischen Union geltende Recht. Rumänien war das dritte assoziierte Land, das am 22.6.1995 einen förmlichen Antrag auf Aufnahme in die EU gestellt hat. Dem Antrag waren zwei Dokumente beigefügt: eine Darstellung der wichtigsten Elemente der nationalen Integrationsstrategie (Ziele und Zeitplan, Mechanismen und Ressourcen) sowie eine von allen parlamentarischen Parteien unterzeichnete politische Erklärung.
    Mit Blick auf die Anpassung der nationalen mit der EU-Gesetzgebung wurden seither institutionelle und gesetzliche Änderungen vorgenommen. Es wurde eine institutionelle Infrastruktur geschaffen, welche die Vorbereitung Rumäniens für die Aufnahme in die EU-Strukturen gewährleisten soll. Sie besteht aus einem Interministeriellen Komitee für Europäische Integration unter der Leitung des Premierministers, einem speziellen Ressort für Europäische Integration bei der Regierung, das unmittelbar dem Premierminister unterstellt ist, und Spezialabteilungen in allen einschlägigen Ministerien und Behörden. Im Jahre 1995 wurde der Legislativrat gegründet, dessen Aufgabe darin besteht, die Anpassung der nationalen Gesetzgebung an EU-Gesetze zu überwachen. Die Integrationsabteilung der Regierung legte dem Parlament ein Programm zur legislativen Harmonisierung vor, das mit PHARE-Unterstützung umgesetzt werden soll. Darin sind die wichtigsten Integrationsschritte vorgegeben. Priorität kommt gesetzlichen Regelungen in den Bereichen Wettbewerb, Monopol-

---

[67] Siehe hierzu Anneli Ute Gabanyi / Elena Zamfirescu: "Rumänien", in: Werner Weidenfeld (Hrsg.): Mittel- und Osteuropa auf dem Weg in die Europäische Union, Gütersloh 1995, S. 141-166.

bildung, Urheberschutz, öffentliche Unternehmen sowie Anpassungen im Bank- und Finanzwesen zu.

Mit einiger Verspätung hat Rumänien, so ist zusammenfassend festzustellen, auf dem Wege der Ausarbeitung der gesetzlichen Regelungen für ein System rechtsstaatlicher Institutionen einige wichtige Schritte getan. In der neuen Phase, die sich seit der Unterzeichnung des Europaabkommens eröffnet hat, findet der Prozeß der Verrechtlichung in Abstimmung und enger Zusammenarbeit mit den europäischen Gremien statt. Langsamer als die Ausarbeitung von Gesetzen und der Aufbau neuer, demokratischer Institutionen dürfte sich jedoch auch in Rumänien wie überall in Ostmitteleuropa der Umbruch der Mentalitäten und die Anpassung der politischen Kultur an die Erfordernisse des beschleunigten politischen Wandels gestalten.

VII. POLITISCHE PARTEIEN
IM TRANSFORMATIONSPROZESS

1. Die Entwicklung des Parteiensystems

Nach dem Sturz des kommunistischen Regimes im Dezember 1989 setzte in Rumänien wie auch in den anderen Staaten Ost- und Mitteleuropas die Rückkehr zu den jahrzehntelang außer Kraft gesetzten "gegliederten, verfahrensgestützten, pluralistischen Regeln der Willensbildung" ein.[1] Der Prozeß der Herausbildung eines neuen bzw. neu gestalteten Systems politischer Parteien fand unter spezifischen historischen, sozialen, ökonomischen und außenpolitischen Rahmenbedingungen statt: einer schwierigen wirtschaftlichen Ausgangslage, dem Reformrückstand, der außenpolitischen Isolierung des Landes vor 1989, der neuen sicherheitspolitischen Risiken in der Region und nicht zuletzt der besonderen Umstände des gewaltsamen Umsturzes vom 22. Dezember 1989. Mentalität, Traditionen und politische Kultur spielten dabei eine nicht zu unterschätzende Rolle.

Geschichtliche Rahmenbedingungen

Der Entstehungsprozeß der politischen Institutionen im modernen Wortsinne war eine Folge der nach der Befreiung von der osmanischen Oberhoheit eingeleiteten Nationsbildung im Rahmen eines unabhängigen Staates, der durch die Vereinigung der rumänischen Fürstentümer Wala-

---

[1] Wolfgang Lipp: "Institutionen, Entinstitutionalisierung, Institutionsgründung. Über die Bedeutung von Institutionen, zumal im gesellschaftlichen Transformationsprozeß", in: Johannes Chr. Papalekas (Hrsg.): Institutionen und institutioneller Wandel in Südosteuropa, München 1994, S. 28; Jan Zielonka: "East Central Europe: Democracy in Retreat"? in: Brad Roberts (Hrsg.): U.S.Foreign Policy after the Cold War, Cambridge/London 1992, S. 77 - 90. Siehe auch: Ana Blandiana, Interview in: Cuvântul 17.-23.11.1992.

chei und Moldau im Jahre 1859 entstanden war.[2] Politische Parteien entstanden erst nach der 1866 erfolgten Verabschiedung der Ersten Rumänischen Verfassung nach europäischem Vorbild. Als Modell diente die liberale belgische Verfassung von 1831.[3] Darin waren die Prinzipien der nationalen Souveränität, der Regierung durch gewählte Volksvertreter und der Gewaltenteilung festgeschrieben. Die Staatsform war die der parlamentarischen Monarchie. An der Spitze der Exekutive stand ein Fürst und nach 1881 ein aus der Dynastie der Hohenzollern-Sigmaringen berufener König. Diese Verfassung, so die Autoren einer kürzlich veröffentlichten Enzyklopädie der politischen Parteien in Rumänien, ist nicht aus dem Meinungsstreit der politischen Parteien entstanden. Es war vielmehr diese neue Verfassung, aus der die Parteien geboren wurden.[4]

Für die Zeit bis zum Ende des Ersten Weltkriegs war das politische System des Landes trotz aller Einschränkungen, die sich nicht zuletzt auch aus dem Zensuswahlrecht ergaben, geprägt von liberalen Institutionen, einem modernen Regierungssystem und einer freien Presse. Trotz Parteienvielfalt hatte Rumänien damals *de facto* ein Zweiparteiensystem. An der Regierungsspitze wechselten sich zwei große Parteien ab, die beide aus dem Geist des Vormärz und der Revolution von 1848 hervorgegangen waren: die am 24. Mai 1875 in Bukarest gegründete *Nationalliberale Partei (Partidul Naţional Liberal)* des aufstrebenden nationalen Bürger-

---

[2] Hugh Seton Watson: Eastern Europe Between the Wars; 1918 - 1941, Boulder/London 1986, S. 199. Zur Frage der politischen Institutionen in Südosteuropa siehe auch: Holm Sundhaussen: "Institutionen und institutioneller Wandel in den Balkanländern aus historischer Perspektive", in: Johannes Chr. Papalekas (Hrsg.): Institutionen und institutioneller Wandel in Südosteuropa, München 1994, S. 35-52; Wolfgang Höpken: "Politische Institutionen in Bulgarien", ibid., S. 145-156; Anneli Ute Gabanyi: "Rumänien: Die Wende als institutioneller Wandel", ibid., S. 131-144.

[3] Zur Entwicklung der politischen Parteien in Rumänien siehe Ioan Scurtu / Ion Bulei: Democraţia la români; 1866 - 1938 (Die Demokratie bei den Rumänen; 1866 - 1938), Bukarest 1990; Klaus P.Beer: Zur Entwicklung des Parteien- und Parlamentssystems in Rumänien 1928 - 1933. Die Zeit der national-bäuerlichen Regierungen, Frankfurt/Bern 1983; Frank Wende: Lexikon zur Geschichte der Parteien in Europa, Stuttgart 1981; Ghiţă Ionescu: Communism in Rumania, 1944 - 1962, Oxford 1964; Hugh Seton Watson: Eastern Europe Between the Wars, 1918 - 1941, Boulder/London 1986; Anneli Ute Gabanyi: "Das Parteiensystem in Rumänien nach 1989" in: Klaus von Beyme (Hrsg.): Demokratisierung und Parteiensysteme in Osteuropa, in: Geschichte und Gesellschaft 3 (1992), S. 352-379.

[4] Ion Alexandrescu / Ion Bulei / Ion Mamina / Ioan Scurtu: Enciclopedia partidelor politice din România. 1862 - 1994 (Die Enzyklopädie der politischen Parteien Rumäniens, 1862 - 1994), Bukarest 1995, S. 7.

tums und die am 3. Februar 1880 gegründete *Konservative Partei (Partidul Conservator)*, die Partei der Großgrundbesitzer und der konservativen Intellektuellen. Neben zahlreichen, von den beiden großen Parteien abgespaltenen neuen Gruppierungen war im April 1893 auch eine *Sozialdemokratische Partei der Arbeiter Rumäniens (Partidul Social Democrat al Muncitorilor din România)* gegründet worden, der neben Arbeitern auch linksgerichtete Intellektuelle nahestanden. Politische Parteien der rumänischen Bevölkerung entstanden auch in den bis 1918 zu Österreich-Ungarn gehörenden Provinzen Bukowina, Siebenbürgen und dem Banat, von denen einige nach der 1920 erfolgten Bildung des Großrumänischen Staates mit Parteien des Altreichs fusionierten. In der unter russischer Herrschaft stehenden Provinz Bessarabien war der rumänischen Bevölkerung jeglicher politische Zusammenschluß untersagt. Erst nach dem Ausbruch der Oktoberrevolution von 1917 konnten sich auch dort rumänische politische Parteien bilden.

Nach der Verabschiedung einer neuen Verfassung im Jahre 1923 und der Einführung des allgemeinen Wahlrechts fand in Rumänien der Übergang von der liberalen Phase zur demokratischen Phase des politischen Entwicklungsprozesses statt.[5] Es kam zu grundlegenden Veränderungen der Parteienlandschaft. Die *Konservative Partei*, vor 1918 eine der beiden großen Parteien, sank zur Bedeutungslosigkeit herab und zerfiel. Die zweite große Traditionspartei, die *Nationalliberale Partei*, teilte sich in der Zwischenkriegszeit den Spitzenplatz in der Gunst der rumänischen Wähler mit der *Nationalen Bauernpartei (Partidul National-Țărănesc)*, die 1926 aus dem Zusammenschluß der 1918 im Altreich gegründeten *Bauernpartei (Partidul Țărănesc)* und der 1881 in Siebenbürgen gegründeten *Nationalen Partei (Partidul Național)* entstanden war. Die *Nationalliberale Partei* vertrat die Interessen des einheimischen Industrie- und Finanzkapitals, der Kleinunternehmer und Freiberufler. Ihre Innen- und Wirtschaftspolitik war protektionistisch und zentralistisch ausgerichtet. Demgegenüber setzte sich die *Nationale Bauernpartei* als Vertreterin der Interessen der Landwirte und eines Teils der Intellektuellen für eine Politik der Modernisierung des Landes durch Öffnung für westliche Investoren und Kapitalgeber ein.

Auf dem linken Flügel des rumänischen Parteienspektrums kam es nach dem Ende des ersten Weltkriegs und der Bildung des Großrumänischen Staates zum Zusammenschluß regionaler sozialdemokratischer Gruppierungen zur *Sozialistischen Partei (Partidul Socialist)*. Ein Teil der Dele-

---

5 Ion Alexandrescu / Ion Bulei / Ion Mamina / Ioan Scurtu: Enciclopedia partidelor politice din România: 1862 - 1994 (Die Enzyklopädie der politischen Parteien Rumäniens, 1862 - 1994), Bukarest 1995, S. 10.

gierten dieser Partei beschloß auf dem Parteitag vom Mai 1921 ihre Umwandlung in die *Kommunistische Partei Rumäniens (Partidul Comunist din România)* und den Anschluß an die III. kommunistische Internationale. Die kommunistische Partei wurde im Jahre 1924 wegen ihre Eintretens für die Abtrennung Bessarabiens, Siebenbürgens und der Dobrudscha von Rumänien verboten. Demokratisch gesinnte Vertreter der *Sozialistischen Partei* konstituierten sich im Mai 1927 als *Sozialdemokratische Partei (Partidul Social-Democrat)*. Rechts von der Mitte traten erstmals extremistische Gruppierungen auf, wie die 1923 gegründete *National-Christliche Verteidigungsliga (Liga Apărării Naţional-Creştine)*, die *Nationalchristliche Partei (Partidul Naţional-Creştin)* und schließlich die 1930 gegründete *Eiserne Garde (Garda de Fier)*, die sich 1934 unter der Bezeichnung *Totul pentru Patrie (Alles fürs Vaterland)* als politische Partei konstituierte. Erstmals waren im Parlament auch Parteien der nationalen Minderheiten, die nach 1920 rund 28 Prozent der Bevölkerung ausmachten, vertreten.

Am 10. Februar 1938 vollzog König Carol II. den Übergang von der parlamentarisch-konstitutionellen zur autoritären Monarchie. Alle politischen Parteien wurden verboten und durch eine auf die Person des Königs eingeschworene Monopolpartei, die sogenannte *Front der Nationalen Wiedergeburt (Frontul Renaşterii Naţionale)* ersetzt. Das Parteienverbot blieb auch unter dem Regime Marschall Ion Antonescus bis zu dessen Sturz am 23. August 1944 in Kraft. Bereits im Juni 1944, als sich das Ende des Krieges abzeichnete, hatten sich die drei Traditionsparteien - die *Nationale Bauernpartei*, die *Nationalliberale Partei* und die *Sozialdemokratische Partei* - mit der *Kommunistischen Partei* zu einem sogenannten *Nationaldemokratischen Block* zusammengeschlossen, der nach dem Sturz des Staatschefs Marschall Ion Antonescu eine Regierung der Nationalen Einheit bildete.

Im kommunistisch beherrschten Rumänien gab es keine Blockparteien. Alle politischen Parteien mit Ausnahme der *Sozialdemokratischen Partei Rumäniens (Partidul Social Democrat Român)*, die im Jahre 1948 mit der *RKP* im Rahmen der *Rumänischen Arbeiterpartei (Partidul Muncitoresc Român)* zwangsvereinigt worden war, wurden verboten. Dafür fanden seither ausgeprägte Machtkämpfe innerhalb der kommunistischen Partei zwischen Anhängern einer "internationalistischen" und einer "nationalkommunistischen" Fraktion statt, die bis hin zum Umsturz vom Dezember 1989 eine Rolle spielten. Nachdem sich die Nationalkommunisten im Jahre 1961 durchgesetzt hatten und ihre Position nach der im Jahre 1965 erfolgten Übernahme der Führung durch Nicolae Ceauşescu festigen konnten, wurde aus einer Kaderpartei eine Massenpartei, die am Vorabend der Wende vom Dezember 1989 rund 3,5 Millionen Mitglieder zählte. Die Strukturen der kommunistischen Partei und der staatlichen Verwaltung waren auf allen Ebenen deckungsgleich, Führungspositionen in Wirtschaft, Wissenschaft und Kultur durften nur von Mitgliedern der *RKP* besetzt werden.[6] Oppositionelle Strömungen und die seit 1947 verbotenen Traditionsparteien operierten vor der Wende im Untergrund. Informelle Organisationen wie die 1979 gebildeten freien Gewerkschaften wurden nicht geduldet, Arbeiterproteste mit harter Hand unterdrückt. In Künstler- und Intellektuellenkreisen formierten sich oppositionelle Kristallisationskerne, die sich am Vorabend der Wende immer deutlicher artikulierten. Die entscheidende - wenn auch bisher nicht völlig geklärte - Rolle beim Umsturz spielten konspirative Netzwerke Ceauşescu-feindlicher Eliten in Partei, Sicherheitsapparat und Armee.

Mentalität und politische Kultur

Die neuen politischen Institutionen, von der Bevölkerung über einen längeren Zeitraum als vom Westen importierte "Leerformen" ("forme fără fond") empfunden, entwickelten sich auf der Grundlage spezifischer Prägungen von Geschichte, Tradition und Mentalität. Die Beziehungen zwischen Abgeordneten und Wählern standen im Zeichen von Klientelismus, Paternalismus und einem aus osmanischer Zeit herrührenden Hang zur Korruption. Die Strukturen der Parteien waren labil, ihr Zusammenhalt auf das Charisma ihrer führenden Persönlichkeiten gegründet. Programmatische Auseinandersetzungen innerhalb der Parteien führten häufig zu Austritten, Spaltungen, Neugründungen, neuen Koalitionen und Fusionen. Die Regierungen wechselten häufig und keineswegs immer im Anschluß an Wahlentscheidungen. Ganz im Gegenteil: Die Wahlen gewann in der Regel jene Partei, die gerade die Regierung stellte. Den Ausschlag gab nicht selten die der jeweils regierenden Partei verpflichtete hypertrophe Verwaltung, die über Lock- und Druckmittel verfügte.[7]

Die nach dem Ende des kommunistischen Herrschaftssystems eingeleitete Phase der institutionellen Transformation in Rumänien weist ein erstaunliches Maß an struktureller und funktionaler Übereinstimmung mit

---

[6] Siehe hierzu Günther H. Tontsch: Partei und Staat in Rumänien. Das Verhältnis von Partei und Staat in Rumänien - Kontinuität und Wandel, Köln 1985.

[7] So siegte beispielsweise die regierende *Nationalliberale Partei* bei den Wahlen vom Januar 1888 überlegen, verlor jedoch als Oppositionspartei im Oktober desselben Jahres spektakulär. Siehe hierzu: Ioan Scurtu / Ion Bulei: Democraţia la români; 1866 - 1938 (Die Demokratie bei den Rumänen; 1866 - 1938), Bukarest 1990, S. 90-92.

den zwei vorhergehenden Modernisierungsschüben in der rumänischen Geschichte (1866, 1919) auf. Heute wie damals ist das Verhältnis der Bevölkerung zu den aus dem Westen entlehnten Modernisierungsvorbildern ambivalent, zwischen unbegründetem Mißtrauen und überzogenen Erwartungen schwankend. Die in der Zwischenkriegszeit relevanten gesellschaftlichen Konfliktlinien zwischen Stadt und Land, zwischen dem Modernisierungsträger Bourgeoisie und der konservativen Bauernschaft, waren trotz der massiven Industrialisierungs- und Urbanisierungspolitik der kommunistischen Epoche auch nach 1989 wahlentscheidend. Die Bauernschaft war und ist immer noch anfällig für Populismus und Nationalismus. Von erheblicher Bedeutung war und ist immer noch das unter den Vertretern der politischen und professionellen Eliten häufig anzutreffende Überlegenheitsgefühl gegenüber der Masse der Wähler. Die Masse wiederum unterstellte - und unterstellt - den Politikern, Macht und Ämter vorwiegend mit dem Ziel der persönlichen Bereicherung anzustreben. Wer hingegen reich war und dennoch in die Politik ging, dem traute der einfache Wähler damals wie heute zu, sich nicht zusätzlich im Amt bereichern zu wollen.[8] Eine bürgerliche Mittelschicht, Trägerin eines neuen Unternehmertums und der freien Berufe, bildete sich damals wie heute nur langsam heraus. Die Mentalitätsunterschiede, die im Anschluß an die 1920 erfolgte Bildung des Großrumänischen Staates im Verhältnis zwischen den ehedem zum Osmanischen Reich gehörenden Provinzen des rumänischen "Altreichs" und den ehemals habsburgischen Territorien Siebenbürgen, Banat und Bukowina zutage traten, sind auch nach 1989 nicht völlig eingeebnet. Aufbau und Dynamik des Parteiensystems und bestimmte typische Verhaltensmuster der politischen Akteure nach 1989 wie die sogenannte "Führermanie" ("lideromania") und die "Spaltkrankheit" (scizionita) lassen ebenfalls Parallelen zur Situation der Zeit vor der kommunistischen Machtübernahme erkennen.[9]

---

[8] Der rumänische Historiker Nicolae Iorga stellte anläßlich der Wahlen von 1922 fest, daß viele Wähler sich für die *Nationalliberalen* entschieden hätten, weil diese "schon satt" seien und nicht zu erwarten sei, daß sie sich aus dem Staatshaushalt bedienen würden. Dieselbe Erklärung für seine Entscheidung zugunsten des Präsidentschaftskandidaten der *Nationalen Christdemokratischen Bauernpartei*, des Anfang 1990 aus dem Londoner Exil heimgekehrten Millionärs Ion Raţiu, hörte die Verfasserin am Tage der ersten freien Wahlen vom 20.5.1990 in Bukarest.

[9] Iulian Costandache: "Lideromania (Die Führermanie)," in: *România Liberă*, 15.6.1994.

Die Parteiengesetzgebung

Wenige Tage nach dem Sturz des Staats- und Parteichefs Ceauşescu setzte das neue Machtorgan des Rates der *Front der Nationalen Rettung* am 31. Dezember 1989 per Dekret die rechtlichen Bedingungen für die Gründung unabhängiger Parteien und Verbände fest. Bereits zuvor hatte der Rat das Machtmonopol einer Partei abgeschafft. Um registriert zu werden, waren die neuen Körperschaften gehalten, ihre Statuten und ihre finanziellen Mittel darzulegen und den Nachweis über einen Sitz sowie mindestens 251 Mitglieder zu erbringen. Ausgeschlossen waren nur Gruppen, die einer faschistischen oder staatsfeindlichen Ideologie anhingen. Das zentrale Problem - die Frage der Finanzierung - blieb bisher ohne eine gesetzlich verbindliche Regelung.[10] Der Entwurf des neuen Parteiengesetzes enthält detaillierte Vorgaben und Einschränkungen hinsichtlich der Finanzierungsmöglichkeiten der politischen Parteien in Rumänien.[11]

Fünf Jahre nach der Wende gilt in Rumänien immer noch das alte Parteiendekret. Der Entwurf eines neuen Parteiengesetzes wurde bereits von der Regierung Petre Roman im August 1992 dem Parlament vorgelegt, dort aber seither zweimal mehrheitlich abgelehnt. Die neue, im Herbst 1994 von einer Parlamentskommission erarbeitete Gesetzesvorlage sieht Änderungen in folgenden Punkten vor: Einschränkung der Möglichkeit der Angehörigen bestimmter Berufe, einer politischen Partei anzugehören; Erhöhung der Anzahl der für die Registrierung einer Partei erforderlichen Mitglieder; strikte Vorgaben zur Parteienfinanzierung.[12]

Zum Zeitpunkt ihres Machtantritts war die neue rumänische Führung erklärtermaßen nicht an der Einführung eines Mehrparteiensystems westlicher Prägung interessiert, sondern an einem "neuen", spezifisch rumänischen Pluralismus, demzufolge die Institution der "Front" - und nicht der Partei - die ideale politische Organisationsform darstelle. In der Anfangsphase des Übergangsprozesses schwebten der neuen rumänischen Führung, so scheint es, eine ausgehandelte Machtübertragung nach südeuropäischem Muster ("Pakt von Moncloa"), ein aufgeklärt-autoritäres Regime

---

[10] Interview Petre Romans in: *"22"*, 23.2.-1.3.1994; Horaţiu Pepine: *"PUNR"*, in: *Sfera Politicii* 16 (1994); Nae Bădulescu; Călin Hera: "În absenţa unei legislaţii a finanţării, partidele din România pot fi înghiţite de mafia (In Abwesenheit eines Gesetzes zur Parteienfinanzierung können die Parteien in Rumänien von der Mafia geschluckt werden)", in: *Cuvântul* 27.4.-3.5.1993.

[11] Anca Lăzărescu; Raluca Stroe-Brumariu: "Proiectul noii Legi a partidelor politice (Der Entwurf des neuen Gesetzes der politischen Parteien)", in: *Cotidianul*, 9.10.1994.

[12] Anca Lăzărescu; Raluca Stroe Brumariu: "Proiectul noii Legi a partidelor politice (Der Entwurf des neuen Parteiengesetzes)", in: *Cotidianul*, 9.10.1994.

und eine Monopolpartei nach der Art von Mexikos *Partei der Permanenten Revolution* vor.[13] Zwar hatte die neue Führung die Bildung von Parteien zugelassen, zugleich aber auch für die "vernünftige" und schnelle Lösung plädiert, die darin bestand, "die anderen Parteien so, wie sie sind, in die Front einzubringen."[14] Es ist bemerkenswert, daß die *Front der Nationalen Rettung* unmittelbar nach ihrem Machtantritt die Überführung des Besitzes der für aufgelöst erklärten *Rumänischen Kommunistischen Partei* in den Besitz des Staates beschlossen hatte. Das riesige Immobilienvermögen und das Wirtschaftsimperium der KP wurde aber nicht, wie damals gefordert, auf alle politischen Parteien verteilt.[15] In der Tat ist im Zuge von Dezentralisierung und Privatisierung vieles davon einer Schicht von leitenden Funktionären in autonomen Staatsbetrieben, Privatisierungsagenturen und Privatunternehmern zugute gekommen. In der Presse ist von der "Kapitalisierung der Nomenklatura und ihrer Klientel" die Rede.[16]

Es ist schwierig, genaue Angaben über die Quellen und Modalitäten der Finanzierung der einzelnen Parteien zu erhalten. Die meisten von ihnen kennen keine Beitragspflicht für Mitglieder, wohl aber müssen die Parlamentarier einen Teil ihrer Einkünfte an ihre Parteien abführen. Die Vertreter der parlamentarischen Mehrheit haben offenbar kein Interesse daran, diese Frage verbindlich zu regeln. So flossen beispielsweise im Wahljahr 1992 die Finanzquellen der regierenden *Partei der Sozialen Demokratie Rumäniens* (nach Ansicht von Experten waren es Zuwendungen von Unternehmern und führenden Leitern von Staatsbetrieben) so reichlich, daß danach noch Geld in der Parteikasse verblieb.[17] Auch die in der Regierungskoalition tätige nationalistische *Partei der Rumänischen Nationalen Einheit* erhält Zuwendungen aus Wirtschafts- und Bankkreisen. Bei den Oppositionsparteien fließen Spenden und Wahlkampfhilfen von Mitglie-

---

[13] Der französische Politologe Pierre Hassner bemerkte zu dieser, nicht nur auf Rumänien zutreffenden Entwicklung: "Die Idee einer 'Mexikanisierung' der kommunistischen Parteien, ihre Umwandlung in institutionelle revolutionäre Parteien, die den Kapitalismus verwalten und die Meinungsfreiheit respektieren, dabei aber die politische Macht und die daraus erwachsenden Privilegien behalten, kann nicht überall ausgeschlossen werden." Zitiert nach: *"22"*, 7.9.1990. Siehe auch: Guillermo O'Donnell / Philippe C. Schmitter / Laurence Whitehead (Hrsg.): Transitions from Authoritarian Rule; Latin America, Baltimore / London, 1986.

[14] Kulturminister Andrei Pleșu, Interview in: *The Observer*, 15.1.1990.

[15] Dumitru Mazilu, Stellvertretender Vorsitzender des Rates der *Front der Nationalen Rettung*, in: *Rompres*, 12.1.1990.

[16] Liviu Antonesei: "Comuniștii în blană capitalistă (Die Kommunisten im Kapitalistenpelz)", in: *"22"*, 5.-11.10.1994.

[17] Lia Bejan in: *Expres*, 6.-13.4.1993, und Sorin Șerb, *"PDSR,"* in: *Sfera Politicii* 18 (1994).

dern oder Sponsoren offenbar nicht regelmäßig und nicht sehr reichlich. Da sie keine eigenen Unternehmen unterhalten, haben manche Parteien, so die *Nationale Christdemokratische Bauernpartei*, Freundeskreise zu ihrer finanziellen Unterstützung gegründet. Doch auch innerhalb der oppositionellen *Demokratischen Konvention Rumäniens* haben sich Parteien wie die *Liberale Partei '93* etabliert, die als Interessenvertreter der aufstrebenden Unternehmer- und Bankenkreise kaum Finanzierungsprobleme kennen.

Die Wahlgesetzgebung

Ein neues Wahlgesetz wurde in Rumänien am Runden Tisch ausgehandelt und am 18. März 1990 verabschiedet. Entgegen einer früheren Fassung, die ein Mehrheitswahlrecht vorsah, entschied man sich für das Verhältniswahlrecht. Die Kandidaten werden auf Listen vorgeschlagen. Allen nationalen Minderheiten, deren Kandidaten bei den Wahlen nicht die erforderliche Anzahl von Wählerstimmen erzielen, wurde das auch in der Verfassung festgeschriebene Recht zugesprochen, mindestens einen Abgeordneten in die Deputiertenversammlung zu entsenden. Hinsichtlich der politischen Vergangenheit der Parlamentarier notiert das Wahlgesetz Einschränkungen für Personen, die vor 1989 Führungspositionen in Politik, Verwaltung oder Justiz innegehabt hatten oder sich Übergriffe zuschulden kommen ließen. Weitergehende Forderungen der demokratischen Oppositionsvertreter nach einem befristeten Ausschluß aller führenden Vertreter der kommunistischen Nomenklatura vor 1989, wie sie unter Punkt 8 der sogenannten "Proklamation von Temeswar" niedergelegt sind,[18] wurden am Runden Tisch von der neuen Führung abgelehnt. Im Gegenzug verzichtete die Führung auf ihre Forderung, Politikern, welche die vergangenen zehn Jahre im Ausland verbracht hatten, die Teilnahme an den Parlamentswahlen zu untersagen. Im ersten Fall hätte Ion Iliescu nicht bei den Präsidentschaftswahlen antreten können, im zweiten Fall wären die Präsidentschaftskandidaten der beiden Traditionsparteien bei den Wahlen vom Mai 1990, Ion Raţiu (für die *Nationale Christdemokratische Bauernpartei)* und Radu Câmpeanu (von der *Nationalliberalen Partei*), vorzeitig aus dem Rennen geworfen worden.

Ein bemerkenswerter Aspekt des Wahlgesetzes von 1990 ist die Tatsache, daß darin auch gesetzliche Bestimmungen enthalten waren, die einen Vorgriff auf die Prärogativen der zu wählenden Verfassunggebenden Versammlung darstellten. So sah das Wahlgesetz ein Zweikammerparlament vor, bestehend aus der Abgeordnetenversammlung (Adunarea De-

---

[18] *România Liberă*, 20.3.1990.

puţatilor) und dem Senat, dessen Mitglieder von der Bevölkerung der einzelnen Territorialeinheiten (Kreise) gewählt werden sollten. Gleichzeitig enthielt das Wahlgesetz, das sich streckenweise wie eine vorweggenommene Verfassung liest, außerordentlich detaillierte Vorgaben hinsichtlich der Funktion und der Prärogativen des Staatspräsidenten.

Da das Wahlgesetz mit der Verabschiedung der neuen rumänischen Verfassung im November/Dezember 1991 hinfällig geworden war, verabschiedete das Parlament im Juli 1992 ein neues Wahlgesetz. Neu daran war vor allem die Einführung einer 3-Prozent-Hürde für Parteien und einer gestaffelten Hürde bis zu 8 Prozent für Parteienverbände. Der Wahlkampf der Parteien wird nicht mehr wie 1990 aus dem Staatshaushalt finanziert.[19] Zum Jahresbeginn 1995 startete die auflagenstarke Tageszeitung *Adevărul* eine Kampagne für die Änderung des Wahlgesetzes. Das Ziel war die Ersetzung des Systems der Wahl auf Parteilisten durch das Persönlichkeitswahlrecht.[20]

Die Dynamik des Parteiensystems

Das politisch-parlamentarische System Rumäniens nach der Wende steht im Zeichen von Labilität (des Parteienspektrums) und relativer Stabilität (der Machtverhältnisse). Die Entwicklung nach 1989 verlief in zwei Phasen. In einer ersten Phase, die mit der Wende eingeleitet wurde, erfolgte der Übergang vom Einparteien- zu einem Zu-Viel-Parteiensystem. Begünstigt durch die Wahlgesetzgebung kam es zu einem inflationären Parteienwachstum, das einer echten institutionellen Demokratisierung keineswegs förderlich war. Bei einer Vielzahl der neu entstandenen Parteien handelt es sich um Phantom - und Satellitenparteien der *Front der Nationalen Rettung*, die sich nicht als oppositionelle, sondern als "alternative politische Kräfte" zur Regierungspartei verstanden.[21] Hinzu kamen zahlreiche "Doppelgänger-Parteien" der demokratischen Parteien, die zur Diskreditierung des pluralistischen Systems in den Augen der Bevölke-

[19] Gesetz Nr.68 und 69, *Monitorul Oficial al României*, 16.7.1992. Siehe hierzu Michael Shafir: "Romania's New Electoral Laws", in: *RFE/RL Research Report*, 11.9.1992.
[20] *Adevărul*, 10.2.1995.
[21] *Adevărul*, 26.1.1990.

rung beitrugen.[22] Fünf Monate nach der Wende, am Vorabend der Wahlen vom 20. Mai 1990, war die Zahl der Parteien auf 88 angestiegen, vor den Wahlen vom September 1992 waren es 144. Zwischenzeitlich hatte ihre Zahl bei über 200 gelegen. Die meisten dieser Parteien sind personell schwach besetzt und haben keinen Rückhalt bei den Wählern. Von den 144 Parteien, die vor den Wahlen von 1992 registriert waren, konnten nur 70 Parteien Kandidaten für den Senat und 56 Parteien Kandidaten für das Abgeordnetenhaus aufstellen. Hiervon schafften 12 Parteien den Sprung ins Parlament. Von den Parteien, die nicht ins Parlament einzogen, erzielten bei den Wahlen: 4 Parteien mindestens 100000 Stimmen, 29 Parteien mindestens 10000 Stimmen, der Rest von 43 Parteien erhielt zwischen 9949 und 49 Stimmen.[23] Vor dem Hintergrund des neuen Pluralismus wurde die alte Einheitspartei von einer Hegemonialpartei abgelöst.[24] Die bürokratische, aus dem alten Machtapparat hervorgegangene *Front der Nationalen Rettung* kontrollierte zwei Drittel der Sitze in beiden Häusern des Parlaments, der Rest ging an den ethnischen *Demokratischen Verband der Ungarn Rumäniens* sowie an diverse Satellitenparteien der *Front der Nationalen Rettung*. Die demokratische Opposition erreichte nur rund 10 Prozent der Stimmen.

Ein Ende dieser Entwicklungsphase begann sich im Verlauf des Jahres 1992 abzuzeichnen. In dem Zeitraum zwischen den Kommunalwahlen vom Februar 1992 und den Parlamentswahlen vom September 1992 spaltete sich die bisherige Hegemonialpartei *Front der Nationalen Rettung* nach einer längeren Phase der Spannungen. Die jüngeren, technokratischen Reformer der Partei schlossen sich der von dem Parteichef und ehemaligen Ministerpräsidenten Petre Roman geführten *Demokratischen Partei Front der Nationalen Rettung* an, die systemkonservativen Kräfte gründeten die nachmalige *Partei der Sozialen Demokratie Rumäniens*. Nach den Wahlen vom September 1992 erfolgte dann der Übergang vom pseudo-mehrheitlichen System der Hegemonialpartei zum Mehrparteiensystem. Damals verlor die *Partei der Sozialen Demokratie Rumäniens* die absolute Mehrheit. Zwar siegte sie mit Abstand zur zweitplacierten *Demokratischen Konvention Rumäniens*, war aber im Parlament auf die Unter-

---

[22] Dieses Phänomen ist für die rumänischen Parteiengeschichte nicht untypisch. Bei den letzten freien Wahlen vom Dezember 1937 stellten sich neben 13 Parteien auch 53 unabhängige Gruppierungen und Listenverbindungen zur Wahl. Siehe dazu: Mihai Stratulat in: *Tineretul Liber*, 20.12.1990.

[23] Constantin Lupu: "Partidele-pigmee (Die Pygmäen-Parteien)", in: *Adevărul*, 23.10.1992.

[24] George Voicu: "Sistemul de partide în România postcomunistă (Das Parteiensystem im postkommunistischen Rumänien)", in: *Sfera Politicii* 3 (1993).

stützung anderer Parteien angewiesen. Da die demokratische Opposition nicht bereit war, Regierungsverantwortung zu übernehmen, ohne zugleich die Möglichkeit einer echten Mitbestimmung zu erhalten, ging die *Partei der Sozialen Demokratie Rumäniens* eine anfangs informelle, 1994/1995 formalisierte Allianz mit vier bzw. drei sozialnationalistischen Parteien ein.

Das Parteiensystem nach der Wende

Das Parteiensystem nach der Wende war außerordentlich dynamisch, die Aggregation zwischen Mitgliedern, Führungspersönlichkeiten und Wählern der Parteien noch nicht abgeschlossen. Solange der Prozeß der ökonomischen Differenzierung der Bevölkerung noch in vollem Gange war, verfügten die Parteien nicht über klar abgegrenzte Wählerpotentiale.[25] Die Nachwirkungen kommunistischer Propaganda gegen Parteienpluralismus, Demokratie und Marktwirtschaft im öffentlichen Bewußtsein hielten zahlreiche Intellektuelle und Jugendliche anfangs davon ab, den neugegründeten Parteien beizutreten.[26] Nachteilig wirkte sich auch die aus dem Arsenal der ostmitteleuropäischen Bürgerrechtsbewegung stammende Glorifizierung von "Antipolitik" und "Antiparteien" aus. Eine Anzahl prominenter Intellektueller war im Trubel des Umsturzes in die Falle der informell-elitären *Gruppe für den Gesellschaftlichen Dialog (Grupul pentru Dialog Social)* getappt, deren Statuten die Mitgliedschaft in einer politischen Partei ausschließen.

Die Bestimmungen des Erlasses vom 31. Dezember 1989, der die Gründung politischer Parteien und Organisationen ermöglichte, hatten eine gewisse Zersplitterung der politischen Kräfte zur Folge. Von den rund 150 Parteien, die zum Zeitpunkt der Wahlen von 1992 öffentlich registriert waren, konnten nur 8 Parteien und Parteienkoalitionen die 3 Prozent- bzw. 8 Prozent-Hürde überspringen und ins Parlament einziehen. Die Herausbildung wirtschaftlicher und sozialer Unterschiede in der Bevölkerung ist ebensowenig abgeschlossen wie der politische Aggregationsprozeß zwischen den Mitgliedern, den Wählern und den Führungspersönlichkeiten

---

[25] Repräsentative Umfragen haben ergeben, daß die Option für bestimmte politische Parteien vom Lebensstandard bestimmt werden. Siehe hierzu: Pavel Câmpeanu: "De patru ori în fața urnelor (Viermal an den Urnen)", Bukarest 1993, S. 111-140.

[26] Nicolae Prelipceanu: "Uimitorul insucces al ideii de partid politic în România (Der erstaunliche Mißerfolg der Idee der politischen Partei in Rumänien)", in: *România Liberă*, 28.12.1990.

der politischen Parteien. Die neue Wahl- und Parteiengesetzgebung, die zur Zeit im Parlament debattiert wird, könnte im Falle ihrer Anwendung zur weiteren Klärung, Konzentration und Konsolidierung der politischen Landschaft führen.

Typologie

Hinsichtlich ihrer Doktrin sind sechs Kristallisationspunkte des politischen Systems zu erkennen:

Die *Sozialdemokratie*, vertreten zum einen durch die regierende *Partei der Sozialen Demokratie* Rumäniens (*Partidul Democraţiei Sociale din România PDSR*), die der Sozialistischen Internationale noch nicht angehört, mit rund 170.000 Mitgliedern (laut Eigenangabe). Ihr stehen zwei Oppositionsparteien gegenüber - die "historische" *Rumänische Sozialdemokratische Partei* (*Partidul Social Democrat Român PSDR*), die der Sozialistischen Internationale angehört und die *Demokratische Partei/Front der Nationalen* Rettung (*Partidul Democrat/Frontul Salvării Naţionale PD/FSN*), die sich im November 1995 zur *Sozialdemokratischen Vereinigung* (*Uniunea Social Democrată USD*) zusammengeschlossen haben. Es bleibt abzuwarten, ob die *Sozialistische Partei* (*Partidul Socialist PS*) - eine Splitterpartei der *Sozialistischen Partei der Arbeit* (*Partidul Socialist al Muncii PSM*), die sich einer sozialliberalen Doktrin zugehörig fühlt - künftig dieser Gruppe zugerechnet werden wird.

Der in Rumänien traditionell starke *Liberalismus* hatte erheblich unter den Rivalitätskämpfen in der Führung der *Nationalliberalen* Partei (*Partidul Naţional Liberal PNL*) zu leiden, die 1989 wieder zugelassen wurde. Der nach Abspaltungen mehrerer Splittergruppen verbliebene größte Teil der *Nationalliberalen Partei* trat der Koalition der Opposition *Demokratische Konvention Rumäniens* (*Convenţia Democratică din România CDR*) 1995 erneut bei. Im gleichen Jahre verließen die *Liberale Partei '93* (*Partidul Liberal '93 PL`93*) und die *Partei der Bürgerallianz* (*Partidul Alianţei Civice PAC*), die sich als neoliberal bezeichnen, das Oppositionsbündnis.

Die *Christdemokraten* sind vor allem durch die *Christdemokratische Nationale Bauernpartei* (*Partidul Naţional Ţărănesc Creştin şi Democrat PNŢCD*) repräsentiert, die das Rückgrat des Oppositionsbündnisses *CDR* bildet. Die *CDR* war am Vorabend der Wahlen von 1992 als Zusammenschluß von 15 oppositionellen Parteien und Verbänden gegründet worden. Im März 1995 traten *PL'93*, *PAC*, *PSDR* und der *Demokratische Ungarische Verband Rumäniens* (*Uniunea Democrată a Maghiarilor din România UDMR*) aus der *CDR* aus.

Als *sozialnationalistische Parteien*[27] gelten gemeinhin drei Parteien, deren Programme hinsichtlich sozialer und wirtschaftlicher Fragen jedoch nicht deckungsgleich sind. Hierzu zählt die vorwiegend in Siebenbürgen operierende Partei der *Rumänischen Nationalen Einheit (Partidul Unității Naționale din România PUNR)*, die *Partei Großrumänien (Partidul România Mare PRM)* und die *Sozialistische Arbeiterpartei (Partidul Socialist al Muncii PSM)*. [28]

Zu den *ethnischen Organisationen* gehören die Vertreterorganisationen der nationalen Minderheiten, die sich - wie das *Demokratische Forum der Deutschen in Rumänien (DFDR)* und der *Demokratische Ungarische Verband Rumäniens (Uniunea Democrată a Maghiarilor din România UDMR)* - zumeist als Verbände und nicht als politische Parteien konstituiert haben. Letzterer stellt eine Dachorganisation für eine Vielzahl politisch heterogener Parteien und Verbände der ungarischen Minderheit (7,1 Prozent der Landesbevölkerung) dar.

Zur Gruppe der *Umweltparteien* zählen zwei kleine Parteien, von denen die eine, die *Rumänische Umweltpartei (Partidul Ecologist Român PER)* dem *Oppositionsbündnis Demokratische Konvention Rumäniens (Conventia Democratică din România CDR)* angehört. Die *Umweltbewegung Rumäniens (Mişcarea Ecologistă din România MER)* zeichnete sich von Anfang an durch ihre unübersehbare Nähe zu den neuen Machtstrukturen aus. Bei den Parlamentswahlen von 1990 wurde sie viertstärkste Partei, bei den Wahlen von 1992 scheiterte sie jedoch an der Drei-Prozent-Hürde.

---

[27] Den Begriff "sozialnationalistisch" für diesen Typus, der in der postkommunistischen Parteienlandschaft Rußlands und den Staaten Ostmitteleuropas überall anzutreffen ist, hat meines Wissens Ludger Kühnhardt geprägt. Siehe Ludger Kühnhardt: Revolutionszeiten. Das Umbruchjahr 1989 im geschichtlichen Zusammenhang, München 1994, S. 290.

[28] Die sozialnationalistischen Parteien besetzen jenes Spektrum, das in anderen postkommunistischen Systemen von den Parteien des sogenannten Demokratischen Sozialismus oder des Dritten Weges besetzt wird. Diese Parteien unterscheiden sich voneinander durch die besondere Betonung spezifischer regionaler oder korporativer Elemente sowie im politischen Stil.

Tabelle 1: Die **Parteien der (zeitweiligen) Regierungskoalition**
1992 - 1996

Partei	Typologie
1. Die Partei der Sozialen Demokratie Rumäniens	Regierungspartei sozialdemokratisch bürokratisch
2. Partei der Nationalen Rumänischen Einheit	in Regierungskoalition sozialnationalistisch bürokratisch
3. Die Partei Großrumänien	in Regierungskoalition sozialnationalistisch bürokratisch
4. Die Sozialistische Partei der Arbeit	in Regierungskoalition sozialnationalistisch bürokratisch

Tabelle 2: Die *Parteien der Opposition*

Partei	Typologie
1. Die Demokratische Konvention Rumäniens	Oppositionsbündnis christdemokratisch-liberal außer-bürokratisch
1.1. Die Rumänische Umweltpartei	Oppositionspartei ökologisch außer-bürokratisch
1.2. Die Nationalliberale Partei	Oppositionspartei liberal außer-bürokratisch
1.3. Die Nationalliberale Partei - Demokratische Konvention	Oppositionspartei liberal außer-bürokratisch
1.4. Die Nationale Christdemokratische Bauernpartei	Oppositionspartei christdemokratisch außer-bürokratisch
1.5. Die Bürgerallianz	Oppositionsbewegung christdemokratisch außer-bürokratisch
2. Die Partei der Bürgerallianz	Oppositionspartei neoliberal außer-bürokratisch
3. Die Demokratische Partei (Front der Nationalen Rettung)	Oppositionspartei sozialdemokratisch außer-bürokratisch
4. Die Demokratische Agrarpartei Rumäniens	Oppositionspartei nationalistisch-korporat. außer-bürokratisch
5. Die Liberale Partei 93	Oppositionspartei liberal außer-bürokratisch
6. Die Rumänische Sozialdemokratische Partei	Oppositionspartei sozialdemokratisch außer-bürokratisch
7. Der Demokratische Ungarische Verband Rumäniens	Oppositionsverband ethnisch außer-bürokratisch

Politische Trennlinien

Zur Zeit verläuft die wohl wichtigste Trennlinie im Spektrum der rumänischen Parteien zwischen bürokratischen und nichtbürokratischen Parteien. Das Unterscheidungskriterium ist der Grad der Partizipation an der politischen Macht und die Präsenz in den Verwaltungsstrukturen von Staat, Wirtschaft und Gesellschaft.

Als **bürokratische Parteien** oder **Machtparteien** werden jene Parteien bezeichnet, deren führende Vertreter aus dem alten Macht- und Verwaltungsapparat hervorgegangen sind und weiterhin Machtpositionen in Politik, Verwaltung, Wirtschaft und den Medien besetzen. Als demokratisch werden jene Parteien bezeichnet, die sich durch ihre "Unabhängigkeit gegenüber dem Verwaltungsapparat des alten Regimes" auszeichnen.[29] Fünf Jahre nach der Wende deckt sich in Rumänien die Unterscheidungslinie zwischen bürokratischen und nichtbürokratischen Parteien im Wesentlichen immer noch mit der Trennlinie zwischen regierenden und oppositionellen Parteien.

Zu den bürokratischen Parteien zählten Ende 1994 die aus den beiden antagonistischen Flügeln der alten Machteliten vor 1989 hervorgegangenen Parteien - die regierende *Partei der Sozialen Demokratie Rumäniens* einerseits, die drei (bis vor kurzem vier) sozialnationalistischen Parteien andererseits: *Partei der Rumänischen Nationalen Einheit, Partei Großrumänien, Sozialistische Partei der Arbeit* (bis zum Sommer 1994 auch die *Demokratische Agrarpartei Rumäniens)*. Mächtigste bürokratische Partei war nach 1989 immer die Präsidialpartei, also jene Partei, die Ion Iliescu für die Präsidentschaftswahlen nominiert hatte. Jadwiga Staniszkis, die polnische Politologin, hat zu einem frühen Zeitpunkt auf die problematische Ausgestaltung des Präsidentenamtes überall in den postkommunistischen Staaten hingewiesen:

"Das vierte Dilemma der Demokratie hat seine Ursache in der spezifischen Zweideutigkeit der rechtlichen Beziehungen zwischen den verschiedenen Institutionen des Staates. Die stabilisierende und ausbalancierende Rolle der kommunistischen Partei in ihrem Spätstadium wird nun von der Institution des Präsidenten übernommen, die fast genauso schlecht formalisiert ist wie die 'führende Rolle der Partei' zuvor. Das hängt mit der politischen Funktion des

---

[29] Petre Roman, Vorsitzender der *Demokratischen Partei* in einem Interview mit der Zeitung *Azi*, 4.10.1994.

Präsidentenamtes zusammen, das sowohl von Moskau als auch vom Westen als Garant des evolutionären Charakters des Wandels angesehen wird."[30]

Als sich der von Petre Roman geführte Parteiflügel weigerte, Ion Iliescu erneut zu nominieren, spaltete sich die *Front der Nationalen Rettung.* Die neue Präsidial - *Partei der Sozialen Demokratie Rumäniens* wurde nach den Wahlen von 1992 die stärkste bürokratische Partei, Petre Romans Nicht-Mehr-Präsidialpartei hingegen gelangte in die Opposition. Seither gibt es Versuche, deren Mitglieder aus ihren Positionen in Staat und Verwaltung zu drängen.[31]

Bis zu den Wahlen von 1992 hatten sich jene Parteien, die aus den vor 1989 herrschenden Machteliten des Ceauşescu-Regimes unmittelbar hervorgegangen waren, zwar nicht in der Opposition, jedoch im machtpolitischen Abseits befunden. Seit jedoch die *Partei der Sozialen Demokratie Rumäniens* bei den Wahlen vom September 1992 ihre absolute Mehrheit verloren hatte, kam es zum Schulterschluß zwischen den ehemaligen Fraktionen der alten politischen Klasse. Bis zum Sommer 1994 unterstützten die sozialnationalistischen Parteien die Regierungspartei in einer Art informelle Koalition, im Gegenzug erhielten sie Posten in Regierung, Verwaltung, im diplomatischen Dienst und im Bereich der staatlichen Medien.

Die bürokratischen Parteien in der derzeitigen Regierungskoalition zeichnen sich durch eine relative doktrinäre Einheitlichkeit aus. Die regierende *Partei des Demokratischen Sozialismus Rumäniens* ist seit einiger Zeit dabei, den Rubikon von einer Partei des Dritten Weges, als die sie 1989 angetreten war, hin zu einer sozialdemokratischen Partei zu überschreiten, die drei kleineren Juniorpartner sind dem sozialnationalistischem Spektrum zuzuordnen. Zu den programmatischen Gemeinsamkeiten dieser Parteien gehört die bestenfalls zögerliche Akzeptanz von graduellen Reformen, die Option für einen starken Staat, für ein eng geknüpftes soziales Netz sowie die Ablehnung der Monarchie. Immer weniger Übereinstimmung herrscht zwischen der Präsidialpartei und den sie stützenden sozialnationalistischen Parteien hingegen in Fragen der Außen- und Si-

---

[30] Jadwiga Staniszkis: "Dilemmata der Demokratie in Osteuropa", in: Rainer Deppe / Helmut Dubiel / Ulrich Rödel (Hrsg.): Demokratischer Umbruch in Osteuropa, Frankfurt 1991, S. 331.

[31] Polnische wie rumänische Politologen sprechen angesichts dieses für die postkommunistischen Staaten kennzeichnenden Phänomens übereinstimmend von "Rekommunisierung" und nicht von "Restauration". Nicolae Manolescu, Vorsitzender der *Partei der Bürgerallianz,* zitiert Jozef Darski mit den Worten: "Von was für einer Restauration sollen wir sprechen, da doch die Kommunisten in Wirklichkeit die Machtpositionen nie verlassen haben?" Siehe: Nicolae Manolescu: Interview in: "*22*", 19.1.1994.

cherheitspolitik. Spannungen traten auf, seitdem Präsident Ion Iliescu und ein Teil der *Partei der Sozialen Demokratie Rumäniens* eine Wende zur Politik der Westintegration vollzogen haben. Diese veränderte Haltung der Regierungspartei bietet die Grundlage für einen außenpolitischen Konsens zwischen der *Partei der Sozialen Demokratie Rumäniens* und der demokratischen Opposition, der seinen institutionellen Niederschlag in der Ende 1993 erfolgten Gründung eines parteiübergreifenden Rates für Euroatlantische Integration gefunden hat.

Als **nichtbürokratische Parteien** werden jene aus den ehemaligen Gegnern des kommunistischen Systems hervorgegangenen Parteien bezeichnet, die an der bürokratisch-institutionellen Macht noch nicht - oder nicht mehr - partizipieren. Hierzu zählen zum einen die Parteien der *Demokratischen Konvention*, zum anderen die (1992 in die Opposition übergetretene) *Demokratische Partei* Petre Romans und - seit 1994 - auch die *Demokratische Agrarpartei*. Die relative typologische und programmatische Einheitlichkeit der bürokratischen Parteien steht in auffälligem Kontrast zur Vielzahl und der verwirrenden Vielfalt der nichtbürokratischen Parteien. Das Spektrum der nichtbürokratischen Parteien umfaßt Neugründungen, Abspaltungen, Parteien, die aus Bürgerbewegungen hervorgegangen sind bis hin zu den - ausschließlich im Oppositionsbündnis anzutreffenden - Traditionsparteien. Konsens herrscht hinsichtlich der Notwendigkeit radikaler marktwirtschaftlicher Reformen und einer klaren Westoption, nicht jedoch in der Frage der Staatsform. Einige der nichtbürokratischen Parteien geben sich dezidiert pro-monarchisch, andere wollen diese Entscheidung von einem künftigen Referendum geklärt sehen.

Ausblick

Bei den Meinungsumfragen zu den Präsidentschaftskandidaten führte im Juni 1994 Emil Constantinescu mit 37 Prozent vor dem amtierenden Präsidenten Ion Iliescu mit 27 Prozent. Die Vertreter der Oppositionsparteien votierten mit 68 Prozent für Constantinescu, gefolgt von Petre Roman mit 13 Prozent. Für den Fall, daß Iliescu nicht mehr kandidieren sollte, führte Adrian Năstase, Vorsitzender des Abgeordnetenhauses, die Liste des Präsidentschaftskandidaten der Regierungsparteien mit 39 Prozent an, gefolgt von Gheorghe Funar, dem Vorsitzenden der *Partei der Nationalen Einheit* und dem Drittplazierten bei den Präsidentschaftswahlen vom September 1992, mit 21 Prozent. Im Januar 1995 führte der amtierende Präsident Ion

Iliescu mit 27,9 Prozent vor dem Kandidaten der Opposition Emil Constantinescu mit 26,3 Prozent.[32]

Tabelle 3: Die *Parteien im Trend bei Meinungsumfragen* (Angaben in Prozent)[33]

	März 1994	Juni 1994	Jan. 1994
PSDR	24	22	16,7
PRM	5	7	2,8
PSM	6	4	2,1
PUNR	6	2	4,6
CDR	27	27	26,6
PNȚCD	14	14	11 1
PNL			3,0
PNL-CD	8	6	1,9
PER	24	6	k. A.
PAC	4	7	3,0
PL'93	3	4	1,1
PSDR	2	2	k. A.
UDMR	9	6	4,2
PD(FSN)	10	9	8,9
PDAR	6	4	2,5

Im letzten Halbjahr 1994 hielt sich die regierende *Partei der Sozialen Demokratie Rumäniens* relativ stabil mit rund 25 Prozent. Zugleich stieg das Ansehen der Regierung, Präsident Iliescus und der neuen Führungsfigur der *Partei der Sozialen Demokratie Rumäniens* Adrian Năstase, während die Oppositionsführer zurückfielen. Die sozialnationalistischen Parteien büßten an Rückhalt in der Bevölkerung weiter ein. Bei den Umfragen im März 1994 hatten sie zusammen noch 22 Prozent erzielt, im Dezember 1994 hingegen nur noch 14 Prozent. Die Opposition aus *Demo-*

---

[32] "Spektakuläre Änderungen finden nicht statt", in: *Allgemeine Deutsche Zeitung für Rumänien*, 9.2.1995.

[33] Andrei Cornea: "Sondaj IRSOP - imagine sumbră (Umfrage von IRSOP - ein düsteres Bild)", in: "22", 29.6.-5.7.1994; "Spektakuläre Änderungen finden nicht statt", in: *Allgemeine Deutsche Zeitung für Rumänien*, 9.2.1995.

kratischer Konvention Rumäniens und *Demokratischer Partei* steigerte sich in dem gleichen Zeitraum nur geringfügig.

Obwohl keine Partei Wahlen vor dem regulären Termin 1996 anstrebt, sind überraschende Entwicklungen nicht auszuschließen. Zum einen kommt es immer wieder zu Spannungen innerhalb des Regierungsbündnisses zwischen der *Partei der Sozialen Demokratie* und ihren nationalistischen Koalitionspartnern. Dabei geht es nicht nur um Politikinhalte, sondern auch um Posten in Regierung, Verwaltung und in der - noch - staatlichen Wirtschaft. Hingegen konnte die oppositionelle *Demokratische Konvention Rumäniens* von ihrem Aufwärtstrend in der Wählermeinung nicht profitieren. Die Differenzen über politische und organisatorische Grundsatzfragen zwischen den Vertretern der christdemokratischen Richtung, der auch der Vorsitzende der *Demokratischen Konvention* und Präsidentschaftskandidat von 1992, Emil Constantinescu, zuzurechnen ist, einerseits, und der *Sozialdemokratischen Partei Rumäniens* sowie den beiden liberalen Gruppierungen *Partei der Bürgerallianz* und *Liberale Partei '93* andererseits, kam es zu schwerwiegenden Differenzen über Grundsatzfragen und schließlich zu ihrem Austritt aus dem Bündnis. Letztlich verließen die *Sozialdemokratische Partei Rumäniens,* die *Partei der Bürgerallianz* und die *Liberale Partei '93* das Oppositionsbündnis. Die *Sozialdemokratische Partei* Sergiu Cunescus schloß sich mit der *Demokratischen Partei* Petre Romans zur *Sozialdemokratischen Union (Uniunea Social Democrată USD)* zusammen, um ihren Fortbestand zu sichern. Hingegen könnten die beiden liberalen Abweichler *PAC* und *PL '93* ihren Austritt aus der *Demokratischen Konvention,* der innerhalb dieser Gruppierungen auch umstritten war, möglicherweise nicht unbeschadet überstehen. Ein Teil der *Partei der Bürgerallianz* sowie einzelne Vertreter der *Liberalen Partei '93* verblieben innerhalb des Oppositionsbündnisses und fusionierten mit der erst kürzlich in den Schoß der Opposition zurückgekehrten *Nationalliberalen* Partei unter Führung von Mircea Ionescu-Quintus.

Im März 1995 kam es dann auch zum "Selbstausschluß"[34] des *Demokratischen Ungarischen Verbandes* aus der *Demokratischen Konvention,* nachdem die lange verdrängten Meinungsverschiedenheiten über die Frage der ungarischen Autonomieforderungen öffentlich zutage getreten waren. In Pressekommentaren hieß es dazu, der Ungarnverband sei "ein politischer und wahltaktischer Ballast" für die rumänischen Parteien innerhalb des Oppositionsbündnisses gewesen. Der *Demokratische Ungarische Verband Rumäniens* habe falsch gespielt und die *Demokratische*

---

[34] Anton Uncu: "În folosul cui? (Wem zum Nutzen?)", in: *România Liberă,* 1.3.1995.

Konvention nur als "Schlechtwettermantel" mißbraucht.[35] Innerhalb des Verbandes konnten sich die nationalistisch-radikalen Elemente um Pastor Tőkés, deren Einfluß durch den Machtwechsel in Budapest zeitweilig gefährdet gewesen war, gegenüber dem gemäßigten Flügel durchsetzen.[36]

Ob und welche neuen Koalitionen sich angesichts dieser Aufweichung der Parteifronten für die Zukunft ergeben könnten, ist völlig offen. Außerhalb der *Demokratischen Konvention* profilieren sich zur Zeit zwei Parteien, die künftig eine dynamisierende Rolle spielen könnten. Da ist zum einen Petre Romans *Demokratische Partei*, die sich als Kristallisationspunkt für eine sogenannte Große Allianz aus sozialdemokratischen und liberalen Parteien anbietet, zum anderen Nicolae Manolescus *Partei der Bürgerallianz*, die über das Angebot eines "technischen Kompromisses" in Fragen der Privatisierung mit der Regierung Văcăroiu versucht hat, das bisherige Parteienschema aufzulockern. Eine Annäherung zwischen der *Partei der Sozialen Demokratie* und Teilen der bisherigen nichtbürokratischen Opposition könnte auf längere Sicht deren Abhängigkeit von ihren derzeitigen unbequemen und kompromittierenden Koalitionspartnern lockern und ihr Ansehen im Westen verbessern.[37]

---

[35] Ilie Şerbănescu: "Opoziţia trebuie să joace la două capete (Die Opposition muß auf zwei Karten setzen)", in: "22", 8.-14.2.1995.

[36] Peter Barabas: "Criticii lui Tőkés din interiorul partidului sunt reduşi la tăcere (Die innerparteilichen Kritiker von Tőkés wurden zum Schweigen gebracht)", in: *Expres*, 10.-16.1.1995.

[37] Alfred Moses, der neue Botschafter der USA in Rumänien, sagte in einem Interview in der Zeitung "22", 4-10.1.1995: "Es ist kein Geheimnis, daß unsere Regierung in Rumänien [der jetzigen Regierungskoalition mit nationalistischen Parteien] eine starke Koalition der Mitte vorziehen würde, wenn eine Möglichkeit zur Bildung einer Koalition mit einigen der Parteien aus der *Demokratischen Konvention* bestünde."

2. Die parlamentarischen Parteien und Pateienbündnisse 1989 -1996[38]

AC: Alianţa Civică
Die Bürgerallianz

Geschichte: Die *Bürgerallianz* als außerparlamentarische Bürgerbewegung ist aus den Protestkundgebungen des Jahres 1990 hervorgegangen. Sie entstand aus dem Zusammenschluß mehrerer Gruppen oppositioneller Intellektueller am 7. November 1990. Ihre Ziele sind die Schaffung der Bürgergesellschaft, Rechtsstaatlichkeit, die Verankerung demokratischer Werte und Institutionen wie Toleranz und öffentliche Moral, Wahrheitsfindung und Vergangenheitsbewältigung, Marktwirtschaft, europäische Integration, Verbindung zur Diaspora. Die Mittel zum Ziel sind: sozialpädagogische Aufklärung über Medien, Akademien, Gedenkstätten und der außerparlamentarische "Kampf der Straße".[39] Im Juli 1991, auf dem Höhepunkt der Popularität der *Bürgerallianz* konstituierte sich ein Teil ihrer damals rund 100 000 Mitglieder als *Partei der Bürgerallianz.*[40] In der Folge verblaßte die Anziehungskraft der "Politik der Straße", der emotionale Diskurs der antikommunistischen Fundamentalopposition kam angesichts der Verschlechterung der Wirtschaftslage bei der Bevölkerung nicht mehr in demselben Maße wie früher zum Tragen. Es kam zu Spannungen zwischen Bewegung und Partei der *Bürgerallianz,* die sich ungünstig auf die Zusammenarbeit innerhalb der *Demokratischen Konvention Rumäniens* auswirkten.[41]

Stellung im parlamentarischen System: Innerhalb der *Demokratischen Konvention Rumäniens*, zu deren Zustandekommen die *Bürgerallianz* einen äußerst wichtigen Beitrag geleistet hat, ist ihr politisches Gewicht und der Einfluß ihrer Führungspersönlichkeiten, allen voran der charis-

---

[38] Die Parteien werden in der alphabetischen Reihenfolge der abgekürzten rumänischen Parteibezeichnungen aufgelistet.

[39] Gabriel Andreescu: "Istoria Alianţei Civice (Die Geschichte der Bürgerallianz)", in: "22", 14.6.1991.

[40] Ana Blandiana, Interview in: "22", 3.-9.12.1992.

[41] Gabriel Andreescu: "De la miting la forum (Vom Meeting zum Forum)", in: "22", 8.-14.4.1993; Ioan Lascu: "Trebuie sau nu să dispară Alianţa Civică? (Muß die Bürgerallianz verschwinden oder nicht?)", in: *Tineretul Liber*, 23.2.1994; Ana Blandiana - Interview in: "22", 17.-23.11.und 3.-9.12.1992.

matischen Schriftstellerin Ana Blandiana, nicht zu unterschätzen. Gemeinsam mit dem *Verband der Ehemaligen Politischen Häftlinge Rumäniens* gehört die *Bürgeralllianz* zu den engsten politischen Verbündeten der *Christdemokratischen Nationalen Bauernpartei* innerhalb des Oppositionsbündnisses.

CDR: Convenţia Democratică din România
Die Demokratische Konvention Rumäniens

Geschichte: Die *Demokratische Konvention Rumäniens* ist aus einem sich über mehrere Stufen hinziehenden Zusammenschluß oppositioneller Bürgerorganisationen hervorgegangen: 1. *Antitotalitäre Foren*, 2. *Nationale Konvention für die Einführung der Demokratie* (Dezember 1990), 3. *Demokratische Konvention Rumäniens* (November 1991). Ursprünglich als Wahlallianz im Vorfeld der Kommunalwahlen von Februar 1992 konzipiert, wurde sie danach in eine ständige Parteienallianz nach dem Vorbild der Forumsparteien in anderen ostmitteleuropäischen Ländern und westeuropäischer Parteienkoalitionen vom Typ der *UDF* in Frankreich umgewandelt.

Zusammensetzung: Die *Demokratische Konvention Rumäniens* setzt sich aus politischen Parteien und gesellschaftlichen Organisationen unterschiedlicher Ausrichtung, Mitgliederzahl und Struktur zusammen. Am Vorabend der Wahlen von 1996 gehörten ihr folgende Gruppierungen an:

- Rumänische Umweltpartei (Partidul Ecologist Român)

- Nationalliberale Partei (Partidul Naţional Liberal)

- Nationalliberale Partei - Demokratische Konvention (Partidul Naţional Liberal - Convenţia Democratică)

- Naţionale Christdemokratische Bauernpartei (Partidul National Ţărănesc Creştin Democrat)

- Partei der Demokratischen Einheit (Partidul Unităţii Democratice)

- Christdemokratische Union (Uniunea Democrat Creştină)

- Bürgerallianz (Alianţa Civică)

- Vereinigung der Ehemaligen Politischen Häftlinge Rumäniens (Asociaţia Foştilor Deţinuţi Politici din România)

- Vereinigung "21. Dezember" (Asociaţia "21 Decembrie")

- Umweltbund Rumäniens (Federaţia Ecologistă din România)

- Bewegung Zukünftiges Rumänien (Mişcarea România Viitoare)

- Politische Gewerkschaft "Brüderschaft" (Sindicatul Politic "Fraternitatea")

- Hochschulsolidarität (Solidaritatea Universitară)

- Weltverband der Freien Rumänen (Uniunea Mondială a Românilor Liberi)

- Landesverband der Arbeitslosen Rumäniens (Uniunea Naţională a Şomerilor din România)

Wählerschaft, Mitglieder: Die Prozesse der Herausbildung einer stabilen Wählerschaft der *Demokratischen Konvention Rumäniens* sind noch in vollem Gange. Gemäß einer im März 1994 durchgeführten repräsentativen Umfrage ist ihre Wählerschaft jung, gebildet und vorwiegend im städtischen Milieu angesiedelt. Ihr gehören häufig Akademiker, Vertreter der neuen, im privaten Sektor tätigen Mittelklasse, Handwerker und - entscheidend - auch zahlreiche Arbeiter an.[42] Ein wichtiges Problem besteht darin, daß ihre Mitglieder und Sympathisanten weitgehend gemäß den Kriterien der politischen Moral (Oppositionstätigkeit, Haft, Exil, berufliche Benachteiligung vor 1989) und der beruflichen Kompetenz rekrutiert wurden und somit kaum über innen- wie außenpolitischen Erfahrung verfügen können. Auch fehlen der Opposition noch jüngere, charismatische Führerpersönlichkeiten.

Doktrin: Die gemeinsamen, von allen Parteien und Organisationen der *Demokratischen Konvention* vertretenen Grundwerte heißen Demokratisierung, Aufbau der Bürgergesellschaft, schneller Übergang zur Marktwirtschaft, ethnische Toleranz, Westbindung.

Strömungen: Auf der Grundlage dieses Minimalkonsenses lassen sich drei programmatische Strömungen innerhalb der *CDR* ausmachen:

- **Christdemokratische** Mitgliedsorganisationen: *Nationale Christdemokratische Bauernpartei, Bürgerallianz*

- **Liberale** Mitgliedsorganisationen: Nationalliberale Partei, Nationalliberale Partei - Demokratische Konvention

---

[42] *Tineretul Liber,* 24.3.1994.

- **Ökologische** Mitgliedsorganisationen: *Rumänische Umweltpartei*

Vor dem 1995 erfolgten Austritt der *Sozialdemokratischen Partei* Sergiu Cunescu und der *Ungarnunion* hatte die Bandbreite der *CDR* auch eine sozialdemokratische und eine ethnische Komponente umfaßt. Infolge des Austritts der *Partei der Bürgerallianz* sowie der *Liberalen Partei '93* wurde die liberale Komponente innerhalb der *CDR* trotz der Rückkehr der *Nationalliberalen Partei* geschwächt. Im Endergebnis führte dies zu einer weiteren Stärkung ihrer christdemokratischen Komponente und zu einem wachsenden Übergewicht der *Nationalen Christdemokratischen Bauernpartei*.

Die außerordentlich große Vielfalt der Parteien und Organisationen innerhalb der *Demokratischen Konvention* hat Spannungen entstehen lassen zwischen klassischen Parteien und Forumsparteien, Traditionsparteien und neuen Parteien, im Parlament vertretenen Parteien und nichtparteilichen Organisationen, zwischen Politikern der älteren und der jüngeren Generation, zwischen jenen, die die Jahre des Kommunismus in Rumänien erlebt oder nach 1989 aus dem westlichen Exil zurückgekehrt sind, zwischen Gewinnern und Verlierern des Transformationsprozesses Fragen der Organisationsform (Einheitspartei oder Koalition), der Zahl der Parlamentsfraktionen und Wahllisten, der Verteilung der Listenplätze und der Ernennung des Präsidentschaftskandidaten werden kontrovers diskutiert. Es scheint, als sei die Einsicht in die Tatsache, daß jede der Koalitionsparteien für sich genommen weit weniger Stimmen erzielen würden als im Oppositionsverbund, in der *Demokratischen Konvention* im Abnehmen begriffen. Seit 1992 war zudem eine wachsende Entfremdung zwischen dem *Ungarnverband* und den anderen Mitgliedern des Oppositionsbündnisses zu beobachten, die 1995 zum Austritt des Ungarnverbandes aus der *CDR* führte.

Anfang 1995 traten die *Sozialdemokratischen Partei Rumäniens*, die *Partei der Bürgerallianz* und die *Liberale Partei '93* aus dem Oppositionsbündnis aus. Jene Vertreter der *Partei der Bürgerallianz*, die sich einem Austritt aus dem Oppositionsbündnis widersetzten, traten in die *Nationalliberale Partei* ein. Jene Mitglieder der *Liberalen Partei '93*, die sich für den Verbleib in der *Demokratischen Konvention* aussprachen - es waren weitgehend dieselben, die zuvor von der *Partei der Bürgerallianz* übergewechselt waren - , gründeten die *Politische Liberale Gruppe (Grupul Politic Liberal)*, die ebenfalls in der *Nationalliberalen Partei* aufging. Nur die liberale Splittergruppe namens *Nationalliberale Partei - Demokratische Konvention* weigert sich zur Zeit noch, in den Schoß der liberalen Mutterpartei zurückzukehren.

Stellung im parlamentarischen System: Die *Demokratische Konvention Rumäniens* ist eine typische Oppositionskoalition, die seit 1992 kompromißlos Kritik an der Regierung geübt und sechs Mißtrauensanträge sowie einen Antrag auf Amtsenthebung des Präsidenten gestellt hat. Im öffentlichen Bewußtsein wird sie daher vorwiegend als alternative Kraft wahrgenommen, die zwar über den festen Willen, aber nicht zu allen Zeiten über ein klares Konzept und eine homogene Führungsmannschaft für einen Machtwechsel verfügte. Nach den Wahlen vom September 1992 weigerte sich die *Demokratische Konvention Rumäniens*, mit der in die Minderheit geratenen *Partei der Sozialen Demokratie Rumäniens* in eine Regierung einzutreten. Eine Regierungsbeteiligung hätte sie zwar unter den gegebenen Umständen in die Verantwortung für die Regierungspolitik eingebunden, doch ohne ihr zugleich einen echten Zugang zu den "Hebeln der Macht" zu gewährleisten. Auch eine zweite, 1993 geführte Verhandlungsrunde zwischen dem Oppositionsbündnis *CDR* und der Regierungspartei scheiterte. Damals sollen, wie es heißt, Vertreter westlicher Regierungen die rumänische Opposition zum Regierungseintritt gedrängt haben - mit dem Ziel, die interne Stabilität in Rumänien abzusichern.[43]

Die Parteien der *Demokratischen Konvention Rumäniens* sind entschieden gegen jede Form der Zusammenarbeit mit nationalistischen und extremistischen Parteien. Die Ressentiments in den Reihen der *CDR* gegen den ehemaligen Ministerpräsidenten Petre Roman und seine *Demokratische Partei* weichen nur langsam dem Respekt vor demokratischer Grundeinstellung, Technokratenwissen und dem Westkurs dieser Partei. Ein Eintreten der *Demokratischen Partei* Romans in die *Demokratische Konvention Rumäniens* steht nicht zur Debatte, wohl aber wurde die Möglichkeit der Aufstellung eines gemeinsamen Präsidentschaftskandidaten in Gestalt Emil Constantinescus diskutiert.[44]

Die *Demokratische Konvention Rumäniens*, zu deren Gründungsmitgliedern eine Gewerkschaft und die Hochschulsolidarität zählen, pflegt gute Zusammenarbeit zur demokratisch orientierten Gewerkschaftsbewegung. Die im August 1995 gegründete *Konföderation der Demokratischen Gewerkschaften Rumäniens*, die vorwiegend Angestellte vertritt, arbeitet eng mit der *CDR* zusammen. *Propact*, die Gewerkschaft der privaten Landwirte, steht dem Oppositionsbündnis ebenfalls nahe.

---

[43] Gabriela Boceanu: "*CDR* - victimă a 'sugestiilor' Occidentului"? (Die *CDR* - Opfer der 'Ratschläge' des Westens?)", in: *Dimineaţa*, 21.1.1994.
[44] Adrian Severin, Interview in: *Expres*, 16.-22.8.1994.

Wahlergebnisse der Demokratischen Konvention Rumäniens

	Abgeordneten-versammlung	Senat
Parlamentswahlen September 1992	2 177 144 Stimmen 20,01 Prozent 82 Mandate 2. Rang	2 210 722 Stimmen 20,16 Prozent 34 Mandate 2. Rang
Präsidialwahlen	**Kandidat** Emil Constantinescu	**Ergebnis**
1992: 1. Wahlgang		3 717 006 Stimmen 31,24 Prozent 2. Rang
1992: 2. Wahlgang		4 613 058 Stimmen 38,73 Prozent 2. Rang

Westaffiliation: Die *Demokratische Konvention Rumäniens* sowie die meisten ihrer Unterorganisationen pflegen intensive internationale Kontakte zu westlichen Organisationen sowie demokratischen Parteien und Verbänden in anderen Transformationsstaaten. Die meisten der ihr angehörenden Parteien wurden entsprechend ihrer Doktrin in internationale Organisationen aufgenommen.

PAC: Partidul Alianţei Civice Die Partei der Bürgerallianz

Geschichte: Im Juli 1991, auf dem Höhepunkt der Popularität der Bewegung *Bürgerallianz*, konstituierte sich ein Teil ihrer Mitglieder als *Partei der Bürgerallianz.*[45] Zeitweilig herrschten erhebliche Spannungen zwischen Bewegung und Partei der *Bürgerallianz,* die sich negativ auf die Zusammenarbeit innerhalb der *Demokratischen Konvention Rumäniens* auswirkten.

Doktrin: Nach längerem Schwanken hat sich die *Partei der Bürgerallianz* auf ein neoliberales Credo festgelegt in der Hoffnung, das nach dem Niedergang der großen traditionellen *Nationalliberalen Partei* freigewordene

---

[45] Ana Blandiana, Interview in: "22", 3.-9.12.1992.

liberale Wählerreservoir zu binden und die liberale Bewegung zu einigen.
Ihre Doktrin ist geprägt durch das Engagement für die Grundwerte der
Bürgerbewegung: Menschenrechte, Bürgergesellschaft, politischen Pluralismus, Rechtsstaatlichkeit. Auf wirtschaftlichem Gebiet tritt die *PAC* für
eine nach Konkurrenzkriterien organisierte Marktwirtschaft, für die Reduzierung der Rolle des Staates, die Reform der Institutionen des Rechtsstaates und für soziale Sicherheit ein. Sie ist gegen den Nationalismus der
Mehrheit wie auch den der Minderheiten. Die Entscheidung über eine
Rückkehr zur Monarchie wird den Parteimitgliedern überlassen. Die Partei
tritt aber für das Recht König Michaels auf Anerkennung seiner rumänischen Staatsbürgerschaft ein.[46] Seit ihrer Gründung ist die *PAC* neben der
Demokratischen Partei Petre Romans wohl die Oppositionspartei mit der
am besten formulierten außenpolitischen Programmatik. Ihre Option für
eine rasche und effiziente Integration Rumäniens in die euro-atlantischen
Strukturen des Westens wurde früh und immer eindeutig vorgebracht.

Wähler, Mitglieder: Die *Partei der Bürgerallianz* galt zeitweilig als die
"einzige territorial gefestigte liberale Partei".[47] Ihre Mitglieder rekrutieren
sich vorwiegend aus der gehobenen städtischen Mittelschicht von Schule,
Hochschule, Kultur, Verwaltung, Kirche und der Studentenschaft.[48] Es ist
die Partei mit den relativ meisten Anhängern unter den 19 - 29-jährigen
und unter den Wählern über 60 Jahren.[49] Ihre Wähler verteilen sich fast
gleichmäßig auf solche mit niedrigem und hohem Lebensstandard.

Stellung im parlamentarischen System: Trotz ihrer klaren Oppositionshaltung - die *Partei der Bürgerallianz* trat den oppositionellen Zusammen-
schlüssen *Nationale Konvention für die Einsetzung der Demokratie* und
danach der *Demokratischen Konvention Rumäniens* bei - ist ihre Haltung
in der Frage der Zusammenarbeit mit anderen politischen Kräften flexibel
und realistisch. Eine ihrer Stärken - die Anwesenheit eines fähigen und
integren Vorsitzenden, des Universitätsprofessors Nicolae Manolescu, an
der Parteispitze - war zugleich auch der Grund für Spannungen mit anderen Oppositionsparteien. Daher war es am Vorabend der Parlamentswahlen von 1992 in der Frage der Aufstellung eines Präsidentschaftskandidaten zu Spannungen zwischen dem Oppositionsbündnis *CDR* und der *PAC*

---

[46] Liana Ionescu: "Partidul Alianţei Civice (Die Partei der Bürgerallianz)", in:
Sfera Politicii 16 (1994).

[47] Daniel Vighi: "Problemele mişcării liberale (Die Probleme der liberalen
Bewegung)", in:"*22*", 9.-15.3.1994.

[48] Virginia Ghiţă / Răsvan Popescu / Ilie Stoian: "Moda veche - piatră de moară
pentru dreapta politică (Die Mode von einst - ein Mühlstein für die politischen
Rechte)", in: *Expres* 37, 15.-21.9.1992.

[49] Pavel Câmpeanu: "Viaţa politică a electoratului (Das politische Leben der
Wählerschaft)", in: "*22*", 22.-28.5.1992.

gekommen, deren Vorsitzender seine Kandidatur als erster angemeldet hatte. Unstimmigkeiten der *PAC* mit christdemokratischen Formationen innerhalb der *CDR* gab es auch in prozeduralen Fragen. Die *PAC* hatte immer mit Spaltungstendenzen zu kämpfen, die zum Übertritt einiger ihrer prominenten Parlamentarier zur *Liberalen Partei 93* führten.[50] Eine Zeitlang wollte es scheinen, als könnte die *PAC* ihre Stellung innerhalb des Oppositionsbündnisses nach erfolgter Aussöhnung mit der Bewegung der *Bürgerallianz* und der Rückholung der *Nationalliberalen Partei* in das Oppositionsbündnis festigen. Auf ihrem letzten Parteitag im Februar 1995 ließen jedoch die örtlichen Funktionäre mehrheitlich erkennen, daß sie einer unreformierten *Demokratischen Konvention Rumäniens* nicht länger angehören wollten. Anfang 1995 verließ die *Partei der Bürgerallianz* das Oppositionsbündnis. Jene ihrer Vertreter, die sich einem Austritt aus der *CDR* widersetzten, traten in die *Nationalliberale Partei* ein.

Wahlverhalten: Bei den Kommunalwahlen vom Februar 1992 war die *Partei der Bürgerallianz* sehr erfolgreich und stellte zahlreiche Gemeinderäte und Bürgermeister.[51] An den Parlamentswahlen vom September 1992 nahm sie auf den Listen der *Demokratischen Konvention Rumäniens* teil. Beobachter räumten der Partei damals eine gewisse Chance ein, ihr Wählerpontential auszubauen und im liberalen Spektrum eine wichtige Position einzunehmen.[52]

Westaffiliation: Internationale Ansprechpartner der *PAC* sind die französischen Zentrumsparteien, die *Demokratische Partei* der USA, die deutsche *F.D.P.* und die *FIDESZ* in Ungarn.[53] Im Sommer 1993 wurde Antrag auf Aufnahme in die *Europäische Demokratische Union* gestellt.

Wahlergebnisse: Bei den Parlamentswahlen vom September 1992 trat die Partei nicht als Einzelpartei an.

---

[50] Nicolae Tăran, Interview in: *Cuvântul*, 26.7.-1.8.1994.
[51] Liana Ionescu: "Partidul Alianței Civice (Die Partei der Bürgerallianz)", in: *Sfera Politicii* 16 (1994).
[52] Liana Ionescu: "Partidul Alianței Civice (Die Partei der Bürgerallianz)", in: *Sfera Politicii* 16 (1994).
[53] György Frunda, in: *Cotidianul*, 7.5.1993.

PER: Partidul Ecologist Român
Die Rumänische Umweltpartei

Geschichte: Nach ihrer am 16. Januar 1990 erfolgten Registrierung mußte die *Umweltpartei* einen schweren Konkurrenzkampf gegen eine Vielzahl grüner Satellitenparteien der regierenden *Front der Nationalen Rettung* bestehen. Bei den Wahlen zur Verfassunggebenden Versammlung vom Mai 1990 konnte die regierungsnahe *Umweltbewegung Rumäniens* (*Mişcarea Ecologistă din România*) noch erheblich mehr Stimmen an sich binden als die *Rumänische Umweltpartei*. Seit der Einführung der Drei-Prozent-Klausel bei den Parlamentswahlen von 1992 ist die *PER* im Verbund des Oppositionsbündnisses *CDR* die einzige grüne Partei im rumänischen Parlament.

Wähler, Mitglieder: Entsprechend dem noch wenig ausgeprägten Umweltbewußtsein in Rumänien ist die *PER* eine kleine Partei. Ihre Führungspersönlichkeiten wie der deutschstämmige Ingenieur Dr. Otto Weber oder der Ehrenvorsitzende der Partei, der in den USA lebende Ökonom Anghel Rugină, entstammen dem Milieu der technischen Intelligenz.

Doktrin: Die *Rumänische Umweltpartei* ist eine dezidiert antikommunistische grüne Partei, Selbsteinschätzung: "Mitte-rechts". Sie arbeitet eng mit der *Nationalen Christdemokratischen Bauernpartei* zusammen, mit der sie nach den Wahlen von 1992 eine gemeinsame Parlamentsfraktion gebildet hat. Ihr Programm sieht die Förderung gesetzlicher und erzieherischer Umweltschutzmaßnahmen und eine Umwälzung der Kosten des Umweltschutzes auf die Produktionskosten der Unternehmen ebenso vor wie die ökologische Retechnologisierung der Industrie und die Aufforstung.

Westaffiliation: Angesichts ihrer gesamtpolitischen Ausrichtung verwundert es nicht, daß die *Rumänische Umweltpartei* keiner großen internationalen Umweltorganisation angehört. Sie unterhält jedoch bilaterale Kontakte mit ideologisch neutralen Umweltorganisationen und Umweltparteien des Auslands.

Wahlergebnisse der Rumänischen Umweltpartei

	Abgeordneten-versammlung	Senat
Wahlen zur Verfassungsgebenden Versammlung Mai 1990	232 212 Stimmen 1,69 Prozent 8 Mandate 8. Rang	192 574 Stimmen 1,38 Prozent 1 Mandat 8. Rang
Parlamentswahlen September 1992	Auf den Listen der *Demokratischen Konvention Rumäniens*	Auf den Listen der *Demokratischen Konvention Rumäniens.*

PD / FSN: Partidul Democrat/Frontul Salvării Naționale
Die Demokratische Partei/Front der Nationalen Rettung

Geschichte: Die *Demokratische Partei* ist die unmittelbare Nachfolgepartei der *Front der Nationalen Rettung*, die im Dezember 1989 die Macht übernommen hatte. Im März 1992, nach einer heftigen Kontroverse[54] zwischen dem Reformflügel der *FSN* um den Parteivorsitzenden und ehemaligen Premierminister Petre Roman und einem systemkonservativen Flügel um Staatspräsident Ion Iliescu verließen Iliescus Konservative die *Front der Nationalen Rettung.*[55] Bis zu den Wahlen von 1992 stand die von Roman geführte Rest-*FSN* mit einem Bein in der Regierungsverantwortung und mit dem anderen in der Opposition. Im Wahlkampf waren Petre Roman und seine *FSN* die Hauptgegner der Iliescupartei, die als Sündenböcke für die Fehlleistungen der nach 1989 betriebenen Wirtschaftspolitik herhalten mußten. Durch Abwanderung eines Teils ihrer Minister, Bürgermeister und Gemeinderäte, aber auch einfacher Mitglieder zur bürokratischen Präsidialpartei *Demokratische Front der nationalen*

---

[54] Zum Hintergrund der Kontroverse siehe: Anneli Ute Gabanyi: "Präsident Iliescu gegen Premier Roman. Frontenbildung in der Front der Nationalen Rettung", in: *Südosteuropa* 9 (1991).

[55] Die abtrünnige Gruppierung benannte sich zuerst in *Demokratische Front der Nationalen Rettung (Frontul Democrat al Salvării Naționale)* um. Nach den Parlamentswahlen von 1992 erfolgte eine weitere Umbenennung der Präsidialpartei in *Partei der Sozialen Demokratie Rumäniens (Partidul Democrației Sociale din România).*

Rettung war die *FSN* im Vorfeld geschwächt worden. Im Mai 1993 fusionierte sie mit der unbedeutenden *Demokratischen Partei*, die als Namensgeber für die fortan so genannte *Demokratische Partei (Front der Nationalen Rettung)* fungierte.

Mitglieder, Wählerschaft: Die führenden Vertreter der Partei rekrutieren sich aus Technokratenflügel der dissidenten Eliten vor der Wende und aus den neuen Funktionseliten nach 1989. Im Zuge der Spaltung der *Front der Nationalen Rettung* ging ein Teil der Arbeiter, die sie 1990 gewählt hatten, zur *Demokratischen Konvention Rumäniens* über,[56] Privilegierte des *ancien régime* wanderten zur *Partei der Sozialen Demokratie Rumäniens* ab. Die neuen Zielgruppen der *Demokratischen Partei* entstammen der aufstrebenden Mittelklasse, den kulturellen und technischen Eliten, der Jugend, den Frauen und den Gewerkschaften. Ihre Spitzenvertreter verfügen über eine beträchtliche intellektuelle Ausstrahlungskraft, das Durchschnittsalter der Mitglieder ist mit 38 Jahren vergleichsweise niedrig.[57] Die *PD* wird nach eigenen Angaben nur zu einem kleinen Teil über Mitgliedsbeiträge finanziert. Sie erhält unregelmäßige, vorwiegend projektgebundene Zuwendungen privater Sponsoren.

Doktrin: Die *Demokratische Partei* definiert sich selbst als moderne sozialdemokratische Partei der linken Mitte. Zu ihren Grundwerten gehören politischer Pluralismus, repräsentative Demokratie, unternehmerische Freiheit, beschleunigte Privatisierung, Wettbewerbsförderung und Rentabilität durch steuerpolitische Maßnahmen, Dezentralisierung, Entbürokratisierung, Entstaatlichung, Entmonopolisierung, kommunale Autonomie. Sozialer Schutz soll auf der Grundlage des Gleichheitsprinzips gewährt werden. In der Frage der Staatsform plädiert sie für die Republik, aber nicht gegen ein Referendum über die Frage der Monarchie. Sie ist für ethnischen Ausgleich als Instrument der Demokratisierung, der Reformen und des Ausbaus der äußeren Sicherheit.[58] Gegenüber Moldova ist sie für die Wahrung rumänischer Rechtspositionen, für die Anerkennung der dort durch ethnische Unterdrückung und Entnationalisierung geschaffenen Tatsachen und für eine bedachte Politik der nationalen Wiedererweckung und der wirtschaftlichen Unterstützung des zweiten rumänischen Staates.[59]

---

[56] Petre Roman in: *Azi*, 25.3.1992.

[57] *România Liberă*, 24.10.1994.

[58] Gründung des Nationalen Komitees für die Euro-Atlantische Integration Rumäniens im November 1993 und die Rolle, die Petre Roman, der Vorsitzende des Sicherheitsausschusses im Abgeordnetenhaus, im Rahmen der NATO spielt. Siehe hierzu: Corneliu Antim: "PD/FSN - O nouă viziune asupra securității și stabilității regionale (Die PD/FSN - Eine neue Sicht der regionalen Sicherheit und Stabilität)", in: *România Liberă*, 15.7.1994.

[59] Adrian Severin, Interview in: *Azi*, 22.10.1994.

Die *Demokratische Partei* postuliert und praktiziert eine aktive Außenpolitik der raschen Integration in die euro-atlantischen Sicherheitsstrukturen.

Stellung im parlamentarischen System: Die *Demokratische Partei* ist die einzige parlamentarische Oppositionspartei, die zeitweilig (zwischen 1989 und 1992) auch bürokratische Regierungspartei war. Sie sieht sich in einer Art "parallelen Opposition" mit der *Demokratischen Konvention Rumäniens*. Die *PD* hat ihre Bereitschaft bekundet, gemeinsam mit der *Demokratischen Konvention Rumäniens* zu agieren, mit ihr zu koalieren und gegebenenfalls auch zu regieren, nicht aber, dem Bündnis beizutreten. Am Vorabend der Wahlen von 1992 erklärte sich die Führung der *Demokratischen Partei* bereit, eine von der *Demokratischen Konvention Rumäniens* gebildete Regierung zu unterstützen. Auch könnte sie ihrem eigenen Bekunden nach einen gemeinsamen Präsidentschaftskandidaten der Opposition (Emil Constantinescu) bei den Parlamentswahlen von 1996 unterstützen.[60] Im Januar 1994 erfolgte ein gemeinsames Angebot von *Demokratischer Konvention Rumäniens* und *Demokratischer Partei* (47 Prozent der Parlamentsmandate) an die regierende *Partei der Sozialen Demokratie Rumäniens* (34 Prozent) zur Bildung einer Koalitionsregierung.[61] Zu den weiteren Initiativen gehört der Abschluß eines Sozialpakts zwischen Opposition, Gewerkschaften und Regierung und die Zusammenarbeit oppositioneller Gemeinderäte und Bürgermeister.

Westaffiliation: Die *PD* genießt Gaststatus bei der Sozialistischen Internationale.

---

[60] Interview in: *Azi*, 24.10.1994.
[61] *Azi*, 15.1.1994.

Wahlergebnisse der Demokratischen Partei / Front der Nationalen Rettung

	Abgeordneten-versammlung	Senat
Wahlen zur Verfassungsgebenden Versammlung Mai 1990	9 089 659 Stimmen 66,31 Prozent 263 Mandate Rang 1	9 353 006 Stimmen 67,02 Prozent 91 Mandate Rang 1
Parlamentswahlen September 1992	1 108 500 Stimmen 10,19 Prozent 43 Mandate Rang 3	1 139 033 Stimmen 10,39 Prozent 18 Mandate Rang 3
	Kandidat Caius Traian Dragomir	**Ergebnis**
Präsidialwahlen 1992 1. Wahlgang		564 655 Stimmen 4,75 Prozent 4. Rang

PDAR: Partidul Democrat Agrar din România
Die Demokratische Agrarpartei Rumäniens

Geschichte: Die *Demokratische Agrarpartei Rumäniens* sieht sich in der Tradition der rumänischen Agrarbewegung und der *Konservativen Partei* der zweiten Hälfte des 19. Jahrhunderts.[62] Die am 29. Januar 1990 eingetragene *PDAR* war anfangs ganz offensichtlich als Satellitenpartei der regierenden *Front der Nationalen Rettung* konzipiert gewesen, die dazu beitragen sollte, ein Abdriften ländlicher Wähler zur *Nationalen Christdemokratischen Bauernpartei* und damit in das Lager der Opposition zu verhindern.[63]

Doktrin: Die *PDAR* definiert sich als neoliberale, unabhängige Partei rechts der Mitte. Mit Blick auf die neue dörfliche Mittelschicht tritt sie für den Übergang zur Marktwirtschaft, für die Restitution des Genossen-

---

[62] Ion Coja, Interview in: *Dimineaţa*, 26.6.1993.
[63] Marius Hergheliu: "Victor Surdu, romanul agriculturii socialiste (Victor Surdu, der Roman der sozialistischen Landwirtschaft)", in: *Expres*, 23.-29.7.1991.

schaftseigentums sowie für die Liberalisierung der Verpachtung und des Verkaufs von Land ein. Zusammenschlüsse der Bauern in Genossenschaften werden bejaht.[64] Ihre Vertreter fordern staatlichen Schutz und Subventionen für die Landwirtschaft und die Leichtindustrie sowie eine finanzielle Unterstützung der Bauern durch Aufbau eines ländlichen Bankensystems. In ihren programmatischen Aussagen spricht sich die *PDAR* gegen eine Wiedereinführung der Monarchie aus. In der Führung der *PDAR* sind auch hochrangige Vertreter der rumänischen "Kulturvereinigung" *Rumänische Heimstatt (Vatra Românească)* wie Ion Coja vertreten, was die gelegentlich nationalistischen, fremdenfeindlichen und antiwestlichen Akzente ihrer Parteidoktrin erklärt. Daher erstaunt es auch nicht, daß die *PDAR* im Jahre 1994 der Bildung einer Allianz mit der extremistisch-nationalistischen *Partei der Nationalen Einheit Rumäniens* zugestimmt hatte.[65]

Wähler, Mitglieder: Die *PDAR* bezeichnet sich als Vertreterin der Interessen der Bauern. Zu ihren Zielgruppen gehören auch die Rentner der ehemaligen Landwirtschaftlichen Produktionsgenossenschaften. Sie ist eigentlich jedoch die Partei der ehemaligen Dorfnomenklatura und der ländlichen Facheliten. Bei der *PDAR* handelt es sich um eine "reiche Partei",[66] deren Wähler sich überwiegend aus dem Bereich der Bezieher niedriger bis mittlerer Einkommen rekrutieren.[67]

Stellung im parlamentarischen System: Die Geschichte der *PDAR* nach 1990 ist gekennzeichnet durch ihr opportunistisches Pendeln zwischen Regierungsnähe und taktischer Oppositionshaltung. Prominente Mitglieder dieser Partei hatten in der provisorischen Regierung (Januar - Mai 1990) führende Positionen im Landwirtschaftsministerium inne. 1991 plante die Partei gemeinsam mit der regierenden *Front der Nationalen Rettung*, der *Ökologischen Bewegung* und dem *Jungen Flügel der Nationalliberalen Partei* die Bildung einer Parteienallianz namens *Charta für Reform und Demokratie*, die mit dem Sturz des Premierministers Petre Roman im September 1991 hinfällig wurde. Einer ihrer Vertreter wirkte als Landwirtschaftsminister in der Regierung Stolojan (1991 - 1992) mit. Im September 1992 scheiterte die Partei bei den Wahlen zum Abgeordnetenhaus

---

[64] Victor Surdu, Interview in: *Dimineața*, 14.5.1993.

[65] Victor Surdu, Interview in: *România Liberă*, 13.8.1994; Constantin Lupu: "Agrarienii, între seceră și ciocan (Die Agrarier zwischen Sichel und Hammer)", in: *Adevărul*, 10.7.1994.

[66] Victor Surdu, Interview in: *Cuvântul*, Dezember 1991; Lia Bejan: "Din ce trăiesc partidele românești (Wovon die rumänischen Parteien leben)", in: *Expres*, 21.-26.4.1993.

[67] Pavel Câmpeanu: De patru ori în fața urnelor (Viermal vor den Urnen), Bukarest 1993, S. 111-114.

an der Drei-Prozent-Hürde. Im Senat, in den sie mit knapper Not gewählt worden war, erhielt sie aus dem Regierungslager "Verstärkung" bei der Bildung einer eigenen Senatsfraktion.[68] Nach den Parlamentswahlen von 1992 gewährte die *PDAR* der von der Präsidialpartei gebildeten Minderheitsregierung ihre Unterstützung. Nachdem sie das Angebot der regierenden *Partei des Demokratischen Sozialismus Rumäniens,* mit ihr zu fusionieren, abgelehnt hatte und sich von ihr in der Folge einem starken Verdrängungs- und Abwerbungsdruck ausgesetzt sah, wechselte sie ins Oppositionslager über, ohne sich jedoch der *Demokratischen Konvention Rumäniens* anzunähern.

Wahlergebniss der Demokratischen Agrarpartei Rumäniens

	Abgeordneten-versammlung	**Senat**
Wahlen zur Verfassungsgebenden Versammlung Mai 1990	326 289 Stimmen 2,99 Prozent 9 Mandate 7. Rang	221 790 Stimmen 1,59 Prozent 0 Mandate 7. Rang
Parlamentswahlen September 1992	286 467 Stimmen 2,63 Prozent 0 Mandate 8. Rang	362 427 Stimmen 3,31 Prozent 5 Mandate 7. Rang

PL '93: Partidul Liberal '93

Die Liberale Partei '93

Geschichte: Die *Liberale Partei '93* ist die umbenannte Nachfolgepartei der *Nationalliberalen Partei - Junger Flügel,* die ihrerseits durch Abspaltung von Radu Câmpeanus *Nationalliberaler Partei* entstanden war. Nach ihrer im Jahre 1993 erfolgten Fusion mit einer abtrünnigen Gruppe der *Nationalliberalen Partei - Demokratische Konvention* benannte sich die derart erweiterte *Nationalliberale Partei - Junger Flügel* in *Liberale Partei '93* um. Verstärkung erhielt sie im gleichen Jahre außerdem im Zuge der Abwerbung eines Teils der neoliberalen, dem Oppositionsbündnis angehörenden *Partei der Bürgerallianz.*

---

[68] *Expres,* 20.-26.10.1992.

Doktrin: Die *PL '93* definiert sich selbst als "rechte Bewegung der Mittel-klasse".[69] Sie tritt für politische und unternehmerische Freiheit, schnelle Reformen durch Schocktherapie, Entstaatlichung und die totale Restitution aller enteigneten Güter ein. Ihre Programmatik ist ausgesprochen populistisch, nationalistisch, gelegentlich auch monarchistisch.[70]

Wähler, Mitglieder: Die *Liberale Partei '93* ist eine der dynamischsten politischen Gruppierungen im derzeitigen Parteienspektrum Rumäniens. Sie agiert als Interessenvertretung der neuen Oligarchie, die im Zuge der Kapitalisierung der alten politischen Klasse nach 1989 entstanden ist. Ihre führenden Vertreter gehören der mittleren und jüngeren Generation mit überwiegend hohem Lebensstandard an. Noch handelt es sich vorwiegend um eine Kaderpartei mit wenig Rückhalt von der Basis, aber mit großzügigen Finanzquellen vorwiegend aus dem Bankensektor.

Stellung im politischen Spektrum: Die *Nationalliberale Partei - Junger Flügel* zeichnete sich über weite Strecken durch undurchsichtiges Taktieren und opportunistisches Hin- und Herpendeln zwischen Regierungsnähe und Fundamentalopposition aus. Im Juli 1991 hatte sie mit den regierenden *Front der Nationalen Rettung* und der *Agrarpartei* das Wahlbündnis *Charta für Reform und Demokratie* gegründet, das jedoch nach dem Sturz der Regierung Roman hinfällig wurde. Seit dem Austritt der traditionellen *Nationalliberalen Partei* aus der *Demokratischen Konvention Rumäniens* trat die *Liberale Partei '93* der *Demokratischen Konvention Rumäniens* bei, auf deren Listen sie im September 1992 ins Parlament einzog. Inzwischen wurde die *Liberale Partei '93* zum Störfaktor innerhalb der liberalen Bewegung, der sich in zunehmendem Maße zu einer Gefahr für den Zusammenhalt der *Demokratischen Konvention Rumäniens* entwickelte. Jene Mitglieder der *Liberalen Partei '93*, die sich für den Verbleib in der *Demokratischen Konvention* aussprachen (es waren weitgehend dieselben, die zuvor von der *Partei der Bürgerallianz* übergewechselt waren), gründeten die *Politische Liberale Gruppe (Grupul Politic Liberal)*, die in der *Nationalliberalen Partei* aufging.

Westaffiliation: Mitglied der Liberalen Internationale seit 1993.

Wahlergebnisse: Bei den Parlamentswahlen vom September 1992 nicht als Einzelpartei angetreten.

---

[69] Dinu Patriciu, zitiert von Paul Dobrescu: "Compromisul care compromite (Der kompromittierende Kompromiß)", in: *Curierul Naţional*, 9.7.1992.
[70] *Evenimentul Zilei*, 12.10.1994.

PNL: Partidul Naţional Liberal
Die Nationalliberale Partei

Geschichte: Die "grand old party" der rumänischen Geschichte wurde am 24. Mai 1875 gegründet. Im Jahre 1947 wurde die Traditionspartei verboten, am 6. Januar 1990 konstituierte sie sich neu. Aus den Wahlen von 1990 ging sie als drittstärkste Kraft hervor. Konflikte zwischen alten und aufstrebenden Führungseliten führten seit 1990 zur Abspaltung der *Nationalliberalen Partei - Junger Flügel* (heute *Liberale Partei '93*) und der *Nationalliberalen Partei - Demokratische Konvention Rumäniens.* Nach ihrer 1993 erfolgten Fusion mit der aus Vertretern der neuen Wirtschaftseliten gebildeten *Neuen Liberalen Partei* ist die völlig veränderte *Nationalliberale Partei* nur noch marginal von Bedeutung. Im Dezember 1994 trat sie erneut der *Demokratischen Konvention Rumäniens* bei.[71]

Doktrin: Die klassischen liberalen Prinzipien erscheinen im Falle der *Nationalliberalen Partei* nicht selten von Widersprüchen geprägt. So tritt sie beispielsweise für Wirtschaftsreformen ein, ist aber nur für eine Strategie der graduellen Privatisierung. Bei den ersten freien Wahlen vom Mai 1990 präsentierte sich Radu Câmpeanu auch als Präsidentschaftskandidat der ungarischen Minderheit, 1992 trat seine Partei jedoch aus Protest gegen die Politik der Opposition gegenüber dem Ungarnverband aus der *Demokratischen Konvention Rumäniens* aus. An den im Exil lebenden König Michael appellierte die *Nationalliberale Partei,* bei den Präsidentschaftswahlen von 1992 als Kandidat anzutreten, was eine Wiedereinführung der Monarchie in Rumänien und Michaels Ansprüche auf den Thron automatisch zunichte gemacht hätten.

Wähler, Mitglieder: In den fünf Jahren seit der Wende hat die *Nationalliberale Partei* die Sympathien eines Großteils ihrer Nostalgiewähler der ersten Stunde verspielt. Zur Zeit rekrutieren sich ihre Sympathisanten zu einem nicht unerheblichen Teil aus den Schichten der neuen Aufsteiger, die im Zuge ihrer Fusion mit der *Neuen Liberalen Partei* zu ihr gestoßen sind. Die Wähler der *Nationalliberalen Partei* gehören zu einer Gruppe mit vorwiegend hohem Lebensstandard.[72]

Stellung im parlamentarischen Spektrum: Entsprechend den ideologischen und politischen Widersprüchlichkeiten ihrer Doktrin war die Hal-

---

[71] Siehe hierzu: Christian Anghelache: "PNL a revenit în CDR (Die Nationalliberale Partei ist in die Demokratische Konvention Rumäniens zurückgekehrt)", in: *Azi*, 22.12.1994.
[72] Stefan Stănciugelu: "Circulaţia clicilor politice în PNL (Die Zirkulation der politischen Cliquen in der PNL)", in: *Sfera Politicii* 16 (1994).

tung der *Nationalliberalen Partei* unter der Führung ihres ehrgeizigen ersten Vorsitzenden Radu Câmpeanu von Anfang an von Zweideutigkeiten geprägt. Es war eine Schaukelpolitik zwischen Oppositionhaltung und der Nähe zur Macht. Nach dem Sturz von Premierminister Petre Roman waren die *Nationalliberalen* zwischen Oktober 1991 und September 1992 an der Regierung des Premierministers Teodor Stolojan beteiligt, gerierten sich aber zugleich als Oppositionspartei. Seit Dezember 1990 hatte die *PNL* in den oppositionellen *Antitotalitären Foren* und der *Nationalen Konvention für die Einführung der Demokratie* mitgearbeitet. Bei den Kommunalwahlen vom Februar 1992 kandidierte sie erfolgreich auf den Listen der *Demokratischen Konvention Rumäniens*. Im April 1992 kehrte sie dem Oppositionsbündnis unvermittelt den Rücken, was zu ihrem dramatischen Rückgang in der Wählergunst, aber auch zu einer Schwächung der demokratischen Opposition insgesamt führte. Bei den Parlamentswahlen vom September 1992 scheiterten die *Nationalliberalen* an der Drei-Prozent-Klausel. Im Dezember 1994 kehrten sie in im Huckepack-Verfahren über die von der *Partei der Bürgerallianz* initiierte *Bürgerliberale Allianz "Die Liberalen"* in die *Demokratische Konvention Rumäniens* zurück. Die liberale Allianz war bereits nach wenigen Monaten hinfällig. Innerhalb dieses Zeitraums avancierte die *Nationalliberale Partei* unter Führung Mircea Ionescu Quintus' erneut zur stärksten liberalen Gruppierung innerhalb des Oppositionsbündnisses. Infolge ihres Austrittes aus der *Demokratischen Konvention* hatten sich Vertreter der *Partei der Bürgerallianz* sowie der *Liberalen Partei '93* von ihren Organisationen losgesagt und waren der *Nationalliberalen Partei* beigetreten. Allein die liberale Splittergruppe namens *Nationalliberale Partei - Demokratische Konvention* weigerte sich bisher, in den Schoß der liberalen Mutterpartei zurückzukehren.

Westaffiliation: Der Gaststatus der *Nationalliberalen Partei* in der Liberalen Internationale verfiel 1994 wegen Untätigkeit.[73]

---

[73] Dorina Băeşu: "PL '93 a fost primit în Internaţionala Liberală (Die PL-93 ist in die Liberale Internationale aufgenommen worden)", in: *România Liberă*, 14.9.1994.

Wahlergebnisse der Nationalliberalen Partei

	Abgeordneten-versammlung	Senat
Wahlen zur Ver-fassungsgebenden Versammlung Mai 1990	879 290 Stimmen 6,41 Prozent 29 Mandate 3. Rang	985 094 Stimmen 7,06 Prozent 10 Mandate 3. Rang
Parlamentswahlen September 1992	286 467 Stimmen 2,63 Prozent 0 Mandate 9. Rang	292 584 Stimmen 2,67 Prozent 0 Mandate 9. Rang
	Kandidat Radu Câmpeanu	**Ergebnis**
Präsidialwahlen 1990		1 529 188 Stimmen 10,64 Prozent 2. Rang

PNL-CD: Partidul Naţional Liberal - Convenţia Democratică
Die Nationalliberale Partei - Demokratische Konvention

Geschichte: Die *PNL-CD* entstand nach dem 1992 erfolgten Auszug der *Nationalliberalen Partei* Pavel Câmpeanus aus der oppositionellen *Demokratischen Konvention* auf den Strukturen der 1990 gegründeten und in die *Nationalliberale Partei* integrierten *Sozialistischen Liberalen Partei*.

Doktrin: Wichtigster Bestandteil ihrer Parteidoktrin ist das Bekenntnis zum Oppositionsbündnis *Demokratische Konvention Rumäniens*.

Wähler, Mitglieder: Die Partei ist ein typisches Produkt der von persönlichen Querelen bedingten Parteispaltungen und Fusionen. Ihre Vertretung im Parlament verdankt sie allein der Zugehörigkeit zur *Demokratischen Konvention Rumäniens*. Nach Abwanderung einiger ihrer Mitglieder zur ebenfalls im Oppositionsbündnis beheimateten *Liberalen Partei '93* sind ihre Sympathisanten zunehmend verunsichert. Die Führung ist überaltert, die Wählerschaft unklar definiert. Nach dem Austritt eines Teils der Mitglieder der *Partei der Bürgerallianz* und der *Liberalen Partei '93* sowie der Fusion der im Oppositionsbündnis verbliebenen Vertreter dieser Parteien mit der *Nationalliberalen Partei* widersetzt sich die *Nationalliberale*

Konvention-Demokratische Konvention zur Zeit dem Fusionssog der liberalen Mutterpartei.

Westaffiliation: keine.

Wahlergebnisse: Bei den Parlamentswahlen vom September 1992 nicht als Einzelpartei angetreten.

PNȚCD: Partidul Național Țărănesc Creștin și Democrat
Die Nationale Christdemokratische Bauernpartei

Geschichte: Die "historische" *Nationale Bauernpartei (Partidul Național-Țărănesc)* entstand am 10. Oktober 1926 aus dem Zusammenschluß der im Dezember 1918 im Altreich gegründeten *Bauernpartei (Partidul Țărănesc)* und der am 12. Mai 1881 in Hermannstadt (Sibiu) gegründeten *Nationalen Rumänischen Partei Siebenbürgens (Partidul Național Român din Transilvania)*. Bei den Wahlen von 1946 erhielt die traditionelle Volkspartei *PNȚ* offiziell 10 Prozent der Stimmen, war aber in Wahrheit mit rund 75 Prozent die stärkste Partei. Nach dem am 29. Juli 1947 erfolgten Verbot der Partei waren bis 1964 schätzungsweise 280.000 ihrer Anhänger zeitweilig inhaftiert. Jene Führungspersönlichkeiten, die die Säuberungen überlebt hatten, führten die Parteiarbeit im Untergrund fort. Am 22. Dezember 1989 trat die *Nationale Bauernpartei* als erste Oppositionspartei wieder an die Öffentlichkeit. Ihren heutigen Namen erhielt sie nach der Fusion mit der *Christlich-Nationalen Bauernpartei (Partidul Creștin Național Țărănesc)*.[74]

Wähler, Mitglieder: Die *Christdemokratische Nationale Bauernpartei* ist die wohl am besten durchorganisierte Partei im politischen Spektrum Rumäniens: traditionell hoher Mobilisierungsgrad der Mitglieder, dichte territoriale Organisationsstruktur, Arbeiter-, Jugend- und Frauenorganisationen, Gewerkschaft, Studienkreise. In den Altersgruppen dominieren

---

[74] Siehe hierzu: Z. Ornea: Țărănismul. Studiu sociologic (Der Tzaranismus. Soziologische Untersuchung), Bukarest 1969; Ioan Scurtu: Studiu critic privind istoria Partidului Național-Țărănesc 1926-1947 (Kritische Untersuchung über die Geschichte der Nationalen Bauernpartei 1926-1947), Bukarest 1983; Damian Hurezeanu: "Partidul Național-Țărănesc și țărănismul între 1944-1947 (Die Nationale 'Bauernpartei und der Tzaranismus zwischen 1944-1947)", in: *Revista Istorică*, 7-8 (1993), S. 687 698; Ion Alexandrescu / Ion Bulei / Ion Mamina / Ioan Scurtu: Enciclopedia partidelor politice din România 1862 - 1994 (Die Enzyklopädie der politischen Parteien Rumäniens, 1862 - 1994), Bukarest 1995, S. 86-99.

ältere und sehr junge Mitglieder, die mittlere Generation ist schwach vertreten. Der Anteil der Bauern ist mit rund 15 Prozent vergleichsweise niedrig.[75] Sie ist die mitgliederstärkste Partei innerhalb der *Demokratischen Konvention Rumäniens*. Zu Lebzeiten ihres Vorsitzenden Corneliu Coposu - der charismatische und moralisch unanfechtbare frühere Sekretär des ehemaligen Parteigründers Iuliu Maniu und ehemalige politische Häftling verstarb im November 1995 - war die *PNŢCD* eine vergleichsweise festgefügte Partei. Probleme traten infolge Unterwanderung, Abwerbung, Generationskonflikten sowie mangelnder Flexibilität und Professionalität auf.

Nach der Wende gelang es der *Christdemokratischen Nationalen Bauernpartei* nicht, ihre traditionellen Wählerschichten der Vorkriegszeit - die Rumänen in Siebenbürgen und die Bauernschaft - wiederzugewinnen. Die rumänische Bevölkerung Siebenbürgens wurde früh von der nationalistischen Regional-*Partei der Nationalen Einheit* vereinnahmt, während die Bauern sich verstärkt der jeweiligen Präsidialpartei zuwandten (*Front der Nationalen Rettung* im Mai 1990 und *Demokratische Front der Nationalen Rettung*, der heutigen *Partei der Sozialen Demokratie Rumäniens*, im September 1992), der sie sich für die Restitution des Bodens verpflichtet fühlen.

Doktrin: Die *PNŢCD* betrachtet sich selbst als eine christdemokratische Partei der Mitte, die die Werte der bürgerlichen Gesellschaft, der christlichen Moral und der sozialen Marktwirtschaft vertritt und sich für Demokratie, Menschenrechte, den Rechtsstaat, das Subsidiaritätsprinzip, die Marktwirtschaft, soziale Gerechtigkeit, Chancengleichheit und eine beschleunigte Privatisierung einsetzt. Sie vertritt einen aufgeklärten Patriotismus und tritt für die Aussöhnung mit den nationalen Minderheiten ein, denen sie alle Rechte, aber keine Privilegien gewähren will. Die Parteiführung gibt sich betont monarchistisch. Die Institution der Monarchie gilt der Partei als Katalysator für die demokratischen Kräfte des Landes, als Kristallisationspunkt für die im Aufbau befindlichen demokratischen Institutionen und als Garantie für politische Stabilität.[76]

Seit der Wende wirkte die *PNŢCD* als Motor der Einigung der Opposition, doch ihre Führungsrolle innerhalb des Oppositionsbündnisses ist nicht unumstritten. Nach den Wahlen von 1992 bildete sie eine gemein-

---

[75] Andrei Costa: "Acum suntem 60000, în toamnă vom fi milioane (Jetzt sind wir 60000, im Herbst werden es Millionen sein)", in: *Azi*, 2.7.1993 und Interview - Corneliu Coposus in: "*22*", 27.5.-2.6.1993.

[76] Nicoleta Franck: "Declaraţiile Domnului Corneliu Coposu după audienţa sa la Majestatea sa Regele Mihai (Erklärungen des Herrn Corneliu Coposu nach seiner Audienz bei seiner Majestät König Michael)", in: *România Liberă*, 10.8.1993 und 8.6.1994.

same Parlamentsfraktion mit der *Nationalliberalen Partei - Demokratische Konvention* und der *Rumänischen Umweltpartei (Partidul Ecologist Român)*.

Westaffiliation: Bereits 1987, als sie noch im Untergrund wirkte, wurde die *Christdemokratische Nationale Bauernpartei* als Mitglied in die Christdemokratische Internationale aufgenommen. Seit 1991 besitzt sie Beobachterstatus in der Christdemokratischen Europäischen Union.

Wahlergebnisse der Christdemokratischen Nationalen Bauernpartei

	Abgeordneten-Versammlung	Senat
Wahlen zur Verfassungsgebenden Versammlung Mai 1990	351 357 Stimmen 2,56 Prozent 12 Mandate 5. Rang	348 687 Stimmen 2,50 Prozent, 1 Mandat 4. Rang
	Kandidat Ion Raţiu	**Ergebnis**
Präsidialwahlen 1990		617 007 Stimmen 4,29 Prozent

PRM: Partidul România Mare
Die Partei Großrumänien

Geschichte: Die *Partei Großrumänien* wurde am 20. Juni 1991 gegründet. Sie ging aus der am 8. Juni 1990, unmittelbar nach den ersten Wahlen gegründeten Zeitung *România Mare* hervor. Diese Zeitung steht hinsichtlich ihrer Mitarbeiter, aber auch ihres Stils und sogar des Layouts unmittelbar in der Nachfolge der vor der Wende publizierten nationalkommunistischen Wochenzeitung *Săptămâna*. Die leitenden Funktionäre der Partei entstammen dem Kreis der beim Umsturz 1989 an den Rand gedrängten ehemaligen Führungseliten aus Sicherheitsdienst, Armee und kommunistischer Partei. Materielle Unterstützung erhält sie aus Kreisen der neuen Wirtschafts- und Pressemafia sowie seitens finanzkräftiger Sponsoren aus dem Exil wie Iosif Constantin Drăgan.[77] Es werden ihr auch enge Beziehungen zu Vertretern des neuen Sicherheitsdienstes *Serviciul Român de Informaţii SRI* nachgesagt.[78]

Wähler*:* Die Wählerschaft der *Partei România Mare* bei den Parlamentswahlen vom September 1992 war jung (zu 90 Prozent unter 40), vorwiegend im urbanen Milieu ansässig, mit höherem Bildungsstand und mittlerem bis hohem Lebensstandard. Der Vergleich mit der *Sozialistischen Partei der Arbeit*, deren Wähler den unteren Einkommensschichten entstammen, deutet auf eine arbeitsteilige Mobilisierung der Wählerschaft zwischen diesen beiden Parteien unter sozialem Gesichtspunkt hin. Eine weitere, regionale Arbeitsteilung findet zwischen der *Partei Großrumänien*, die sich vorwiegend auf das Gebiet des rumänischen Altreichs (Moldau und Walachei) konzentriert, und der siebenbürgischen Regional-*Partei der Rumänischen Nationalen Einheit* statt.[79]

Doktrin*:* Die *Partei Großrumänien* beruft sich auf *Partida Naţională*, die rumänische Risorgimento-Bewegung der dreißiger Jahre des 19. Jahrhunderts. Unübersehbar sind jedoch Bezüge zur faschistischen Ideologie der Vorkriegsbewegung *Eiserne Garde*, aber auch zur stalinistischen Diktion der Nachkriegszeit. Ihre Doktrin ist extremistisch-nationalistisch, antisemitisch, rassistisch und fremdenfeindlich. Darüber hinaus ist ihre Programmatik antiwestlich, antidemokratisch, antireformistisch. Aus Parteikreisen kam der Vorschlag für die Gründung eines "Komitees für nichtrumänische Aktivitäten". Die sogenannten "Errungenschaften" der kommunistischen Ära werden glorifiziert, die Partei trat wiederholt für die Freilassung aller nach 1989 verhafteten Würdenträger des Ceauşescu-Regimes ein. Sie plädiert für einen starken Staat, eventuell eine Militärherrschaft, für Protektionismus, gegen Zusammenarbeit mit westlichen Finanzorganisationen, gegen den Verkauf industrieller Großbetriebe an Ausländer, gegen mehrheitliche Beteiligung westlicher Kapitalgeber an rumänischen Firmen. Der Außenhandel Rumäniens, so die Forderung der *PRM*, solle sich stärker in Richtung auf die Staaten der ehemaligen So-

---

[77] Gabriel Andreescu: "Extremismul naţionalist în România şi Europa de est (Der nationalistische Extremismus in Rumänien und in Osteuropa)", in: "*22*", 9.-15.3.1994; Petre Mihai Băcanu: "*P.R.M* - finanţat de "Geomin S.A." (Die PRM - finanziert von der "Geomin A.G.")", in: *România Liberă*, 30.9.1994; Adina Anghelescu / Andrei Antica: "*PRM*, sponzorizat de "mafia" piteşteană (Die PRM, gesponsert von der "Mafia" aus Piteşti)", in: *România Liberă*, 28.4.1994.
[78] Nicolae Manolescu: "Psihanaliza politică (Die politische Psychoanalyse)", in: *România Literară*, 5.9.1991; *România Liberă*, 23.6.1993; *Cotidianul*, 1.7.1994.
[79] Pavel Câmpeanu: De patru ori în faţa urnelor (Viermal vor den Wahlurnen), Bukarest 1993, S. 111-114 und 170-171.

wjetunion, China und die Dritte Welt orientieren.[80] Im Gegensatz zu ihrem Namen setzt sich die *Partei Großrumänien* keineswegs vehement für die Vereinigung Rumäniens mit Moldova ein.[81] Die von ihr vertretene außenpolitische Konzeption geht von der Bedrohung Rumäniens vom Westen, insbesondere vom Nachbarn Ungarn aus und gleichzeitig spielt sie die Gefährdung seitens der Sowjetunion bzw. Rußlands herunter.[82]

Stellung im parlamentarischen System: Nach den Wahlen vom September 1992 ging die *Partei Großrumänien* gemeinsam mit den anderen nationalistisch - sozialistischen Parteien eine informelle Koalition mit der minderheitlich regierenden *Partei der Sozialen Demokratie Rumäniens* ein. Eine wichtige Rolle bei der Einbindung der *PRM* spielte dabei Premierminister Nicolae Văcăroiu, der offiziell zwar keiner Partei angehört, seine Sympathien für diese Partei indes nicht verhehlt. Nach seinem Regierungsantritt wurden Vertretern der *Partei Großrumänien* mittlere Funktionen in den parlamentarischen Gremien sowie im Regierungsapparat eingeräumt. Es waren nicht zuletzt die enttäuschten Hoffnungen der *PRM*-Vertreter auf hohe Ämter, die zur Verschlechterung ihrer Beziehungen zum Reformflügel der Regierungspartei und zum Staatspräsidenten Ion Iliescu führten. Die Differenzen eskalierten, seitdem die Regierung auf Integrationskurs in die euro-atlantischen Strukturen gegangen war. In den Publikationen der *PRM* wurden seither in Tenor und Umfang beispiellose Hetz- und Verleumdungskampagnen gegen den früheren Verteidigungsminister Niculae Spiroiu, Staatspräsident Ion Iliescu und sogar gegen den Chef des Rumänischen Sicherheitsdienstes SRI, Virgil Măgureanu, geführt.[83] Am 20. Januar 1995 unterzeichnete die *PRM* das Vier-Parteien-Protokoll über eine formelle Zusammenarbeit mit der *Partei der Sozialen Demokratie Rumäniens,* kündigte es aber im darauffolgenden Jahr wieder auf.

---

[80] "Dacă vom fi în parlament (Wenn wir im Parlament sein werden)", in: *Europa*, 16.-23.9.1992.

[81] Siehe auch: "Das Weltbild der rumänischen Nationalisten", in: *Neue Zürcher Zeitung*, 21.2.1991.

[82] "După C. V. Tudor, imperiul sovietic trebuie lăsat să moară în liniște (Gemäß C. V. Tudor muß man das sowjetische Imperium ruhig sterben lassen)", in: *Tineretul Liber*, 16.8.1993.

[83] C. Drăghici: "Efectul Jirinivski lovește ministerul apărării (Der Schirinowskij-Effekt trifft das Verteidigungsministerium)", in: *Azi*, 24.1.1994; "*PRM* adresează o scrisoare deschisă, plină de grave reproșuri, președintelui Iliescu (Die *PRM* richtet einen offenen Brief voller schwerer Vorwürfe an Präsident Iliescu)", in: *Tineretul Liber*, 19.2.1994.

Wahlergebnisse der Partei Großrumänien

	Abgeordneten-versammlung	Senat
Parlamentswahlen September 1992	424 061 Stimmen 3,90 Prozent 16 Mandate 6. Rang	422 545 Stimmen 3,85 Prozent 6 Mandate 6. Rang

PDSR: Partidul Democrației Sociale din România **Die Partei der Sozialen Demokratie Rumäniens**

Geschichte: Die *Partei der Sozialen Demokratie Rumäniens* entstand durch Abspaltung des systemkonservativen Flügels von der 1989 gegründeten *Front der Nationalen Rettung (Frontul Salvării Naționale FSN)*, die am 22. Dezember 1989 die Macht übernommen hatte. Sie konstituierte sich unter dem neuen Namen *Frontul Democrat al Salvării Naționale (Demokratische Front der Nationalen Rettung)* im Juni 1992 neu, um die Nominierung von Präsident Iliescu bei den Präsidentschaftswahlen von 1992 zu gewährleisten. Im Juli 1993, also nach den Parlamentswahlen von 1992, wurde sie nach ihrer Fusion mit kleinen Satellitenparteien in *Partei der Sozialen Demokratie Rumäniens* umbenannt.[84]

Doktrin: Die *PDSR* definiert sich selbst als moderne sozialdemokratische Partei der linken Mitte. Sie tritt für soziale Gerechtigkeit, nationale Traditionen, den Rechtsstaat, eine soziale Marktwirtschaft mit gemischten Eigentumsformen und für Reformen mit möglichst niedrigen sozialen Kosten ein.[85] Die Partei steht dezidiert gegen eine Rückkehr Rumäniens zur Monarchie. In der Außenpolitik schwenkte sie nach 1992 auf eine Politik der Westanbindung und der Eingliederung in die euro-atlantischen Strukturen ein.

---

[84] *Partidul Republican (Republikanische Partei), Partidul Socialist Democratic Român (Rumänische Sozialistisch-Demokratische Partei)* und *Partidul Democrat Cooperatist (Demokratische Kooperatistische Partei).* Die *Republikanische Partei* war bei den Wahlen von 1990 ein Wahlbündnis mit der *Partei der Rumänischen Nationalen Einheit* eingegangen, ihr Vorsitzender Ion Mânzatu hatte bei den Präsidentschaftswahlen 1992 kandidiert.

[85] Ioan Boncota: "*PDSR* - partid modern al social-democrației (*PDSR* - eine moderne Partei der Sozialdemokratie)", in: *Dimineața*, 1.3.1994.

Wähler, Mitglieder: Die Bildung der Partei erfolgte durch Kooptierung von oben, während die Herausbildung der Mitgliederbasis schleppend verläuft. Die führenden Eliten dieser bürokratischen Partei *par excellence* entstammen der Verwaltungshierarchie des alten Regimes und der "Direktokratie" der staatlichen Wirtschaftsunternehmen und Privatisierungsfonds.[86] "Wir sind die Bürgermeister und Präfekten, das Parlament, die Regierung, die Direktoren von Betrieben und Behörden", sagte der dem systemkonservativen Parteiflügel angehörende Senator Gheorghe Dumitraşcu.[87] Die Opposition wirft der regierenden *Partei der Sozialen Demokratie Rumäniens* die "Politisierung" von Exekutive und Verwaltung vor und warnt vor der Entstehung eines "Parteienstaates".[88]

Hingegen gehören die Wähler der *Partei der Sozialen Demokratie Rumäniens* zu einem großen Teil zu den Verlierern des Übergangsprozesses. Es sind dies Bauern mit niedrigen LPG-Renten und Sozialrentner in den Städten. Der Bildungsstand der Wähler der Regierungspartei ist niedriger als derjenige der Wähler des Oppositionsbündnisses, ihr Durchschnittsalter ist im Vergleich höher. Regional ist die Partei besonders stark in der Walachei und der Moldau vertreten.[89]

Strömungen: Innerhalb der *Partei der Sozialen Demokratie Rumäniens* haben sich zwei Strömungen herausgebildet. Ein dogmatischer Flügel, verkörpert durch prominente Gründungsmitglieder der Partei wie Oliviu Gherman, Ion Solcanu, Vasile Văcaru und Dan Marţian, hat die Nostalgie eines "Dritten Weges" mit nationalistisch - populistischen Akzenten noch nicht ganz überwunden.[90] Radikalen marktwirtschaftlichen Reformen steht diese Gruppierung immer noch skeptisch gegenüber und betont statt dessen die Rolle des Staates im Übergangsprozeß. Der eher gemäßigte Flügel um den "Seiteneinsteiger" und exekutiven Vorsitzenden Adrian Năstase,

---

[86] Die oppositionelle Presse sprach von einer Kapitalisierung der Nomenklatura und ihrer Klientel. Siehe hierzu: Liviu Antonesei: "Comuniştii în blană capitalistă (Die Kommunisten im Kapitalistenpelz)", in: "*22*", 5.-11.10.1994, und Octav Ştireanu: "Al treilea val de cotrocenizare (Die dritte Welle der Präsidialisierung)", in: *Azi*, 10.11.1993.

[87] Andrei Cornea: "Cine guvernează România? (Wer regiert Rumänien?)", in: "*22*", 22.-28.7.1993.

[88] Peter Sragher: "*PDSR* îşi schimbă discursul politic (Die *PDSR* ändert ihren politischen Diskurs)", in: *Adevărul*, 4.11.1993. Siehe auch: *Evenimentul Zilei*, 22.9.1993 und 26.11.1993 sowie *Azi*, 9.8.1994.

[89] Emil Constantinescu, Interview in:"*22*", 10.-16.8.1994.

[90] Ion Solcanu in einer Fernsehdebatte: "Unsere Partei gründet auf einer marxistischen Weltanschauung und auf all dem, was im Marxismus gültig war." Siehe hierzu: Radu Georgescu: "Partidele politice dau extemporal în faţa camerelor televiziunii (Unsere Parteien legen eine Prüfung vor den Fernsehkameras ab)", in: *Cotidianul*, 1.7.1993.

einem der wenigen zur Iliescu-Partei übergetretenen Technokraten der alten *Front der Nationalen Rettung*, setzt auf eine Entkrampfung der Beziehungen zu den anderen politischen Parteien, zur ungarischen Minderheit und zu den Gewerkschaften. Er spricht sich für die soziale Marktwirtschaft und einen effizienten Rechtsstaat als Koordinator des wirtschaftlichen und gesellschaftlichen Transformationsprozesses aus. Bei ihrem Versuch, die Partei zu reformieren und in eine dynamischere, sozialdemokratische Partei mit einem klar definierten Wählerpotential umzuwandeln, genießt die Gruppe um Năstase die Unterstützung des Präsidenten Ion Iliescu.[91] Dies gilt insbesondere für Fragen der Außenpolitik, wo die Gemäßigten in der *Partei der Sozialen Demokratie Rumäniens* seit 1992 auf die Integration Rumäniens in EU, NATO, WEU setzen. In der Moldovafrage verfolgt man die Wiedervereinigung in Etappen unter Achtung des Völkerrechts und der Prinzipien von UNO und OSZE (KSZE) sowie der freien Entscheidung der Bevölkerung Moldovas.[92]

Stellung im parlamentarischen System: Die Versuche der *PDSR*, nach den Wahlen von 1992 zusammen mit den anderen parlamentarischen Parteien eine "Regierung der Nationalen Einheit" zu bilden, ohne ihnen wirkliche Partizipationsmöglichkeiten einzuräumen, stießen bei den demokratischen Oppositionsparteien auf wenig Gegenliebe.[93] Eine 1994 unternommene Annäherung an den *Ungarnverband* scheiterte ebenfalls, weil sie von der Mehrheit der *PDSR* nicht mitgetragen wurde.[94] Die *PDSR* macht die von ihr so genannte "Verweigerungspolitik" des Oppositionsbündnisses *CDR* dafür verantwortlich, daß sie sich der Unterstützung der nationalistisch - sozialistischen Parteien versichern mußte.[95]

Die Haltung der Regierungspartei den Gewerkschaften gegenüber war einem Wandel unterworfen. Während sie anfangs den Forderungen der sich neu formierenden Gewerkschaften eher kritisch gegenüberstand und für politische Enthaltsamkeit seitens der Gewerkschaften plädiert hatte,[96]

---

[91] Ana Maria Vinţan: "Adrian Năstase se pregăteşte de război (Adrian Năstase rüstet zum Krieg)", in: *România Liberă,* 21.6.1994, und Ion Cristoiu: "Cine l-a lucrat pe Adrian Năstase? (Wer hat gegen Adrian Năstase intrigiert?)", in: *Evenimentul Zilei,* 13.5.1994.

[92] Wahlplattform, in: *Dimineaţa,* 24.9.1992.

[93] Siehe hierzu: Ion Cristoiu: "Spre un guvern *FDSN - PNŢCD?* (In Richtung auf eine *FDSN-PNŢCD*-Regierung?)", in: *Evenimentul Zilei,* 16.6.1993.

[94] Clementina Filip: "Un compromis eşuat (Ein gescheiterter Kompromiß)", in: *România Liberă,* 1.7.1994.

[95] Corina Drăgotescu: *"FDSN* îşi înghite sateliţii (Die *FDSN* schluckt ihre Satelliten)", in: *Adevărul,* 28.6.1993.

[96] *Dimineaţa,* 24.9.1992.

gelang es ihr seither, führende Vertreter der Gewerkschaft *Frăţia* in die Regierungspartei einzubinden.[97]

Westaffiliation: Seit November 1993 besteht der Wunsch der *PDSR* nach Aufnahme in die Sozialistische Internationale, wo die Partei jedoch bisher auf Ablehnung gestoßen ist. Kontakte werden zu Sozialisten und Sozialdemokraten Israels, Ägyptens, Frankreichs gepflegt. Im Europaparlament in Straßburg wird die *Partei der Sozialen Demokratie Rumäniens* von den Gruppe der sozialdemokratischen Europaabgeordneten befristet toleriert.

Wahlergebnisse der Partei der Sozialen Demokratie Rumäniens

	Abgeordneten-versammlung	Senat
Parlamentswahlen September 1992	3 015 708 Stimmen 27,72 Prozent 117 Mandate 1. Rang	3 102 201 Stimmen 28,29 Prozent 49 Mandate 1. Rang
Präsidialwahlen	**Kandidat** Ion Iliescu	**Ergebnis**
1992 1. Wahlgang		5 633 456 Stimmen 47,34 Prozent 1. Rang
1992 2. Wahlgang		7 297 551 61,27 Prozent 1. Rang

[97] Constantin Mesenschi: "Cum văd sindicaliştii intrarea în politică a liderilor lor (Wie die Gewerkschafter den Eintritt ihrer Führer in die Politik bewerten)", in: *Azi*, 30.7.1994, und Dumitru Tinu: "Cureaua de transmisie (Der Transmissionsriemen)", in: *Adevărul*, 30.7.1994.

PSDR:Partidul Social-Democrat Român
Die Rumänische Sozialdemokratische Partei

Geschichte: Die *Rumänische Sozialdemokratische Partei Rumäniens* steht in der Tradition der am 31. März 1893 gegründeten *Sozialdemokratischen Partei der Arbeiter Rumäniens (Partidul Social-Democrat al Muncitorilor din România),* die sich im Jahre 1910 in *Sozialdemokratische Partei Rumäniens (Partidul Social-Democrat din România)* und nach 1918 in *Sozialistische Partei Rumäniens (Partidul Socialist din România)* umbenannt hatte. Nach der im Mai 1921 erfolgten Umwandlung eines Teils dieser Partei in die *Rumänische Kommunistische Partei (Partidul Comunist Român)* konstituierten sich die Gegner des Anschlusses an die Kommunistische Internationale am 7. Mai 1927 als *Sozialdemokratische Partei Rumäniens (Partidul Social-Democrat din România).*

Gleich den anderen Traditionsparteien wurde auch die *PSDR* im Jahre 1938 unter der Königsdiktatur verboten und erst 1944 wieder zugelassen. 1948 erfolgte die Zwangsfusion mit der Kommunistischen Partei zur *Rumänischen Arbeiterpartei (Partidul Muncitoresc Român),* die 1965 in *Rumänische Kommunistische Partei* umbenannt wurde. Unbeugsame Sozialdemokraten wurden verfolgt. Gemäß ihrem Selbstverständnis ist die *PSDR* nie aufgelöst worden, sondern bestand im Untergrund fort. Nach der Wende wurde sie im Dezember 1989 wieder zugelassen.

Doktrin: Die *Sozialdemokratische Partei Rumäniens* ist den Prinzipien der modernen Sozialdemokratie verpflichtet. In ihren programmatischen Aussagen tritt sie für Marktwirtschaft, sozialen Fortschritt, parlamentarische Demokratie und Westbindung ein. Sie ist traditionell antikommunistisch. Wegen der monarchistischen Option des Vorsitzenden der Partei Sergiu Cunescu kam es zu Übertritten von Mitgliedern der *PSDR* zur regierenden *Partei der Sozialen Demokratie Rumäniens.*

Wähler, Mitglieder: Die aktiven Mitglieder der *Sozialdemokratischen Partei Rumäniens* entstammen fast durchwegs der Gruppe der älteren Funktionäre der Vorkriegspartei. Ihre traditionelle Wählerschicht - die Arbeiter - konnte die *PSDR* wegen der populistisch auftretenden Regierungspartei Iliescus nicht wiedergewinnen, bei den neuen Funktionseliten und der Jugend fand sie wegen der negativen Resonanz des Sozialismusbegriffs im post-realsozialistischen Rumänien kaum Anhang. Hinzu kommt, daß die Wählerschaft durch die Vielzahl der Phantomparteien mit ähnlich lautenden Namensbezeichnungen offenbar verwirrt und in die Irre geleitet wurde. Auch gab es Angriffe von "links" gegen die *Sozialdemo-*

kratische Partei Rumäniens wegen ihrer Zugehörigkeit zu einer "rechten" Parteienallianz.[98]

Stellung im parlamentarischen System: Bis zum Verlassen der *CDR* war die *Sozialdemokratische Partei Rumäniens* die einzige Vertreterin der sozialdemokratischen Doktrin innerhalb des Oppositionsbündnisses. Mit ihrem im Februar 1995 erfolgten Austritt aus der *Demokratischen Konvention* ist auf einen Schlag dessen sozialdemokratische Komponente weggebrochen. Ihre Zukunft gestaltet die *PSDR* seither im Verbund mit Petre Romans *Demokratischer Partei,* mit der sie im November 1995 die *Sozialdemokratische Union (Uniunea Social Denocrată)* bildete. Die *Demokratische Partei* versprach sich von der Anbindung an die sozialdemokratische Traditionspartei einen Prestigegewinn im In- und Ausland, während die mitgliederschwache *PSDR* den Rückhalt durch die dynamische *PD* gut gebrauchen kann.[99]

Westaffiliation: Beratendes Mitglied der Sozialistischen Internationale. *PSDR* und *PD* gehören seit 1994 der Sozialdemokratischen Gruppe im Europäischen Parlament an.

Wahlergebnisse der Rumänischen Sozialdemokratischen Partei

	Abgeordneten-versammlung	Senat
Wahlen zur Verfassungsgebenden Versammlung Mai 1990	73 014 Stimmen 0,53 Prozent 2 Mandate 10. Rang	69 762 Stimmen 0,50 0 Mandate 10. Rang
Parlamentswahlen September 1992	Auf den Listen der Demokratischen Konvention	Auf den Listen der Demokratischen Konvention

---

[98] Lia Bejan: "Socialiştii români se înghesuie la ciolanul internaţional (Die rumänischen Sozialisten drängeln vor dem internationalen Knochen)", in: *Baricada,* 13.9.1994.

[99] Ion Buduca: "Internaţionala Socialistă vrea să cucerească Europa de Est" (Die Sozialistische Internationale will Osteuropa erobern)", in: *Cuvântul,* 1.-7.6.1993.

PSM: Partidul Socialist al Muncii
Die Sozialistische Partei der Arbeit

Geschichte: Die *Sozialistische Partei der Arbeit* wurde am 16. November 1990 als nostalgische Nachfolgepartei der offiziell weder verbotenen noch aufgelösten *Rumänischen Kommunistischen Partei* gegründet. Zu ihren Führungseliten gehören Vertreter der ehemaligen KP-Nomenklatura und jüngere Technokraten der Ceauşescu-Ära, die nicht in die neuen politischen Strukturen nach 1989 aufgenommen wurden, dazu einige "Revolutionsgewinnler" und neue "Medienzaren".[100]

Doktrin: Die *PSM* definiert sich selbst als "Partei des modernen demokratischen Sozialismus, demokratische, national-patriotische Linkspartei". Sie tritt für eine Reformpolitik *à la Perestrojka* ein, d.h. also für gemischte Eigentumsformen, soziale Marktwirtschaft, hervorgehobene Rolle des Staates bei der Sicherung des Rechts auf Arbeit, Schutz vor Arbeitslosigkeit etc. Die *PSM* ist ein Gegner der Schocktherapie und der Zusammenarbeit mit internationalen Finanzorganisationen. Sie tritt zwar verbal für Pluralismus und Gewaltenteilung ein, argumentiert aber ausgesprochen antiwestlich, nationalistisch, fremdenfeindlich und antidemokratisch. Sie plädiert für eine Rückkehr zur Diktatur und für die Wiederherstellung der politischen Polizei.[101]

Wähler, Mitglieder: Die Wähler der sogenannten "Partei der Unzufriedenen" sind die von den sozialen Kosten der Reformpolitik enttäuschten Verlierer des Transformationsprozesses. Es sind dies überwiegend Männer mit niedrigem Einkommen, häufig Rentner, wenig gebildet, im ländlichen Bereich angesiedelt, zu zwei Dritteln über 40 Jahre alt.[102]

Stellung im parlamentarischen System: Die *PSM* pflegt ein ambivalentes Verhältnis zur regierenden *Partei der Sozialen Demokratie Rumäniens*, mit der sie ein Protokoll zur Zusammenarbeit in der Regierung unterzeichnet hat. Aus der Sicht der Regierungspartei erfüllte die *Sozialistische Partei der Arbeit* eine nützliche Alibifunktion als offen deklarierte kommunistische Nachfolgepartei. Sie dient zudem als Auffangbecken für deren enttäuschte Wähler. Bei den bisherigen Präsidentschaftswahlen unterstützte sie Ion Iliescu. Divergenzen mit der Regierungspartei erwuchsen

---

[100] Liviu Antonesei: "Comuniştii în blană capitalistă (Die Kommunisten im Kapitalistenpelz)", in: "22", 5.-11.10.1994.

[101] *România Liberă*, 23.5.1994.

[102] Pavel Câmpeanu: De patru ori în faţa urnelor (Viermal an den Urnen), Bukarest 1993, S. 110-114, 170-171.

aus der unterschiedlichen Rekrutierung der Funktionäre der beiden Organisationen aus antagonistischen Gruppen der Vor-Wende-Eliten sowie aus der unterschiedlichen Rolle, die deren Vertreter beim gewaltsamen Umsturz vom Dezember 1989 gespielt haben. So wirft die *Sozialistische Partei der Arbeit* der Regierungspartei "Konterrevolution", die "Hinrichtung" Nicolae Ceauşescus, die Verhaftung der alten KP-Führung und die Zerschlagung der alten Wirtschaftsstrukturen vor.[103] Dennoch unterstützte die *PSM* seit ihrem Einzug ins Parlament die regierende *Partei der Sozialen Demokratie Rumäniens*. Der von Präsident Iliescu mitgetragene Westkurs der Regierung sowie das Absinken des Lebensstandards führten jedoch bald zu Spannungen innerhalb der *PSM* und zur Regierungspartei. Im Januar 1995 spaltete sich eine Gruppe von sieben prominenten Funktionären, allesamt Gegner einer formalen Koalition mit der Regierungspartei, von der *Sozialistischen Partei der Arbeit* ab.[104] Sie warfen der Parteiführung deren bedingungslose Unterstützung der Regierungspartei und undemokratisches Verhalten vor. Angeführt von Tudor Mohora, einem ehemaligen Studentenfunktionär vor 1989, gründeten sie eine neue "moderne" *Sozialistische Partei*. Deren Ziel ist es, befreit von dem Ballast der kommunistischen Vergangenheit neue Wählerschichten anzuziehen und neue Koalitionen einzugehen. Die Restpartei *PSM* unter Ilie Verdeţ und Senator Adrian Păunescu unterzeichnete am 20. Januar 1995 das Vier-Parteien-Protokoll zur Zusammenarbeit mit der *Partei der Sozialen Demokratie Rumäniens*.

Wahlergebnisse der Sozialistischen Partei der Arbeit

	Abgeordnetenversammlung	Senat
Parlamentswahlen September 1992	330 378 Stimmen 3,04 Prozent 13 Mandate 7. Rang	349 470 Stimmen 3,19 Prozent 5 Mandate 8. Rang

---

[103] Gabriel Ivan: "Comuniştii după comunism (Die Kommunisten nach dem Kommunismus)", in: *Sfera Politicii* 16 (1994).

[104] Bereits im Juli 1994 hatte die nun abgespaltene Gruppe um Tudor Mohora sich bei dem von der Opposition eingebrachten Mißtrauensvotum gegen die Regierung der Stimme enthalten, während Adrian Păunescu, der populärste Vertreter der regierungsfreundlichen Gruppe, dagegen gestimmt hatte. Siehe hierzu Ion Cristoiu: "*PSM* se pregăteşte de marea despărţire? (Bereitet sich die *PSM* auf die große Trennung vor?)", in: *Evenimentul Zilei*, 2.7.1994.

PUNR: Partidul Unității Naționale Române
Partei der Rumänischen Nationalen Einheit

Geschichte: Die *PUNR* wurde am 15. März 1990 gegründet. Sie ging aus dem Mitgliederpotential der im Januar 1990 gegründeten "kulturellen Vereinigung" *Rumänische Heimstatt (Vatra Românească)* hervor, die spiegelbildlich zum *Demokratischen Ungarischen Verband Rumäniens* geschaffen wurde. Sie war offenbar als nationalistische Satelliten- und Stellvertreterpartei der *Front der Nationalen Rettung* konzipiert und ins Leben gerufen worden mit dem Ziel, der *Christdemokratischen Nationalen Bauernpartei* ihre traditionellen Wähler in Siebenbürgen streitig zu machen.

Wähler: Die Wähler der *PUNR* rekrutieren sich aus den alten und neuen Funktionseliten aus Militär, Verwaltung, Schulwesen, Kunst und Kultur mit vorwiegend höherem Einkommen.

Doktrin: Die Doktrin der *PUNR* besteht im wesentlichen in der Vertretung, Verteidigung und Verbreitung nationalistisch-rumänischen Gedankenguts primitiver Prägung. Sie ist eine typische "single issue"-Partei. Ihre Ideologie ist chauvinistisch und minderheitenfeindlich. Ihre populistisch agierenden Vertreter treten für die Souveränität und Integrität des rumänischen Nationalstaats und insbesondere für die Interessen der rumänischen Bevölkerung in Siebenbürgen ein. Ihre Thesen klingen nicht selten im kommunistischen Sinne systemkonservativ. Reformen werden vorwiegend dann akzeptiert, wenn sie ehemaligen Angehörigen der Nomenklatura Vorteile im privaten oder privatisierten Industrie- und Bankengewerbe versprechen.[105] Durch ihre aggressive Fixierung auf eine behauptete "ungarische Gefahr", ihre Westfeindlichkeit und ihre Euroskepsis stellt die *PUNR* einen permanenten Störfaktor der rumänischen Außenpolitik dar. Ihre bisherigen Wahlerfolge beruhen nicht zuletzt auf dem auch aus anderen Regionen bekannten gegenseitigen Hochschaukeln nationaler Emotionen zwischen der *PUNR* einerseits und Vertretern des Ungarnverbands *UDMR* andererseits.

Stellung im parlamentarischen System: Die *Partei der Rumänischen Nationalen Einheit* provoziert einen Dauerkonflikt mit dem *Ungarnverband* und der demokratischen Opposition, die einer toleranten Minderheitenpolitik das Wort redet. Spannungen gibt es aber auch mit der regierenden *Partei der Sozialen Demokratie Rumäniens,* welche sich nach den Wahlen vom September 1992 verstärkten, als der ob seiner chauvinisti-

---

[105] Gheorghe Funar, Interview in: *Expres*, 28.7.-3.8.1992.

schen Ausfälle berüchtigte Klausenburger Bürgermeister und Präsidentschaftskandidat Gheorghe Funar die Führung der *PUNR* übernahm. Danach drängte sie in die Regierung, forderte Ministerposten, provozierte
und desavouierte die Regierungpartei jedoch zugleich mit Eigenmächtig-
keiten. Die *Partei der Sozialen Demokratie Rumäniens* versuchte die
PUNR in ihren siebenbürgischen Hochburgen auszustechen und dort ihrerseits Fuß zu fassen. Die Regierungspartei zögerte lange, ehe sie 1994
eine formelle Koalition mit der *Partei der Nationalen Einheit Rumäniens*
einging, da sie hoffte, deren extremistische Positionen abzuschwächen und
Spaltungstendenzen in ihren Reihen zu fördern.[106] Am 20. Januar 1995
war die *PUNR* Mitunterzeichnerin des Protokolls über eine formelle Zusammenarbeit zwischen der regierenden *Partei der Sozialen Demokratie
Rumäniens* und drei weiteren nationalistischen Parteien.

Wahlergebnisse der Partei der Rumänischen Nationalen Einheit

	Abgeordneten-versammlung	Senat
Wahlen zur Verfassungs-gebenden Versammlung Mai 1990 (in Koalition mit der Republikanischen Partei)	290 875 Stimmen 2,12 Prozent 9 Mandate 6. Rang	300 473 Stimmen 2,15 Prozent 2 Mandate 6. Rang
Parlamentswahlen September 1992	839 586 Stimmen 7,72 Prozent 30 Mandate 4. Rang	839 586 Stimmen 7,72 Prozent 14 Mandate 4. Rang
Präsidialwahlen	**Kandidat** Gheorge Funar	**Ergebnis**
1992 1. Wahlgang		1 294 388 Stimmen 10,88 Prozent 3. Rang

---

[106] Die taktischen Überlegungen der Führung der Regierungspartei hat Adrian
Năstase in einem Thesenpapier zusammengefaßt. Siehe: *Dimineaţa*, 9.9.1994.

UDMR: Uniunea Democrată Maghiară din România
Der Demokratische Ungarische Verband Rumäniens

Geschichte: Der *UDMR* wurde am 25 Dezember 1989 als Interessenverband und Dachorganisation aller politischen und gesellschaftlichen Organisationen der ungarischen Minderheit Rumäniens zur Vertretung ihrer nationalen Zielsetzungen gegründet.[107]

Struktur:

Ungarische Christdemokratische Partei
Ungarische Kleinlandwirtepartei
Sozialdemokratische Partei
Unabhängige Partei[108]
Jugendorganisationen
Klausenburger Liberaler Kreis
Plattform der Christdemokratischen Einheit
Ungarische Initiative Siebenbürgens

Doktrin: Gemäß ihrem Selbstverständnis ist der Ungarnverband eine "Mitte-Rechts"-Organisation. Zu den programmatischen Gemeinsamkeiten mit dem Oppositionsbündnis *Demokratische Konvention Rumäniens*, dem er bis 1995 angehörte, zählen Rechtsstaatlichkeit, der Aufbau demokratischer Institutionen und schnelle marktwirtschaftliche Reformen mit einer sozialen Komponente. Divergenzen mit den anderen Parteien innerhalb der *CDR* erwuchsen aus der Forderung des *Ungarnverbandes* nach personaler, lokaler, verwaltungsmäßiger und kultureller Autonomie für die ungarische Minderheit.[109] Die Opposition erwartet vom *Ungarnverband* die Anerkennung der rumänischen Verfassung (und damit auch der Exi-

---

[107] Bei der Volkszählung vom 7. Januar 1992 bekannten sich 1620199 Personen gleich 7,1 Prozent als Ungarn.
[108] Partide politice (Politische Parteien), Bukarest 1993, S. 147.
[109] Roxana Costache: "Legea UDMR privind statutul minorităţilor (Das Gesetz des UDMR bezüglich des Status der Minderheiten)", in: *Libertatea* 29.30.12.1993; Hans Schuller: "Selbstverwaltung und kulturelle Identität", in: *Deutsche Allgemeine Zeitung für Rumänien*, 21.1.1993; Peter Barabas: "Desăvîrşirea autodeterminării comunităţii maghiare (Die Vollendung der Selbstbestimmung der ungarischen Gemeinschaft)", in: *Expres*, 4.-10.10.1994; Raluca Stroe-Brumariu: "Legea minorităţilor naţionale (Das Gesetz über die nationalen Minderheiten)", in: "*22*", 20.3.- 5.4.1994; Béla Márkò, Interview in: *România Liberă*, 11.9.1993..

stenz eines rumänischen Nationalstaats), die Ungarn bestehen auf ihrer Forderung auf Anerkennung als staatstragende Nation in dem von ihnen als "Vielvölkerstaat" bezeichneten Rumänien.

Wähler, Mitglieder: Der *Demokratische Ungarische Verband Rumäniens* ist eine mitgliederstarke Organisation nach dem Muster europäischer Regionalparteien. Die Zusammensetzung des *UDMR* ist ebenso heterogen wie sein Programm. Seine Funktionäre rekrutieren sich aus Angehörigen der politischen Machtstrukturen des *ancien régime* ebenso wie aus dessen dissidenten Eliten, Systemgegnern und Exilanten. Der *UDMR* verfügt über die homogenste Wählerschicht aller politischen Gruppierungen in Rumänien. Er kann auf ein großes Reservoir hervorragend motivierter, ausgebildeter und erfahrener Spezialisten zurückgreifen.

Stellung im parlamentarischen System: Aus den im Mai 1990 abgehaltenen Wahlen zur Verfassunggebenden Versammlung ging der *Ungarnverband* als die zweitstärkste politische Kraft nach der *Front der Nationalen Rettung* hervor. Die Stellung des *Ungarnverband*es im politischen Spektrum Rumäniens nach der Wende war großen Fluktuationen unterworfen. Unmittelbar nach 1989 war eine enge Anlehnung der Politik des Verbandes an die Strategien der führenden *Front der Nationalen Rettung* Ion Iliescus zu beobachten. Nach den interethnischen Gewaltakten von Târgu-Mureş Ende März 1990 und dem Wahlsieg des *Demokratischen Forums* in Ungarn entfernte sich der *Demokratische Ungarische Verband Rumäniens* zunehmend von der Regierungs- und Präsidialpartei. Bei den Präsidentschaftswahlen vom Mai 1990 unterstützte er dann den Präsidentschaftskandidaten der *Nationalliberalen Partei,* Radu Câmpeanu. Im Parlament bilden die Ungarn eine eigenständige Fraktion, während alle anderen Minderheiten sich zu einer gemeinsamen Fraktion der nichtungarischen Minderheiten zusammengeschlossen haben. Nach den Wahlen von 1990 erfolgte die Annäherung des *Ungarnverband*es an die demokratische Opposition und 1991 der Eintritt in die *Demokratische Konvention Rumäniens.* Der *Ungarnverband* brauchte die Legitimation als demokratische politische Kraft in Rumänien, die *Demokratische Konvention Rumäniens* wollte sich durch eine tolerante Minderheitenpolitik von den extremistischen, nationalistisch - sozialistischen Parteien abgrenzen. Eine Wende in den Beziehungen zwischen den rumänischen Oppositionsparteien und dem *Ungarnverband* begann sich 1992 abzuzeichnen, als der *UDMR* bei den Kommunalwahlen vom Februar 1992 zugleich auch mit eigenen Listen antrat. Aus Protest gegen das Verhalten des *UDMR* verließ die *Nationalliberale Partei* Câmpeanus das Oppositionsbündnis. Das zunehmend unzweideutige Eintreten des *Ungarnverband*es für diverse Formen der Autonomie sowie der Versuch, internationalen Beistand für die Forderungen der ungarischen Minderheit zu mobilisieren, haben zu Irritationen innerhalb der *Demokratischen Konvention Rumäniens* geführt.[110] Im März 1995 kam es zum "Selbstausschluß"[111] des *Demokratischen Ungarischen Verbandes* aus der *Demokratischen Konvention*. In Pressekommentaren hieß es, der Ungarnverband sei zum "politischen und wahltaktischen Ballast" für die anderen Parteien des Oppositionsbündnisses gewesen. Der *Demokratische Ungarische Verband Rumäniens* habe falsch gespielt und die *Demokratische Konvention* nur als "Schlecht-wettermantel" mißbraucht.[112]

Westaffiliationen: Der *UDMR* ist Mitglied der Europäischen Demokratischen Union und der Organisation der nicht in der UNO vertretenen Nationen und Völker. Sie besitzt Beobachterstatus in der *Europäischen Christdemokratischen Union.*

Wahlergebnisse des Demokratischen Ungarischen Verbands Rumäniens

	Abgeordneten-versammlung	**Senat**
Wahlen zur Verfassungsgebenden Versammlung Mai 1990	991 601 Stimmen 7,23 Prozent 29 Mandate 2. Rang	1 004 353 Stimmen 7,20 Prozent 12 Mandate 2. Rang
Parlamentswahlen September 1992	811 290 Stimmen 7,46 Prozent 27 Mandate 5. Rang	811 290 Stimmen 7,46 Prozent 12 Mandate 5. Rang

---

[110] Claudiu Liviu Balaş: "UDMR din Ciuc cere revizuirea atitudinii faţă de Convenţie (Der UDMR aus Ciuc fordert eine Revision der Haltung gegenüber der Konvention)", in: *Cotidianul*, 1.8.1994.

[111] Anton Uncu: "În folosul cui? (Zu wessen Nutzen?)", in: *România Liberă*, 1.3.1995.

[112] Ilie Şerbănescu: "Opoziţia trebuie să joace la două capete (Die Opposition muß auf zwei Karten setzen)", in: *22*, 8.-14.2.1995.

VIII. AUSSENPOLITISCHE PERSPEKTIVEN

Für Rumänien ebenso wie für die anderen ehemaligen Ostblockstaaten eröffnete sich mit dem Zerfall des wirtschaftlichen, politischen und militärischen östlichen Wirtschafts- und Bündnissystems und mit dem Zusammenbruch der internen Machtstrukturen eine neue außen- und sicherheitspolitische Lage. Eventuelle Chancen für Rumänien, nach 1989 politische Vorteile aus der geostrategischen Wende zu ziehen und sich in die neuen euroatlantischen Strukturen einzureihen, wurden in den beiden ersten Jahren nach der Wende nicht hinreichend genutzt. Die Tatsache, daß Rumänien als einziges Ostblockland seit Anfang der sechziger Jahre eine - im Rahmen des im sowjetischen Hegemonialbereich Möglichen - Politik der Annäherung an die euroatlantischen Wirtschafts- und Sicherheitsstrukturen betrieben hatte, stellte ebensowenig einen Bonus dar wie die Tatsache, daß der Anteil des Rates für Gegenseitige Wirtschaftshilfe RGW am Gesamtvolumen des rumänischen Außenhandels vergleichsweise niedrig war und Rumänien seine Devisenschulden zurückgezahlt hatte.

Abkehr von der Autonomiepolitik

In ihrer Anfangsphase war die Außenpolitik der neuen rumänischen Führung primär vom Bestreben gekennzeichnet, die "legitimen Interessen" der Sowjetunion im geopolitischen Raum des ehemaligen Ostblocks zu respektieren, Moskau als einen "einflußreichen Faktor in der Region" anzuerkennen und keinerlei territoriale Ansprüche gegenüber der Sowjetunion zu erheben.[1]

In der programmatischen Erklärung, die die *Front der Nationalen Rettung* kurz nach dem Sturz Ceauşescus abgegeben hatte, bekannte sich die neue Führung zu allen Verpflichtungen, die dem Land aus dem Warschauer Vertrag erwachsen waren. Für diese Politiker stellte der Warschauer Pakt ein "geopolitisches Faktum" dar, das als solches nicht in Frage gestellt wurde.[2] Die neue rumänische Führung demonstrierte ihre grundsätzliche Bereitschaft, den jahrzehntelang gestörten Konsens mit den anderen

---

[1]   Suzanne Crow: "The USSR Ministry of Foreign Affairs Assesses its Course", in: *Report on the USSR*, 17.5.1991.
[2]   Außenminister Sergiu Celac in: *AP*, 24.2.1990.

Warschauer-Pakt-Staaten wiederherzustellen und in Übereinstimmung mit ihnen die Fortdauer des Warschauer Pakts im allgemeinen und seiner militärischen Funktionen im besonderen zu bejahen. Aus sowjetischer Sicht bedeutete das Umschwenken der neuen rumänischen Führung auf eine gemeinsame Linie einen Meinungswandel, der von der sowjetischen Führung ausdrücklich als solcher registriert wurde. In seinen Memoiren schrieb der sowjetische Chefdiplomat Julij Kwizinskij hierzu:

> "Im Jahre 1990 änderte sich die Lage. Mit dem Sturz Nicolae Ceauşescus hatte auch das unberechenbare Verhalten der rumänischen Vertreter ein Ende."[3]

Als erster und einziger Staat des inzwischen aufgelösten Warschauer Pakts hatte der rumänische Präsident im April 1991 einen bilateralen Vertrag "über Zusammenarbeit, gute Nachbarschaft und Freundschaft"[4] mit der Sowjetunion geschlossen. Darin sicherte Bukarest der Sowjetunion das Recht auf eine Mitsprache hinsichtlich der künftigen Bündnispolitik Rumäniens und der geplanten militärischen Nutzung des rumänischen Territoriums ein. Die Interpretation des Vertrages durch die Moskauer Führung bestätigte die Kritiker des Vertrages. In einer Rundfunksendung verwies ein sowjetischer Kommentator darauf, daß die Bezeichnung "Nachbarschaftsvertrag" zusätzlich in das Dokument eingefügt worden sei, um zu betonen, daß Rumänien und die Sowjetunion "niemals auf unterschiedlichen Seiten der Barrikade stehen dürften". Unmißverständlich drohte er damit, daß das geringste Mißverständnis (seitens des rumänischen Vertragspartners) hinsichtlich der "Wahl der Alliierten" oder der Anmeldung von "Territorialansprüchen... ernsthafte Komplikationen" hervorrufen könne.[5]

Strittige Fragen in den bilateralen Beziehungen mit der Sowjetunion wie die von der Sowjetunion 1940 annektierten Territorien wurden bei Abschluß des Vertrages von rumänischer Seite nicht angesprochen. Die neue rumänische Führung begründete die Unterzeichnung des Vertrags mit der Notwendigkeit, den im Jahre 1970 geschlossenen rumänisch-sowjetischen Freundschaftsvertrag durch ein ideologisch neutrales Abkommen zu ersetzen. In Bukarest verwies man auf die übergeordnete Rolle der wirtschaftlichen Interessen Rumäniens, die aus offizieller Sicht am besten in enger Anbindung an die Sowjetunion gewährleistet würden.[6] Politiker der Opposition werteten dagegen die in Artikel 1 des rumänisch-sowjetischen Freundschaftsvertrags vereinbarte gegenseitige Anerkennung der gemein-

---

[3] Iulij A. Kwizinskij: Vor dem Sturm. Erinnerungen eines Diplomaten, Berlin 1994, S. 32.
[4] *Adevărul*, 11.4.1991.
[5] *Radio Moskau*, 27.3.1991.
[6] J. Rica: "Kriwojrog", in: *România Liberă*, 23.7.1993.

samen Grenzen als einen "Verrat an den nationalen Interessen" Rumäniens und riefen die Abgeordneten dazu auf, den Vertrag nicht zu ratifizieren.[7] Die Presse wertete das Paraphieren des Vertrages durch Präsident Iliescu als einen Akt der Selbstbeschränkung der nationalen Souveränität Rumäniens, als "Finnlandisierung" und "Resatellisierung" des Landes.[8] Die rumänische Regierung unter Premierminister Petre Roman legte den Vertrag dem Parlament nie zur Ratifizierung vor. Er wurde mit dem Zerfall der Sowjetunion hinfällig.

Diese nur notdürftig kaschierte Ostoption der nachrevolutionären rumänischen Führung entsprach ganz offensichtlich den Machtinteressen interner systemkonservativer Kräfte. Aus ihrer Sicht drohte Rumänien vorwiegend Gefahr aus dem Westen, der es durch ein engeres Zusammengehen mit dem Osten zu begegnen galt. Die von Rumänien in einer frühen Phase vorgebrachten Vorschläge für die Bildung multilateraler Allianzen zeugten auch nicht von einer dezidiert prowestlichen Haltung. Zeitgleich mit der Unterzeichnung des rumänisch-sowjetischen Freundschaftsvertrags wartete die rumänische Diplomatie im Frühjahr 1991 mit dem Vorschlag auf, eine Allianz der Staaten Mittel- und Osteuropas zu bilden. Das erklärte Ziel dieser - spiegelbildlich zur *Westeuropäischen Union* - sogenannten *Ost- und Mitteleuropäischen Union* sollte es sein, den osteuropäischen Markt wieder herzustellen und ein Instrumentarium zu schaffen, das die Kontrolle über die politischen und militärischen Entwicklungen in der Region gewährleisten würde.[9]

Innerhalb der Führung kam es zwischen Präsident Ion Iliescu und Premierminister Petre Roman zu erheblichen außenpolitischen Differenzen. Premierminister Petre Roman trat dafür ein, den Vertrag trotz erheblicher Pressionen von sowjetischer Seite dem Parlament nicht zur Ratifizierung vorzulegen.[10] Auf dem im März 1991 abgehaltenen Parteitag der *Front der Nationalen Rettung* war Roman, damals noch Vorsitzender dieser Partei,

---

[7]   Florin Gabriel Mărculescu: "Condamnarea Pactului Ribbentrop-Molotov şi politica paşilor mici (Die Verurteilung des Ribbentrop-Molotow-Pakts und die Politik der kleinen Schritte)", in: *România Liberă*, 25.6.1991, und: Alianţa Civică: "Către parlamentul României (An das Parlament Rumäniens)", in: *România Liberă*, 26.4.1991.

[8]   Basil Stefan: "Resatelizare? (Resatellisierung?)", in: *România Liberă*, 9.7.1991; Dan Popescu: "O 'finlandizare' a României? (Eine 'Finnlandisierung' Rumäniens?)", in: *România Liberă*, 25.5.1991; Alina Mungiu: "Este România o ţară ocupată (Ist Rumänien ein besetztes Land?)", in: *22*, 7.6.1991; siehe auch: Rumäniens Beziehungen zur UdSSR. Umstrittener bilateraler Freundschaftsvertrag, in: *Neue Zürcher Zeitung*, 25.5.1991.

[9]   Ovidiu Dranga: "Vid de putere? (Machtvakuum?)", in: *Lumea Azi*, 9.4.1991.

[10]   Petre Roman: "Cât se poate de sincer (So aufrichtig wie möglich)", in: *Baricada*, 3.-9.1992.

für eine Außenpolitik ohne Zweideutigkeiten und mit klar definierten Zielsetzungen eingetreten.[11] Roman wurde gestürzt, nachdem er während des Moskauer Augustputsches Position gegen die Verschwörer bezogen hatte. Für die Vertreter der demokratischen Oppositionsparteien wiederum stellte Rußland die Hauptbedrohung für die äußere Sicherheit Rumäniens dar. Die Westoption der oppositionellen Parteien innerhalb der *Demokratischen Konvention Rumäniens* war eindeutig: "Rumänien wird die östliche Grenze Europas sein und nicht die westliche Grenze der imperialen Einflußsphäre", betonte Emil Constantinescu, der Präsidentschaftskandidat der Opposition bei den Wahlen vom September 1992.[12] Für diese Parteien hatte die Annäherung an die euroatlantischen Strukturen absolute Priorität. Sie stellte aus ihrer Sicht die Vorbedingung und den notwendigen Rahmen für eine gesicherte künftige Entwicklung in Richtung auf Demokratie und Marktwirtschaft dar. In der Aufnahme Rumäniens in die westlichen Strukturen sahen sie nicht nur Sicherheitsgarantien gegen eine fortdauernde Bedrohung aus dem Osten, sondern auch einen Schutzschild für das Bewahren der demokratischen Werte im Inneren. Dementsprechend bejahten sie von Anfang an einen baldigen NATO-Beitritt Rumäniens.

Entscheidung für die euroatlantische Integration

Bereits während der Regierungszeit Petre Romans hatte Rumänien wichtige Schritte auf dem Weg der Annäherung an die politischen und militärischen Institutionen des Westens getan. Kurz nach ihrer Amtseinführung hatte die neue rumänische Regierung am 27. Juni 1990 den Beitritt Rumäniens zur Nordatlantischen Versammlung beantragt. Premierminister Petre Roman stattete dem NATO-Hauptquartier im Oktober 1990 einen Besuch ab. Die Aufnahme Rumäniens als assoziiertes Mitglied der Nordatlantischen Versammlung erfolgte am 17. April 1991. Im Juli 1991 besuchte NATO-Generalsekretär Manfred Wörner erstmals Bukarest, im Februar 1992 konnte er das Euro-Atlantische Zentrum in Bukarest einweihen. Am 20. Dezember 1991 wurde Rumänien Mitglied des NATO-Kooperationsrats.

Die Ambivalenz der von Bukarest zwischen 1989 und 1991 betriebenen Außenpolitik hat den sicherheitspolitischen Interessen Rumäniens geschadet. In der Außenpolitik, so ein Kommentar, habe Rumänien den Start in Richtung auf eine engere Westanbindung verpaßt, in der Innenpolitik sei man beim Wettlauf in Richtung Demokratisierung und Wirtschaftsreform

---

[11] Ovidiu Dranga: "Vid de putere? (Machtvakuum?)", in: *Lumea Azi*, 9.4.1991.
[12] *România Liberă*, 23.7.1992.

zurückgeblieben.[13] Die erhoffte Dividende der Politik des vorauseilenden Opportunismus gegenüber der Sowjetunion war ausgeblieben, nicht zuletzt deswegen, weil Moskau nach dem Zerfall der Sowjetunion die Verfügungsgewalt über die zunehmend private Wirtschaft auch auf dem Territorium Rußlands verloren hatte. Hingegen hatte diese Außenpolitik zu einer Marginalisierung und Isolierung Rumäniens in Europa geführt und damit neue Risiken für die Sicherheit des Landes entstehen lassen.

Eine Korrektur dieser Politik mit klarer Ausrichtung der rumänischen Außen- und Sicherheitspolitik auf den Eintritt in euroatlantische Strukturen erfolgte jedoch erst nach den Parlamentswahlen vom September 1992. Für diese "Wende nach der Wende" in der rumänischen Außenpolitik gibt es mehrere Ursachen. Als Folge der Zuspitzung der kriegerischen Konflikte auf dem Territorium der jugoslawischen Nachfolgestaaten, der Republik Moldova und im Kaukasus hatte sich die Perzeption der sicherheitspolitischen Lage Rumäniens seitens der Regierung verändert. Die Gefahr eines Überschwappens der kriegerischen Handlungen in den Nachbarstaaten auf das Territorium Rumäniens und der Verwicklung in die Konflikte war nicht mehr zu übersehen.

Auch hatte sich nach den Wahlen vom September 1992 das innenpolitische Kräfteverhältnis in Rumänien verschoben. Die Präsident Ion Iliescu stützende Partei hatte die absolute Mehrheit im rumänischen Parlament verloren. Die demokratischen Oppositionsparteien hatten an Einfluß gewonnen und unterstützten jene Kräfte im Verteidigungs- und Außenministerium, die eine Politik der Annäherung an die westlichen Strukturen befürworteten. Zugleich hatte sich im Westen die Wahrnehmung der geopolitischen Bedeutung Rumäniens gewandelt. Das Interesse an einer stabilisierenden Rolle Rumäniens in der Region war gewachsen. Die amerikanische Administration gestand Rumänien im Jahre 1993 die Meistbegünstigungsklausel zu. Am 1. Februar 1993 unterzeichnete das Land einen Assoziierungsvertrag mit der EG, am 1. Mai 1993 trat ein provisorisches Handelsabkommen mit der Gemeinschaft in Kraft.

Die konsequente Befolgung der Bestimmungen des gegen Restjugoslawien von der UNO verhängten Embargos durch Rumänien und die von Bukarest betriebene Politik der Einbeziehung westlicher Organisationen in die Sicherung der rumänischen Embargopolitik auf der Donau verschaffte dem Land Respekt. Rumänien, so Dudley Smith, Vorsitzender der Parlamentarischen Versammlung der WEU, habe sich im Zuge der "Partnerschaft für das Embargo" als ein "Faktor der Stabilität" in der Region erwiesen.

---

[13] Tia Şerbănescu: "Parteneriat (Partnerschaft)", in: *Cotidianul*, 17.1.1994.

Anfang 1993 bezogen hochrangige Vertreter Rumäniens eine klare Position und erklärten die Bereitschaft Rumäniens, der NATO beizutreten.[14] Anläßlich eines Besuchs im NATO-Hauptquartier in Brüssel am 16. Februar 1993 erklärte Staatspräsident Ion Iliescu, Rumänien sei bereit, in jeder Form mit der NATO zusammenzuarbeiten, um das strategische Ziel seiner vollberechtigten Mitgliedschaft in der Allianz zu erreichen. Die angestrebte neue Dimension der Annäherung Rumäniens an das Bündnis sei Teil der Bestrebungen seines Landes, die Beziehungen zu den westlichen Demokratien zu verstärken, von denen der Erfolg der Reformen in Rumänien abhänge. Aus der Sicht Rumäniens stelle die NATO die einzige Organisation dar, die Stabilität, Demokratie und Rechtsstaatlichkeit in Europa garantieren könne.[15] Die volle Integration in die euroatlantischen Strukturen ist als außenpolitisches Staatsziel Rumäniens in dem im März 1993 veröffentlichten Regierungsprogramm festgelegt. Am 26. Januar 1994 unterzeichnete Rumänien als erstes Land Osteuropas das Rahmenabkommen der "Partnerschaft für den Frieden".[16]

Im Zeichen dieser neuen sicherheitspolitischen Option steht auch die Reform der Armee in Rumänien. Die rumänischen Streitkräfte genießen das Vertrauen von rund 90% der Bevölkerung. Die zur Zeit von den Fachausschüssen des Parlamentes geprüfte Integrierte Neue Doktrin der Militärischen Verteidigung sowie das Integrierte Konzept der Nationalen Sicherheit wurden mit Blick auf ihre NATO-Kompatibilität abgefaßt. Die Mehrzahl der bereits verabschiedeten Gesetze über die Streitkräfte stimmen mit dieser Zielsetzung überein. Etwa 70% seiner internationalen militärischen Beziehungen unterhält Rumänien zu Streitkräften westlicher Staaten und zur NATO. Das Land nimmt aktiv am NATO-Kooperationsrat und an der "Partnerschaft für den Frieden" teil. Es werden laufend Maßnahmen getroffen, die darauf abzielen, die demokratische Kontrolle der Streitkräfte, ihre zivile Führung und die Transparenz in diesem Bereich sicherzustellen. Seit 1994 ist ein Zivilist Minister für Nationale Verteidigung. Im Personalbereich des Verteidigungsministeriums und in den Kommandostrukturen der Armee wurden auf allen Ebenen rund 20% Zivilisten eingesetzt. Die Hochschule für Nationale Verteidigung, deren Kurse auch von einer Reihe von Zivilisten besucht werden, wurde mit dem Ziel gegründet, denjenigen, die demokratische Kontrollfunktionen ausüben, das notwendige Fachwissen zu vermitteln. Im zweiten Stadium der Reform (1993 bis 1996), das gerade abgeschlossen wurde, wurden

---

[14]   Interview Niculae Spiroius in: *Adevărul*, 30.3.1993.
[15]   *Radio Bukarest*, 7.12.1994.
[16]   Anneli Ute Gabanyi: "Rumäniens Sicherheit und die NATO", in: *Südosteuropa* 1/2 (1994), S. 1-17.

wesentliche Schritte zur Schaffung moderner Streitkräfte nach westlichem Vorbild getan.

Dem außenpolitischen Votum Rumäniens für eine Mitgliedschaft in der EU, der WEU und der NATO, die als die Hauptgaranten gegen Versuche angesehen werden, in Europa eine Politik der Einflußsphären wieder aufzunehmen, entspricht die innenpolitische Option für die Verfestigung westlicher Werte und Vorgehensweisen. Rumänien gehört zu jenen Antragstellern auf Mitgliedschaft in die EU, bei denen die Ansichten der politischen Elite und der breiten Öffentlichkeit am wenigsten auseinanderklaffen.

Für den weiteren Verlauf des Transformations- und Modernisierungsprozesses in Rumänien wird es wichtig sein, daß die sozialen Kosten in Gestalt von Arbeitslosigkeit, Inflation, Zusammenbruch der sozialen Sicherungssysteme, Gesundheitsfürsorge und wachsender Kriminalität die geistige und moralische Krise der Bevölkerung nicht verschärfen. Den Staaten des Westens, die ihre politische und finanzielle Unterstützung für die ehemals kommunistischen Staaten von der Befolgung demokratisch-pluralistischer und marktwirtschaftlicher Konzeptionen abhängig machen, muß bewußt sein, daß sie dabei auch ihnen gegenüber Verantwortung übernehmen. Wichtiger als konkrete Hilfeleistungen ist die Perspektive, der europäischen Völkergemeinschaft in Zukunft uneingeschränkt angehören zu können.

Literatur

Abrudan, Paul: Sibiul în revoluția din decembrie 1989 (Hermannstadt in der Revolution vom Dezember 1989), Hermannstadt 1990.

Ackerman, Bruce: "Von der Revolution zur Verfassung", in: Transit 4 (1991), S. 46 - 61.

Ackerman, Bruce: The Future of Liberal Revolution, New Haven 1992.

Afanasiev, Jurij, in: Duffek, Karl / Fröschl, Erich (Hrsg.): Die demokratischen Revolutionen in · Mittel- und Osteuropa. Herausforderungen für die Sozialdemokratie, Wien 1991, S. 45.

Alexandrescu, Ion / Bulei, Ion / Mamina, Ion / Scurtu, Ioan: Enciclopedia partidelor politice din România (1862 - 1994), Bukarest 1995.

Almond, Mark: "Decline without Fall. Romania under Ceaușescu", in: Frost, Gerald (Hrsg.): Europe in Turmoil, Twickenham 1991.

Altmann, Franz-Lothar / Hösch, Edgar: Reformen und Reformer in Osteuropa, Regensburg 1994.

Amelunxen, Hubertus von / Ujica, Andrei (Hrsg.):Television/Revolution. Das Ultimatum des Bildes. Rumänien im Dezember 1989, Marburg 1990.

Andreescu, Gabriel: Patru ani de revoluție (Vier Jahre Revolution), Bukarest 1994.

Anghel, Ion (Hrsg.): Timișoara. 16-22 decembrie 1989 (Temeswar. 16.-22. Dezember 1989), Temeswar 1990.

Arato, Andrew: "Revolution, Civil Society und Demokratie", in: Transit 1 (1990), S. 110 - 126.

Arcaș, Ion / Savu, Tudor Dumitru / Sălăjan, Vasile / Vlad, Tudor: Dosare ale revoluției (Akten der Revolution), Klausenburg 1990.

Arendt, Hannah: Über die Revolution, Frankfurt/Main, 1968.

Ash, Timothy Garton: "Rückblick auf die Entspannung", in: Aus Politik und Zeitgeschichte, 8.4.1994.

Ash, Timothy Garton: "Prag: Intellektuelle und Politiker", in: Transit 10 (1995), S. 136 - 155.

Avram, Vasile: Zeul din labirint. Sibiu, decembrie 1989 (Der Gott aus dem Labyrinth. Hermannstadt, Dezember 1989), Hermannstadt 1992.

Băcescu, Angela: Din nou în calea năvălirilor barbare. Pagini despre evenimentele din decembrie 1989 (Erneut dem Barbarensturm ausgesetzt. Berichte über die Ereignisse vom Dezember 1989), Klausenburg 1994.

Băncilă, Elena: Trage, lașule! Carte despre eroul revoluției din Decembrie 1989 Șerban Bogdan Stan (Schieß, Feigling! Buch über den Helden der Revolution vom Dezember 1989 Șerban Bogdan Stan), Bukarest 1990.

Bărbulescu, Emil: Nicolae Ceaușescu a fost unchiul meu (Nicolae Ceaușescu war mein Onkel), Bukarest (ohne Datumsangabe).

Barisitz, Stefan: "Osteuropa und die europäische ökonomische Integration - Politökonomische Analyse und historischer Abriß", in: Österreichische Osthefte 1 (1994), S. 37 - 68.

Batt, Judy: East Central Europe. From Reform to Transformation, London 1991.

Beer, Klaus P.: Zur Entwicklung des Parteien- und Parlamentssystems in Rumänien 1928 - 1933; Die Zeit der national-bäuerlichen Regierungen, Frankfurt am Main / Bern 1983.

Behr, Edward: "Kiss the Hand That Cannot Bite" - The Life and Death of the Ceaușescus, Hamish Mahilton 1991.

Benedict, Hans: Revolution. Die Öffnung Europas, München 1991.

Berglund, Sten / Dellenbrant, Jan Ake: The New Democracies in Eastern Europe. Party Systems and Political Cleavages, Brookfield /Aldershot 1994.

Berindei, Dan: "Revoluția franceză și resurecția românească (Die Französische Revolution und die rumänische Wiederauferstehung)", in: ders.: Românii și Europa. Istorie, societate, cultură (Die Rumänen und Europa. Geschichte, Gesellschaft, Kultur), Vol. I, secolele XVIII -XIX , Bukarest 1991, S. 43 - 54.

Berindei, Mihnea / Combes, Ariadna / Planche, Anne: România, cartea albă (Rumänien, das Weißbuch), Bukarest 1991.

Berlin, Isaiah: Der Nationalismus, Frankfurt am Main 1990.

Bermeo, Nancy: "Surprise, Surprise. Lessons from 1989 to 1991", in: Nancy Bermeo (Hrsg.): Liberalization and Democratization. Change in the Soviet Union and Eastern Europe, Baltimore/London 1992, S. 178 - 200.

Bernath, Mathias: "Werden und Gemachtwerden der Nation. Die Rumänen im Blickpunkt vergleichender Nationalismusforschung", in: Gregori, Ilina / Schaser, Angelika (Hrsg.): Rumänien im Umbruch. Chancen und Probleme der europäischen Integration, Bochum 1993, S. 65 - 72.

Beyer, Beate: "Chronologie der Ereignisse in Rumänien im Zeitraum September 1989 bis zu den ersten freien Wahlen und der Bildung der Regierung unter Petre Roman", in: Südosteuropa 9 (1991), S. 477 - 492.

Beyme, Klaus von: Systemwechsel in Osteuropa, Frankfurt am Main 1994.

Bion, Michel: "L'Autogestion en Roumanie", in: International Journal of Rumanian Studies 1 (1987), S. 71 - 82.

Bischof, Henrik: Am Vorabend der ersten freien Wahlen in Rumänien, Bonn 1990.

Bischof, Henrik: Die "gestohlene Revolution", Bonn 1992.

Bloch, Gerhard: Revolution und Institution. Ein evolutionistisches Modell des Wandels von Herrschafts- und Ordnungsinstitutionen. Analyse und Krititk überlieferter Vorstellungen von Revolution und kollektiver Gewalt, Bochum 1991.

Bossard, Robert: Die Gesetze von Politik und Krieg. Grundzüge einer Allgemeinen Geschichtswissenschaft, Bern / Stuttgart 1990.

Botez, Mihai: Intelectualii din Europa de est (Die Intellektuellen Osteuropas), Bukarest 1993.

Brahm, Heinz: Die neue Parteienlandschaft in Osteuropa, Bericht des Bundesinstituts für internationale und ostwissenschaftliche Studien, Köln 1993.

Brateş, Teodor: Explozia unei secunde. 22 decembrie 1989, în studioul 4, Bukarest 1992.

Braun, Aurel (Hrsg.): The Soviet - East European Relationship in the Gorbačev Era. The Prospects for Adaptation, Boulder etc. 1990.

Braun, Aurel: "Structural Change and its Consequences for the Nationalities in Romania - in: Roland Schönfeld (Hrsg.): Nationalitätenprobleme in Südosteuropa, München 1987, S. 181 - 196.

Braun, Aurel: Romanian Foreign Policy Since 1965. The Political and Military Limits of Autonomy, Boulder 1978.

Brinton, Crane: Die Revolution und ihre Gesetze, Frankfurt am Main 1959.

Brown, James F.: Eastern Europe and Communist Rule, Durham/London 1988.

Brown, James F.: Hopes and Shadows: Eastern Europe After Communism, Durham 1993.

Brown, James F.: Nationalism, Democracy and Security in the Balkans, Aldershot 1992.

Brucan, Silviu: Generaţia irosită. Memorii (Die vergeudete Generation. Memoiren), Bukarest 1992.

Brucan, Silviu: Piaţa şi democraţia (Der Markt und die Hoffnung), Bukarest 1990.

Brucan, Silviu: Pluralism and Social Conflict. A Social Analysis of the Communist World, New York etc. 1990.

Brunner, Georg: "Die neue Verfassung der Republik Ungarn: Entstehungsgeschichte und Grundprobleme," in: Jahrbuch für Politik, 1991, Halbbd. 1, S. 297 - 318.

Bruszt, László / Stark, David: "Hungary", in: Banac, Ivo: Eastern Europe in Revolution, Ithaca / London 1992.

Brzezinski, Zbigniew: The Grand Failure. The Birth and Death of Communism in the Twentieth Century, New York 1990.

Bugajski, Janusz: Ethnic Policies in Eastern Europe: A Guide to Nationality Policies, Organizations and Parties, Armonk / London 1994.

Bunce, Valerie: "The Empire Strikes Back: The Evolution of the Eastern Bloc from a Societ Asset to a Soviet Liability", in: International Organization 39 (Winter 1984-1985), S. 1 - 4.

Bunce, Valerie: "Soviet Decline as a Regional Hegemon: Gorbačev and Eastern Europe", in: Eastern European Politics and Societies, Vol. 3 (Spring 1989), S. 235 - 267.

Bunce, Valerie: "The Struggle for Liberal Democracy in Eastern Europe", in: World Policy Journal 3 (1990).

Câmpeanu, Pavel / Combes, Ariadna / Berindei, Mihnea: România înainte şi după 20 mai (Rumänien vor und nach dem 20. Mai), Bukarest 1991.

Câmpeanu, Pavel: România. Coada pentru hrană. Un mod de viaţă (Rumänien. Schlangestehen für Lebensmittel. Eine Lebensform), Bukarest 1995.

Castellan, Georges: A History of the Romanians, Boulder 1989.

Castex, Michel: Un mensonge gros comme le siècle. Roumanie, histoire d'une manipulation, Paris 1990.

Ceterchi, Ion: "Les problèmes institutionnels de la transition en Roumanie", in: Revue d'études comparatives Est-Ouest Nr. 4 (1994), S. 89 - 126.

Chirot, Daniel (Hrsg.): The Crisis of Leninism and the Decline of the Left. The Revolutions of 1989, Seattle / London 1991.

Chorley, Katherine: Armies and the Art of Revolution, Boston / London 1943.

Cipkowski, Peter: Revolution in Eastern Europe. Understanding the Collapse of Communism in Poland, Hungary, East Germany, Czechoslovakia, Romania, and the Soviet Union, New York etc. 1991.

Codrescu, Andrei: The Hole in the Flag: A Romanian Exile's Story of Return and Revolution, Morrow 1992.

Codrescu, Costache (Hrsg.): Armata Română în Revoluţia din Decembrie 1989 (Die rumänische Armee im der Revolution vom Dezember 1989), Bukarest 1994.

Cornea, Doina: Liberté? Entretiens avec Michel Combes suivis de lettres ouvertes addressées à Nicolae Ceauşescu, Ion Iliescu, Petre Roman, Paris 1990.

Coruţ, Pavel: Cântecul nemuririi (Der Gesang der Unsterblichkeit), Bukarest 1993.

Coruţ, Pavel: Fulgerul albastru (Der blaue Blitz), Bukarest 1993.

Coruţ, Pavel: Quinta spartă (Die zerbrochene Quinte), Bukarest 1993.

Coudenove-Kalergi, Barbara: "Jetzt beginnt die Prosa", in: Hans Benedict: Revolution! Die Befreiung Osteuropas vom kommunistischen Absolutismus, Wien 1990, S. 213 - 215.

Dahrendorf, Ralf: Betrachtungen über die Revolution in Europa, Stuttgart 1990.

Datculescu, Petre / Liepelt, Klaus: Renaşterea unei democraţii. Alegerile din România de la 20 mai 1990 (Die Wiedergeburt einer Demokratie. Die Wahlen in Rumänien vom 20. Mai 1990), Bukarest 1991.

Davisha, Karen: Eastern Europe, Gorbachev and Reform. The Great Challenge, Cambridge etc. 1990.

Diamant, Betinio: "Transformations législatives en Roumanie après décembre 1989", in: Revue Roumaine de Sciences Juridiques 2 (1995, S. 197 - 203.

Domenico, Viorel: După execuţie a nins (Nach der Hinrichtung schneite es), Bukarest 1992.

Drăganu, Tudor: Întroducere în teoria şi practica statului de drept (Einführung in Theorie und Praxis des Rechtsstaats), Klausenburg 1992.

Edinger, Lewis J.: "Approaches to the Comparative Analysis of Political Leadership", in: The Review of Politics 52 (Autumn 1990) 4, S. 509 - 523.

Eliad, Tudor: Timişoara mon amour, Paris 1992.

Elster, Jon: "Constitution-Making in Eastern Europe: Rebuilding the Boat in the Open Sea", in: Hesse, Joachim Jens (Hrsg.): Administrative Transformation in Central and Eastern Europe. Towards Public Sector Reform in Post-Communist Societies, Oxford / Cambridge 1993.

Ernst, Werner W.: "Zur Logik der Revolution", in: ders. (Hrsg.): Theorie und Praxis der Revolution, Wien etc. 1980.

Eyal, Jonathan: "Romanian-Soviet Relations", in: Pravda, Alex: The End of the Outer Empire, London 1992.

Făgărăşan, George: Die Entwicklung Rumäniens zwischen Agrarwirtschaft und Industrialisierung. Mitte des 19. Jahrhunderts bis nach dem Zweiten Weltkrieg, St. Gallen 1986.

Ferdowski, Mir A.: "Probleme und Perspektiven des Transformationsprozesses in Ost- und Südosteuropa", in: Europa-Archiv 9 (1993), S. 249 - 255.

Fischer, Mary Ellen: Nicolae Ceauşescu. A Political Biography, Boulder 1988.

Fischer-Galati, Stephen: Twentieth Century Romania, New York 1965.

Forsythe, David P. (Hrsg.): Human Rights in the New Europe. Problems and Progress, Lincoln/London 1994.

Fowles, Ben: The Rise and Fall of Communism in Eastern Europe, London 1994.

Frankland, Mark: The Patriot's Revolution, London 1993.

Frauendorfer, Helmuth (Hrsg.): Die Demokratie der Nomenklatura. Zur gegenwärtigen Lage in Rumänien, Köln 1991.

Frickenhelm, Gert: Die rumänische Abweichung. Eine Beschreibung und Analyse ihrer Entstehung, Münster 1990.

Friedland, William H. / Barton, Amy / Dancis, Bruce / Rotkin, Michael / Spiro, Michael: Revolutionary Theory, Totowa 1982.

Fundaţia Academia Civică (Hrsg.): Instaurarea comunismului - între rezistenţă şi represiune (Die Einsetzung des Kommunismus - zwischen Widerstand und Repression), Bukarest 1995.

Funderburk, David B.: Un ambasador american între Departamentul de Stat şi clanul Ceauşescu (Ein amerikanischer Botschafter zwischen dem State Department und dem Ceauşescu-Clan), München 1989.

Gabanyi, Anneli Ute: Partei und Literatur in Rumänien seit 1945, München 1975.

Gabanyi, Anneli Ute: Die unvollendete Revolution. Rumänien zwischen Diktatur und Demokratie, München 1990.

Gabanyi, Anneli Ute: "Das Parteiensystem Rumäniens", in: Segert, Dieter / Stöss, Richard / Niedermaier, Oskar (Hrsg.): Parteiensysteme in postkommunistischen Gesellschaften Osteuropas, Westdeutscher Verlag 1997.

Galloway, George / Wylie, Bob: Downfall. The Ceauşescus and the Romanian Revolution, 1991.

Gati, Charles: The Bloc that Failed: Soviet - East European Relations in Transition, Washington / London 1990.

Geiger, Theodor: Die Masse und ihre Aktion. Ein Beitrag zur Soziologie der Revolution, Stuttgart 1967.

Geistlinger, Michael: Revolution und Völkerrecht. Völkerrechtsdogmatische Grundlegung der Voraussetzungen und des Inhalts eines Wahlrechts in bezug auf vorrevolutionäre völkerrechtliche Rechte und Pflichten, Wien etc. 1991.

Gellner, Ernest: Nations and Nationalism, Oxford 1983.

Georgescu, Vlad: Istoria românilor de la origini până în zilele noastre (Die Geschichte der Rumänen von den Anfängen bis zum heutigen Tag), Los Angeles 1984.

Geyer, Dietrich: Die Russische Revolution, Göttingen 1985.

Gilberg, Trond: Modernization in Romania since World War II, Boulder 1975.

Gilberg, Trond: Nationalism and Communism in Romania - The Rise and Fall of Ceauşescu's Personal Dictatorship, Boulder etc. 1990.

Giurescu, Dinu C.: Romania's Communist Takeover. The Rădescu Government, New York 1994.

Glaeßner, Gert-Joachim: Demokratie nach dem Ende des Kommunismus. Regimewechsel, Transition und Demokratisierung im Postkommunismus, Opladen 1994.

Goldstone, Jack A. (Hrsg.): Revolutions. Theoretical, Comparative and Historical Studies, San Diego etc. 1986.

Goldstone, Jack A. / Gurr, Ted Robert / Moshiri, Farrokh (Hrsg.): Revolutions of the late Twentieth Century, Boulder etc. 1991.

Greene, Thomas H.: Comparative Revolutionary Movements. Search for Theory and Justice, Englewood Cliffs, 1984.

Grupul pentru Dialog Social, Asociaţia pentru Apărarea Drepturilor Omului în România - Comitetul Helsinki (Hrsg.): Raport asupra evenimentelor din 13 - 15 iunie 1990, Bukarest, Sf. Gheorghe, ohne Datumsangabe.

Gurr, Ted Robert: Why Men Rebel, Princeton 1970.

Hacker, Jens: Der Ostblock, Baden-Baden 1983.

Hamerton-Kelly, Robert / Szönyi, István: "The Nature of the Romanian Regime (1989 - 1991)", in: Österreichische Osthefte 35 (1993), S.51 - 72.

Harsanyi, Doina / Harsanyi, Nicolae: "Romania: Democracy and the Intellectuals", in: East European Quarterly 2 (1993), S.243 - 250.

Havel, Václav: "Die unvollendete Revolution. Ein Gespräch mit Adam Michnik", in: Transit 4 (1992), S. 12 - 13.

Hölzle, Erwin: "Die amerikanische und die bolschewistische Weltrevolution", in: Rößler, Helmuth (Hrsg.): Weltwende 1917. Monarchie. Weltrevolution. Demokratie, Göttingen etc. 1965, S. 169 - 188.

Höpken, Wolfgang: "Politische Institutionen in Bulgarien", in: Papalekas, Johannes Chr. (Hrsg.): Institutionen und institutioneller Wandel in Südosteuropa, München 1994.

Horn, Hannelore: "Die Revolution in der DDR von 1989: Prototyp oder Sonderfall", in: Außenpolitik 1 (1993), S. 55 - 65.

Horský, Vladímir: Die sanfte Revolution in der Tschechoslowakei. Zur Frage der systemimmanenten Instabilität kommunistischer Regime, Berichte des Bundesinstituts für ostwissenschaftliche und internationale Studien, Köln 1990.

Hösch, Edgar: Geschichte der Balkanländer. Von der Frühzeit bis zur Gegenwart, München 1993.

Howard, A. E. Dick (Hrsg.): Constitutional Making in Eastern Europe, Washington 1993.

Huber, Manfred: Grundzüge der Geschichte Rumäniens, Darmstadt 1973.

Huntington, Samuel P.: "Political Development and Political Decay", in: World Politics 17 (1965), S. 386 - 430.

Huntington, Samuel P.: Political Order in Changing Societies, New Haven 1968.

Huntington, Samuel P.: The Third Wave, Boston 1991.

Hunya, Gábor / Réti, Tamás / Süle, Andrea R. / Tóth, László: Románia 1944 - 1990. Gazdaság és politikatörténet, Budapest 1990.

Hurezeanu, Damian: "Partidul Naţional Ţărănesc şi ţărănismul între 1944 - 1947", in: Revista Istorică 7-8 (1993), S. 687 - 698.

Iancu, Ioan: Paşaport pentru niciunde. Timişoara, decembrie 1989 (Paß für Nirgendwo. Temeswar, Dezember 1989), Temeswar 1990.

Iliescu, Ion: Revoluţie şi reformă (Revolution und Reform), Bukarest 1993.

Iliescu, Ion: Revoluţia trăită (Die erlebte Revolution)", Bukarest 1995.

Însemnări din zilele revoluţiei. Decembrie 1989 (Aufzeichnungen aus den Tagen der Revolution. Dezember 1989), Bukarest 1990.

Ionescu, Ghiţă: Communism in Rumania. 1944 - 1962, Oxford 1964.

Iorgovan, Antonie: Golgota tranziţiei. Eseuri neconvenţionale (Das Golgatha des Übergangs. Unkonventionelle Essays), Bukarest 1995.

Irimia, Vasile et alia: Istoria Partidului Naţional Ţărănesc (Die Geschichte der Nationalen Bauernpartei), Bukarest 1994.

Ivan, Gabriel: "Noua clasă politică (Die neue politische Klasse)", in Sfera Politicii 4 (1993).

Johnson, Chalmers: Revolutionstheorie, Köln / Berlin 1971.

Jones, Christopher D.: Soviet Influence in Eastern Europe. Political Autonomy and the Warsaw Pact, New York 1981.

Jones, Robert A.: The Soviet Concept of "Limited Sovereignty" from Lenin to Gorbačev. The Brežnev Doctrine, New York 1990.

Jowitt, Kenneth: The Leninist Response to National Dependency, Berkeley 1978.

Juchler, Jakob: Osteuropa im Umbruch. Politische, wirtschaftliche und gesellschaftliche Entwicklungen 1989 - 1993. Gesamtüberblick und Fallstudien, Zürich 1994.

Judea, Ioan: Târgu-Mureş. Cumpăna lui Martie (Târgu-Mureş. Die Waagschale des März), Neumarkt 1991.

Jurca, Nicolae: Istoria social-democraţiei din România (Die Geschichte der Sozialdemokratie Rumäniens), Bukarest 1994.

Karaganov, Sergej A.: "The Year of Europe: A Soviet View", in: Survival Vol. 32 (March/April 1990), S. 121 - 128.

Kennel, Herma: Es gibt Dinge, die muß man einfach tun. Der Widerstand des jungen Radu Filipescu, Freiburg 1995.

Kepplinger, Hans Mathias / Czaplicki, Andreas: "Die deutsche Vereinigung im Fernsehen", in: Konrad Adenauer Stiftung, Interne Studien 103 (1995).

Kimmel, Michael S.: Revolution. A Sociological Interpretation, Cambridge 1990.

Kincses, Elöd: Martie negru la Târgu-Mureş (Schwarzer März in Târgu-Mureş), Sfântu-Gheorghe 1991.

King, Robert R.: A History of the Romanian Communist Party, Stanford 1980.

Kirk, Roger / Răceanu, Mircea: Romania versus the United States: Diplomacy of the Absurd, 1985 - 1989, New York 1994.

Kolar, Othmar: "Die politische und wirtschaftliche Entwicklung in Rumänien seit dem Dezember 1989", in: Österreichische Osthefte 4 (1992), S. 518 - 534.

Konrad, H. Perlinka: Die politischen Parteien im neuen Europa und im historischen Überblick, Wien 1994.

Konrad, György / Szelenyi, Ivan: Die Intelligenz auf dem Weg zur Klassenmacht, Frankfurt am Main 1981.

Kovrig, Bennet: "The Magyars in Romania: Problems of a 'Coinhabiting' Nationality" - in: Roland Schönfeld (Hrsg.): Nationalitätenprobleme in Südosteuropa, München 1987, S. 213 - 230.

Kühnhardt, Ludger: Revolutionszeiten. Das Umbruchjahr 1989 im geschichtlichen Zusammenhang, München 1994.

Kuran, Timur: "Now Out of Never: The Element of Surprise in the East European Revolution of 1989", in: Bormeo, Nancy (Hrsg.): Liberalization and Democratization. Change in the Soviet Union and Eastern Europe, Baltimore / London 1992, S. 7 - 48.

Laignel-Lavastine, Alexandra: "Le poids du nationalisme dans la transition roumaine", in: L'autre Europe 24/25 (1992), S.110 - 132.

Laqueur, Walter: "Die Intellektuellen und das Ende des Kommunismus", in: Europäische Rundschau 1 (1992), S. 87 - 92.

Lasch, Christopher: The Revolt of the Elites and the Betrayal of Democracy, New York / London 1995.

Lemberg, Eugen: Nationalismus, Hamburg 1964.

Lendvai, Paul: Zwischen Hoffnung und Ernüchterung - Reflexionen zum Wandel in Osteuropa, Wien 1994.

Lepsius, Rainer M.: Interessen, Ideen und Institutionen, Opladen 1990.

Linden, Ronald H.: Communist States and International Change. Yugoslavia and Romania in Comparative Perspective, London 1987.

Link, Kurt: Theorien der Revolution, München 1973.

Lipp, Wolfgang: "Institutionen, Entinstitutionalisierung, Institutionsgründung. Über die Bedeutung von Institutionen, zumal im gesellschaftlichen Transformationsprozeß", in: Papalekas, Johannes Chr. (Hrsg.): Institutionen und institutioneller Wandel in Südosteuropa, München 1994.

Litván, György / Bak, János M. (Hrsg.): Die ungarische Revolution 1956. Reform - Aufstand - Vergeltung, Wien 1994.

Lough, John: "German Unification Accidentally on Purpuse", in: Soviet Analyst, 7.11.1990, S. 1 - 2.

Loupan, Victor: La révolution n'as pas eu lieu ... Roumaine: L'histoire d'un coup d'État, Paris 1990.

Lussu, E.: Theorie des Aufstands, Wien 1974, S. 30.

Maier, Lothar: "Rumänien und die europäischen Mächte (1859 - 1944)", in: Gregori, Ilina / Schaser, Angelika (Hrsg.): Rumänien im Umbruch. Chancen und Probleme der europäischen Integration, Bochum 1993, S. 15 - 22.

Maier, Lothar: Rumänien auf dem Weg zur Unabhängigkeitserklärung 1866 - 1877. Schein und Wirklichkeit liberaler Verfassung und staatlicher Souveränität, München 1989.

Manolescu, Nicolae: Dreptul la normalitate. Discursul politic şi realitatea (Das Recht auf Normalität. Der politische Diskurs und die Wirklichkeit), Bukarest 1991.

Marcu, Dorian: Moartea Ceauşeştilor: romanul imposibilei tăceri - revelaţii şi documente istorice (Der Tod der Ceauşescu: Der Roman eines unmöglichen Schweigens - geschichtliche Enthüllungen und Dokumente), Bukarest 1991.

Mari, Jean-Paul: "Le coup d'état n'a jamais eu lieu", in: Le Nouvel Observateur, 17.-23. Mai 1990.

Markov, Ihor: "The Role of the President in the Ukrainian Political System", in: RFE/RL Research Report 2 (3.12.1993), S. 31 - 35.

Mason, David S.: Revolution in East-Central Europe. The Rise and Fall of Communism and the Cold War, Boulder etc. 1992.

Mates, Pavel: "The Czech Constitution", in: RFE/RL Research Report Nr. 2 (5.3.1993), S. 53 - 57.

Mayer, Franz / Tontsch, Günther / Iovănaş, Ilie: "Staat, Verfassung, Recht,Verwaltung", in: Grothusen, Klaus-Detlev (Hrsg.): Südosteuropa-Handbuch. Band II. Rumänien, Göttingen 1977, S. 42 - 87.

Mazilu, Dumitru: Revoluţia furată. Memoriu pentru ţara mea (Die gestohlene Revolution. Memorandum für mein Land), Bukarest 1991.

McGregor, James: "The Presidency in East Central Europe", in: RFE/RL Research Report 3 (14.1.1994), S. 23 - 31.

Meiklejohn, Terry Sarah: "Thinking About Post-Communist Transitions: How Different Are They?", in: Slavic Review 2 (1993), S. 333 - 337.

Meissner, Boris: "Die sowjetische Blockpolitik unter Gorbačev", in: Althammer, Walter (Hrsg.): Südosteuropa in der Ära Gorbačev. Auswirkungen der sowjetischen Reformpolitik auf die südosteuropäischen Länder, München 1987, S. 39 - 50.

Merrit, Giles: Eastern Europe and the USSR. The Challenge of Freedom, Brüssel 1991.

Messelken, Karlheinz: "Proletarischer Internationalismus und Nationalismus. Thesen zur Dialektik ihrer gesellschaftlichen Evolution", in: Glatzer, Wolfgang (Hrsg.): 25. Deutscher Soziologentag 1990. Die Modernisierung moderner Gesellschaften, Sektionen, Arbeits- und Ad hoc-Gruppen, Ausschuß für Lehre, Opladen 1991, S. 603 - 609.

Messelken, Karlheinz: "Verspätungen im Prozeß der Nationenbildung. Zur Situation in Osteuropa", in: Balla, Bálint / Geier, Wolfgang (Hrsg.): Zu einer Soziologie des Postkommunismus. Kritik, Theorie, Methodologie, Münster 1994, S. 96 - 111.

Messelken, Karlheinz: "Die struktural-funktionale Konzeption des politischen Systems: Talcott Parsons", in: Röhrich, Wilfried (Hrsg.): Neue Politische Theorie. Systemtheoretische Modellvorstellungen, Darmstadt 1975.

Messelken, Karlheinz: Politikbegriffe der modernen Soziologie. Eine Kritik der Systemtheorie und Konflikttheorie - begründet aus ihren Implikationen für die gesellschaftliche Praxis, Köln / Opladen 1968.

Meyer, Alfred G.: "Politics and Methodology in Soviet Studies", in: Studies in Comparative Communism 2 (1991), S. 127 - 136.

Meyer, G. (Hrsg.): Die politischen Kulturen Ostmitteleuropas im Umbruch, Tübingen / Basel 1993.

Milin, Miodrag: Timişoara. 15-21 decembrie '89 (Temeswar. 15.-21. Dezember '89), Temeswar 1990.

Minc, Alain: Die Wiedergeburt des Nationalismus in Europa, Hamburg 1992.

Mlynár, Zdenek: Nachtfrost. Das Ende des Prager Frühlings, Frankfurt am Main 1988.

Mommsen, Margareta (Hrsg.): Nationalismus in Osteuropa, München 1992.

Motyl, Alexander J.: "The Modernity of Nationalism: Nations, States and Nation-States in the Contemporary World", in: Journal of International Affairs 2 (Winter 1992).

Mungiu, Alina: România, mod de folosire (Rumänien, Gebrauchsanleitung), Bukarest 1994.

Mungiu, Alina: Românii după '89. Istoria unei neînţelegeri (Die Rumänen nach '89. Die Geschichte eines Mißverständnisses), Bukarest 1995.

Muraru, Ioan: Drept constituţional şi instituţii politice (Verfassungsrecht und politische Institutionen), Bukarest 1993.

Năstasă, Lucian: "Pentru o recuperare socio-istorică a experienţei concentraţionare româneşti (1947-1964), (Für eine sozialgeschichtliche Aufarbeitung der rumänischen Gefängniserfahrungen, 1947-1964)", in: Xenopoliana 1-4, S. 93 - 100.

Ţârlea, Ion: Moartea pândeşte sub epoleţi. Sibiu '89 (Der Tod lauert unter den Schulterstücken. Hermannstadt '89), Bukarest 1993.

Neagoe, Stelian: Istoria guvernelor României de la începuturi - 1859 până în zilele noastre - 1995 (Die Geschichte der rumänischen Regierungen von den Anfängen - 1859 bis zum heutigen Tag - 1995), Bukarest 1995.

Nedelea, Marin: Prim-miniştrii României Mari. Ideile politice (Die Premierminister Rumäniens. Die politischen Ideen), Bukarest 1991.

Nelson, Daniel (Hrsg.): Romania after Tyranny, Boulder 1992.

Nelson, Daniel N.: "Development and Participation in Communist Systems: The Case of Romania", in: Schulz, Donald E. / Adams, Jan S.: Political Participation in Communist Systems, New York etc. 1981, S. 234 - 253.

Niculae, Vasile / Ilincioiu, Ion / Neagoe, Stelian: Doctrina ţărănistă în România. Antologie de texte (Die Doktrin der Bauernpartei in Rumänien. Textanthologie), Bukarest 1994.

Niedermayer, O. / Beyme, Klaus von (Hrsg.): Politische Kultur in Ost- und Westdeutschland, Berlin 1994.

Nohlen, Dieter / Schulze, Rainer-Olaf (Hrsg): Lexikon der Politik, Band I. Politische Theorien, München 1995.

O'Donnell, Guillermo / Schmitter, Philippe C. / Whitehead, Laurence (Hrsg.): Transitions from Authoritarian Rule; Latin America, Baltimore / London, 1986.

Offe, Claus: Der Tunnel am Ende des Lichts. Erkundungen der politischen Transformation im Neuen Osten, Frankfurt / New York 1994.

Oplatka, Andreas: "Rigid Fronts in Romanian Politics", in: Swiss Review of World Affairs 6 (1993), S. 6 - 7.

Opp, Karl-Dieter: "DDR '89. Zu den Ursachen einer spontanen Revolution", in: Kölner Zeitschrift für Soziologie und Sozialpsychologie 43 (1991).

Ornea, Zigu: Ţărănismul. Studiu sociologic (Die Bauernpartei. Soziologische Studie), Bukarest 1969.

Oroveanu, Mihai T.: Istoria dreptului românesc şi evoluţia instituţiilor constituţionale (Die Geschichte des rumänischen Rechts und die Entwicklung der Verfassungsinstitutionen), Bukarest 1992.

Oschlies, Wolf: "Rumänien: Viele Veränderungen, keine Reformen", in: Bundesinstitut für ostwissenschaftliche und internationale Studien (Hrsg.): Zwischen Krise und Konsolidierung. Gefährdeter Systemwechsel im Osten Europas, München 1995.

Oschlies, Wolf: "Bedrohung durch den Nationalismus im Osten", in: Europäische Rundschau 1 (1992).

Palaghiţă, Ştefan: Istoria Mişcării Legionare scrisă de un legionar: Garda de Fier spre reînvierea României (Die Geschichte der Legionärsbewegung aufgezeichnet von einem Legionär der Eisernen Garde zur Auferstehung Rumäniens), Bukarest 1993.

Paleologu, Alexandru: Minunatele amintiri ale unui ambasador al golanilor (Die wunderbaren Erinnerungen eines Botschafters der Strolche), Bukarest 1991.

Parsons, Talcott: "Some Reflections on the Place of Force in Social Processes", in: Eckstein, Harry (Hrsg.): Internal War: Problems and Approaches, New York 1964, S. 33 - 70.

Pasti, Vladimir: România în tranziţie (Rumänien im Übergang), Bukarest 1995.

Perva, Aurel / Roman, Carol: Misterele revoluţiei române. Adevăruri, îndoieli, semne de întrebare (Die Rätsel der rumänischen Revolution. Wahrheiten, Zweifel, Fragezeichen), (ohne Orts- und Datumsangabe).

Petcu, Ion: Ceauşescu. Un fanatic al puterii. Biografie neretuşată (Ceauşescu. Ein Fanatiker der Macht. Eine ungeschminkte Biographie), Bukarest 1994.

Pleşu, Andrei: Chipuri şi măşti ale tranziţiei (Gesichter und Masken des Übergangs), Bukarest 1996.

Popa, Vasile: Procesul de la Timişoara. O enigmă a justiţiei sau o enigmă a istoriei? (Der Prozeß von Temeswar. Ein Rätsel der Justiz oder der Geschichte?), Temeswar 1990.

Popescu, C.-L-: Partidele politice (Die politischen Parteien, Bukarest 1993.

Popescu, Rodica: Miracol? Revoluţie? Lovitură de stat? (Wunder? Revolution? Staatsstreich?), Bukarest 1990.

Popper, Karl R.: Die offene Gesellschaft und ihre Feinde, München 1992.

Porter, David / Tökes, László: Im Sturm der rumänischen Revolution, Wuppertal / Kassel 1991.

Portocală, Radu: Autopsie du coup d'état roumain. Au pays du mensonge triomphant, Paris 1990.

Posluch, Marian: "Demokratische Verfassungsänderungen in der CSFR", in: Freibeuter 45 (1990), S. 47 - 52.

Potel, Jean Yves: "Les lenteurs de la recomposition roumaine. Emiettement des partis et aspiration à l'état de droit", in: Le Monde Diplomatique 452 (1991), S. 20.

Pradetto, August (Hrsg.): Die Rekonstruktion Ostmitteleuropas. Politik, Wirtschaft und Gesellschaft im Umbruch, Opladen 1994.

Precan, Vilem: "The Democratic Revolution", in: Journal of Democracy (Winter 1990), S. 79 - 85.

Preuß, Ulrich K.: Revolution, Fortschritt und Verfassung. Zu einem neuen Verfassungsverständnis, Berlin 1990.

Public Opinion Barometer conducted by CURS - Center for Urban and Regional Sociology, commissioned by: The SOROS Foundation for an Open Society, June 1995.

Rados, Antonia: Die Verschwörung der Securitate. Rumäniens verratene Revolution, Hamburg 1990.

Rady, Martyn: Romania in Turmoil. A Contemporary History, London 1992.

Ramet, Sabrina Petra: Social Currents in Eastern Europe. The Sources and Consequences of the Great Transformation, Durham / London 1995.

Ramet, Sabrina Petra: "Back to the Future in Eastern Europe: A Comparison of Post-1989 with Post-1918 Tendencies", in: Acta Slavica Iaponica 13 (1995), S. 61 - 82.

Ratesh, Nestor: Romania. The Entangled Revolution, New York 1991.

Rehder, Peter (Hrsg.): Das neue Osteuropa von A-Z. Neueste Entwicklungen in Ost- und Südosteuropa, München 1993.

Reich, Jens: "Intelligenz und Klassenherrschaft in Osteuropa vor und nach 1989", in: Aussenpolitik 4 (1992).

Reisch, Alfred A. (Hrsg.): "Roundtable: Hungary's Parliament in Transition", in: RFE /RL Research Report 48 (4.12.1992).

Remington, Thomas F. (Hrsg.): Parliaments in Transition. The New Legislative Politics in the Former USSR and Eastern Europe, Boulder 1994.

Revoluția română văzută de ziariști americani și englezi, Washington 1991.

Roman, Petre: Interview, in: Südosteuropa 9 (1992), S. 340 - 343.

Roman, Petre: România încotro? (Rumänien wohin?), Bukarest 1995.

Roman, Petre: Le devoir de liberté, Paris 1992.

România azi (Hrsg.): Echipa de sacrificiu. Din culisele guvernării postrevoluționare. 5 ianuarie 1990 - 5 februarie 1991 (Die Opfermannschaft. Aus den Kulissen der nachrevolutonären Regierung. 5. Januar 1990 - 5. Februar 1991), Bukarest 1992.

Ronneberger, Franz: "Probleme der nationalen Integration," in: ders. (Hrsg.): Politische Systeme in Südosteuropa, München / Wien 1993, S. 64 - 74.

Ronneberger, Franz: "Sozialstruktur", in: Grothusen, Klaus-Detlev (Hrsg.): Südosteuropa-Handbuch II, Rumänien, Göttingen 1977, S. 413 - 425.

Ronneberger, Franz: "Verfassungsentwicklung der sozialistischen Staaten Südosteuropas von 1945 - 1961", in: ders. (Hrsg.): Politische Systeme in Südosteuropa, München / Wien 1993, S. 93 - 147.

Ronneberger, Franz: "Vergleichbarkeit von Verwaltungssystemen", in: ders. (Hrsg.): Zwischen Zentralisierung und Selbstverwaltung. Bürokratische Systeme in Südosteuropa, München 1988.

Ronneberger, Franz: "Versuch einer systemtheoretischen Analyse des Reformkommunismus", in: ders. (Hrsg.): Politische Systeme in Südosteuropa, München / Wien 1993, S. 181 - 200.

Roskin, Michael G.: The Rebirth of East Europe, Englewood Cliffs 1994.

Rothschild, Joseph: Return to Diversity: A Political History of East Central Europe Since World War II, New York / Oxford 1993.

Rudzio, Wolfgang: Das politische System der Bundesrepublik Deutschland, 3. Auflage, Opladen 1991.

Rumänien: Die neue Verfassung von 1991. Einleitung von Peter Leonhard, in: Jahrbuch für Ostrecht, Bd.33, Halbbd. 1 (1992), S. 217 - 263.

Rupnik, Jacques: "Eisschrank oder Fegefeuer. Das Ende des Kommunismus und das Wiedererwachen der Nationalismen," in: Transit 1 (1990), S. 132 - 142.

Rychlowski, Bogumil: "The Yalta Conference and Today", in: International Affairs (July 1984).

Sampson, Steven: National Integration through Socialist Planning. An Anthropological Study of a Romanian New Town, New York 1984.

Sampson, Steven: "Bureaucracy and Corruption as Anthropological Problems. A Case Study from Romania", in: Folk 25 (1983), S. 63 - 97.

Sandu, Dumitru: Sociologia tranziţiei. Valori şi tipuri sociale în România (Die Soziologie des Übergangs. Soziale Werte und Typologien in Rumänien), Bukarest 1996.

Scanlan, James P.: Marxism in the USSR. A Critical Survey of Current Soviet Thought, Ithaca / London 1985.

Schade, Wulf: "Zur Verfassungsdiskussion in Polen," in: Osteuropa 7 (1995), S. 638 - 650.

Schieder, Theodor: "Revolution", in: Kernig, C. G. (Hrsg.): Sowjetsystem und Demokratische Gesellschaft, Bd. 5, Freiburg etc. 1992, S. 692 - 721.

Schieder, Theodor: Nationalismus und Nationalstaat, Göttingen 1961.

Schirrmacher, Frank (Hrsg.): Im Osten erwacht die Geschichte. Essays zur Revolution in Mittel- und Osteuropa, Stuttgart 1990.

Schlegel, Dietrich (Hrsg.): Der neue Nationalismus. Ursachen, Chancen, Gefahren, Schwalbach / Taunus 1994.

Schlesak, Dieter: Wenn die Dinge aus dem Namen fallen, Reinbek 1991.

Schmidt-Hartmann, Eva (Hrsg.): Kommunismus und Osteuropa. Konzepte, Perspektiven und Interpretationen im Wandel, München 1994.

Schmitt, Eberhard (Hrsg.): Die Französische Revolution, Darmstadt 1973.

Schönfeld, Roland: "Industrie und gewerbliche Wirtschaft", in: Grothusen, Klaus-Detlev (Hrsg.): Südosteuropa-Handbuch II. Rumänien, Göttingen 1977, S. 295 - 322.

Schönfeld, Roland: "Wandel der Wirtschaftssysteme in Ostmittel- und Südosteuropa", in: Grothusen, Klaus-Detlev (Hrsg.): Ostmittel- und Südosteuropa im Umbruch, München 1993, S. 69 - 86.

Schöpflin, George: Politics in Eastern Europe, Oxford / Cambridge 1993.

Schulz, Erich (Bearb.): "Rückgriff auf Tradition und Nationalbewußtsein. Reformbestrebungen in der rumänischen Armee", in: Osteuropa 12 (1992), S. A655 - A670.

Schulz, L.: "Die verfassungsrechtliche Entwicklung der sozialistischen Republik Rumänien seit dem Zweiten Weltkrieg", in: Jahrbuch des öffentlichen Rechts der Gegenwart, Neue Folge 15 (1966).

Scurtu, Ioan (Hrsg.): Sfârşitul dictaturii (Das Ende der Diktatur), Bukarest 1990.

Scurtu, Ioan / Bulei, Ion: Democraţia la români; 1866 - 1938 (Die Demokratie bei den Rumänen; 1866 - 1938), Bukarest 1990.

Scurtu, Ioan: Studiu critic privind istoria Partidului Naţional-Ţărănesc 1926 - 1947 (Kritische Untersuchung zur Geschichte der Nationalen Bauernpartei 1926 - 1947), Bukarest 1983.

Selejan, Ana: România în timpul primului război cultural (1944 - 1948). Bd. I Trădarea intelectualilor, Hermannstadt 1992; Bd. II Reeducare și prigoană, (Rumänien zur Zeit des ersten Kulturkrieges - 1944 - 1948. Band I: Der Verrat der Intellektuellen, Band II: Umerziehung und Verfolgung), Hermannstadt 1993.

Serafin, Joan (Hrsg.): East-Central Europe in the 1990s, Boulder / San Francisco / Oxford 1994.

Seton, Watson, Hugh: Eastern Europe Between the Wars; 1918 - 1941, Boulder / London 1986.

Ševardnaze, Eduard: Die Zukunft gehört der Freiheit, Reinbek 1993.

Shafir, Michael, "Political Culture and the Romanian Revolution of December 1989: Who Failed Whom?", in: Rupnik, Jacques / Kende, Pierre (Hrsg.): Culture politique et pouvoir communiste, Paris 1991.

Shafir, Michael: "The Revolution: An Initial Assessment", in: Report on Eastern Europe 4 (26.1. 1990).

Shafir, Michael: Romania: Politics, Economics and Society: Political Stagnation and Simulated Change, London 1985.

Sheehy, Gail: Gorbačev. Der Mann, der die Welt verändert hat, Reinbek 1992.

Siegerist, Joachim: Ceaușescu. Der rote Vampir, Hamburg 1990.

Simon, Gerhard: "Das Entstehen neuer Staaten auf dem Territorium der früheren Sowjetunion", in: Weidenfeld, Werner (Hrsg.): Demokratie und Marktwirtschaft in Osteuropa. Strategien für Europa, Gütersloh 1995, S. 105 - 125.

Sislin, George: "Revolution Betrayed? Romania and the National Salvation Front", in: Studies in Comparative Communism 4 (1991).

Skocpol, Theda: States and Social Revolutions, New York 1979.

Smolar, Aleksander: "Die samtene Konterrevolution. Polnische Erfahrungen", in: Transit 8 (1994), S. 149 - 170.

Sólyom, László: "Neue Gesetze in der Restauration der Demokratie", Freibeuter 45 (1990), S. 53 - 62.

Spencer, Elizabeth: Masacrul de la Otopeni (Das Massaker von Otopeni), Bukarest 1993.

Spineanu, Ulm: Mâine. Democrația creștină și viitorul României (Morgen. Die Christdemokratie und die Zukunft Rumäniens), Bukarest 1993.

Staniszkis, Jadwiga: "Dilemmata der Demokratie in Osteuropa", in: Deppe, Rainer / Dubiel, Helmut / Rödel, Ulrich (Hrsg.): Demokratischer Umbruch in Osteuropa, Frankfurt am Main 1991, S. 326 - 347.

Staniszkis, Jadwiga: The Dynamics of the Breakthrough in Eastern Europe: The Polish Experience, Berkeley 1991.

Ştefănescu, Domniţa: Cinci ani din istoria României. O cronologie a evenimentelor decembrie 1989 - decembrie 1994 (Fünf Jahre aus der Geschichte Rumäniens. Eine Chronologie der Ereignisse Dezember 1989 - Dezember 1994), Bukarest 1995.

Stehle, Hansjakob: "Der Vatikan und die Wende in Osteuropa", in: Europäische Rundschau 4 (1992), S. 25 - 34.

Sterbling, Anton: "Demokratisierungsprobleme in Südosteuropa", in: Südosteuropa 6 (1991), S. 307 - 324.

Sterbling, Anton: "Ethnische Minderheiten und Demokratisierungsprobleme in Südosteuropa", in: Balla, Bálint / Sterbling, Anton (Hrsg.): Zusammenbruch des Sowjetsystems als Herausforderung für die Soziologie, Hamburg 1996, S. 253 - 275.

Sterbling, Anton: "Modernisierungstheorie und die Entwicklungsproblematik Osteuropas. Eine kritische Betrachtung", in: Bálint Balla / Geier, Wolfgang (Hrsg.): Zu einer Soziologie des Postkommunismus. Kritik, Theorie, Methodologie, Münster / Hamburg 1994, S. 6 - 19.

Sterbling, Anton: Gegen die Macht der Illusionen. Zu einem Europa im Wandel, Hamburg 1994.

Sterbling, Anton: Modernisierung und soziologisches Denken. Analysen und Betrachtungen, Hamburg 1991.

Sterbling, Anton: Strukturfragen und Modernisierungsprobleme südosteuropäischer Gesellschaften, Hamburg 1993.

Stoian, Ilie: Decembrie 89. Arta diversiunii (Dezember 89. Die Kunst der Diversion), Bukarest 1993.

Storck, Coen: Cel mai iubit dintre ambasadori (Der meistgeliebte der Botschafter), Bukarest (ohne Datumsangabe).

Stroescu, Nicolae: Pe urmele revoluţiei (Auf den Spuren der Revolution), Bukarest 1992.

Stübben, Joachim (Hrsg.): Wie das Volk die Tyrannen verjagte. Die rumänische Revolution im Spiegel westdeutscher Zeitungen und Zeitschriften, Essen 1990.

Sweeney, John: The Life and Evil Times of Nicolae Ceauşescu, London 1991.

Szabó, Máté: "Die Rolle der sozialen Bewegungen im Systemwandel in Osteuropa: Ein Vergleich zwischen Ungarn, Polen und der DDR", in: Österreichische Zeitschrift für Politikwissenschaft 3 (1991), S. 275 - 288.

Talbott, Strobe / Beschloss, Michael R.: At the Highest Levels, Boston 1993.

Tanter, Raymund / Midlarsky, Manus: "A Theory of Revolution", in: Journal of Conflict Resolution 3 (1967), S. 264 - 280.

Televiziunea Română (Hrsg.): Revoluția română în direct (Die rumänische Revolution live), Bukarest 1990.

Teodorescu, Filip: Un risc asumat. Timişoara decembrie 1989 (Ein angenommenes Risiko. Temeswar Dezember 1989), Bukarest 1992.

Thaysen, Uwe / Kloth, Hans Michael (Hrsg.): Wandel durch Repräsentation - Repräsentation durch Wandel. Entstehung und Ausformung der parlamentarischen Demokratie in Ungarn, Polen, der Tschechoslowakei und der ehemaligen DDR, Baden-Baden 1992.

Tilly, Charles: "Revolutions and Collective Violence", in: Greenstein, Fred I. / Polsby, Nelson W. (Hrsg.): Handbook of Political Science, Bd. 3, S. 483 - 555.

Tilly, Charles: Die europäischen Revolutionen, München 1993.

Timmermann, Heinz: "The Soviet Union and Eastern Europe: Dynamics of 'Finlandization'", in: Report on the USSR, 15.8.1990, S. 1 - 4.

Tismăneanu, Vladimir / Mihăieş, Mircea: "Infamy Restored: Nationalism in Romania, in: East European Reporter 1 (1992), S. 25 - 27.

Tismăneanu, Vladimir / Tudoran, Dorin: "The Bucharest Syndrome", in: Journal of Democracy, 1 (1993), S. 41 - 52.

Tismăneanu, Vladimir: "Sieger oder Verlierer: Das moralische Dilemma der osteuropäischen Intellektuellen", in: Osteuropäische Rundschau 4 (1992), S. 99 - 106.

Tismăneanu, Vladimir: Reinventing Politics: Eastern Europe from Stalin to Havel, New York 1992.

Tismăneanu, Vladimir: "The Revival of Politics in Romania", in: Wessell, Nils H. E. (Hrsg.): The New Europe: Revolution in East-West Relations, New York 1991.

Titulescu, Nicolae: Politica externă a României (Die Außenpolitik Rumäniens), Bukarest 1994.

Tökés, Rudolf: "Vom Post-Kommunismus zur Demokratie", in: Aus Politik und Zeitgeschichte 45 (1990), S. 16 - 33.

Tontsch, Günther H.: "Wandel der politischen Systeme Südosteuropas unter besonderer Berücksichtigung der Verfassungsordnungen", in Grothusen, Klaus-Detlev (Hrsg.): Ostmittel- und Südosteuropa im Umbruch, München 1993, S. 53 - 69.

Tontsch, Günther H.: Partei und Staat in Rumänien. Das Verhältnis von Partei und Staat in Rumänien - Kontinuität und Wandel, Köln 1985.

Trebici, Vladimir: Genocid şi demografie (Genozid und Demographie), Bukarest 1991.

Turczynski, Emanuel: Von der Aufkärung zum Frühliberalismus. Politische Trägergruppen und deren Forderungskatalog in Rumänien, München 1985.

Vass, László: "The Relationship Between Executive and Legislative Powers: Focus on the First Hungarian Parliament (1990 - 1994)", in: Agh, Attila / Kurtán, Sándor: Democratization and Europeanization in Hungary: The First Parliament (1990 - 1994), Budapest 1995.

Vastag, Hans / Mandics, György / Engelmann, Manfred: Temeswar. Symbol der Freiheit, München 1991.

Verdery, Catherine: "Nationalism and National Sentiment in Post-Socialist Romania", in: Slavic Review 3 (1993), S. 179 - 203.

Verdery, Katherine / Kligman, Gail: "Romania after Ceauşescu: Post-Communist Communism?", in: Banac, Ivo (Hrsg.): Eastern Europe in Revolution, Ithaca / London, S. 117 - 147.

Verdery, Katherine: Compromis şi rezistenţă. Cultura română sub Ceauşescu (Kompromiss und Widerstand. Rumänische Kultur unter Ceauşescu), Bukarest 1994.

Verdery, Katherine: National Ideology under Socialism. Identity and Cultural Politics in Ceauşescu's Romania, Berkeley 1991.

Verona, Sergiu: Military Occupation and Diplomacy. Soviet Troops in Romania, 1944 - 1958, Durham 1992.

Völkl, Ekkehard: Rumänien. Vom 19. Jahrhundert bis in die Gegenwart, Regensburg / München 1995.

Vom muri şi vom fi liberi (Wir werden sterben und wir werden frei sein), Bukarest 1990.

Wagner, Richard / Frauendorfer, Helmuth (Hrsg.): Der Sturz des Tyrannen. Rumänien und das Ende der Diktatur, Hamburg 1990.

Wagner, Richard: Mythendämmerung. Einwürfe eines Mitteleuropäers, Berlin 1993.

Wagner, Richard: Sonderweg Rumänien. Bericht aus einem Entwicklungsland, Berlin 1991.

Wagner, Richard: Völker ohne Signale: Zum Epochenumbruch in Osteuropa, Berlin 1992.

Waller, Michael: The End of the Communist Power Monopoly, Manchester / New York 1993.

Walters, Vernon A.: Die Vereinigung war voraussehbar. Hinter den Kulissen eines entscheidenden Jahres. Die Aufzeichnungen des amerikanischen Botschafters, Berlin 1994.

Weber, Eugen: "Romania", in: Rogger, Hans / Weber, Eugen (Hrsg.): The European Right: A Historical Profile, Berkeley 1965.

Weidenfeld, Werner (Hrsg.): Demokratie und Marktwirtschaft in Osteuropa, Gütersloh 1995.

Weigel, Peter (Hrsg.): Von der Bürokratie zur Telekratie. Rumänien im Fernsehen. Ein Symposion in Bukarest, Berlin 1990.

Weiß, Robert / Heinrich, Manfred: Der Runde Tisch: Konkursverwaltung des "realen" Sozialismus: Analyse und Vergleich des Wirkens Runder Tische in Europa, Bundesinstitut für Internationale und Ostwissenschaftliche Studien, Köln 1991.

Wende, Frank: Lexikon zur Geschichte der Parteien in Europa, Stuttgart 1981..

White, Stephen / Batt, Judy / Lewis, Paul C.: Developments in East European Politics, Durham 1993.

Whitefield, Stephen (Hrsg.): The New Institutional Architecture of Eastern Europe, London 1993.

Wiatr, Jerzy L.: "Verfassungsänderungen und kontraktliche Demokratie in Polen, 1989 - 1990", in: Freibeuter 45 (1990), S. 39 - 46.

Winkler, Heinrich August (Hrsg.): Nationalismus, Königstein / Taunus 1975.

Wolf, Oschlies: "Wir sind das Volk". Zur Rolle der Sprache bei den Revolutionen in der DDR, Tschechoslowakei, Rumänien und Bulgarien, Köln / Wien 1990.

Zamfirescu, Elena: "Inter-Ethnic Conflict: A Fatality of Eastern Europe?", in: Revue Roumaine d'Études Internationales 3-4 (1994), S. 271 - 280.

Zamfirescu, Elena: Mapping Central Europe, Clingendal Paper, Den Haag 1996.

Zapf, Wolfgang: Theorien des Sozialen Wandels, Köln / Berlin 1971.

Zeletin, Ştefan: Burghezia română. Originea şi rolul ei istoric (Das rumänische Bürgertum. Sein Ursprung und seine historische Rolle), Bukarest 1991.

Zeletin, Ştefan: Neoliberalismul. Studii asupra istoriei şi politicii burgheziei române (Der Neoliberalismus. Studien zur Geschichte und Politik des rumänischen Bürgertums), Bukarest 1992.

Zielonka, Jan: "East Central Europe: Democracy in Retreat"? in: Roberts, Brad (Hrsg.): U.S. Foreign Policy after the Cold War, Cambridge / London 1992.

Zimmermann, Ekkart: Krisen, Staatsstreiche und Revolutionen: Theorien, Daten, neuere Forschungsansätze, Opladen 1981. Englische Ausgabe: ders.: Political Violence, Crises and Revolutions. Theories and Research, Boston 1983.